*Reforma religiosa
y transformación social*

COMITÉ EDITORIAL SEBILA:
M.Sc. Ruth Mooney (directora)
Dr. José Enrique Ramírez Kidd
M.Sc. Elisabeth Cook
M.Sc. David Castillo

♦

Departamento de Publicaciones
Universidad Bíblica Latinoamericana, UBL

♦

Edición:
Dr. José E. Ramírez-Kidd

♦

Diagramación/portada
Damaris Álvarez Siézar

La pintura de la portada es una obra del artista abstracto Cody Hooper (1978 - Perryton, Texas, E.U.A.), y se publica con permiso del autor.

♦

ISBN 978-9977-958-83-5

♦

Copyright © 2017

♦

Editorial SEBILA

♦

San José, Costa Rica
Setiembre, 2017

*Reforma religiosa
y transformación social*

Aportes desde América Latina
en ocasión de los 500 años
de la Reforma Protestante

270.6

R332r Reforma religiosa y transformación social : Aportes desde América Latina en ocasión de los 500 años de la Reforma Protestante / José Enrique Ramírez, ed. – San José, C.R. : Sebila, 2017.
394 p. ; 21 cm.

ISBN 978-9977-958-83-5

1. REFORMA PROTESTANTE.
2. TEOLOGÍA. I. Ramírez, José Enrique, ed.
II. t.

Universidad Bíblica Latinoamericana, UBL
Apdo 901-1000, San José, Costa Rica
Tel.: (+506) /2283-8848/2283-4498
Fax.: (+506) 2283-6826
E-mail: info@ubl.ac.cr
www.ubl.ac.cr
Copyright © 2017

Contenido

ELISABETH COOK: Presentación — 7

KARLA ANN KOLL: Hablar sobre la Reforma desde América Latina: La intercontextualidad en el siglo XVI y hoy — 9

DANIEL C. BEROS: La irrupción de "lo nuevo". Cambio(s) de paradigma(s) y renovación del testimonio ecuménico a la luz de la herencia teológica de la Reforma — 21

JUAN CARLOS GAONA POVEDA: Hispanismo y evangelicalismo en Colombia. Dos propuestas de Reforma en conflicto — 37

LEOPOLDO CERVANTES-ORTIZ: Las reformas religiosas del siglo XVI y las iglesias latinoamericanas de hoy: teología y misión a debate — 51

MANUEL ORTEGA ÁLVAREZ: De la *Sola Scriptura* a la *Sola Experientia*. Protestantismo y ciencia en la naciente Modernidad. (Apuntes a partir de la filosofía de la ciencia de Paul Feyerabend) — 65

DAVID CASTILLO: ¡Cuidado! No confundamos al opresor con el oprimido. Teología bíblica y hermenéutica de la liberación — 81

HANZEL JOSÉ ZÚÑIGA VALERIO: Exégesis crítica como oportunidad de "reforma": provocaciones más allá del Vaticano II — 103

PABLO MORENO: Lecturas de la Biblia en América Latina — 125

GENILMA BOEHLER: Los abusos y tráficos económicos según los criterios heteronormativos de las teologías cristianas Occidentales — 141

VIOLETA ROCHA: Lutero y su comentario al Magníficat: provocaciones desde la hermenéutica feminista hoy — 149

ÁNGEL ROMÁN-LÓPEZ DOLLINGER: Masculinidades pentecostales. La pentecostalidad como posibilidad para construir masculinidades no violentas — 167

KAROLINE MORA: Nuevas Reformas en América Latina. Un análisis de la propuesta de Teología de la Liberación de Marcella Althaus-Reid — 187

NEDDY ASTUDILLO: Mis abuelas y la Reforma Protestante. Forjando una nueva Reforma junto a la Tierra — 195

ARIANNE VAN ANDEL: Sola Escritura, Sola Gracia, Sola Fe. Para una reforma ecológica — 211

SOFÍA CHIPANA QUISPE: El camino de las espiritualidades vinculadas a la Gran Red de la Vida — 227

JULIÁN GUAMÁN: Una lectura desde la perspectiva indígena del Ecuador. Legado anabaptista entre los indígenas — 243

EDGAR CARDOZO JIMÉNEZ: Hermenéutica empírica en contextos de conflicto. Una experiencia a partir de la comunidad cristiana indígena Nasa-Páez — 257

NICOLÁS PANOTTO: Dios y lo público. Hacia una teología política latinoamericana desde una relectura luterana contemporánea — 283

MARTIN HOFFMANN: Lutero y la política – ¿Un modelo para hoy? — 307

ROBERTO E. ZWETSCH: La teología de la Reforma en América Latina. ¿Qué contribución tendrá? — 323

ELSA TAMEZ: Justicia de Dios y misericordia infinita — 341

LUIS N. RIVERA PAGÁN: Iglesia, coloniaje y voz profética: Bartolomé de Las Casas a la sombra de la muerte — 357

DATOS DE AUTORAS Y AUTORES — 393

Presentación

Los aniversarios suelen ser momentos de memoria, celebración, y reflexión. Son espacios en los que hacemos una pausa para pensar el futuro en el marco del pasado y desde los retos de la actualidad. Este año 2017 ha sido ampliamente celebrado como el 500 aniversario de la Reforma Protestante. En este marco la UBL convocó su Cátedra de Teología Latinoamericana bajo el lema "La Reforma y las reformas, aportes intercontextuales desde América Latina", asumiendo "el gesto de Lutero en la iglesia de Wittenberg… como una oportunidad para reflexionar sobre los procesos de reforma religiosa" y su relación con otras dinámicas de cambio social en diversas geografías, culturas y comunidades de fe. Este volumen reúne algunas de las ponencias presentadas en esta Cátedra, celebrada del 19 al 20 de abril, 2017.

La convocatoria a la Cátedra, citada a continuación, enmarca metodológica y contextualmente la reflexión que se desarrolla en los artículos aquí incluidos:

> Examinar la Reforma del siglo XVI como proceso religioso y social, en toda su complejidad, nos impulsa a explorar sobre la posibilidad de otras reformas religiosas posibles en diversos contextos históricos, en diversos espacios de urgente cambio social. Nos interesa explorar las relaciones inter-contextuales que, desde América Latina y el Caribe, abran nuevos horizontes de comprensión del pasado y de compromiso y acción en el presente. Enmarcamos esta impostergable tarea en un marco social tal que, superando los localismos y las miradas de corto plazo, nos permita vislumbrar las conexiones profundas entre los procesos sociales que llevaron al cambio religioso en la Europa central, y el proyecto colonial de conquista de las Américas por los poderes ibéricos al inicio de la Edad Moderna.

La incorporación forzada de pueblos africanos y de Abya-Yala en la lógica político-económica del mundo atlántico europeo, representado por la expansión ibérica y una economía triangular, representa una primera experiencia de mundialización cuyos resultados implicaron inevitablemente, el genocidio y la esclavitud de los pueblos incorporados a la economía europea, es decir colonizados. Asumimos el reto de esta reflexión en memoria de las víctimas de estos nacientes proyectos capitalistas. Víctimas de la más variada naturaleza, tanto de las luchas religiosas en Europa, como de los procesos de conquista y colonización. Asumimos este reto con miras a contribuir no solo a la descolonización de la fe cristiana, sino al fortalecimiento de las luchas a favor de la vida en nuestro continente y en otros contextos similares.

La discusión plasmada en estas páginas nos lleva a la pregunta sobre nuestro referente para hablar de reforma en América Latina y el Caribe. Nos mueve a indagar acerca de los modelos de reforma, su impacto, trascendencia, e implicaciones. Nos impulsa a una reflexión crítica y contextual que sea a la vez consciente de la complejidad e intercontextualidad de los fenómenos sociales y religiosos de la modernidad. Los artículos aquí incluidos representan a 22 personas de 14 países que nos ofrecen una palabra desde América Latina y el Caribe. Nos hablan no solo acerca de "La Reforma", sino también acerca de los continuos y constantes procesos de reforma religiosa y social que se dan en distintas esferas de nuestros países. Este continente, en el cual la vida se ve amenazada de forma cada vez más persistente y arrasadora, y donde el clamor de pueblos y tierra demanda palabras y acciones de transformación, justicia y resurrección.

La Universidad Bíblica Latinoamericana, fundada como Instituto Bíblico Latinoamericano hace más de 90 años, se complace en presentar este libro, *Reforma religiosa y transformación social en ocasión de los 500 años de la Reforma Protestante*, como insumo y provocación para este camino.

>*Elisabeth Cook Steike*
>Rectora

Hablar sobre la Reforma desde América Latina:

La intercontextualidad en el siglo XVI y hoy

Karla Ann Koll

¿Cómo llegamos a celebrar esta cátedra sobre la Reforma y las reformas? Iniciamos los debates en la Universidad Bíblica Latinoamericana (UBL) hace más de dos años. ¿Haríamos algo en referencia al quingentésimo aniversario de la obra de Martín Lutero? Surgieron de inmediato otras preguntas. ¿Por qué hablar de algo que pasó hace tantos siglos en otros contextos? Recuerdo una conversación que tuve hace más de veinticinco años con Richard Shaull, quien había venido al Seminario Bíblico Latinoamericano (SBL) a impartir un curso sobre la Reforma Protestante y la teología de la liberación. Shaull expresó su frustración por el hecho de que los y las estudiantes del SBL no veían ninguna relevancia de la Reforma, ni para la vida de sus iglesias, ni para su propia reflexión teológica.[1]

---

[1] Las reflexiones de Shaull sobre las convergencias entre la Reforma y la teología de la liberación se encuentra en Shaull (1993).

Había entre nosotras y nosotros, por una parte, una afirmación de ciertos logros de la Reforma fácilmente identificables, como la celebración de la liturgia en lenguas vernáculas o la centralidad de la exposición de la Palabra en la celebración. El acceso a la Biblia, traducida a idiomas locales y con amplia distribución debido a la invención de la imprenta, marca un desarrollo importante en la vida de las iglesias y en la historia del mismo texto bíblico. Sin embargo, había otras voces que cuestionaban si debíamos estar celebrando la Reforma. ¿No está implicada la Reforma en los inicios de la modernidad occidental? ¿No servía Lutero como apologeta del emergente orden capitalista, especialmente en su condenación de la rebelión de los campesinos? Nos impulsó a hablar de la Reforma una evaluación de la presencia de iglesias con raíces en la Reforma protestante llevada a cabo aquí en América Latina. ¿No llegó el protestantismo como parte de la colonialización neoliberal que se inicia en el siglo XIX? ¿No compone el protestantismo parte de la colonialidad de poder que debemos deconstruir en la búsqueda de visiones liberadoras para los pueblos del subcontinente?

A final, en lugar de contestar estas preguntas, veíamos que este aniversario de la Reforma nos provee una oportunidad que no podemos ignorar para reflexionar sobre la relación entre reformas religiosas y los cambios sociales en distintos contextos. Aquí no vamos a resolver el debate sobre si los cambios religiosos del siglo XVI en Europa procedieron o fueron un resultado de las transformaciones sociales, económicas y políticas. Lo que sí podemos afirmar, es que los reformadores mismos y las comunidades de fe que abrazaron las distintas reformas en el siglo XVI, buscaban no solamente cambiar las prácticas religiosas sino transformar sus sociedades. Esto nos dejó con la pregunta ¿cómo hablar de la Reforma desde América Latina? En lo que sigue, quiero proponer dos marcos, que de hecho se interrelacionan, que no solamente nos permiten hablar de la Reforma desde América Latina, sino que nos exigen hacerlo.

El siglo XVI

Justo González, en su libro *Mapas para la historia futura de la iglesia*, nos recuerda que en mayo de 1521, "cuando la dieta imperial de Worms promulgó su edicto contra Lutero, Hernán Cortés asediaba la ciudad imperial de Tenochtitlán" (2001, 16). González pregunta cuál de estos dos eventos sería más importante en la historia del cristianismo en el futuro. Sin embargo, para entender la relación entre la conquista de América por los poderes ibéricos y la Reforma protestante en Europa occidental, no basta afirmar que los eventos sucedieron en el mismo momento cronológico, aunque separados por miles de kilómetros.

Un aporte que nos ayuda a repensar nuestra manera de entender el siglo XVI viene del trabajo de Scott Hendrix, historiador luterano ya jubilado que enseñaba en el Seminario Teológico de Princeton. El Profesor Hendrix cuenta que su esfuerzo por repensar su acercamiento al estudio de la Reforma se inició con una pregunta de una estudiante. "¿Por qué?", preguntó Gretchen Cranz, una estudiante en el Seminario Luterano de Gettysburg, "¿habló Lutero tanto de lo cristiano?" (2004, xii). Hendrix empezó a releer los textos de los reformadores, prestando atención a como hablaron de lo cristiano y de los cristianos y las cristianas. Llega a la conclusión, expuesta en su libro *Recultivating the Vineyard: The Reformation Agendas of Christianization (Recultivando la viña: las agendas de cristianización de la Reforma)*, de que podemos hablar de los movimientos religiosos del siglo XVI como proyectos de cristianización. Sin duda, Europa había sido cristianizada durante la Edad Media, pero ni las sociedades ni las prácticas religiosas eran suficientemente cristianas en el juicio de los reformadores. Para los reformadores protestantes, el proceso de cristianización tenía serias deficiencias, mientras que para los grupos identificados después como la reforma radical, la cristianización había fallado. En los movimientos católicos de reforma, la receta era profundizar el proceso de cristianización con esfuerzos nuevos y formas institucionales renovadas. (2004, xv-xxiii, 1-35) Claro, los distintos proyectos de cristianización se desarrollaron en contextos variados, con condiciones económicas y configuraciones de poder político en procesos de cambio.

El marco macrohistórico ofrecido por Hendrix nos permite ver las reformas religiosas en Europa y la imposición del cristianismo en América Latina a través de la conquista como proyectos paralelos de cristianización. Mientras Lutero y otros reformadores usaron los términos "paganos" e "idólatras" para las personas en Europa cuyas prácticas cristianas eran juzgadas como deficientes, los misioneros que acompañaban a los conquistadores españoles, enfrentaron el desafío de convertir a los pueblos "paganos" recién incorporados a la fuerza en cristianos. ¿No fue el problema principal que enfrentó Bartolomé de Las Casas, el hecho de que los españoles que habían llegado a América no eran cristianos de verdad, sino idólatras que buscaban oro en lugar de servir a Cristo? (Gutiérrez 1989). Por ser proyectos de cristianización que respondían a cierta lógica común, es posible presentar a Las Casas como otro reformador del siglo XVI, como ha hecho Joel Morales Cruz en un artículo que está por salir, o encontrar convergencias entre las posturas de Las Casas y Lutero, como ha hecho Lauri Emilio Wirth (2016, 143-150).

Plantear la pregunta sobre cómo es o debe ser el cristianismo verdadero o auténtico abrió la posibilidad de construir distintas respuestas, tanto a nivel de la teología como a nivel de las prácticas litúrgicas y de vida de las comunidades cristianas. Podemos llevar la reflexión más allá de lo que hace Hendrix y examinar la interacción entre sujetos religiosos y las formas institucionalizadas de poder. En un extremo, vemos una afirmación de la subjetividad religiosa de muchos grupos que hacían nuevas apropiaciones de la fe cristiana en el contexto europeo, desarrollando nuevas prácticas y articulando nuevas visiones teológicas para justificar dichas prácticas. Como afirma Peter Matheson parafraseando al profeta Joel (2:28), fue un tiempo en que los jóvenes tenían visiones y las personas ancianas soñaban sueños. Noticias de tierras anteriormente desconocidas, llenas de oro y con pueblos y animales fantásticos contribuyeron a acrecentar las expectativas de cambios radicales (Matheson 2006, 4). Esta imaginación religiosa era frondosa aunque a veces manipulada, no solamente por sermones y tratados, sino también por las imágenes que circulaban en hojas impresas sueltas. Mujeres y hombres insistían en sus nuevas prácticas religiosas poniendo incluso sus vidas en riesgo y miles de personas sufrieron muertes horrendas. Los sistemas de poder fijaron límites a estos procesos de apropiación en Europa, como aprendieron los campesinos seguidores de Tomás Müntzer.

En el otro extremo, encontramos la imposición de una versión del cristianismo sobre la población. En muchos lugares en Europa durante las primeras décadas del siglo XVI, era posible acostarse en la noche siendo católico y despertarse la mañana siguiente como protestante o viceversa, debido a una decisión tomada por un príncipe o los magistrados de la ciudad. Los procesos de confesionalización vinculados con la consolidación de los tempranos estados modernos en la segunda mitad del siglo XVI respondían a agendas de control centralizado, limitando aún más el espacio para visiones y prácticas disidentes.

Aquí en América Latina, conocemos la brutalidad con que los poderes ibéricos impusieron la cristiandad. Pero aún aquí, en medio del colapso demográfico que experimentaron los pueblos originarios después de la invasión, había espacios de apropiación donde las comunidades subyugadas expresaron su creatividad como sujetos religiosos. Adoptaron santos y santas que llegaban perdidos desde Europa y les dieron historias locales y nuevas identidades. Las figuras femeninas representantes de la divinidad se aparecieron de nuevo bajo formas reconocibles por las autoridades de la cristiandad colonial. Elaboraron sistemas rituales complejos, como el de la *costumbre*[2] en Guatemala, incorporando elementos del

---

[2] Entre los pueblos mayas de Guatemala, *costumbre* se refiere a prácticas sociales y religiosas recibidas de los y las antepasados. Incluye ceremonias

cristianismo en los tejidos de sus espiritualidades y forjando así nuevas identidades religiosas.

La intercontextualidad

Junto a este marco histórico, hemos querido también abrir una reflexión sobre la intercontextualidad. El término parece haber sido empleado por primera vez en 1996 por Arjun Appadurai, un antropólogo social de la India que ha trabajado el tema de la globalización, sin haber desarrollado propiamente una definición del mismo. El término ha sido utilizado en la crítica literaria, aunque Appadurai mismo advierte que intercontextualidad e intertextualidad no son sinónimos, ya que la intercontextualidad va mucho más allá que los textos y examina prácticas y formas de poder que atraviesan varios contextos (Appadurai 1996, 187).

En el siglo XVI conocemos bien las formas del poder que salieron del contexto europeo y alcanzaron América. A nivel religioso, baste mencionar solamente a las órdenes religiosas. Eran las mismas órdenes de donde había salido la mayoría de los líderes de la Reforma protestante—los franciscanos, los dominicos y los agustinos— que se encargaron de enfrentar a los grupos protestantes en Europa y de evangelizar los pueblos de América. El dominico Tomás de Vio, el Cardenal Cayetano, quien interrogó a Lutero en Augsburgo en 1518, supervisaba el envío de miembros de su orden al Nuevo Mundo (Mayer 2008, 53).

Para fundamentar nuestro esfuerzo por hablar de la Reforma protestante desde América Latina, el trabajo del filósofo José Medina sobre la intercontextualidad, español radicado en los Estados Unidos, nos pueda ayudar. Los contextos

---

privadas, y ahora cada vez más públicas, centradas en oraciones acompañadas por la quema del copal en el fuego ritual, además de las estructuras de autoridad civil-religiosa que conducen la vida religiosa y política de la comunidad. *Costumbre* ha sido un espacio importante de resistencia. Véase Samson (2007, 153, n. 23) y Carlsen (2011).

discursivos, nos dice Medina, siempre tienen conexiones con otros contextos. Existe una intercontextualidad constitutiva, dado que un contexto siempre se define en relación con otros contextos. La contextualidad y la contextualización de que tanto hablamos solamente son posibles por el hecho de que podemos distinguir entre contextos. Medina señala dos características fundamentales de la intercontextualidad. Por una parte, los contextos tienen una inconclusión constitutiva, es decir, no son completos en sí mismos. Siempre tienen grietas o ventanas que dan a otros contextos. Los sentidos son elusivos y no pueden ser contenidos en un solo contexto. Cada contexto existe en un proceso continuo y es completado por otros contextos. Por otra parte, se produce en las interacciones entre sujetos en cada contexto, un exceso incontenible de sentido que busca fluir a otros contextos a través de la agencia de las personas y los grupos que intervienen. Por tanto, la reconstrucción de sentidos, su apropiación y adaptación se mueven de un contexto a otro (Medina 2006, 46-51). La dimensión transhistórica de la intercontextualidad nos permite examinar los discursos producidos en el pasado con la libertad de adaptar o rechazar los sentidos según nuestras preguntas y necesidades.

Los esfuerzos por impedir el flujo de ideas de un contexto al otro, como vemos con la prohibición de los libros protestantes en América Latina durante el periodo colonial, no implican que no hubiese influencia de la Reforma en los procesos de cristianización en el subcontinente. L.E. Wirth señala dos horizontes de sentido presentes en el imaginario de quienes buscaban evangelizar a los pueblos de América.

> Por un lado, el llamado nuevo mundo se mostró a los misioneros católico-romanos como un espacio privilegiado para establecer un cristianismo moralmente superior a la cristiandad europea en un claro proceso de desintegración; por el otro, se imaginaba que se renovaba la propia cristiandad europea a partir de este cristianismo colonial no "contaminado" por los principios fundamentales de la Reforma protestante. Esta coyuntura transformó principalmente las tesis centrales de la teología luterana en una amenaza que requirió vigilancia permanente por parte de los estrategas de la colonización y la cristianización del continente. (Wirth 2016, 128)

La historiadora mexicana Alicia Mayer, en su libro *Lutero en el paraíso: la Nueva España en el espejo del reformador alemán* explora este imaginario a través de obras históricas, sermones, documentos inquisitoriales y obras artísticas desde los inicios de la conquista hasta los primeros años de la Independencia. Se dan múltiples usos, siempre negativos, de la figura del hereje Lutero en lo religioso, social y político. Un ejemplo encontramos en la "Historia Eclesiástica Indígena" del franciscano Gerónimo de Mendieta (¿1528?-1604), quien compara a Lutero -que causó grandes pérdidas a la cristiandad, con Hernán Cortés -quien posibilitó la conversión de muchas almas (citado en Mayer 2006, 123). Frente a esta imagen negativa de la cristiandad dividida de Europa, se construyó la identidad novohispánica católico-romana. A un nivel, seguimos hablando desde América Latina sobre la Reforma porque desde la constitución del mundo atlántico a través de la expansión europea, América Latina ha sido el otro lugar desde el cual se ha hablado de la Reforma.

Sin embargo, la razón más importante, creo yo, para continuar hablando de las reformas religiosas del siglo XVI y los siguientes siglos es porque seguimos soñando con reformar las comunidades de fe y con transformar las sociedades. En este subcontinente donde la gran mayoría de la población se identifica como creyente, cualquier esfuerzo por transformar las sociedades tiene que tomar en cuenta las perspectivas y sensibilidades religiosas, además del poder de las instituciones religiosas. Sospecho que las personas que nos encontramos en estos espacios de reflexión teológica tenemos la esperanza, aun siendo conscientes de que el cristianismo ha sido parte de las estructuras opresoras, que la fe en el Dios de Jesús puede aportar a la lucha por la vida con justicia y dignidad.

Como nota Pablo Moreno, la Reforma del siglo XVI como un proceso de inculturación del cristianismo produjo una serie de teologías que debemos entender como contextualizadas, reflexiones elaboradas en respuesta a situaciones concretas (2006). La confesionalización y la división de Europa en estados territoriales confesionales convirtieron estas teologías en armas para atacar. Ya no soñamos, como lo hicieron los líderes de la reforma magisterial, con una cristiandad renovada, sino nos unimos a la reforma radical en su objetivo de buscar el fin de la cristiandad y la construcción de estados laicos que sirven al bien común y comunidades de fe que aportan a las luchas por la justicia. Ofrecemos nuestras teologías contextualizadas no como expresiones de la verdad absoluta, sino como lugares desde los cuales entramos en diálogo con otras perspectivas.

Como las personas que buscaron reformar la iglesia en el siglo XVI, reclamamos nuestro derecho de disentir de las formas del cristianismo heredadas y de resistir el poder de las instituciones religiosas que no solamente buscan prescribir el contenido de la fe y las formas de pensar, sino también controlar nuestros cuerpos. Como sucedió durante la Reforma, buscamos el surgimiento de nuevos espacios discursivos. ¿Desde qué otros lugares, desde qué nuevos espacios es necesario hablar hoy? ¿Dónde están los grupos que exigen su derecho a expresarse, a construir su conocimiento desde sus cuerpos y experiencias? ¿De dónde vienen las voces que transgreden las normas y señalan formas de resistencia? Debemos dirigirnos a estos espacios liminales, a estas grietas y ventanas entre contextos y abrirlas, permitiendo a estos discursos silenciados e ignorados cobrar sentido en nuevos contextos, desafiar nuestras teologías y la tarea misma del quehacer teológico. Debido a que las formas de poder que han estructurado nuestras vidas y relaciones atraviesan varios contextos, el proceso de descolonizar la fe requiere construir nuevas relaciones intercontextuales que abran posibilidades de subversión y nuevas formas de pensamiento.

Agradecemos a las personas que han aceptado nuestra invitación a venir y expresar sus voces desde nuestra Cátedra de Teología Latinoamericana aquí en la Universidad Bíblica Latinoamericana. Reconocemos la figura y trayectoria de Juan Alexander Mackay como un líder del protestantismo latinoamericano en las primeras décadas del siglo XX, alguien que soñó con reformas tanto de las iglesias como de las sociedades de nuestro continente. Mackay llegó como misionero de Escocia a Perú hace exactamente cien años y trabajó en América Latina por quince años. En sus escritos, ofreció una interpretación de la Reforma protestante a las iglesias en América Latina. Sin embargo, entendía que las reformas religiosas que se necesitaban en América Latina deberían nutrirse no solamente de la Reforma protestante, sino también del misticismo español y de fuentes autóctonas. Reconoció que el protestantismo histórico estaba lejos de capturar la atención de las personas latinoamericanas. Tan temprano como 1932 se convirtió en uno de los primeros observadores protestantes del campo religioso latinoamericano en reconocer la importancia del pentecostalismo para el futuro religioso del subcontinente (Mackay 1932). Mackay anhelaba ver iglesias comprometidas con la justicia social y formó a una generación de personas evangélicas a pensar teológicamente, no desde los balcones de las instituciones eclesiásticas y académicas, sino desde el camino mismo en donde mujeres y hombres luchan por la vida (Mackay 1945).[3] En estos caminos de América Latina y el Caribe coexisten hoy una multitud de voces que aportan sus luchas y sus sueños para el futuro de nuestro quehacer teológico. Esperamos que nuestros esfuerzos por reflexionar sobre la Reforma y las reformas contribuyan no solamente a celebrar esta polifonía, sino también aporte también a la construcción de iglesias más solidarias y sociedades más justas.

Bibliografía

Appadurai, Arjun. 1996. *Modernity at Large: Cultural Dimensions of Globalization.* Public Worlds, Vol. 1. Minneapolis and London: University of Minnesota Press.

González, Justo. 2001. *Mapas para la historia futura de la iglesia.* Buenos Aires: Kairos.

Gutiérrez, Gustavo. 1989. *Dios o el oro en las Indias: siglo XVI.* Lima: Instituto Bartolomé de las Casas.

Koll, Karla Ann. 2016. *La teología de Juan A. Mackay como* Praeparatio liberationis. Aportes teológicos, no. 2. San José: SEBILA.

---

[3] Para una introducción a la teología de Juan Mackay y su relación con la teología latinoamericana de liberación, véase Koll 2016.

Mackay, John A. 1944. *Prefacio a la teología cristiana.* Traducido por Gonzalo Báez-Camargo. México, D.F.: CUPSA y Buenos Aires: La Aurora.

Mackay, John A. 1932. *The Other Spanish Christ: A Study in the Spiritual History of Spain and South America.* New York: MacMillan.

Matheson, Peter. 2006. "Reforming from Below." En *Reformation Christianity,* editado por Peter Matheson, 1-19. A People´s History of Christianity, Vol. 5. Minneapolis: Fortress Press.

Mayer, Alicia. 2008. *Lutero en el paraíso: la Nueva España en el espejo del porreformador alemán.* México, D.F.: Fondo de Cultura Económica.

Medina, José. 2006. *Speaking from Elsewhere: A New Contextualist Perspective on Meaning, Identity and Discursive Agency.* Albany: State University of New York Press.

Morales Cruz, Joel. (2017, pendiente de publicar). "Las Casas among the Reformers." En *The Protestant Reformation and World Christianity,* editado por Dale T. Irvin. Grand Rapids: Eerdmans.

Moreno, Pablo. 2006. *Recuperando memorias: textos comentados de la reforma del siglo XVI.* San Salvador: Visión Mundial El Salvador.

Shaull, Richard. 1993. *La Reforma y la teología de la liberación.* San José: DEI.

Wirth, Lauri Emilio. 2016. "Martín Lutero, Bartolomé de las Casas, y la fe del otro." En *Radicalizando la Reforma: otra teología para otro mundo,* editado por Martín Hoffmann, Daniel C. Beros y Ruth Mooney, 127-155. San José: SEBILA y Buenos Aires: La Aurora.

La irrupción de "lo nuevo"

Cambio(s) de paradigma(s) y renovación del testimonio ecuménico a la luz de la herencia teológica de la Reforma

Daniel C. Beros

Introducción

Con el presente trabajo nos propondremos realizar un aporte a la discusión sobre los desafíos que le plantean al pensamiento y a la praxis ecuménica actual los cambios de paradigma que –en distintos campos– han tenido lugar en los últimos años en la región y el mundo. Con el fin de precisar y acotar una cuestión tan vasta y compleja, resulta útil recurrir a las reflexiones que vienen desarrollando al respecto tanto las iglesias como el propio movimiento ecuménico en América Latina y el Caribe.[1]

Una referencia significativa nos la proveyó la "Consulta sobre Misión y Sostenibilidad" (septiembre a noviembre de 2015),

---

1 El presente aporte tuvo origen en una colaboración realizada para CLAI-Río de la Plata, que nos pidió volcar algunas reflexiones teológicas sobre de los desafíos que le plantea al pensamiento y la praxis ecuménica en la región los "cambios de paradigma" que ocurren en nuestras sociedades, abordando la temática a la luz de la tradición teológica de la Reforma.

desarrollada en el marco del "proceso de reestructuración" y de elaboración de un "Plan Estratégico 2016-2020" que se propuso el CLAI. El documento, sin ser un posicionamiento "oficial" de la institución, ayuda a componer un cuadro aproximado de la "lectura" que se viene realizando sobre la situación del movimiento ecuménico en general y del CLAI en particular.[2]

Allí se pone de manifiesto que la situación actual se caracteriza por un debilitamiento de la "identificación" de las iglesias e instituciones miembros con el CLAI, que redunda a su vez en una merma de su "contribución" a la sostenibilidad del organismo. Se diagnostica una "crisis" del movimiento ecuménico en general y del CLAI en particular, de dimensiones profundas y consecuencias graves, que ponen en riesgo la continuidad del esfuerzo ecuménico en la región. Tal crisis aparece asociada, entre otros factores, a una "pérdida de mística" del CLAI y a una "sequía profética" de las iglesias evangélicas ecuménicas, que tendrían grandes dificultades "para vislumbrar su rol en el continente" – ello en un contexto cambiante, que plantea múltiples y radicales desafíos a la búsqueda de unidad en pensamiento y acción, en los más diversos campos.

Con el fin de buscar alternativas superadoras desde el CLAI, allí se plantea la necesidad de realizar "recomendaciones sobre temas prioritarios y definir estrategias de acción", que promuevan una "renovación" profunda del testimonio ecuménico y de la "cultura institucional" del CLAI. Es precisamente en virtud de ello que en la mencionada consulta se le atribuye una gran importancia – entre otros factores – a la elaboración de una comprensión adecuada de los "cambios de paradigma" que están teniendo lugar a nivel global y en las propias iglesias, así como de los "cambios epistemológicos" asociados a ellos. En virtud de la temática que nos ocupa cabe destacar además la mención que allí mismo se hace de la "oportunidad" que significaría para el CLAI y las iglesias que

---

[2] Los documentos mencionados pueden ser consultados en la página web de CLAI: www.claiweb.org

lo integran, de "repensar su identidad, su rol y su compromiso cristiano ecuménico" a partir de la recuperación del "marco epistémico de la Reforma Protestante".

En vistas de la reconocida necesidad de renovación del movimiento ecuménico, las observaciones y afirmaciones que encontramos en la "Consulta sobre Misión y Sostenibilidad" convocada recientemente por CLAI le atribuyen gran importancia a la pregunta por el significado de las nuevas formas de experimentar, interactuar y –particularmente– de (re-)conocer "la realidad", que marcan la situación actual; así mismo, señalan la necesidad de indagar qué aporte pueda realizar al respecto el pensamiento teológico asociado a la tradición de la Reforma, considerando nuestro contexto específico. Con ello dejan planteada la tarea teológica de discernir y formular los criterios fundamentales, "paradigmáticos", que puedan impulsar una renovación del pensamiento y la praxis ecuménica con sentido auténticamente evangélico en medio de la cambiante realidad actual en nuestra región.

Así hemos dado un paso importante para precisar y acotar nuestro aporte, que tendrá por meta indicar algunas pistas que contribuyan al mencionado *discernimiento criteriológico* en base a la herencia teológica reformadora.[3]

---

[3] Aquí debemos dejar necesariamente de lado el tratamiento de toda una serie de problemas y discusiones que, en otro marco, habría que retomar de forma explícita. Entre ellas se encuentra sin dudas la discusión en torno a la vigencia y el valor heurístico actual del planteo acerca de los "cambios de paradigma", así como fuera desarrollado por Thomas S. Kuhn y su historia de las revoluciones científicas (1971). Otras discusiones igualmente pertinentes, aunque probablemente mucho más amplias, son las que vienen planteando otras disciplinas del saber (la filosofía, la sociología del conocimiento, el psicoanálisis, las neurociencias, las "ciencias duras", etc.) y los múltiples "conflictos de interpretaciones" en torno a "la realidad" involucrados en ellas (sea lo que fuere que, en cada caso, se entienda bajo el concepto de "realidad", complejizado enormemente por el impacto que conlleva el desarrollo de las TIC´s en casi todos los ámbitos).

1. El inicio de la Reforma y la lucha por la "liberación de la teología"

En nuestra memoria colectiva el inicio de la Reforma Evangélica está ligado indisolublemente con el 31 de Octubre de 1517. Ello radica en que ha quedado adherida a aquella víspera del "Día de todos los santos", en que el monje y profesor de teología Martín Lutero clavó sus famosas 95 tesis "sobre el valor de las indulgencias" en las puertas de la Iglesia del Castillo, en la ciudad de Wittenberg (Lutero 1967b, 7-15). Así, en nuestra percepción general, el punto de partida es identificado con la aparición pública de quien habría de convertirse más tarde en Reformador de la Iglesia.

De hecho, la intervención de Lutero fue acompañada por una serie vertiginosa de sucesos que conmocionaron a la cristiandad occidental en su conjunto, que de uno u otro modo expresaban la necesidad de implementar una reforma de la iglesia "en la cabeza y en los miembros", ya largamente ansiada.[4] Si bien no siempre fueron protagonizados por el propio agustino, esos acontecimientos mayormente lo tuvieron en el centro de la escena, al menos hasta fines de los años '20 (hasta aprox. la "Dieta de Augsburgo" de 1530). Ese trasfondo histórico primario y una compleja –y problemática– dinámica posterior de construcción de la "memoria cultural" (Assmann 2002) alemana y europea, hicieron de aquel gesto y su protagonista su figura simbólica axial.[5]

Sin embargo, hay una dimensión esencial ligada al inicio de la Reforma, que aunque no está suficientemente representada en nuestra conciencia común, nos interesa mucho rescatar en una reflexión como esta. Se trata, por cierto, de un aspecto menos "espectacular" que el mencionado anteriormente, aunque haya sido precisamente allí, de forma oculta al gran público de su tiempo, donde fue avivada la chispa que habría de inflamar el fuego del Espíritu en medio de la realidad histórica tardío-

---

4 Cf. el trabajo de Thomas Kaufmann (2009) y (2016).
5 Cf. Iglesia Evangélica en Alemania (EKD) (2015, 12s)

medieval. El mismo radica en que, como consecuencia de la serie de descubrimientos disruptivos que venía haciendo en sus eruditos y apasionados estudios bíblicos y lecciones académicas,[6] el joven profesor de teología, pocas semanas antes, en el mes de septiembre de 1517, había lanzado una crítica radical y frontal a todas las teologías de su tiempo, plasmada en su –casi ignota, incluso para el público eclesial y teológicamente interesado– "Disputación contra la teología escolástica" (Lutero 1955).[7]

Para nuestros fines es importante comprender las razones de fondo que esgrimió Lutero en ese manifiesto crítico-teológico. En él su diagnóstico señala que el discurso teológico de su época, sin saberlo, había sufrido una especie de "cautiverio babilónico".[8] Según su opinión, ello estaba dado por el hecho de que el paradigma de fondo de esa teología había sido inficionado por el *Zeitgeist* ("espíritu de la época") y su lógica dominante, expresada entonces por las categorías adoptadas de la filosofía y la ética aristotélica – desoyendo así, *de facto*, la advertencia apostólica: "no se acomoden a los esquemas de este siglo" (Ro 12,2). A la luz de su redescubrimiento de la justicia de Dios como Evangelio, expresada en el mensaje pascual del

---

[6] Tales experiencias reveladoras, de orden intelectual, espiritual y pastoral, derivaron en el descubrimiento liberador y crucial del significado evangélico del concepto de "justicia de Dios", como primera expresión paradigmática de lo "nuevo" que se gestaba en el curso que por entonces adquiría la "existencia teológica" de Lutero. Cf. el testimonio clásico del propio Reformador sobre el camino que lo llevara a realizar el mencionado descubrimiento (Lutero 1967, 331-338). La investigación sobre Lutero desarrollada en el siglo XX produjo un extenso debate interpretativo sobre el "giro reformador" en el pensamiento teológico del joven agustino. Al respecto informa Bernhard Lohse (1988).

[7] NB: las citas que siguen a continuación son fruto de nuestra propia traducción al español de esta obra del Reformador, escrita y publicada originalmente en latín. Sobre la concepción de la teología y el trabajo teológico de Lutero en esta temprana etapa, ver el clásico y fundamental estudio del teólogo danés Leif Grane (1975).

[8] Aquí parafraseamos el título de la obra con que posteriormente describiría, en esos mismos términos, la situación de la cristiandad en su conjunto, sujeta al dominio dogmático e institucional del Papa y de la curia romana Cf. (Lutero 1967a, 173-259).

Cristo crucificado y resucitado, Lutero identificó la raíz más honda de esa cautividad –irreconocible desde otra perspectiva– en la operación de inversión y corrupción "humana, demasiado humana", que describió concisa- y lapidariamente en la tesis 17 de la mencionada disputación:

> *El ser humano por naturaleza no puede querer que Dios sea Dios; antes bien, él quiere que él sea Dios, y Dios no sea Dios.*

Ese ser humano, que Lutero descubre en su lectura de las Escrituras y reconoce en su experiencia histórica como protagonista de la sociedad temprano-capitalista, piensa que *"su deseo puede elegir libremente entre alternativas opuestas"* (cf. tesis 5) y por lo tanto vive en la falsa creencia de *"ser señor de sus actos de principio a fin"* (cf. tesis 39), pero en verdad existe como *siervo*, ello es: como *su*-jeto a su deseo ilimitado y vacuo. Su condición sujeta, su cerrazón fundamental, es sellada por la sutil telaraña que teje procurando dar sentido y forma a su mundo hermético mediante su lenguaje. Creyendo realizar y comunicar su libertad esencial, paradójicamente no logra otra cosa que enredarse cada vez más férreamente a sí mismo en su autojustificación discursiva, en su "teología". Así Lutero describe a Adán, quien *"si fuese posible… quisiera que no hubiese ley alguna y que ella misma* [e.d., su voluntad] *fuese totalmente libre"* (tesis 86), como el teólogo *par excellence*.[9]

Articulada desde una disposición existencial como esa, la palabra teológica se vuelve una *ancilla* o sierva de la voluntad de auto-posicionamiento del ser humano, de su *conatus essendi* (E. Lévinas). Pues mediante la "luz" de su refinada intelección, en realidad oscurece y oculta el entramado de relaciones de poder en que se sostiene el orden reinante de cosas, en sus múltiples pliegues personales e institucionales. Así esa teología contribuye decisivamente a imponer, legitimar, extender y administrar "lo dado". Por seguir con absoluta fidelidad el

---

[9] Sobre este conjunto de percepciones teológicas fundamentales, ver las agudas interpretaciones que ofrecen Dietrich Bonhoeffer (1971) y Hans Joachim Iwand (1959).

curso de aquel pensamiento que, según el famoso *dictum* de Hegel, como "el búho de Minerva solo levanta su vuelo al romper el crepúsculo" (Hegel 1993), su "servicio" no consistirá en otra cosa que en proveer su mortecina relumbre, su "aroma espiritual" (K. Marx) a lo que siempre es más de lo mismo, a todo lo que es "viejo" y está llamado a pasar.[10]

A la luz de la revolución paradigmática que tuvo lugar con el redescubrimiento de Lutero, el sujeto de una teología así, por no dejar de cavar obsesiva- y enceguecidamente para sí "cisternas rotas", abandonando "la fuente de agua viva" (cf. Jer. 2,13), podrá hablar de Dios y de Jesucristo, del Espíritu Santo y de la gracia, incluso de los "cuatros solos" evangélicos, de la justicia, del amor y del compromiso con los pobres o la responsabilidad con el cuidado de la creación; podrá adoptar un enfoque hermenéutico-metafísico, ético-moral o revestirse con la tónica vibrante de la emocionalidad espiritualista y carismática; podrá tomar prestado su lenguaje de otras disciplinas científicas o querer traducir sus conceptos en forma coloquial; podrá desarrollar un ensayo teológico como este, un programa de reforma institucional, una predicación dominical o protagonizar una campaña evangelística, micrófono en mano, ante multitudes fervorosas – en todo ello, sin embargo, esa teología no será otra cosa que una fruta reluciente por fuera, pero podrida por dentro; una retórica sin consuelo ni auténtica esperanza.

2. La irrupción "de lo nuevo": esbozando una gramática genuinamente teológica en la tradición de la Reforma

Si seguimos la crítica planteada por Lutero a la teología de su época, a la que esencialmente le reprocha haber negado su

---

[10] En este aspecto fundamental el diagnóstico luterano concuerda con el que realizaran – desde preocupaciones y abordajes ciertamente distintos – teólogos latinoamericanos de la liberación como Juan Luis Segundo (1975).

vocación, contribuyendo a cimentar la "encorvadura sobre sí mismo", la violenta cerrazón del ser humano y las instituciones en las que vive y se mueve, cabe preguntarnos: ¿Dónde radica entonces la fuente de auténtica esperanza frente a ese diagnóstico aparentemente tan desolador? Una indicación valiosa nos la ofrece el sencillo inicio de la liturgia del culto comunitario, que cada domingo se celebra en nuestra propia comunidad de fe, la Iglesia Evangélica del Río de la Plata, cuando invita a la comunidad creyente a escuchar y confesar con el salmista la común esperanza en la *venida*, en el *adviento de Dios*: "¿De dónde vendrá mi ayuda?" Mi ayuda *viene* del Señor, que hizo los cielos y la tierra". (Sal 121,2).

El descubrimiento reformador, experimentado, sufrido, confesado y luchado –no sin dolorosas contradicciones– por Lutero en su vida y su teología, radica precisamente en que la apertura del mundo clausurado del ser humano pecador y sus instituciones, entramadas igualmente en él –incluida su teología–, tiene lugar en el acontecimiento por el cual *Dios mismo irrumpe en él* mediante su Espíritu, al pronunciar la "Palabra de la Cruz" (1 Co. 1,18). Ello tiene lugar en la medida que esa palabra es escuchada y asentida en toda su dimensión, sin reservas; en la medida en que así el ser humano le dé la razón *a Dios* y lo justifique en *sus* razones (cf. Sal. 51,4).[11] Pues si deja valer para sí su justicia extraña, *externa*, promulgada "por todos nosotros" en la resurrección del Crucificado, a través de su *sola fe*, entonces el ser humano dejará finalmente que "Dios sea Dios"[12] y así –y *solo* así– quedará atrás una y otra vez el ser humano descripto por Lutero en la citada tesis 17 de su *Disputatio contra scholasticam theologiam*.

Por haber experimentado de ese modo la condena del pecado que vivía en ellos, por participar de la muerte de Jesús, los creyentes reconocen haber sido incluidos por *pura gracia* en su comunión pascual, de amor y justicia indestructibles. Así

---

11 Cf. Beros (2015, 50ss).
12 Cf. el estudio de Philip S. Watson (2000).

ingresan en un devenir inefable, en una renovación/revolución permanente de su completa existencia. Impulsados por el Espíritu de Dios, se abren a su reinar, a su llamado a vivir una vida en comunidad con Él y con el prójimo, a quienes habían perdido, y ahora han reencontrado en el Crucificado. Pues su *metanoia*, su conversión y su fe (cf. Mc 1,14ss), consisten precisamente en ello – y *solo* en ello: en "dejarse arrastrar al camino de Jesucristo, al acontecimiento mesiánico", como señala Bonhoeffer en sus "Cartas y apuntes desde el cautiverio", el 18 de julio de 1944 (1983, 253).

Si seguimos la huella de esa teología bíblica reformadora, de lo que se trata es de ser incorporados a aquella "escuela del Espíritu Santo" en la que la propia María, la insignificante y simple muchacha de pueblo en Israel, aprendió a testimoniar que el Dios de la Promesa, con la venida de su justicia y obrar cruciforme, "abaja lo elevado y levanta lo caído; quiebra a lo que es algo y de lo que es nada crea aquello que ama".[13] Para esa comprensión *precisa* del contenido y el modo característico en que se articula el discurso teológico en tanto testimonio de la verdad del Evangelio, únicamente a quienes se expongan sin reservas a ese devenir concreto en la historia de Dios con su pueblo, también les será dado indicar –como Juan el Bautista (cf. Jn. 1,36)– aquel *lugar* donde es posible aguardar la *irrupción de lo nuevo* en su poder transformador y renovador: la nueva criatura y creación de Dios en Jesucristo (2 Co. 5,17).

Ese *topos* escatológico, al que se asocia la promesa que la justicia de Dios nos salga al encuentro renovadamente, y que así la experimentemos, conozcamos y sigamos, radica allí donde *acontece el testimonio mutuo de la Palabra de la Cruz*. Así, la forma esencial de vida de la comunidad de seguimiento que ha sido llamada a ser la iglesia, se hace manifiesta decisivamente en su *vita passiva* (vida pasiva),[14] en tanto que –por su fe– "padece", deja valer incondicionalmente para sí *esa* Palabra – y *no*

---

13 Cf. Lutero (1967d). Para la discusión de los principios de una epistemología teológica en base a una relectura de este texto del Reformador, ver: Beros *(2011)*.

14 Sobre este tópico ver: Beros (2016b).

cualquier otra palabra, saber, ideología o programa que otros le digan o ella se vea tentada a decirse a sí misma. Pues la iglesia es creatura de *esa* Palabra (*creatura verbi*) o no es la Iglesia de Jesucristo.[15]

Únicamente en esa escuela –la de los profetas, la de Jesús, María, los apóstoles y una inmensa nube ecuménica de testigos, testigas y mártires– nos ha sido prometido llegar a aprender, una y otra vez de nuevo, a dejar de "llamar a lo malo, bueno y a lo bueno malo" y así –por la fuerza del Espíritu de Jesús– decir "qué es lo real" (Lutero 1967c, 42)[16] en medio de la realidad hermética del ser humano y sus instituciones – incluidas las iglesias y sus organizaciones ecuménicas.

3. Crisis y renovación del testimonio ecuménico: aprender a *distinguir y juzgar* allí donde irrumpe "lo nuevo" hoy

Según un punto de vista ampliamente compartido[17], el movimiento ecuménico mundial, y de manera muy particular, la ecúmene latinoamericana y sus instituciones, están atravesando una *profunda crisis*. Varios son los indicadores que se apuntan como manifestaciones de la misma. Según sea la perspectiva que se haya adoptado, se mencionan: la merma de alcance e incidencia de los programas que se ofrecen; la fragilización creciente de su sostenibilidad financiera; el incremento de la conflictividad cruzada que se verifica entre diversos actores y frentes personales, corporativos y confesionales, entre varios otros etcéteras.

Sin negar la validez (parcial) de tales indicaciones, en tanto señalen problemáticas reales que requieran ser adecuadamente atendidas, aquí es preciso abordar la cuestión desde una perspectiva distinta. Pues desde un punto de vista bíblico-teológico acorde a la gramática reformadora que esbozamos,

---
15 Cf. Beros (2016a).
16 Ver: Beros (2010).
17 Ver la introducción, arriba.

una crisis es –como lo sugiere el enraizamiento semántico de nuestro vocablo en el verbo griego *krinein* y lo concretizan paradigmáticamente textos como el Salmo 82–, una situación en la que ya no se es capaz de *distinguir, diferenciar,* y por tanto, de *discernir y juzgar* qué es lo que está realmente en juego en ella.)[18] En un sentido primario y absolutamente decisivo, ella consiste en *el abandono y pérdida del contexto fundamental de vida, creado por la renovada irrupción de la justicia de Dios en medio de la historia y de las instituciones humanas.* [19]

Sobre el trasfondo de lo señalado hasta aquí, cabe preguntarse seriamente en qué medida los esfuerzos tendientes a promover la ansiada renovación del testimonio ecuménico –por mejor intencionados que sean– *no permanecerán prisioneros de una lógica profundamente errónea,* si –por los motivos y razones que fuese– a los criterios que los orientan se los busca *primeramente* en "planes de acción estratégica", en la elaboración de una "agenda de temas prioritarios" o en una más o menos vaga preocupación por la "pérdida de mística" o la "sequía profética" o la falta del "fuego del espíritu" de las iglesias ecuménicas, sus instituciones y representantes.

---

18 Con este enfoque nos movemos en un horizonte interpretativo muy cercano al que formula con respecto al pensamiento político la filósofa Hanna Arendt, quien sostiene que dicho pensamiento "se funda en la capacidad de discernir" (Arendt 2005, 19ss).

19 En efecto: la trama dramática allí testimoniada deja en claro que esa *incapacidad de discernimiento* (vs 5) que sufren quienes han sido empoderados cual "dioses" con *la vocación de hacer justicia al débil* (vs 4), se asocia al mencionado abandono. Además, que ese abandono – expresado en no prestar atención al prójimo en su necesidad, en no "librarlo de la mano de los impíos", haciéndole injusticia – supone su *reemplazo* por el establecimiento *de otras lealtades,* la aceptación de *otros criterios* de justicia y verdad, *en sintonía con* el *orden y los intereses dominantes* (vs 2-3). Y finalmente, que es ello lo que "hace temblar los cimientos de la tierra", lo que *pone en crisis el mundo creado de vida,* y deriva en el mismo *destino de muerte* que sufren aquellos intereses y poderes ("los príncipes") a los que se sirvió (vs 7). Sobre este trasfondo de violencia y muerte, brota el clamor orante de aquellos que piden por la venida del reinado de Dios y su justicia (vs 8). Hemos ofrecido una interpretación de este salmo al reflexionar sobre algunas implicancias político-económicas del concepto de "justicia" en la tradición bíblica. Ver: Beros (2013).

Pues, en la medida que el diagnóstico de la crisis responda a ese tipo de patrones genéricos, como resultado de los mencionados esfuerzos se podrá esperar, quizá, el apuntalamiento remozado o el sostén endeble de "lo dado", su mejor o peor administración circunstancial – pero *jamás* la anhelada renovación del testimonio ecuménico. Dicha *renovación*, en tanto atañe a la obra del Espíritu y a la fe, vendrá de *otro* lado – o no vendrá. Es por ello que –si se sigue la revolución paradigmática que tuvo lugar en el pensamiento teológico reformador–, la cuestión fundamental radicará *en lanzarse mancomunadamente a la búsqueda y exploración del contexto fundamental de vida* asociado promisoriamente a *aquel topos histórico-real en que acontece el testimonio mutuo de la Palabra de la Cruz.*[20]

Ese es el espacio de discernimiento comunicativo y político que ha recibido la inmensa promesa ecuménica de tomar parte –por la sola fe– de la trasformación y renovación liberadora de todas las cosas, incluido nuestro propio "entendimiento" (cf. Ro. 12,1-2). Allí es donde podemos aguardar esperanzadamente la crisis de nuestra crisis, la apertura salutífera de nuestra vida personal e institucional como anticipo auténticamente "pentecostal" del Espíritu del Resucitado (cf. Hch. 2; Jn. 20,19ss.). Por ese camino, la venida de su justicia pondrá fin una y otra vez a nuestra compulsiva obsesión por autojustificarnos, conduciéndonos a experimentar ya ahora las primicias de la meta definitiva establecida por Dios en su Jesucristo (cf. Ro. 10,4): ser parte del gran banquete ecuménico de los pueblos y de la creación toda (Ap. 19,7).

Ello no significa, en modo alguno, que se deba desechar todo esfuerzo por diagnosticar, analizar, revisar, planificar y evaluar en la vida de las iglesias y sus instituciones; o que no se requieran para ello los valiosos aportes que pueden ofrecernos otras disciplinas, saberes y recursos técnicos. Todo ello puede ser muy útil y necesario, y sería irresponsable no hacer uso de

---

20 Para un desarrollo más amplio de este aspecto central, ver: Beros (2016b).

ello, allí donde realmente es preciso hacerlo. Lo que sí significa, en cambio, es que tales esfuerzos, recursos y herramientas de nada servirán si en nuestra vida institucional como iglesias y organismos de iglesias *hayamos abandonado y perdido* –sin quizá haber tomado cabal conciencia de ello– nuestro contexto *fundamental* de vida como personas y como comunidades de fe – y con él, aquello que nos capacita a diferenciar, distinguir, discernir y juzgar en cada caso, *quod res est* (Lutero), qué es lo que está verdaderamente en juego en cada caso, en cada lugar y situación – en el Espíritu de Jesús.

En un tiempo signado por múltiples y mortíferas cerrazones y violencias, en que rige el imperio comunicacional global de la "post-verdad" y todo lo sólido es fluidizado en mercancías intercambiables y desechables (Z. Bauman), preguntar desde esa fe cruciforme por la renovación del testimonio ecuménico, nos llevará –ante todo– a sumar nuestro clamor comprometido al de quienes, en su hambre y sed, desnudez y reclusión, anhelan ardientemente la irrupción de aquella justicia liberadora que los cristianos confesamos como fruto del reinar de Dios en el mundo y las instituciones humanas, exclamando a una voz:

"Levántate, oh Dios, juzga la tierra;
porque tu heredarás todas las naciones"
(Sal. 82,8).

Bibliografía

Arendt, Hanna. 2005. *Was ist Politik? Fragmente aus dem Nachlaß*. Múnich/Zúrich: Piper.

Assmann, Jan. 2002. *Das kulturelle Gedächtnis. Schrift, Erinnerung und politische Identität in frühen Hochkulturen*. Múnich: Beck.

Beros, Daniel C. 2010. "La Disputación de Heidelberg y su *'theologia crucis'* como gramática fundamental de la teología evangélica". *Cuadernos de Teología XXIX:1-13*.

Beros, Daniel C. 2011. "Fuera de lo cual no se enseña otra cosa que apariencias y palabrería". *Cuadernos de Teología XXX: 45-52*.

Daniel C. Beros. 2013. "Dejar que se haga presente la justicia de Dios". En *Bicentenario. Tiempos de Revolución e Independencia*, editado por Jerónimo Granados, 2013, 33-49. Buenos Aires: ISEDET.

Beros, Daniel C., traductor y editor. 2015. *Hans J. Iwand, Justicia de la fe. Estudios sobre la Teología de Martín Lutero y de la Reforma Evangélica del Siglo XVI*. Buenos Aires: La Aurora.

Beros, Daniel C. 2016a. "Iglesia: criatura… ¿de qué 'palabra'? Reflexiones sobre el sentido de la conmemoración de los 500 años de la Reforma en América Latina". En *Radicalizando la Reforma. Otra teología para otro mundo*, editado por Martin Hoffmann, Daniel Beros y Ruth Mooney, 2016, 51-65. San José: SEBILA / La Aurora.

Beros, Daniel C. 2016b. "El límite que libera: la justicia 'ajena' de la Cruz como poder de vida. Implicancias teológico-antropológicas de una praxis política emancipadora". En *Radicalizando la Reforma. Otra teología para otro mundo*, editado por Martin Hoffmann, Daniel Beros y Ruth Mooney, 2016, 209-234. San José: SEBILA / La Aurora.

Beros, Daniel C. 2016c. "¿Qué es el hijo del hombre… para que lo visites? Reflexiones en torno al ser humano en perspectiva teológica". En *Dios, ser humano, mundo. Entre la filosofía y la teología*, editado por Daniel C. Beros, Jorge Luis Roggero, David A. Roldán y Flavia Soldano Deheza, 2016, 137-154. Buenos Aires: Facultad de Filosofía y Letras de la Universidad de Buenos Aires.

Bonhoeffer, Dietrich. 1971. "Creación y caída. Exégesis teológica de Génesis 1-3". En *¿Quién es y quién fue Jesucristo? Su historia y su misterio*, D. Bonhoeffer, 1971, 91-176. Barcelona: Ariel (Libros del Nopal).

Bonhoeffer, Dietrich. 1983. *Resistencia y sumisión. Cartas y apuntes desde el cautiverio*. Salamanca: Sígueme.

Hegel, Jorge Guillermo Federico. 1993. *Fundamentos de la filosofía del Derecho*. Traducido por Carlos Díaz. Madrid: Libertarias/Prodhufi.

Iglesia Evangélica en Alemania (EKD). 2015. *Justificación y libertad. Celebrando 500 años de la Reforma en el 2017*. Hannover: EKD.

Iwand, Hans Joachim. 1959. "Die Freiheit des Christen und die Unfreiheit des Willens". En *Hans Joachim Iwand. Um den rechten Glauben. Gesammelte Aufsätze*, editado por Karl G. Steck, 1959, 247-268. München: Kaiser.

Kaufmann, Thomas. 2009. *Geschichte der Reformation*. Francfort del Meno/Leipzig: Insel.

Kaufmann, Thomas. 2016. *Erlöste und Verdammte. Eine Geschichte der Reformation*. München: Beck.

Kuhn, Thomas S. 1971. *La estructura de las revoluciones científicas*. México: FCE.

Leif Grane. 1975. *Modus loquendi theologicus. Luthers Kampf um die Erneuerung der Theologie*. Leiden: E.J. Brill.

Lohse, Bernhard, ed. 1988. *Der Durchbruch der reformatorischen Erkenntnis bei Luther. Neuere Untersuchungen*. Stuttgart: F. Steiner.

Lutero, Martin. 1955. "Disputatio contra scholasticam theologiam (1517)". En *Luthers Werke in Auswahl (Tomo I), 2ª ed.*, editado por Erich Vogelsang, 320-326. Berlín: Walter de Gruyter.

Lutero, Martin. 1967a. "La cautividad babilónica de la Iglesia (1520)". En *Obras de Martín Lutero (Tomo I)*, 173-259. Buenos Aires: Paidós.

Lutero, Martin. 1967b. "Disputación acerca de la determinación del valor de las indulgencias" (las 95 tesis). En *Obras de Martín Lutero (Tomo I)*, Buenos Aires: Paidós.

Lutero, Martin. 1967c. "La Disputación de Heidelberg (1518)". En *Obras de Martín Lutero (Tomo I)*, 29-46. Buenos Aires: Paidós.

Lutero, Martín. 1967d. "El Magníficat (1521)., en: En *Obras de Martín Lutero (Tomo VI)*, 377-436. Buenos Aires: Paidós.

Lutero, Martín. 1967e. "Prefacio al primer tomo de los escritos latinos – 1545". En *Obras de Martín Lutero (Tomo I)*, 331-338. Buenos Aires: Paidós.

Segundo, Juan Luis. 1975. *Liberación de la teología*. Buenos Aires: Carlos Lohlé.

Watson, Philip S. 2000. *Let God be God. An interpretation of the Theology of Martin Luther*. Eugene, OR: Wipf & Stock.

Hispanismo y evangelicalismo en Colombia
Dos propuestas de Reforma en conflicto

Juan Carlos Gaona Poveda

Introducción

En este artículo se analiza la impronta reformista de las primeras misiones evangélicas que, desde mediados del siglo XIX, contendieron con sectores hispanistas del catolicismo por determinar la manera en que se debía asumir una auténtica transformación de las sociedades latinoamericanas. El marco del trabajo es la Colombia de postrimerías del siglo XIX y primera mitad del siglo XX. El análisis se hila a través de tres puntos: a) caracterización del contexto de desarrollo del conflicto; b) descripción de las estrategias utilizadas por ambos bandos; y c) reflexión teológica sobre la naturaleza reformista o colonialista de ambas propuestas; para concluir con una prospectiva sostenida sobre algunos planteamientos de la reflexión teológica del luterano alemán Paul Tillich.

1. Los escenarios del conflicto

El conflicto entre las iniciativas reformistas de inspiración hispánica y anglosajona se desarrolló en el marco de la confrontación entre dos propuestas de orden social que en Occidente buscaron hacerse hegemónicas: una conservadurista-tradicionalista y la otra modernista-secularizante. La primera asociada a la figura de la Iglesia católica y al continuismo de su propuesta sociopolítica y cultural; la segunda a los países de confesionalidad protestante y a su agenda expansionista mundial (Dussel 1974, 168). Confrontación que tuvo eco en la región, ya que el propio término de "América Latina" fue desarrollado a partir del siglo XIX como una forma de "designar una América católica e hispánica, contrapuesta a otra América protestante y anglosajona" (Bastian 1994, 11). Es así que en los diversos países se evidenció, en mayor o menor medida, una polarización entre las opiniones de unos grupos oligárquicos y aristocráticos, que apoyaban el continuismo de las prerrogativas tradicionales de la Iglesia en la época de la dominación española, y unos grupos liberales, conformados por una clase media intelectual que proponía la ruptura con el pasado y sus valores tradicionales, para reemplazarlos por otros de inspiración, primero francesa, y luego anglosajona (Dussel 1974, 168).

El campo de conflictividad expuesto asumió la forma de una disputa por la definición del Estado-Nación moderno. El desmonte de las antiguas colonias españolas en los territorios americanos había generado un vacío en el ordenamiento institucional y moral de las nacientes naciones, el cual generaba una sensación de anomia social al interior de las diversas élites criollas, lo que les obligó a establecer un nuevo ordenamiento de la vida social, proceso en el cual se agudizó la lucha entre sectores sociales que, en casos como el colombiano, desembocó en múltiples guerras civiles promovidas por caudillos regionales. Esta situación les llevó a buscar alternativas culturales, políticas y religiosas para generar la tan anhelada estabilidad social. Desde finales del siglo XIX estos proyectos reformistas asumieron, en países como Colombia y México, el lenguaje de la regeneración (Melgarejo 2010, 34).

En términos políticos, dicho lenguaje configuró los discursos de escritores e intelectuales latinoamericanos decimonónicos y de la primera mitad del siglo XX. Propósitos como ordenar, educar, pacificar y disciplinar a la población confluyeron en esta metáfora regeneracionista, que convertía la vida de manera directa en su objeto (Melgarejo 2008, 280). El supuesto carácter reformista de la misma radicaba en que el término regenerar

> [...] supone una acción (generar) sobre algo que ya existe (la población), pero que hay que cambiar... No sólo está nombrando el proyecto futuro y expansivo que hay que adelantar (ordenar, civilizar, pacificar), sino que supone y nombra la existencia de una población degenerada. De esta manera, describe el propósito de una élite preocupada por transformar la vida política de una sociedad en decadencia, pero, al mismo tiempo, llena de potencial. De manera que la regeneración nos permite ver los dos gestos del poder: su gesto expansivo y, así, inclusivo por un lado, y, por otro lado, un gesto exclusivo en relación con una población que, si no participa de la regeneración, quedará estancada y en estado de degeneración[...] (281)

En este proyecto las élites nacionales buscaron referentes externos que sirvieran de orientación para el renacer de la población. Se miró hacia Francia e Inglaterra como una forma de emanciparse de la cultura colonial tradicional. Por el lado liberal, se realizaron acciones radicales en contra de la Iglesia católica, lo que luego les sería cobrado en los países donde la regeneración hispanista triunfaría. Por ejemplo, Colombia, que fue uno de los primeros países en separar la Iglesia del Estado en 1854, terminó por ser uno de los más conservadores y católicos con la proclamación de la Constitución de 1886 y del Concordato del año siguiente, el cual le devolvió a la Iglesia su lugar privilegiado y se lo amplío en prácticamente todos los campos de la vida personal y social.[1]

Esta predisposición a seguir modelos foráneos fue cuestionada por ciertos sectores de la intelectualidad latinoamericana. Oscar Blanco presenta algunos ejemplos representativos: en Buenos Aires Florentino González publicó, en 1872, una traducción de las *Constituciones de Algunos de los Estados de la Unión Americana*, en la que criticaba la apropiación de valores

---

[1] Revisar los trabajos de Plata 2004 y Figueroa 2009.

políticos "afrancesados" y proponía la búsqueda del carácter específico de la cultura nacional. En Colombia, Sergio Arboleda y José María Vergara propusieron el reconocimiento del genio de la nación para corregir los errores franceses. Vergara fue el primero en realizar una apología argumentada de la hispanidad y de su legado, en la cual alababa el sentido humanitario de las Leyes de Indias y del catolicismo español, además de desmentir la llamada leyenda negra y la decadencia española del siglo XIX (Blanco 2009). La crítica a la imitación de los modelos europeos se realizó a través de los cuadros de costumbres, que mostraban a unos sectores populares alentados falsamente por los criterios foráneos nacidos de un ideal vano de ascenso social, que a juicio de los escritores promovía la lucha por unas reivindicaciones civiles a todas luces nocivas para el alma nacional. Resulta, al menos, paradójico que para estos intelectuales preocupados por resaltar el elemento autóctono frente a las intromisiones foráneas, la identidad de la nación se construyera a partir de dos fuentes fundamentales: la ciencia positivista de origen europeo y las tradiciones hispánicas, sin siquiera considerar los aportes de las culturas originarias.

Es en este clima de desconfianza hacia lo foráneo que llegan de Norteamérica las primeras misiones evangélicas a mediados del siglo XIX,[2] las cuales, como minorías disidentes, formularon su propio tipo de reforma social, no sólo en términos religiosos, sino también cívicos y ciudadanos, para lo cual, sin importar su carácter liberal o fundamentalista, hicieron uso de la metáfora regeneracionista.[3] Por lo tanto, no resulta difícil comprender por qué desde muy temprano fueron vistas con suspicacias por las élites que abogaban por una nación libre de intereses y modas extranjeras (el mismo término evangelicalismo es en sí mismo un anglicanismo); y que, a su vez, estos nuevos elementos religiosos acusaran a los grupos tradicionales en el poder de ser heraldos del imperialismo hispánico y romanista.

---

[2] Consultar Ordoñez 2011 y Moreno 2010.
[3] Afirmación sustentada en mi investigación de maestría: Gaona 2015.

Además, no se puede negar que algunos gobiernos liberales vieron en ellas a un aliado más para contrarrestar el poder de los heraldos del proyecto de nación católica.

En realidad, se debe reconocer que ambas propuestas religiosas y sus correlativas versiones de reforma, venían de un trasfondo extranjero, ya que ninguna de las dos se conectaba con las espiritualidades y religiosidades ancestrales cultivadas en estos territorios. Las ideas religiosas, al igual que las políticas y culturales, provenían de fuera. El cristianismo como una religión foránea ampliamente diversificada desde su mismo origen (Ehrman 2004), daba cuenta de múltiples versiones, las cuales se asociaban a matrices culturales y valores diversos. En el caso latinoamericano, y específicamente colombiano, llevaban cuatro siglos del influjo de un catolicismo, mayoritariamente hispanista. Es así que los intelectuales, religiosos y políticos de las nuevas naciones tuvieron que reflexionar sobre la continuación, transformación o ruptura de este legado y sobre la apropiación de los nuevos vientos culturales que soplaban de otras partes de Europa y de los Estados Unidos.

2. Estrategias reformistas

El conflicto enunciado entre estas dos expresiones del cristianismo había alcanzado ya cierta resonancia internacional en la década de 1930. Antonio Gramsci realizó una semblanza de las mutuas acusaciones entre católicos y protestantes en América Latina, a través del análisis de un artículo de la revista *Civiltà Cattolica*, del 18 de octubre de 1930, titulado *"Il protestantesimo degli Stati Uniti per l'evangelizzazione protestante nell'America latina"*. Texto desde el cual caracterizó dicha disputa en los siguientes términos: "[…] naturalmente, los católicos presentan a las misiones protestantes como la vanguardia de la penetración económica y política de los Estados Unidos, y luchan contra ella apelando al sentimiento nacional. El mismo reproche le hacen los protestantes a los católicos presentando a la Iglesia y al Papa como potencias terrenales que se amamantan de la religión […]" (Valdez 2006).

No obstante, en ciertos sectores de ambos grupos se buscó contrarrestar esa representación colonialista y las prácticas asociadas a la misma. Por el lado católico, grupos progresistas y utópicos promovieron el galicanismo -una iglesia de jurisdicción republicana- en oposición al enfoque hispánico y romanista promovido por el aparato eclesial concordatario (Plata 2004). Por el lado evangélico, la diferenciación significativa entre un panamericanismo dominado por los Estados Unidos -reflejado en congresos misioneros como el de Panamá (1916)- y una segunda propuesta de integración regional -impulsada en el congreso de la Habana (1929)-, mucho más latinoamericanista, da muestras de ese proceso de emancipación.

En este contexto, las estrategias de unos y otros se desplegaron en dos escenarios comunes: el lenguaje y el cuerpo. Escenarios en los que los aspectos culturales, biológicos, políticos y espirituales de la vida se sobreponían en una visión totalizante de la realidad. A ojos de los reformadores, la transformación del cuerpo político de la nación sólo se podía dar cambiando la naturaleza somática de la población que la integraba; la promoción de una cultura nacional sana se podía realizar principalmente a través del cultivo de los sentimientos religiosos de los individuos y colectividades; y la cristianización de la moral tenía como orientación las normas del lenguaje y de las buenas costumbres dictadas por una racionalidad cuyo valor principal fuese el orden. El problema radicaba en cuáles deberían ser las fuentes de dicha gramática de la vida. Cada grupo en disputa tomaría su propia posición.

Respecto al lenguaje, los católicos regeneracionistas buscaron reactivar el régimen de representación escriturario-literario heredado del período colonial hispánico en cuya base se encontraba la idea de un uso apropiado del idioma y de la gramática como elementos de distinción social (Gaona 2015, 152). Para tal propósito hicieron uso de la prensa, las cartillas de enseñanza y de las obras literarias de pensadores conservadores como Miguel Antonio Caro a finales del siglo XIX y del presidente Laureano Gómez a mediados del siglo

XX, entre otros (Cárdenas 1993). Los evangélicos, por su parte, hacían alusión en sus cartillas cívicas y en sus periódicos a la limpieza del lenguaje como una cuestión de higiene social (*Evangelista colombiano* 1933, 6), señalaban que el castellano era una de las pocas herencias valiosas heredadas de España (*Evangelista cristiano 1925, 2)* y rendían homenaje a luminarias del idioma como Miguel de Cervantes Saavedra y el poeta nicaragüense Rubén Darío.

En relación a lo corporal, las élites herederas de la regeneración católica se apropiaron del discurso médico-higienista, el cual partía de concepciones biologicistas en las que se buscaba la "regeneración de la raza", no solamente en los asuntos meramente fisiológicos, sino también morales y culturales. La promoción de discursos y prácticas eugenésicas por parte de algunos sectores del catolicismo, principalmente de elementos laicos de inspiración hispanista, se ha estudiado en países como Argentina (Vallejo 2014, 55) y Chile (Sánchez 2014). En el caso colombiano, se cuenta con experiencias como el diseño y construcción de barrios obreros pensados desde un enfoque de higienización de la vida física y moral por parte de grupos como la *Sociedad de San Vicente de Paul,* que si bien nació en Francia, tuvo como uno de sus principales centros a España. En esta línea es bien reconocida la obra del padre jesuita español José María Campoamor en Bogotá a comienzos del siglo XX (Noguera 1998).

A su vez, los evangélicos sostenían que la corporeidad del individuo era el punto de encuentro con la divinidad (I Corintios 6:19) y, por lo tanto, su cuidado el reflejo del estado espiritual del ser humano. El carácter profano del cuerpo se redimía por la presencia de Dios en el converso. De esta manera, la pureza espiritual y moral era fácilmente intercambiable con la higiene física. Lo religioso se conectaba directamente con los aspectos biológicos y socioculturales de la vida. Los discursos y las prácticas profilácticas se integraban, entonces, a un ideal de vida cristiana que se contraponía a las costumbres antihigiénicas e inmorales de una población que no había tenido, desde su perspectiva, una buena tutela por parte de los católicos. Es así que la moralidad precedía la toma de decisiones políticas (*Evangelista colombiano* 1941, 4). Por lo tanto, no era suficiente la moderación en la ingesta de bebidas alcohólicas, la abstinencia se consideraba requisito indispensable, ya que la débil raza colombiana no podría tomar con moderación, tal como lo podrían hacer los blancos (*Mensaje* 1943, 11).

Las cartillas ciudadanas y la prensa evangélica inspirada en este ideal regeneracionista promovían el desarrollo de una cultura social expresada en: a) la urbanidad evidenciada en buenos modales, buen gusto, buen hablar y cortesía, que debía aprenderse en el hogar y la escuela; b) la limpieza del lenguaje a la que ya se ha hecho alusión, y c) el aseo personal y la higiene familiar. Factores que se consideraban influyentes en la vida social y que se formaban a partir de los sentimientos religiosos y del cumplimiento de las prescripciones de una cultura refinada (*Evangelista Colombiano* 1933, 6). Finalmente, durante las tres primeras décadas del siglo XX, el ala liberal propuso un ideal de vida práctica, inspirado en los valores anglosajones, que exaltaba los saberes técnicos en oposición a la herencia corporativista hispánica, el cual poco a poco fue cediendo paso al discurso moralista conservador, que buscaba diferenciarse del católico en la radicalidad de sus planteamientos (Gaona 2015, 184-186).

3. Balance teológico de las reformas

Las formas que asumieron las estrategias reformistas anteriormente expuestas se configuraron a partir de la particular manera en que las élites nacionales y los liderazgos eclesiales apropiaron o rechazaron la herencia hispánica, francófona o anglosajona. Respecto a esta apropiación, Gabriel García Márquez señaló:

> La paradoja es que estos conquistadores nostálgicos, como sus antepasados, nacieron en un país de puertas cerradas. Los libertadores trataron de abrirlas a los nuevos vientos de Inglaterra y Francia, a las doctrinas jurídicas y éticas de Bentham, a la educación de Lancaster,

al aprendizaje de las lenguas, a la popularización de las ciencias y las artes, para borrar los vicios de una España más papista que el papa y todavía escaldada por el acoso financiero de los judíos y por ochocientos años de ocupación islámica. Los radicales del siglo XIX, y más tarde la Generación del Centenario, volvieron a proponérselo con políticas de inmigraciones masivas para enriquecer la cultura del mestizaje, *pero unas y otras se frustraron por un temor casi teológico de los demonios exteriores*. Aún hoy estamos lejos de imaginar cuánto dependemos del vasto mundo que ignoramos (cursivas del autor) (García 1996).

En las últimas líneas de la cita, el nobel colombiano alcanzó a entrever una fundamentación teológica de la resistencia histórica de las élites colombianas a los vientos progresistas del extranjero y de su mantenimiento obstinado del ethos católico-hispánico. En este sentido, sus palabras contienen un llamado a analizar cada propuesta de reforma desde su estructuración profunda y no solamente desde sus expresiones sociopolíticas y económicas concretas en las que la religión tiende a ser relegada a una función institucional, utilitaria y/o ideológica. Más bien, como señala Paul Tillich, el análisis del lugar de lo religioso en la sociedad debe hacerse con referencia a su conexión con las preocupaciones últimas de cada expresión cultural (2009, 16). Es así que la pregunta por la naturaleza teológica de los intentos de reforma descritos, pasa necesariamente por la forma en que articularon sus estrategias frente a una situación límite, que dotará de sentido trascendente cada iniciativa concreta.

Desde esta perspectiva, la retórica escatológica de la regeneración católica-hispanista se estructuró teológicamente en clave de reforma. La famosa frase de Rafael Núñez -principal heraldo del proyecto regeneracionista y cuatros veces presidente de Colombia durante el siglo XIX-: "Regeneración fundamental o catástrofe" da muestras de la búsqueda de un cambio holístico y radical de un población que, a sus ojos y a los de sus compañeros, se encontraba al borde del abismo. No era suficiente, entonces, transformar las estructuras políticas, económicas y culturales, puesto que lo que se ponía en juego era la estructuración misma de la existencia de los sujetos y de las colectividades, los cuales iban camino seguro a su autodestrucción. Por lo tanto, resulta entendible que no disociaran lo biológico, lo político, lo económico, lo cultural, lo moral y lo religioso en la empresa salvífica de la que se sentían parte.

Sin embargo, las realizaciones concretas de este ideal reformador distaron mucho de legitimarse teológicamente, ya que lo que se presentaba como una catástrofe inminente no era más que una falsa situación límite, puesto que su punto de partida fue el temor al pueblo, la desconfianza hacia las clases populares y las minorías, la búsqueda de la racionalización del control social y la monopolización del poder por parte de unas élites étnicamente diferenciadas de los elementos autóctonos. Fundamentos que inevitablemente llevaron a proponer un continuismo de las viejas usanzas colonialistas, que reproducían un orden social excluyente pero pacificado y, por lo tanto, productivo. Sin querer negar con estas afirmaciones, la existencia de auténticos sentimientos cristianos en varios de estos reformadores.

Por su parte, los evangélicos se representaron a sí mismos como herederos de los reformadores del siglo XVI, lo cual se atestigua en múltiples artículos de periódicos como *El Evangelista Colombiano* (1912-1956) y *El Heraldo Bautista* (1943-1980), en los cuales más que centrarse en sus propuestas doctrinales, enarbolaron las figuras de estos teólogos y líderes como modelos éticos y heraldos de la libertad religiosa (Gaona 2015, 193). Es así que la retórica técnico-utilitarista de las primeras misiones liberales, como también el discurso moralista de los elementos más conservadores, buscaron presentarse como actualizaciones de la Reforma. Estos grupos, en su condición disidente y minoritaria, se atrevieron a plantear una situación límite, en la que el estado de degeneración del pueblo no podía ser peor, ya que a sus ojos la mala tutela ejercida por las élites hispánicas-católicas había sumido a estas poblaciones en una desesperanza tal que se encontraba en peligro su propia existencia no sólo física, sino también moral y espiritual. Su predicación escatológica se conectó con el cambio en el aquí y en el ahora.

No obstante, las realizaciones concretas de esta impronta reformadora tampoco llegaron necesariamente a felices términos. Aunque, no en pocas ocasiones, su predicación y acción social significó un alivio para ciertos grupos poblacionales como indígenas, mujeres y obreros, no lograron desligarse del sentimiento de superioridad étnica y cultural que hacía de su propuesta de reforma una iniciativa exógena y, por lo tanto, colonialista que no impulsaba una transformación desde el interior de los sujetos y las comunidades, sino desde los sesgos culturales del misionero y de los primeros obreros nacionales. Afirmación que se debe matizar, ya que su evangelización, más que una imposición, fue una negociación dentro de complejas relaciones de hibridación cultural.

Prospectiva

Los evangélicos colombianos buscaron, a su manera, retomar el ideal reformador o, como lo denominó Tillich, el "principio protestante", definido como una protesta destinada a contrariar las decisiones de la mayoría imperante o de cualquier otro grupo con pretensiones de absolutizar una realidad siempre relativa o, en otras palabras, de usurpar lo infinito desde una arrogante finitud, siendo de esta manera "la expresión teológica de la verdadera relación entre lo incondicional y lo condicionado y –expresado religiosamente- entre Dios y el hombre" (Tillich 1965, 245). Perspectiva desde la cual, la impronta reformista se constituye como un juicio crítico frente a las distintas expresiones socio-culturales y religiosas, que se disputan un lugar hegemónico en cada sociedad.

El principio protestante no se suscribe a contingencias socio-históricas específicas, ni se limita a un determinado lugar de enunciación –religioso o secular-, como tampoco se orienta hacia una determinada institucionalidad o sistema. Sin embargo, cobra vigencia en la medida en que se pueda ubicar en realizaciones históricas concretas, que puedan ser analizadas crítica y proféticamente desde la reflexión y praxis teológica inherente a la herencia reformada. Es así que se puede elaborar una actualización de dicho principio con apoyo de herramientas epistemológicas y metodológicas contemporáneas, que nos pueden ayudar a desacralizar cualquier absolutismo o meta-relato intransigente, como es el caso del "eurocentrismo", del que no se escapa ni el mismo Tillich, quien en su trabajo intelectual y profético no dejó de exaltar el idealismo alemán y la cultura europea.

La teología histórica debe, entonces, poner en diálogo la reflexión teológica existencial con las contingencias socioculturales y no limitarse a un ejercicio hermenéutico de los procesos sociales, ni mucho menos encaminarse a la búsqueda de un ideal dogmático de la realización de una forma determinada de reforma, más bien ha de orientarse al desciframiento de nuevas e insólitas realizaciones históricas del ideal reformado. En este sentido, el análisis crítico de las dos reformas caracterizadas muestra la importancia de confiar en las comunidades locales para no imponer reformas absolutistas desde afuera, sino construirlas a partir de sus propios saberes, inquietudes y potencialidades; además, no es propio confundir los intereses circunstanciales de los reformadores con las aspiraciones existenciales y trascendentes de las personas involucradas; y, finalmente, conectar la dimensión espiritual con sus expresiones concretas en el mundo de la vida.

Bibliografía

Bastian, Jean Pierre. 1994. *Protestantismos y modernidad latinoamericana: historia de unas minorías religiosas en América Latina*. México: Fondo de Cultura Económica.

Blanco, Oscar. 2009. "Fe y nación en Colombia: la regeneración y el proyecto de una nación católica 1885-1920". Trabajo de grado para obtener el título de Maestría en Historia, bajo la dirección de Armando Martínez. Universidad Industrial de Santander.

Cárdenas, Miguel Eduardo. 1993. *Modernidad y sociedad política en Colombia*. Bogotá: Foro Nacional.

Castro-Gómez, Santiago y Eduardo Restrepo, ed. 2008. *Genealogías de la colombianidad. Formaciones discursivas y tecnologías de gobierno en los siglos XIX y XX*. Bogotá: Pontificia Universidad Javeriana.

Dussel, Enrique. 1974. *Historia de la Iglesia en América Latina coloniaje y liberación (1492-1973)*. Barcelona: Nova Terra.

Ehrman, Bart. 2004. *Cristianismos perdidos: los credos proscritos del Nuevo Testamento*. Barcelona: Ares y Mares.

Evangelista Colombiano, El. 1933. Archivo Hemerográfico Unibautista, No. 260 (mayo). Bogotá.

———. 1941. Archivo Hemerográfico Unibautista, No. 356 (abril). Bogotá.

———. 1925. Archivo Hemerográfico Unibautista, No. 148 (febrero). Bogotá.

Mensaje Evangélico, El. 1943. Archivo Hemerográfico Unibautista, No. 304 (abril). Cali.

Figueroa, Helwar. 2009. *Tradicionalismo, hispanismo y corporativismo: una aproximación a las relaciones non sanctas entre religión y política en Colombia (1930-1952)*. Bogotá D.C.: Bonaventuriana.

Gaona, Juan. 2015. "Prensa evangélica, esfera pública y secularización en Colombia (1912-1957)". Trabajo de grado para obtener el título de Maestría en Historia, bajo la dirección de Gilberto Loaiza. Universidad del Valle.

García, Gabriel. 1996. "La proclama por un país al alcance de los niños". En *Colombia al filo de la oportunidad*. Bogotá D.C., por la Presidencia de la República de Colombia. Consultado 15 febrero, 2017. http://www.plandecenal.edu.co/cms/media/herramientas/colombia_al_filo_de_la_oportunidad.pdf

Melgarejo, María del Pilar. 2008. "Trazando las huellas del lenguaje político de La Regeneración: la nación colombiana y el problema de su heterogeneidad excepcional". En *Genealogías de la colombianidad. Formaciones discursivas y tecnologías de gobierno en los siglos XIX y XX*, editado por Santiago Castro-Gómez y Eduardo Restrepo, 2008. Bogotá D.C.: Pontificia Universidad Javeriana.

———. 2010. *El lenguaje político de la Regeneración en Colombia y México*. Bogotá D.C.: Pontificia Universidad Javeriana.

Moreno, Pablo. 2010. *Por momentos hacia atrás... por momentos hacia adelante: una historia del protestantismo en Colombia 1825- 1945*. Cali: Universidad San Buenaventura.

Noguera, Carlos. 1998. "La higiene como política barrios obreros y dispositivo higiénico: Bogotá y Medellín a comienzos del siglo XX". Bogotá: Anuario Colombiano de Historia social y de la Cultura, número 25, 187-215.

Ordoñez, Francisco. 2011. *Historia del Cristianismo Evangélico en Colombia*. Bogotá D.C.: Editorial CLC.

Plata, William. 2004. "De las reformas liberales al triunfo del catolicismo intransigente e implantación del paradigma romanizador", En *Historia del Cristianismo en Colombia*, dirigido por Ana María Bidegaín, 223-285. Bogotá: Taurus.

Sánchez, Marcelo. 2014. "Eugenesia: ciencia y religión. Una aproximación al caso chileno". *Revista de Historia Social y de las Mentalidades*, Vol. 18, N° 1: 59-83. Departamento de Historia. Universidad Santiago de Chile. http://www.rhistoria.usach.cl/sites/historia/files/rhsm_1_2014_art_3_sanchez.pdf

Tillich, Paul. 1965. *La era protestante*. Buenos Aires: Paidós.

———. 2009. *Teología sistemática.La razón y la revelación, El ser y Dios*. Salamanca: Sígueme.

Valdez, Ivan, comp. 2006. *Los intelectuales y la organización de la cultura: apuntes de Antonio Gramsci*. Consultado 1 febrero de 2017. www.gramsci.org.ar

Vallejo, Gustavo y Marisa Miranda. 2014. "Iglesia católica y eugenesia latina: un constructo teórico para el control social (Argentina, 1924-1958). *Asclepio. Revista de Historia de la Medicina y de la Ciencia*. 66 (2), julio-diciembre: 055. http://asclepio.revistas.csic.es/index.php/asclepio/article/view/609/756

Las reformas religiosas del siglo XVI y las iglesias latinoamericanas de hoy: teología y misión a debate

Leopoldo Cervantes-Ortiz

El surgimiento del protestantismo en Europa está ligado a los movimientos de reforma de la iglesia medieval de cristiandad. Se inscribe dentro de un proceso más amplio de transición del feudalismo al capitalismo. Más que una reforma que unos quieren limitar al siglo XVI, se trata de un largo período de transición que va del siglo XII hasta el siglo XVIII y que abre el camino a la sociedad moderna e industrial. Se trata más bien de una serie de reformas a través de las cuales el protestantismo aparece como el elemento motor de ruptura del cuerpo *christianum* en un proceso de diferenciación religiosa que abre el camino al mundo burgués-capitalista (Bastian 1983, 650-651).

1. Reformas religiosas y procesos sociales en la futura "América Latina"

Las reformas religiosas del siglo XVI, agrupadas bajo el membrete genérico de "Reforma Protestante", han sido durante mucho tiempo la justificación de una serie de procesos eclesiales y teológicos que se han desarrollado desde ese mismo siglo en lo que ahora es América Latina. Aun cuando dicha presencia tuvo que afrontar una serie de conflictos, incluso militares, para hacerse más visible y constituirse en un factor real de peso (por ejemplo, la toma de Jamaica por parte de Inglaterra) (Bastian 1983, 664), lo cierto es que el "fantasma" del protestantismo, luteranismo o calvinismo asoló durante mucho tiempo las conciencias coloniales.[1] En ese sentido, el periodo colonial fue, por sí mismo, un curioso caldo de cultivo que incubó, por "asimilacion inversa", para decirlo de algún modo, las ideas que estaban contribuyendo a modificar el rostro de las sociedades occidentales, como parte de procesos más amplios de transformación social, económica y política. Jean-Pierre Bastian, en un texto que parecería lejano en el tiempo, situó muy bien esta presencia-ausencia en el contexto de las mutaciones sociales más amplias.

> ...tanto por la barrera levantada por la santa inquisición, como por la necesidad de consolidar la Reforma en Europa, pocos serán los intentos de penetración durante el período de dominio marítimo español. Estas tentativas fracasarán rápidamente por la ausencia de un poder naval. Pero a partir del fin del siglo XVI, con la victoria sobre "la invencible armada española" (1588), los ingleses consiguieron la hegemonía sobre los mares, lo que les permitió la conquista de unas islas del Caribe y la colonización de costas inhóspitas casi sin presencia española sobre el continente. Estas tierras bajo dominio británico, holandés o danés, serán la cuna del protestantismo latinoamericano (Bastian 1983, 656).

Con el ingreso "formal" de las iglesias protestantes o evangélicas al subcontinente, siempre ligado, en su mayoría, a proyectos misioneros delineados desde las metrópolis eclesiásticas (a excepción de zonas muy específicas, como el Río de la Plata y algunas más) (véase Villalpando 1970), el discurso religioso de las mismas comenzó a operar con base en esa serie de episodios históricos de manera desigual, debido, sobre todo, a las múltiples interpretaciones de lo que algunos denominan "el legado protestante" (cf. de Santa Ana 1970 y Bastian 1995).

---

[1] Cf. Mayer 2008. Esta obra es particularmente importante, pues reconstruye, para el caso de Nueva España, la "recepción" de que fueron objeto las ideas de Lutero y de sus seguidores en medio de un ambiente completamente cerrado a las mismas.

Éste, que ya se había convertido en bandera ideológica que podía ligarse sin mayores problemas a los intereses de las vanguardias criollas o autóctonas que accedieron al poder y contribuyeron a delinear el perfil de las nuevas naciones. Es una nota constante el hecho de que, a mayor o menor presencia de los liberalismos en la región, resultó más accesible o menos posible la instalación de estas sociedades religiosas sectarias que combatirían con tanta intensidad el peso abrumador de la tradición católica en las nuevas sociedades surgidas de las luchas de independencia. Prácticamente ninguna de las constituciones escapó al "designio cultural" de declarar al catolicismo como religion oficial.[2]

Como se recordó recientemente en las celebraciones del bicentenario de muchos ede estos movimientos independentistas, la "nota evangélica" (con algún matiz lejanamente alimentado por simpatías hacia el protestantismo) la aportaron, en muchos momentos, algunos ideólogos y legisladores radicales que intetaron hacer presentes sus ideas en los documentos fundadores, pero que escasamente lo consiguieron (cf. Mondragón 2011). Hay que buscar, más bien, el registro de esos impulsos en las minutas o documentos previos a la aprobación de las diferentes constituciones (cf. Bastian 2007a, 167-194), mediante una labor que aún espera a investigadores atentos a esa realidad histórica oscurecida por los elementos triunfantes. Nuevamente, para el caso de México, hay que recordar las aportaciones de personajes como José

---

2 Véanse: Monsiváis 2008a y 2008b. Vale la pena insistir en estas obras del ensayista mexicano de formación protestante, pues su militancia liberal, ideológica y política, siempre se situó en la trinchera de la denuncia sumamente informada de los excesos y carencias (lo uno por lo otro) del catolicismo latinoamericano, acaso uno de los más ultramontanos del mundo. En *Aires de familia. Cultura y sociedad en América Latina* (2000), acaso el volumen que sirvió para proyectar su trabajo en España e Iberoamérica de manera más visible, proyecta su crítica cultural del tradicionalismo católico al subcontinente en su búsqueda de elementos comunes en los diferentes países y regiones. A su vez, en "De las variedades de la experiencia protestante" (2010) da testimonio del modo en que las comunidades evangélicas han asumido su presencia en el ámbito predominantemente católico.

María Luis Mora y Valentín Gómez Farías. El primero, como verdadero "padre del liberalismo mexicano", inspiró y dio paitas para el fortalecimiento de esta ideología incluso desde el exilio, aunque antes había sido colaborador del misionero y promotor de la Biblia James (*Diego*) Thomson, en fechas tan tempranas como 1827.[3] El segundo, desde la vicepresidencia y presidencia de la República, impulsó muchas iniciativas que incomodaron profundamente a los sectores católicos al atacar sus privilegios y anunciar, con ellas, lo que vendría más tarde con la Constitución de 1857, que fue el primero en firmar, un año antes de su muerte (cf. Fuentes Díaz 1981).

El desarrollo de este legado en las llamadas "iglesias históricas" ha tenido un derrotero marcado por los vaivenes ideológicos dominados aún por algunos énfasis de las misiones que les dieron origen, al grado de que incluso esa herencia ha sido vista como algo extraño en muchas de ellas y como algo no necesariamente digno de destacarse (Cervantes-Ortiz 2003). Ante la cercanía de los 500 años de la Reforma luterana en Alemania y de otros movimientos contemporáneos de la misma, se ha reavivado el debate sobre la pertinencia de éstos para la vida presente y la misión de las iglesias latinoamericanas de hoy. Habiendo pasado de ser una presencia casi anecdótica, hasta el punto (en la actuaidad) de ser ya un factopr capaz de influir en los resultados electorales, al menos, la discusión sobre la relevancia de estos 500 años de fe cristiana heterodoxa y de su exportación a otras zonas del mundo como la nuestra se vuelve impostergable para obtener un mínimo retrato de la situación religiosa y social presente.

Con el surgimiento de nuevas comunidades de fe, de origen endógeno y exógeno, durante la segunda mitad del siglo XX, que no necesariamente reivindicaron esa herencia, la doctrina y la praxis de muchas de esas comunidades es interpretada como una "desviación" o una "anomalía" histórica y teológica, algo que, desde el punto de vista sociológico no se sostiene aun cuando los lazos ideológicos con las reformas del siglo XVI son

---

3 Cf. Téllez y Michel 2014; Gringoire 1954, 328-366; y Baéz Camargo 1978.

invocados en determinadas circunstancias por estas iglesias. Lo anterior influye claramente en la mentalidad de las nuevas generaciones de militantes que relativizan el peso específico de lo sucedido en una época tan lejana, por lo que algunos recurren a expresiones tales como "nuevas reformas" para referirse a las raíces de sus movimientos específicos. Diversos movimientos pentecostales, neo-pentecostales, carismáticos y neo-carismáticos, aun cuando se ubican en el espectro cristiano no católico, no se afirman a sí mismos (en los censos de población, por ejemplo) como protestantes y la nomenclatura que utilizan, sobre todo al calificarse como "iglesias cristianas", rompe el esquema de aplicación tradicional del término *protestante* como convencionalmente se manejó durante décadas.

Si desde los años 60 del siglo pasado algunos historiadores como Pierre Chaunu denominaron a algunos de estos grupos como "catolicismos de sustitución" (Chaunu 1965, 735), un estudio de las mentalidades y las doctrinas actuales de los mismos bien podría determinar hasta qué punto las categorías doctrinales tradicionales siguen siendo vigentes para definir a comunidades que, siendo portadoras del discurso religioso y moral de los protestantismos del siglo XIX, toman distancia de las amplias consecuencias que las reformas de tres siglos atrás tuvieron sobre la conformación inicial de estas iglesias. El perfil protestante (o no) de las mismas ha cambiado sustancialmente el campo religioso tal como se conoce hoy en día. De ahí que su estudio puede aportar no solamente una nueva clasificación sino también la comprensión de nuevas formas de protestantismos en el subcontinente latinoamericano (cf. Bastian 2007b).

2. Universos contiguos, pero distantes

Aceptemos o no las generalizaciones que sobre la Reforma Protestante expresó Octavio Paz en su relación con América Latina y su difícil acceso a la modernidad y a la práctica plena de la crítica y de la democracia, lo cierto es que no se puede negar el peso de la Contrarreforma en la conformación de los países hispanoamericanos. Sus palabras respondieron a una preocupación constante por las aparentemente insalvables dificultades de nuestros países para situarse de manera digna en el nuevo concierto político desde la segunda mitad del siglo XIX: "En ese momento [la expulsión de los jesuitas de Nueva España] se hizo visible y palpable la radical diferencia entre las dos Américas. Una, la de lengua inglesa, es hija de la tradición que ha fundado al mundo moderno: la Reforma, con sus consecuencias sociales y políticas, la democracia y el capitalismo; otra, la nuestra, la de habla portuguesa y castellana, es hija de la monarquía universal católica y la Contrarreforma" (Paz 1976, 55).

Siendo procesos estrictamente contemporáneos la consolidación de la Reforma luterana y la invasión y conquista de América, es necesario atreverse a desvelar la continuidad y discontinuidad que ambos representaron en lo que acontecería más tarde en estos territorios tan deseados por su riqueza y que a la propia España le permitió alcanzar un prestigio colonial que hasta entonces no tenía. La fuerza con que la Inquisición borró del mapa cualquier forma de insurrección religiosa en territorios hispánicos contribuyó a que los futuros países de este lado del Atlántico asumieran como propia una tarea que ya no les correspondía: perseverar en la religión católica como única posibilidad de seguir siendo cristianos ante un cambio de época que venía arrasándolo todo, incluso las muy edificantes costumbres religiosas establecidas en todos estos territorios.

Otro analista mexicano menos conocido, Enrique González Pedrero, observó la manera en que los países latinoamericanos, aficionados al Barroco como forma de vida y expresión por causa de su herencia religiosa, han tratado de entrar a la modernidad y lo han conseguido a duras penas. Las razones de fondo son teológicas y religiosas:

> Lo moderno es ligero y busca la recta: la línea y la "recta razón". En cambio, la tradición, la pasión iba yo a escribir, es densa y busca la curva, el círculo, el laberinto: inventa el barroco. El protestantismo acaba por desembarazarse de la densidad de la Iglesia y de sus grandes dignatarios. Por hacer del individuo pensante de Descartes, que devendrá el débil junco de Pascal, el ser que busca con angustia y desesperanza comunicarse con Dios. Y un hombre así "privilegiado"

es un ser que porfía: *in God we trust and God trusts us*. Ese hombre irá sustituyendo paulatinamente a Dios: irá representándolo cada vez más eficazmente en la tierra. En el protestantismo, cada hombre es su propio sacerdote (González Pedrero 1990, 22).

Juan A. Ortega y Medina, español transterrado desde joven en México, se propuso hallar los aspectos en que la Reforma protestante contribuyó, de verdad a la conformación del mundo moderno y encontró que, en efecto, dicho movimiento influyó en la transformación de las conciencias de manera radical, para preparar a los sujetos a una nueva era más libre y abierta a los cambios, especialmente los económicos (Véase Ortega y Medina 1999, 141-166). A todo esto le corresponde, por algo que podría denominarse "asociaciones inversas", el triunfalismo cíclico con el que las comunidades religiosas protestantes (o evangélicas) se han ubicado en la historia del subcontinente. Su carencia de una autocrítica histórica sólida las ha llevado a transitar desde la distanciación política hasta un intervencionismo desbocado e ingenuo.

Es verdad que ninguno de los tres analistas mencionados se acercó alguna vez al microuniverso religioso y comunitario de las iglesias protestantes latinoamericanas, pues allí habrían encontrado los desarrollos posteriores de las nuevas formas de asociación que el protestantismo liberal de herencia misionera introdujo a las sociedades. De haberlo hecho, pudieron haber conocido cómo las nuevas comunidades religiosas experimentaban la paradoja de ser integradas al sistema social, al mismo tiempo que pertenecían a países en los que el estado de derecho seguía siendo una simulación, muy en la línea del corporativismo católico de neo-cristiandad, que ha seguido predominando, en mayor o menor medida, en los diversos países latinoamericanos.

3. Una presencia civilizatoria

Durante mucho tiempo las misiones protestantes se asumieron a sí mismas como un conjunto de comunidades que debían realizar una acción eminentemente civilizatoria. El papel de la

Biblia y de la lectura resultaban fundamentales como parte de ese proceso cultural y educativo (cf. Turner 1954). Se trataba, además, de que las misiones protestantes fueran una especie de "acompañamiento ideológico y doctrinal" de procesos mayores de transformación social, política y económica. No debe olvidarse el papel que desempeñaron muchos misioneros como informantes privilegiados de la situación en los países donde trabajaron, pues su mirada resultaba no solamente confiable sino profundamente crítica de las sociedades hispano-católicas, al experimentar el profundo golpe producido por el contraste entre ambas cosmovisiones. El testimonio de José Vasconcelos en *Ulises criollo* es elocuente al respecto de la contigüidad amenazante entre las dos religiosidades en la frontera México-Estados Unidos (Vasconcelos 2000).

La literatura mexicana, tan reacia a incorporar los elementos cristianos heterodoxos, también ha observado esa extrañeza. Es el caso de algunos relatos de Hernán Lara Zavala, por ejemplo, aun cuando desde los tiempos de Sergio Pitol,[4] Rosario Castellanos[5] y Juan José Arreola,[6] ya se esbozaba esa presencia exótica con toques aislados. Lo llamativo de "La querella", relato de Lara Zavala, es que ocurre en el ambiente maya de Yucatán, un territorio que, si bien ha sido ganado para la causa evangélica, no deja de exhibir peculiaridades sincréticas notables, especialmente por el tratamiento del personaje indígena que abandona el alcohol gracias al protestantismo y por el duelo de estadunidenses que se disputan la fe de los lugareños: el católico Shingle (que "llegó primero") y el protestante Chapple (que había venido a "sembrar"). La furia

---

4 Cf. el cuento "Semejante a los dioses" (1958), en el que aparecen los que quizá sean los primeros personajes protestantes (o, al menos, heterodoxos) de la literatura mexicana, como parte de un inquietante caso de intolerancia religiosa.

5 Cf. el cuento "Arthur Smith salva su alma", del libro *Ciudad Real* (1960), en donde aparece un misionero protestante extranjero en medio del conflicto religioso en Chiapas.

6 Véase su novela *La feria* (1963), en la que aparece un pintoresco personaje protestante que habita en Zapotlán, Jalisco.

del primero por la invasión del segundo es muestra clara de la competencia territorial de tierras y almas:

> —¿Por qué no predica con los de su tamaño? ¿Por qué no convence a la gente con criterio? ¿Por qué escoge a quienes no tienen todavía principios religiosos y los soborna con dulces? —me preguntaba Shingle. Pero la verdad sea dicha luego supimos que Chapple siempre hablaba con los padres de esos niños antes de conminarlos a ir al templo con él y aunque se decía que los convencía con golosinas, canciones y falsas promesas hay que reconocer que esos niños, indígenas todos, pertenecían a familias tan pobres que sus padres no tenían ni para comprarles un dulce. Así que no sólo los niños asistían a los servicios de Chapple. También sus padres. Él había concentrado todo su interés en los más desposeídos, en los abandonados (Lara Zavala 2000).

La población, azuzada, como siempre en esos tiempos, resolvió el asunto a su manera:

> Y quién te iba a decir que pronto el enemigo sería exterminado, expulsado como el mismo Satanás y lanzado del pueblo como el ave maligna que siempre fue. Su templo quemado, destruido y reducido a cenizas porque vino aquí, a este rincón del mundo, a engañar a la gente con cantos y salmodias, con dulces y prebendas, tratando de alterar las costumbres tan bien arraigadas de este pueblo con una sola religión y una sola Iglesia, la primera, la única, la fundada por el mismísimo Jesús cuando le pidió a Simón que se convirtiera en Pedro, en la primera piedra.
> Cada vez que estás en misa y levantas las manos para ofrecer la bendición observas los ojos anhelantes de tus feligreses y miras con satisfacción que las ovejas perdidas han vuelto al redil. No permitiré que nada ni nadie nos robe sus almas, les has reiterado una y otra vez. Entonces comprendes que pese a todo hiciste bien. Por estas tierras no hay necesidad de más hábitos que los nuestros (Lara Zavala 2000).

4. Reforma de la religión, reforma de las sociedades

Aunque siempre lo intuyeron o lo afirmaron con varias salvedades, las iglesias evangélicas latinoamericanas, deudoras del énfasis misionero centrado en la transformación individualista de la vida humana, tuvieron una actuación política marcada, paradójicamente, por el apoliticismo.

Incubaron, por ello, entre su militancia, un descontento que partía, ciertamente, de los aspectos morales de la vida cotidiana, pero que desembocaba inevitablemente en la crítica de los comportamientos sociales. Como parte del proyecto misionero exógeno, aunque desarrollado a partir de muchas iniciativas de carácter endógeno, el protestantismo latinoamericano recurrió a su banderas teológicas originadas desde el siglo XVI para que, en nombre de una relectura más fresca y activa de las Sagradas Escrituras cristianas, se pasara de un cierta indolencia o aceptación del *statu quo* prevaleciente, hasta tratar de incidir en las políticas públicas aun cuando no tenían la fuerza numérica suficiente para lograrlo. Su lucha contra el analfabetismo, las bebidas alcohólicas y la inmoralidad matrimonial, por ejemplo, constituyó una forma de avanzada en medio de las diferentes sociedades que las acunaron, a pesar de que la oposición de que eran objeto debido a su extranjerismo las hacía ver como instituciones exóticas que, más bien, intentaban romper el orden religioso y trastocar la estabilidad en ese campo, pues éste era visto como algo intocable por los poderes reales y fácticos (Bastian 1994 129-144).

Con lo dicho hasta aquí, no es que la palabra o el concepto de "reforma" haya sido extraño en América Latina, pues desde los inicios de la conformación nacional, varios países comenzaron a experimentar la necesidad de modernizarse mediante procesos que implicaban golpear los intereses del catolicismo, el cual devolvió, literalmente, golpe por golpe, las transformaciones constitucionales que recibió siempre como agresiones directas en esta materia. El rostro persecutorio e inquisitorial con que reaccionó cada vez que los gobiernos intentaban frenar su excesiva presencia socio-política ocasionó un reforzamiento de las posturas radicales de muchas iglesias evangélicas ya establecidas. En el momento en que éstas fueron clarificando sus proyectos de misión y servicio, la iglesia católica recurrió a la defensa de la "identidad nacional" a fin de frenar el avance de la tolerancia y la diversidad, convirtiéndose así en garante supuestamente absoluto de la misma, a contracorriente de las diversas manifestaciones de la modernización que venían como aluvión desde todos los frentes: políticos y culturales, sobre todo (Mondragón 1994).

Las reformas políticas impuestas por una generación de liberales, imitadores de los elementos ideológicos (y religiosos, aunque ellos no se refirieran así a dicha influencia) de Estados Unidos alcanzaron rango constitucional y, a partir de ello, tuvieron un valor incuestionable en el proceso de reconfiguración de las sociedades latinoamericanas. Cuando, progresivamente, se fueron aprobando leyes de culto cada vez más abiertas, el debate no solamente se amplió, sino que se fue afinando para establecer formalmente los derechos de las personas a escoger sus creencias. Siempre a la zaga de esos avances, las fuerzas tradicionales, agazapadas cada vez en más en los resquicios de las costumbres tan arraigadas, encontraron nuevas formas para defender los que aún se consideraban como factores identitarios ligados a la religión (Garma Navarro 1993).

Una voz que se alzó, en su momento, para mostrar los elementos culturales comunes y también en cuestión religiosa en el subcontinente, fue la de Carlos Monsiváis, cronista y polígrafo mexicano de formación protestante, quien redefinió la mutación y la desregulación religiosa (Bastian 1997) en términos de otra forma específica de "migración" ideológica. En su combate contra el catolicismo enemigo de la laicidad y de la secularización, Monsiváis (como tantos liberales antes que él) no duda en ver en esa institución la encarnación del rechazo a la modernidad útil, la que podía hacer efectiva en la realidad social, los "postulados ocultos de la Reforma Protestante":

> Cuando la necesidad de consolidar instituciones y vigorizar el proceso educativo obliga en varios países a la separación de la Iglesia católica y el Estado, se produce la gran batalla cultural y política del laicismo. Al triunfar, los liberales ratifican el papel primordial del heroísmo político por sobre los otros a la disposición: el canon de la devoción religiosa (las vidas ejemplares de obispos, párrocos abnegados, beatos, beatas, misioneros) y el canon de las contribuciones artísticas y humanísticas a las Repúblicas. En el territorio de la ejemplaridad coexisten dos formaciones: la católica y la secular., sin que en el siglo

XIX se distingan en demasía los procedimientos de una y de otra (Monsiváis 2000, 87-88).

Así, estos movimientos religioso signados por la protesta contra los estamentos de una sociedad tradicionalista mantienen una vigencia consecuente con sus postulados originales, aunque a veces a contracorriente de quienes se asumen como sus representantes y herederos. Su teología y misión estará marcados, inevitablemente, por las tendencias del momento, lo que las obligará a repensar en profundidad los vínculos que aún mantienen con los postulados religiosos reformadores del siglo XVI.

Bibliografía

Arreola, Juan José. 1963. *La feria*. México: Editorial Joaquín Mortiz.

Baéz Camargo, Gonzalo. 1979. *El doctor Mora. Impulsor nacional de la causa bíblica en México*. México: Sociedades Bíblicas en América Latina.

Bastian, Jean-Pierre. 1983. "El protestantismo en la cristiandad americana". En *Historia de la iglesia en América Latina. Tomo I/1. Introducción general a la historia de la iglesia en América Latina*, dirigido por Enrique Dussel. Salamanca: CEHILA y Sígueme.

———. 1994. *Protestantismos y modernidad latinoamericana. Historia de unas minorías religiosas activas*. México: Fondo de Cultura Económica.

———. 1995. "Protestantes en Latinoamérica". *Evangélicos en América Latina*, en *Iglesias, pueblos y culturas*, 37-38 (abril-septiembre): 7-35.

———. 1997. *La mutación religiosa en América Latina. Para una sociología del cambio social en la modernidad periférica*. Colección popular. México: Fondo de Cultura Económica.

———. 2007a. "Actores religiosos en competencia y lucha por la definición de la laicidad en América Latina". *Historia y Grafía* (México: Universidad Iberoamericana) 29 (diciembre): 167-194.

———. 2007b. "De los protestantismos históricos a los pentecostalismos latinoamericanos: análisis de una mutación religiosa". En *Creer y poder hoy. Memorias de la Cátedra Manuel Ancyzar*, editado por Clemencia Tejeiro y otros, 453-468. Bogotá: Universidad Nacional de Colombia. *www.bdigital.unal.edu.co/786/26/24CAPI23.pdf*.

Castellanos, Rosario. 1960. "Arthur Smith salva su alma". *Ciudad Real*. México: Punto de Lectura.

Cervantes-Ortiz, Leopoldo. 2003. "Protestantismo, protestantismos e identidad en América Latina". *Graffylia (*Benemérita Universidad Autónoma de Puebla*)* 2: 125-131. *www.filosofia.buap.mx/ Graffylia/2/125.pdf.*

Chaunu, Pierre. 1965. "Pour une sociologie du protestantisme latinoaméricaine". *Cahiers de Sociologie Économique* 12 (mayo). Citado en Meyer 1993.

De Santa Ana, Julio. 1970. *Protestantismo, cultura y sociedad. Problemas y perspectivas de la fe evangélica en América Latina*. Buenos Aires: La Aurora.

Fuentes Díaz, Vicente. 1981. *Gómez Farías, padre de la Reforma*. México: Comité de Actos Conmemorativos del Bicentenario del Natalicio del Dr. Valentín Gómez Farías. *http://congresoweb.congresojal. gob.mx/BibliotecaVirtual/libros/Personajes/Valentin%20Gómez%20 Farias%20%20Padre%20de%20la%20Reforma.%20Vicente%20 Fuentes%20Diaz.pdf.*

Garma Navarro, Carlos. 1993. "LA identidad social en la minorías religiosas". En *Problemas socio-religiosos en Centroamérica y México. Algunos estudios de caso,* compilado por Rodolfo Casillas, 91-105. México: FLACSO.

González Pedrero, Enrique. 1990. "Reflexiones barrocas". *Vuelta* 162 (mayo). *https://issuu.com/textoscalvinistas/docs/pedrerobarrocas.*

Gringoire, Pedro. 1954. "El 'protestantismo' del doctor Mora". *Historia Mexicana* 2, núm. 3, (enero- marzo): 328-366. *http:// codex.colmex.mx:8991/exlibris/aleph/a18_1/apache_media/ NFKUXLPN5JS3SPRPMGCNFCNIEXN8BF.pdf*

Lara Zavala, Hernán. 2000. "La querella". *Letras Libres* 13 (31 enero). *www.letraslibres.com/mexico/la-querella.*

Mayer, Alicia. 2008. *Lutero en el Paraíso*. México: Fondo de Cultura Económica.

Meyer, Jean. 1993. "Una historia política de la religión en el México contemporáneo". *Historia Mexicana* 42, núm. 3 (enero-marzo). *http:// aleph.academica.mx/jspui/bitstream/56789/28606/1/42-167-1993-0711. pdf.*

Mondragón, Carlos. 1994. "Protestantismo, panamericanismo e identidad nacional". En *Cultura e identidad nacional,* compilado por Roberto Blancarte, 305-342. México: Consejo Nacional para la Cultura y las Artes-Fondo de Cultura Económica.

———, ed. 2011. *Ecos del Bicentenario. El protestantismo y el nacimiento de las repúblicas latinoamericanas*. Buenos Aires: Kairós.

Monsiváis, Carlos. 2000. *Aires de familia. Cultura y sociedad en América Latina*. Barcelona: Anagrama.

———. 2008a. *Las herencias ocultas de la Reforma liberal del siglo XIX*. México: Debate.

———. 2008b. *El Estado laico y sus malquerientes*. México: UNAM y Random House.

———. 2010. "De las variedades de la experiencia protestante" (texto póstumo). En *Culturas e identidades*, coordinado por Roberto Blancarte, 67-86. México: El Colegio de México.

Ortega y Medina, Juan A. 1999. *Reforma y modernidad (1952)*. Edición de Alicia Mayer G. México: UNAM.

Paz, Octavio. 1976. "El espejo indiscreto". *Plural* 58 (julio). Recogido en *El ogro filantrópico. Historia y política, 1971-1978*. 1979. México: Editorial Joaquín Mortíz.

Pitol, Sergio. 1958. "Semejante a los dioses". Publicado en 1998 en *Lo fugitivo permanece*. México: SEP.

Téllez G., Mario y Rafael Estrada Michel, eds. 2014. *José María Luis Mora, un hombre de su tiempo*. México: Instituto Nacional de Ciencias Penales.

Turner, Carlos W. 1954. *La Biblia construye en América Latina*. Buenos Aires: La Aurora y México: Casa Unida de Publicaciones.

Vasconcelos, J. 2000. *Ulises criollo*. Coordinado por Claude Fell. México: Consejo Nacional para la Cultura y las Artes (Colección Archivos UNESCO).

Villalpando, Waldo. 1970. *Las iglesias del trasplante: protestantismo de inmigración en la Argentina*. Buenos Aires: Centro de Estudios Cristianos.

De la *Sola Scriptura* a la *Sola Experientia*. Protestantismo y ciencia en la naciente Modernidad.

(Apuntes a partir de la filosofía de la ciencia de Paul Feyerabend)

Manuel Ortega Álvarez

Introducción:
Filosofía, ciencia y religión en la Era Secular

El inicio de la Modernidad traza el perfil de un proceso de ilustración al que un entusiasta Kant comparaba con la mayoría de edad de Europa[1]. Al mismo tiempo, ese *espíritu de la época* allana el camino para el nacimiento de la ciencia moderna, el establecimiento de sus primeros constructos teóricos y su metodología, que se plasmarán posteriormente en su implementación tecnológica.

---

[1] En su opúsculo de 1784, *Contestación a la pregunta ¿Qué es la Ilustración?*, Kant escribe: *"Ilustración significa el abandono por parte del hombre de una minoría de edad cuyo responsable es él mismo.* Esta *minoría de edad* significa la incapacidad para servirse de su entendimiento sin verse guiado por algún otro. *Uno mismo es el culpable* de dicha minoría de edad cuando su causa no reside en la falta de entendimiento, sino en la falta de resolución para servirse del suyo propio sin la guía de algún otro. *Sapere aude!* ¡Ten valor para servirte de tu propio entendimiento! Tal es el lema de la Ilustración". (Kant 2004, 83). Itálicas en el original.

Pero, además, en la configuración de la Europa moderna juegan también un papel fundamental los cambios ocurridos en el terreno religioso. Así las cosas, filosofía, ciencia y religión (principalmente el protestantismo) aparecen frecuentemente entrelazados como elementos estructuradores de eso que Charles Taylor denominó la "era secular". En lo que respecta a la Reforma luterana —señala Taylor— su importancia radica en que ella representa el último fruto de un espíritu reformista que sacudió a Europa a finales de la Edad Media y que se caracterizó, entre otras cosas, por una "profunda insatisfacción con el equilibrio jerárquico que existía entre la vida laica y las vocaciones renunciantes", así como por "una tendencia a llevar a toda la sociedad a niveles más elevados" (Taylor 2007, 110 y 112)[2].

Las relaciones entre filosofía, ciencia y religión al inicio de la Modernidad han sido estudiadas, en el ámbito de la filosofía de la ciencia, por Paul K. Feyerabend (1924-1994). Dos textos, en especial, son necesarios para ponderar las reflexiones de Feyerabend sobre el tema: "Classical empiricism" (1981) y "En torno al mejoramiento de las ciencias y las artes y la identidad entre ellas" (1976). En ambos, Feyerabend asegura que la regla protestante de fe *Sola Scriptura* no difiere significativamente de la estructura lógica y de la metodología de la ciencia moderna, específicamente la baconiana, cuya culminación será, tiempo después, la física de Newton. Desde este punto de vista, el puesto de privilegio que ocupa la experiencia en la ciencia moderna presenta sorprendentes coincidencias (y tenga quizás posibles vínculos) con el papel preponderante de las Escrituras en el protestantismo.

Conviene aclarar, antes de seguir adelante, que el interés que impulsa a Feyerabend a estudiar la religión y la ciencia

---

2 La era secular sería un período de "desencantamiento" del mundo (Weber) que representa "el paso de una sociedad en la que la fe en Dios era incuestionable y, en verdad, estaba lejos de ser problemática, a una sociedad en la que se considera que esa fe es una opción entre otras, y con frecuencia no la más fácil de adoptar" (Taylor 2007, 132).

en la temprana modernidad no es teológico. La filosofía feyerabendiana habría que ubicarla en línea con Robert Merton, Alexandre Koyré y Thomas Kuhn, entre otros, quienes conciben la ciencia como un quehacer indefectiblemente social e histórico, y como tal, relacionado con otras empresas humanas, entre ellas la religión. Esta manera de acercarse a la ciencia —externalista, según Bunge (1998, 15ss)[3]— difiere del positivismo lógico y del racionalismo crítico; mientras estos pretenden, a partir de un esclarecimiento metodológico, trazar una línea demarcatoria entre la ciencia y la pseudociencia, aquella establece que comprender la ciencia involucra necesariamente recorrer las formas históricas en que ella surge y se desarrolla.

1. ¿Qué es la experiencia, según la ciencia moderna?

La religión y la ciencia se consolidan sobre firmes fundamentos: la Escritura, en lo que respecta al protestantismo; la experiencia, en el caso de la ciencia (Feyerabend 1981, 38). Si en el plano religioso Lutero y Calvino sostienen que la Biblia es el basamento sólido de todo cristianismo posible, en el terreno científico Bacon exhorta al rechazo de los falsos conocimientos ("ídolos") a favor del conocimiento genuino que provee la experiencia empírica. Ingresar al reino del conocimiento científico supone, al igual que en la conversión religiosa, una especie de nuevo nacimiento. Del mismo modo, si la religión exige reverencia hacia las Escrituras, la ciencia hace lo suyo con la experiencia; en ambos casos "se promete el éxito y una clara visión de una entidad (Dios, la naturaleza) que abarca todas las cosas, y se expresa todo esto con términos muy elevados y casi idénticos" (Feyerabend 1976, 107)[4].

---

3 Según Bunge, el externalismo sostiene que el contenido conceptual del *corpus científico* está determinado por su marco de referencia social.

4 El talante religioso de esta conversion científica es evidente en el *Novum Organum*: "So much for the individual kinds of idols and their trappings; all of which must be rejected and renounced and the mind totally liberated and cleansed of them, so that there will be only one entrance into the kingdom of man, which is based upon the sciences, as there is into the

Se debe diferenciar el "empirismo clásico" (así llama Feyerabend al empirismo moderno) del aristotélico; mientras éste se fundamenta en una adecuada concepción de la experiencia sensible, aquél es una esquizofrénica combinación de ideología y criticismo. Aristóteles, cuya epistemología puede con seguridad ser calificada como *empirismo ingenuo*, tiene claro el papel que desempeñan los sentidos y la percepción en el proceso de conocimiento. Si su empirismo es ingenuo, lo es solamente porque se fundamenta en la experiencia tal como ella ocurre en lo que podríamos llamar "circunstancias normales" (una luz adecuada, unos sentidos en buen funcionamiento y ninguna interferencia en el proceso perceptivo). Sin embargo, Aristóteles sabe que estas condiciones no siempre están presentes. Por eso su filosofía de la naturaleza, lejos de atenerse a la infalibilidad de la experiencia sensible, es un estructurado y complejo edificio en el que se combinan astronomía, física, biología, matemática, política, arte, sociología e historia (Feyerabend 2013, 223ss).

La doble condición —ideológica y crítica— que padece el empirismo clásico queda en evidencia cuando se comprueba que, aunque acepta la revisión de alguna de sus partes —siempre que esta revisión coincida con su particular concepción de la experiencia—, sostiene a la vez la desaparición de contradicciones hipotéticas, o bien su incorporación en una teoría que las abarque. Las evidencias significativas o los contraejemplos quedan entonces circunscritos al dominio de lo empíricamente verificable. La construcción de hipótesis *ad hoc* funciona bajo la misma perspectiva, en tanto las irregularidades dentro de la teoría son vistas no como contradicciones, sino como fenómenos aún desconocidos que encuentran explicación y verificación en versiones ampliadas y más sofisticadas de la teoría original (Feyerabend 1981, 34).[5]

---

kingdom of heaven, 'into which, except as an infant, there is no way to enter'", (Bacon 2000, aforism LXVIII).

5 Véase además Feyerabend 2007, 79-80, 141-144. La hipótesis falsacionista de Popper queda, desde la óptica de Feyerabend, en entredicho, toda vez que los científicos no buscan alegremente contraejemplos que desacrediten sus hipótesis. Por el contrario —y como señaló acertadamente Kuhn—

Uno de los problemas de la experiencia, tal como es concebida en la ciencia moderna, es que su base empírica descansa en resultados experimentales previamente preparados a los que se les llama "fenómenos". En la ciencia newtoniana, por ejemplo, un *fenómeno* es el resultado de un proceso experimental que se concibe, se prepara y se desarrolla *dentro* de una teoría ya establecida. En él "se usan los términos de la teoría que se está revisando" (Feyerabend 1976, 108). Los fenómenos son, en realidad, experimentos *"seleccionados* e *idealizados,* cuyas características corresponden, punto por punto, a las peculiaridades de la teoría que se quiere probar" (Feyerabend 1976, 109). Pero, además, los datos que nos arroja la experiencia así concebida constituyen una porción de la teoría que termina por convertirse en su fundamento mismo, en primer lugar —como se acaba de mencionar— seleccionando los experimentos bajo los cuales aparecerán los fenómenos estudiados, y posteriormente, señalando que estos fenómenos ilustran y verifican la teoría (109).

Tres elementos, cada uno en un nivel distinto, conforman la metodología de la ciencia newtoniana: los fenómenos, las teorías y las leyes. Newton ha señalado que estos niveles están separados y así deben permanecer. Las hipótesis no se mezclan con los fenómenos ni se deben utilizar para proponer o elaborar leyes. El interés del científico se concentra en pasar de los fenómenos del movimiento a investigar las fuerzas y las leyes de la naturaleza, para después demostrar los demás fenómenos del ámbito físico a partir de esas fuerzas naturales. Desde esta perspectiva, el sistema de mundo que propone Newton se

---

los cambios en los modelos o paradigmas científicos suelen ocurrir de forma revolucionaria, debido en parte a la acumulación insostenible de anomalías. Ejemplos de esto abundan en la historia de las ciencias, desde los epiciclos del sistema aristotélico-ptolemaico hasta la búsqueda de una teoría unificada de la física contemporánea. Una primera aproximación al falsacionismo popperiano puede verse en Popper 1991, 57-93. Para un abordaje histórico de los cambios históricos en la ciencia es ya clásico el texto de Kuhn 1971. Una muy clara exposición de la teoría de los epiciclos y su funcionamiento en el sistema cosmológico aristotélico-ptolemaico se encuentra en Koyré 1977, 76-86.

fundamenta en una ciencia que se cierra sobre sí misma y que se caracteriza por no fingir hipótesis[6].

Pero no contento con lo que hasta aquí ha logrado construir, Newton erige un bastión infranqueable a partir de sus "Reglas para filosofar", especialmente la número IV, la cual establece que

> En filosofía experimental debemos recoger proposiciones verdaderas o muy aproximadas inferidas por inducción general a partir de fenómenos, prescindiendo de cualesquiera hipótesis contrarias, hasta que se produzcan otros fenómenos capaces de hacer más precisas esas proposiciones sujetas a excepciones (Newton 1997, 463).

Los fenómenos de la ciencia newtoniana, aunque aparenten lo contrario, funcionan como paradigmas que aceptan solamente de manera parcial el criticismo. Los mismos descubrimientos que suceden en el ámbito científico se convierten en hipótesis *ad hoc* "que protegen las teorías basadas en ellos frente a los hechos hostiles" (Feyerabend 1976, 113). Detrás de estos movimientos que pretenden blindar a las teorías frente a cualquier ataque lo que existe en realidad es una *línea de partido*.

¿Qué ha ocurrido para que la experiencia de los sentidos, tal como fue comprendida en la ciencia antigua y medieval, se haya transformado en el concepto de experiencia de la ciencia moderna?; ¿qué elementos se conjugaron en la construcción del aparato teórico de las ciencias modernas y contemporáneas? Feyerabend dedicó muchos de sus textos al esclarecimiento de este problema. En *La conquista de la abundancia*, libro publicado póstumamente, afirma que el mundo posee una abundancia ilimitada; cada fenómeno que en él ocurre no puede estar circunscrito a los límites que les imponen las especializaciones. En el desarrollo de su pensamiento y su ciencia, occidente

---

[6] De acuerdo con Newton "toda la dificultad de la filosofía parece consistir en pasar de los fenómenos de movimiento a la investigación de las fuerzas de la Naturaleza, y luego demostrar los otros fenómenos a partir de esas fuerzas" (Newton 1997, 6). Desde esta misma perspectiva hay que comprender el *hypotheses non fingo* del Escolio general.

ha sometido a la abigarrada realidad —abrumadora por diversa e inabarcable— a una serie de procesos de abstracción que, aunque en principio son necesarios para hacer de la naturaleza un lugar más habitable, han desembocado en toscas generalizaciones que recortan y desechan grandes porciones de la experiencia humana en el mundo, sean estas las antiguas tradiciones religiosas, o incluso la misma experiencia sensible de los sucesos habituales y cotidianos (Feyerabend 2001, 23ss)[7].

La especialización del conocimiento, que en la Modernidad es potencializada por el surgimiento de las ciencias, ha representado también una pérdida importante de racionalidad. El esfuerzo antiguo y medieval por comprender el entramado de la realidad desde diversas perspectivas: religiosas, filosóficas, históricas, entre otras, es sustituido por una ciencia que coloca en compartimentos estancos las diversas dimensiones de la vida humana y que, a partir de generalizaciones y abstracciones, con el apoyo de un tipo de experimentación previamente construida y validada por esa misma comprensión científica, busca distinguir lo real de lo aparente.

Tenemos, entonces, que la *regla de fe* del empirismo clásico opera bajo el presupuesto de que se acepte previamente la concepción científica del mundo. A partir de esta evidente petición de principio, Feyerabend lanza un agudo ataque contra los fundamentos de la ciencia moderna. Pero también encuentra inquietantes similitudes entre el proceder de las ciencias modernas y el naciente protestantismo.

---

7 Detalles de la forma en que se gestó este texto —que se publicó gracias al trabajo de Grazia Borrini, viuda de Feyerabend, y Bert Terpstra, amigo que tenían en común— se encuentran en la entrevista que Feyerabend le concedió a John Horgan, poco antes de su muerte. Según Feyerabend, "ante todo, el sistema perceptivo reduce esta abundancia, pues de lo contrario no podríamos sobrevivir". Del mismo modo —pregunta a Horgan— "¿cree usted que esa mosca de un día, ese pequeño suspiro que es el ser humano —¡según la cosmología de hoy! — puede comprenderlo todo? Eso me parece a mí una demencia" (Horgan 1998, 79-80).

2. Escritura y Experiencia: un complejo cruce de caminos

Si Aristóteles elabora un complejísimo entramado filosófico para comprender el mundo, en el plano de la religión el catolicismo, tal como existía en la época de la Reforma, "era un sistema complejo con muchas partes relacionadas entre sí" (Feyerabend 1976, 102). Esta complejidad —asevera Feyerabend— fue vista por los reformadores como un signo evidente del rechazo a la palabra de Dios, que ha sido sustituida por opiniones humanas (Feyerabend 1976, 103)[8]. Por eso llegaron a introducir un fundamento último, a saber, la Sagrada Escritura, y declararon al mismo tiempo que solamente deberían creerse aquellas cosas que podían ser verificadas con su autoridad.

En este punto Feyerabend echa mano de un argumento elaborado en el siglo XVII por el jesuita François Véron, del colegio de la Flèche, según el cual la regla protestante de fe —y Feyerabend diría que también la regla de fe del empirismo— carece de consistencia y puede ser atacada en tanto que: a) es una regla vacua, es decir "no permite la derivación de una sola afirmación significativa" y b) su vacuidad opera solamente en el plano lógico, no en el plano psicológico (Feyerabend 1981, 35-36).

Feyerabend tiene en mente, como bien ha señalado Van Fraassen, a las posiciones científicas y epistemológicas fundacionalistas, mientras que el argumento del religioso tiene como blanco de sus ataques al protestantismo, específicamente a un tipo particular de protestantismo al que Van Fraassen llama fundamentalista (1997, 385)[9]. Desde esta perspectiva, la regla de fe del protestantismo y la experiencia, tal y como es

---

[8] Según Feyerabend esta es la misma acusación, *mutatis mutandis*, que Bacon hace, cuando señala que la opinión humana falsea y sustituye el mensaje de los sentidos, acarreando con ello la imposibilidad de llegar a una comprensión correcta de la naturaleza.

[9] La designación de Van Fraassen es problemática, pues no toma en consideración que el término "fundamentalista" no fue usado en el protestantismo sino hasta el siglo XIX.

comprendida en la ciencia moderna, constituyen posiciones epistémicas fundacionalistas (386).

Que la norma de fe (o la experiencia de las ciencias modernas) es vacua significa, como se acaba de señalar, que no es posible a partir de ella derivar tan siquiera una sola afirmación significativa. Esto quiere decir, en primer lugar, que la regla de fe no nos permite identificar qué puede ser considerado como Escritura inspirada y qué no. No se puede argumentar desde la Biblia cuáles son los textos inspirados divinamente, ni puede ella misma autoafirmarse como palabra de Dios, ya que proceder de este modo sería cometer una escandalosa petición de principio. Y, sin embargo, en otro plano, esa misma falacia —sostiene Feyerabend— opera subrepticiamente en el terreno científico. Ya se vio que la experiencia, tal como es concebida en la ciencia moderna, difiere de la experiencia del sentido común y de la cotidianidad. Pues bien, el concepto moderno de experiencia, que a su vez valida la investigación científica, se sustenta en el marco teórico que surge de la concepción científica del mundo, la cual por su parte establece qué puede ser considerado experiencia y qué no, y con ello se valida a sí misma como único conocimiento significativo del mundo.

En segundo lugar, aunque asumiéramos que efectivamente sabemos y confiamos cuáles textos deben ser considerados Escritura, o bien tomáramos como válida la experiencia, necesitamos una tradición desde la cual darles contenido y significado. Dicho en otras palabras: aunque tenemos la Escritura, no sabemos cómo interpretarla, y aunque tenemos la experiencia, ella no nos proporciona ningún medio para establecer una conexión con una lengua determinada "a no ser que uno apele nuevamente a la tradición" (Feyerabend 1976, 106). Aquí Feyerabend se remite al Wittgenstein de las *Investigaciones filosóficas*, quien sostiene que cuando observamos, y comunicamos esas observaciones, estamos operando dentro de un marco ya establecido de elementos tradicionales, o "formas de vida"[10].

---

10 Al respecto véase Wittgenstein 2010.

Finalmente, aún si admitiéramos que tenemos la Escritura, y poseyéramos de ella una acertada lectura, no disponemos de los medios para derivar de ello consecuencias ulteriores; por ejemplo, a partir del principio de *Sola Scriptura* no se podría aplicar nada del texto sagrado a los problemas contemporáneos. Una determinada manera de actuar que afirme tener como fundamento la Escritura tiene, necesariamente, que obtenerse no sobre la base de la lectura del texto sagrado sin más, sino de la interpretación que dentro de una comunidad y una tradición se haga de ella. En el plano de la experiencia científica se podría decir que "no hay manera de lograr las complejas teorías que iban a ser usadas muy pronto para corroborar el credo empirista" (Feyerabend 1976, 106).

Ahora bien, la vacuidad de la regla de fe opera solamente en el plano de la lógica; no en el psicológico. De acuerdo con Feyerabend, detrás de los movimientos que intentan blindar al dogma empirista y a la regla de fe protestante subyacen líneas de partido. Tanto el protestantismo como el empirismo científico de la Modernidad defienden y perpetúan estas líneas. En el esfuerzo por lograr la autonomía de sus diferentes campos disciplinarios, las ciencias modernas han rechazado los antiguos sistemas por considerarlos autoritarios; pero al rechazarlos crearon un vacío que fue posteriormente asumido por una nueva autoridad, oculta debajo de esa capa de autonomía, librepensamiento y progresismo (Feyerabend 1976, 114).

No hay ningún inconveniente con que se establezcan líneas de partido. Después de todo, tanto en la religión como también en la educación científica los infantes son conducidos a aceptar la visión de mundo que desde ambos dominios se promueve. En la religión, los niños participan de la liturgia, aprenden los cantos, recitan los salmos, visten a la usanza tradicional; en la educación se les enseña acerca de Newton, Descartes, Galileo, entre otros. Las líneas de partido juegan un papel fundamental en muchas de las instituciones modernas, por eso querer erradicarlas es un error. Los problemas surgen cuando "se intenta transformar la convicción subjetiva, que hace que se mantenga firme una determinada línea de partido, en un juez infalible y objetivo, a quien le tiene sin cuidado todo criticismo y que exige que su fallo sea obedecido" (Wittgenstein 2010, 115).

Si, por el contrario, se reconoce sin ambages el carácter partidario de nuestro conocimiento, y se renuncia a las pretensiones de poseer los fundamentos últimos, se podría disfrutar con más propiedad el progreso parcial que se alcanzó tanto con la Reforma como con la ciencia; lo mismo —sostiene Feyerabend— aplica en el ámbito de la política o el arte.

Consideraciones finales

La lectura que hace Feyerabend de la regla de fe luterana resulta, cuando menos, incompleta, sobre todo si se toma en cuenta que para Lutero la autoridad de las Escrituras no descansa en aspectos de forma —en la Biblia en cuanto texto— sino en que ellas son claras y significativas porque hablan acerca de la Palabra Encarnada, que es Cristo[11]. Exceptuando al fundamentalismo, la revelación ha sido mayoritariamente comprendida en el protestantismo desde la perspectiva de una teología de la Palabra, y a la luz de una *cristología del Logos*, que señalan que lo que tenemos es "una realidad reveladora, no unas palabras reveladoras" (Tillich 1981, 206).[12]

De entre los múltiples sentidos que tiene el término "Palabra de Dios"[13], el caso particular de la Biblia requiere una aclaración.

---

11 Al respecto véase Hoffmann 2014, 70 y ss. Para la lectura que Feyerabend hace de la teología luterana véase especialmente Lutero 2006, 86-154.

12 Es interesante que Tillich hace notar, de manera similar a Feyerabend, que el conocimiento como observación distanciada que busca controlar lo que se observa no es propio de la filosofía griega sino de la Modernidad.

13 Tillich distingue seis sentidos diferentes en los que se habla de la Palabra: 1) el principio de automanifestación divina en el fondo del ser mismo, 2) el medio de la creación, 3) la manifestación de la vida divina en la historia de la revelación, 4) la manifestación de Dios en Cristo, 5) la Biblia y 6) el mensaje de la Iglesia; véase Tillich 1981, 206-209.

Al referirse con estos términos a la Escritura no se piensa con ello en la teoría del dictado como inspiración ni en el dogma monofisita que sostendría la infalibilidad del libro. La Biblia es Palabra de Dios porque es el documento de la revelación final y "participa en la revelación final de la que es el documento" (Tillich 1981, 208)[14]. El principio *Sola Scriptura* no hay que verlo separado de esta perspectiva más amplia, según la cual con el símbolo "Palabra de Dios" se expresa la múltiple manifestación divina en la creación, en la historia, en la Biblia, en Jesucristo, en el mensaje de la Iglesia (Tillich 1981, 209).

Ciertamente la Biblia es texto autoritativo para el protestantismo; pero su autoridad no reside en que ella sea una especie de código inequívoco o un dictado literal de la voluntad divina. No es protestante esta idea de la autoridad de la Biblia[15]. Para el protestantismo, la autoridad de la Biblia reside en que ella es "la memoria insustituible de la revelación de Dios al hombre y de la búsqueda de Dios por el hombre" (Stockell 1952, 69). En tanto que contiene la memoria y el registro de la revelación divina en Jesucristo, la Biblia es Palabra de Dios; no es, por tanto, buscada por sí misma, sino porque en ella se revela el Verbo, la Palabra Encarnada (Stockell 1952, 70).

Es evidente que Feyerabend no le hace justicia al protestantismo comprendido entre los siglos XVI y XVIII, y que su crítica podría dirigirse —por lo demás, de manera efectiva— más bien al

---

14 "Probablemente nada ha contribuido tanto a la falsa interpretación de la doctrina bíblica de la Palabra como la identificación de la Palabra con la Biblia".

15 El caso de Calvino requiere un tratamiento aparte, que no será desarrollado aquí. Baste por ahora señalar que según Calvino la autoridad de la Biblia antecede a la de la Iglesia, y se fundamenta en el testimonio de los profetas y los apóstoles. Las siguientes palabras son significativas al respecto: "Tengamos, pues, esto por inconcuso: que no hay hombre alguno, a no ser que el Espíritu Santo le haya instruido interiormente, que descanse de veras en la Escritura; y aunque ella lleva consigo el crédito que se le debe para ser admitida sin objeción alguna y no está sujeta a pruebas ni argumentos, no obstante alcanza la certidumbre que merece por el testimonio del Espíritu" (Calvino 1967, 34).

fundamentalismo decimonónico y de inicios del siglo anterior; este, al igual que la ciencia moderna, se sostiene sobre la base de una epistemología fundacionalista que recorta y petrifica las múltiples maneras en que se vive y se percibe la realidad[16]. Ahora bien, dejando de lado la generalización en la que cae Feyerabend con respecto al protestantismo y al principio *Sola Scriptura,* resulta interesante, si separamos la paja del trigo y nos detenemos en el plano metodológico y epistemológico, recalcar algunos aspectos del pensamiento feyerabendiano que pueden resultar útiles para el quehacer teológico contemporáneo.

Como señala Van Fraassen, un elemento destacable de la crítica de Feyerabend a la epistemología fundacionalista —o fundamentalista— tiene que ver con el rechazo a todo conocimiento que, con el ánimo de elevar la especialización a un rango superior, olvida o simplemente deja de lado la complejidad del mundo. Esto es especialmente importante para la teología contemporánea, en cuya construcción se podrían incluir elementos heteróclitos, comprendidos desde las contradicciones y no siempre desde la búsqueda de una armoniosa convivencia de las irregularidades.

La crítica de Feyerabend a la razón absoluta y excluyente puede resultar valiosa para el quehacer teológico contemporáneo en tanto que un habla contemporánea de Dios no debería reducirse a un lenguaje fundamentalista, aprisionado en asépticos castillos conceptuales ni a una búsqueda desaforada de "claridad y distinción", arma arrojadiza que pretende acabar con todo claroscuro y toda pluralidad. Después de todo, como apuntaba Feyerabend, las posiciones fundamentalistas y las

---

16 Una epistemología fundacionalista —permítaseme remachar sobre esto— se caracteriza por ser autorreferencial, así como por defender un exclusivo principio demarcatorio como criterio de verdad: la Biblia, en el caso del fundamentalismo y la experiencia, según los cánones científicos. Quizás toda la filosofía de Feyerabend podría comprenderse como un monumental esfuerzo por señalar la pobreza del pensamiento dogmático y fundamentalista; desde esta perspectiva el principio "todo sirve", lejos de ser un llamado a la irracionalidad, señala, más bien, las múltiples vías con que se puede acceder metodológicamente a la realidad.

absolutizaciones —en nuestro caso las teológicas— esconden un anhelo inconfeso de dominio.

La apertura a lo diverso, a la otredad, a lo disonante y complejo, es necesaria para articular discursos teológicos que fomenten la paz, el respeto, la fraternidad y la tolerancia. La complejidad, la contradicción, la diferencia, lejos de representar alguna especie de mal, devienen virtuosas, pues ofrecen una oportunidad para que variadas perspectivas entren en diálogo fecundo. Después de todo, insiste Feyerabend, la única manera en que se robustece cualquier discurso es por medio de la aceptación y el análisis de contraejemplos, no por la solicitud acrítica con que es aceptado.

Las formas de la teología (o más bien, las teologías) a partir del pluralismo epistemológico-metodológico de Feyerabend, posibilitan la existencia de discursos variados, cobijados siempre bajo el manto de la ignorancia mutua que con respecto al Misterio compartimos. Pero, además, su apuesta por lo concreto y particular, puede contribuir a deshacerse de la idea de un conocimiento teológico abstracto, desligado de relaciones personales profundas y realmente concretas. Como afirma Feyerabend

> Hay gente que piensa que puede amar la Humanidad y que incluso escribe sobre esta extraña relación amorosa. Pero su amor se desvanece rápidamente cuando los enfrentas con caras concretas unidas a cuerpos concretos que emanan un concreto y quizá penetrante olor. Además, un amor por la *humanidad* jamás ha salvado a nadie de ser cruel con individuos que parecen ponerla en peligro. Guiarse por ideas abstractas es un asunto peligroso cuando éstas no están controladas por intensas relaciones personales. No hay vuelta de hoja: reaccionar al mundo es un asunto personal (de familia, de grupo) que no puede ser reemplazado ni siquiera por la más fascinante concepción del mundo[17].

---

17 Paul Feyerabend. *Ambigüedad y armonía*. Traducido por Antoni Beltrán y José Romo. Barcelona: Paidós, 1999, p. 43

Lo concreto, lo interpersonal, lo cotidiano, es el punto de arranque para todo tipo de conocimiento, sea científico, filosófico o teológico. Hacer teología sería, entonces, no la práctica solipsista de unos cuantos "profesionales de la religión" atrincherados en las paredes de la academia; sino, más bien, la oportunidad para que surjan y florezcan nuevos discursos, no siempre armónicos y coincidentes entre sí, pero vinculados a las experiencias humanas concretas.

Bibliografía

Bacon, Francis. 2000. *The New Organon*. Edited by Lisa Jardine and Michael Silverthorne. Cambridge: University Press.

Calvino, Juan. 1967. *Institución de la religión cristiana*. Traducida por Eusebio Goicoechea. Grand Rapids: Nueva Creación.

Feyerabend, Paul. 2013. *Filosofía natural. Una historia de nuestras ideas sobre la naturaleza desde la edad de piedra hasta la física cuántica*. Traducido por Joaquín Chamorro Mielke. Buenos Aires: Debate.

———. 2001. *La conquista de la abundancia. La abstracción frente a la riqueza del ser*. Traducido por Radamés Molina y César Mora. Barcelona: Paidós.

———. 1981. *Problems of empiricism. Philosophicalpapers*. Volume 2. Cambridge: University Press,

———. 2007. *Tratado contra el método. Esquema de una teoría anarquista del conocimiento*. Traducido por Diego Ribes. Madrid: Tecnos.

———. 1999. *Ambigüedad y armonía*. Traducido por Antoni Beltrán y José Romo. Barcelona: Paidós.

Hanson, N. R., B. Nelson y P. Feyerabend. 1976. *Filosofía de la ciencia y religión*. Traducido por José Luis y Juan José Coy. Salamanca: Sígueme.

Hoffmann, Martin. 2014. *La locura de la cruz. La teología de Martín Lutero*. San José: DEI.

Horgan, John. 1998. *El fin de la ciencia. Los límites del conocimiento en el declive de la era científica*. Traducido por Bernardo Moreno Carrillo. Barcelona: Paidós.

Kant, Immanuel. 2004.*¿Qué es la Ilustración? Y otros escritos de ética, política y filosofía de la historia*. Edición de Roberto R. Aramayo. Madrid: Alianza.

Koyré, Alexandre. 1977. *Estudios de historia del pensamiento científico*. Traducido por Encarnación Pérez Sedeño y Eduardo Bustos. México: Siglo Veintiuno Editores.

Kuhn, Thomas. 1971. *La estructura de las revoluciones científicas*. Traducido por Agustín Contin. México: Fondo de Cultura Económica.

Lutero, Martín. 2006. *Obras*. Edición preparada por Teófanes Egido. Salamanca: Sígueme.

Newton, Isaac. 1997. *Principios matemáticos de la Filosofía natural*. Traducido por Antonio Escohotado. Barcelona: Atalaya.

Popper, Karl. 1991. *Conjeturas y refutaciones*. Traducido por Néstor Míguez. Barcelona: Paidós.

Stockell, Foster. 1954. *¿Qué es el protestantismo?* Buenos Aires: Columba.

Taylor, Charles. 2007. *La era secular*. Tomo 1. Traducido por Ricardo García Pérez y María Gabriela Ubaldini. Barcelona: Gedisa.

Tillich, Paul. 1981. *Teología sistemática*. Vol. I. Traducido por Damián Sánchez-Bustamante Páez. Salamanca: Sígueme.

Wittgenstein, Ludwig. 2010. *Investigaciones filosóficas*. Traducido por Alfonso García Suárez y Ulises Moulines. Barcelona: Crítica.

¡Cuidado! No confundamos al opresor con el oprimido
Teología bíblica y hermenéutica de la liberación

David Castillo Mora

Introducción

Desde los años 70s y 80s, la hermenéutica liberadora latinoamericana se caracterizó, con algunas voces alternativas disintiendo, por argumentar que el texto bíblico era sin más una fuente teológica para apoyar proyectos de transformación de estructuras injustas a nivel económico, político y social. Relatos como los del Éxodo, discursos proféticos relacionados con la justicia, como Amós y Miqueas, y la práctica en favor de las personas marginadas sostenida por Jesús y la iglesia primitiva de los Hechos de los Apóstoles, fueron utilizados para sustentar dicha apropiación teológica.

A pesar de las preguntas levantadas por grupos feministas, indígenas, negros, LGTBI, y los fuertes cuestionamientos que han venido desde la Hermenéutica Postcolonial, los cuales han señalado las dificultades para encontrar teología liberadora en grandes secciones de las Escrituras, 40 años después la Hermenéutica Latinoamericana de la Liberación sigue teniendo, a grandes rasgos, las mismas características: el texto bíblico sigue siendo una fuente fiable de liberación. Creemos que hablar de Reforma desde la Hermenéutica Latinoamericana nos llama a escuchar aquellas voces que sospechan de la "capacidad liberadora" de los relatos bíblicos. El artículo, por ende, escuchará las preguntas levantadas por círculos feministas ya en los años 80s, y por teóricos postcoloniales en los 90s, las cuales señalan que las dimensiones opresoras del texto bíblico no emergen de la interpretación del texto, sino de su mismo origen y establecimiento. A partir de este presupuesto, y a través de una deconstrucción ideológica de los relatos, propondremos una Hermenéutica de la Liberación que permita deconstruir los discursos dominadores del relato bíblico y, a partir de los mismos, comprender y *liberarse* de los mecanismos de opresión que existen tanto dentro de la tradición bíblica como en nuestras sociedades.

1. Teología Bíblica y Hermenéutica Latinoamericana de la Liberación

> "La verdad bíblica de que el Dios de la Biblia elige el lado de los pobres, es **sólo una** de las verdades bíblicas".
>
> I. Mosala (1989,16)

Uno de los elementos centrales de las hermenéuticas de la liberación de los años 70 y 80 fue la búsqueda de teologías bíblicas que se alinearan con las luchas de emancipación política y económica sostenidas en el continente (cf. Pixley 1983, 9-10). El desafío desde la teología y la exégesis fue discernir en la tradición bíblica, discursos teológicos y paradigmas socio-políticos que acompañaran desde la fe y lo religioso a los movimientos que buscaban el cambio de los sistemas que perpetuaban la pobreza y la explotación.

En esta búsqueda intencionada, los recursos bíblico-teológicos fueron encontrados rápidamente. La mirada al texto *con ojos diferentes*[1] permitió identificar textos y tradiciones que respondían a los contextos y necesidades de pobreza, persecución política, violencia y resistencia. Varias tradiciones fueron recuperadas[2], pero sin duda la más significativa y paradigmática fue y sigue siendo la del Éxodo, específicamente en 3.7-8a, texto del cual se rescató el proyecto teológico de la libertad de un grupo de esclavos de las manos de un imperio opresor:

> Dijo luego Jehová: Bien he visto la aflicción de mi pueblo que está en Egipto, y he oído su clamor a causa de sus exactores; pues he conocido sus angustias, [8] y he descendido para librarlos de mano de los egipcios, y sacarlos de aquella tierra... (RV 1960).

La acción divina de ver el sufrimiento, oír el clamor, conocer las angustias, y descender a liberar, se convirtió en una poderosa revelación que encajaba en la teología del texto y en la pregunta del pueblo latinoamericano, por lo que pronto emergieron trabajos desde la teología y la exégesis que re-leían el relato desde esta clave. Ya en los 70s Croatto (1978, 2) sostenía que para la teología latinoamericana el Éxodo representaba "un foco significativo de primera magnitud, una luz inagotable", mientras que Pixley y Boff (2006, 209), años después de los trabajos iniciales de los 70s y 80s, mantenían que a la luz del Éxodo se descubre que la justicia asume un proyecto liberador, y a partir de este relato afirmaban que "Yahvé, el Dios de la Biblia, es caracterizado por su opción preferencial por los pobres". La profundidad y fecundidad teológica del Éxodo también es señalada por J.L. Segundo, quien apunta que:

> "El Antiguo Testamento, y el evento del Éxodo en particular, nos muestra dos elementos centrales completamente fusionados en uno: *Dios el liberador y el proceso político de liberación el cual lleva a los israelitas*

---

[1] Una pregunta abiertamente ideológica e interesada, dentro de una ciencia bíblica y teológica que apelaba a lo objetivo y universal.
[2] Por ejemplo, Andiñach (2012, 138-140) reconoce el uso de otras partes del Pentateuco (Gen 1-11), los profetas, el ministerio de Jesús y los textos paulinos por Croatto (1978), también de textos sapienciales (Job) por J. Pixley y G. Gutiérrez.

de la esclavitud de Egipto a la tierra prometida. En ninguna otra porción de la escritura el Dios liberador se revela así mismo en tal conexión con el plano político de la existencia humana." (1993, 95)

Ambas citas recuperan elementos clave: a partir del Éxodo el Dios de la Biblia es un libertador que tiene una preferencia por los grupos oprimidos y empobrecidos; su proyecto característico es de justicia. La Biblia da testimonio de esto, siendo que uno de sus textos paradigmáticos recupera el proceso político de la liberación de la esclavitud.

Fue importante en el trabajo de esta primera generación utilizar las herramientas de la exégesis. Entre éstas, las aproximaciones históricas y sociológicas fueron los recursos principales en la búsqueda de paradigmas de transformación estructural en el mundo bíblico. Estos permitieron dar un sustento realista a las luchas presentes en esa época (cf. Pixley 1983, 9). Trabajos paradigmáticos de la exégesis occidental, como los de Mendenhall (1962) y Gottwald, vinieron a dar el sustento sociológico que se buscaba. Principalmente en la obra de Gottwald, *Las Tribus de Yahvé,* surge la exploración sociológica e histórica para reconstruir el evento de la liberación del pueblo de Egipto. Gottwald (1979, 210-227) explicaba una de estas teorías como una "revolución campesina", donde grupos de trabajadores explotados en las ciudades-estado se revelaron ante la dominación político-económica y religiosa, librando luchas que les permitieron liberarse y fundar una nueva sociedad más igualitaria, o al menos exenta de los sistemas extractivos ligados al templo y al palacio. La resistencia a la explotación económica de las élites, a la desposesión de la tierra, a la violencia militar, así como la apuesta por una organización social que garantizara la independencia productiva para sustentar las necesidades básicas y que respetara relaciones socio-económicas justas, fueron recuperadas desde la tradición bíblica.

El elemento clave a resaltar fue también teológico, pues dicha revolución se hacía en nombre de Yahvé, deidad que se convertía en el centro del impulso de dicha búsqueda por liberación y de la denuncia de los sistemas de opresión (cf. Gottwald 1979, 591-621). Era así como la lucha por la transformación sociopolítica de los 70s-80s adquiría matices teológicos alternativos, pues se distanciaba del discurso oficial que bendecía el sistema imperante[3] y, por el contrario, se alineaba con discursos teológicos subversivos, enfrentados en la tradición bíblica a la teología oficial y al sistema político-económico de la monarquía y el templo-estado. El Éxodo se convertía en un evento sucedido a finales del segundo milenio y que rescataba la memoria de un pueblo que se liberó de la explotación imperial de Egipto en nombre de la fe en su Dios Yahvé.

Junto a esta recuperación teológica de la "revuelta campesina", se propuso que la producción de los textos podía situarse en los estratos socio-económicamente más vulnerables de la sociedad. La Biblia se convertía en testimonio del pueblo pobre, y por ende, espacio fértil para la lectura del pueblo pobre actual de América Latina. Trabajos como el de P. Richard en su artículo "La Biblia: memoria histórica de los pobres" (1982) (cf. de Witt 2009, 50) y el primer número de la revista *Estudos Bíblicos* (1987) abordaron este tema. Ambos paradigmas no sólo fueron centrales en el quehacer bíblico teológico de la época, sino que siguen presentes en muchas comunidades hoy. La teología del Éxodo como fuente de transformación, de crítica a las estructuras de injusticia y de paradigma de construcción de una sociedad nueva se replicó por el continente.

2. Preguntas críticas a la Hermenéutica de la Liberación Latinoamericana: de los nuevos paradigmas socio-teológicos a la Hermenéutica Bíblica Postcolonial

La teología bíblica del Éxodo, sugerente y atinada en su fertilidad teológica, dejaba algunos vacíos dentro de la exégesis.

---

[3] Sabemos de los múltiples testimonios en que la oficialidad cristiana se aliaba con los regímenes políticos del continente.

Aunque la tradición liberadora del Éxodo, los profetas, el ministerio de Jesús y la iglesia primitiva de Hechos tejían una teología paradigmática, en términos de teología bíblica no todos los textos bíblicos correspondieron a dicho discurso ni podían ser articulados en ese proyecto. *Otros textos* no sólo se alejaban, sino que contradecían los proyectos emancipadores. Ante esto se buscaron soluciones en función del contexto de luchas más que desde la disciplina crítica. Se proponía que leer la Biblia para legitimar cualquier forma de explotación era un problema hermenéutico y no exegético, y se gestaban indicaciones interpretativas (como la lectura desde el *espíritu del texto* – una categoría hermenéutica y del autor más que exegético y del texto[4]) de liberación que debían guiar la lectura de toda la tradición.

Esta desarticulación ideo-teológica de las tradiciones bíblicas suscitó que pronto se desarrollara un tipo de lectura selectiva de la Escritura, que evidenció la preferencia de unos textos sobre otros (los textos paradigmáticos mencionados arriba). Una crítica de esta situación llegó del trabajo postcolonial de R. S. Sugirtarajah (2004, 114), quien señala que en este tipo de lectura "…los textos que hablan de aspectos deshumanizadores son convenientemente pasados por alto". Este "excesivo biblicismo" - como lo llamó el autor (114) - que no problematizó abiertamente la compleja adopción de la *Escritura como tradición liberadora*, llegó a ser confuso para el quehacer hermenéutico y no previó el peligro de textos que no se alineaban con la tradición teológica del Éxodo[5]. Ya no era suficiente decir que el problema del uso de la Biblia como herramienta opresora era hermenéutico – en otras palabras, que la gente estaba interpretando el texto inapropiadamente

---

4 Sobre esto, Sugirtarajah (2002, 114) señala cómo "Pablo Richard mantiene que '…el problema no es la Biblia misma, pero la forma en que ha sido interpretada'".

5 Al final, el punto de partida de la hermenéutica liberadora era claro, pero el recurso teológico del texto se tornaba difuso y se tendió a rescatar los textos afines sin problematizar los que no representaban el proyecto considerado liberador.

– sino exegético, de la misma naturaleza de producción y discurso teológico del texto.

Rápidamente surgieron otras interrogantes a la naturaleza teológica del texto como fuente de liberación. En términos históricos y sociológicos, la ciencia bíblica –hasta ahora y hasta hoy herramienta fundante del discurso exegético y hermenéutico– descartó la teoría de Gottwald de una revolución campesina, y con esto el sustento sociológico utilizado para fundamentar todo el discurso sostenido en torno a textos como el Éxodo[6]. Así lo reconoce Pixley (2012) en un artículo donde señala que, debido a las fuertes críticas de las "certezas" de los presupuestos de la Hermenéutica de la Liberación, surge la necesidad de recolocarla en nuevos paradigmas sociológicos que permitan reconocer proyectos de liberación y resistencia en los orígenes y vida del pueblo de Israel y sus textos (2012, 177). Eran los tiempos en que la exégesis histórico-crítica era fuertemente criticada, y donde se empezaba a develar la débil fundamentación de las reconstrucciones históricas de los paradigmas que apelaban a la dimensión *detrás del texto* para explicar los relatos.

Con los nuevos desarrollos de la exégesis, no sólo cambiaba la posibilidad de sostener la reconstrucción sociológica del origen del pueblo en una revuelta campesina, sino que las nuevas condiciones sociales de producción situaban textos como el Éxodo como soporte ideológico de una avanzada colonial y de proyectos de dominación[7]. La antigua tradición del Éxodo se releía en el contexto de legitimación de la toma de la tierra, y por ende el discurso teológico se ponía en función no de los

---

[6] Para el debate ver Carter (1996, 20-21), Faust (2006, 181ss) y Dever (2006, 182-189).

[7] Pixley (1983, 14) encuentra influencias de la monarquía y élite sacerdotal lo que considera las dos últimas fases de redacción-apropiación del texto. Macchi (2008, 176-182) reconoce el largo proceso redaccional del libro (de la monarquía –siglo VIII– con la *Vita Moses* a la época sacerdotal), que hace imposible una datación específica y acepta la posibilidad de la combinación de hechos históricos y creación literaria.

grupos de campesinos, sino de las estructuras poderosas de la sociedad. A partir de ésta reconstrucción histórica y sociológica, la libertad proclamada en el Éxodo era la libertad de las élites. Este quiebre ideológico, con sus implicaciones socio-políticas y teológicas, hacían que apelar al texto como paradigma, al menos desde las reconstrucciones del método histórico-critico, se tornara menos fructífero.

Por otro lado, desde la hermenéutica feminista quedó evidenciado que la reconstrucción histórica, sociológica y cultural del texto sirvió no para rescatar un discurso liberador, sino para evidenciar el texto como discurso patriarcal.[8] La pregunta feminista evidenció una preferencia ideológica en los textos, y situó la tradición bíblica en un espacio de poder que tendía a sustentar la dominación hacia las mujeres. El estudio de Elsa Tamez sobre Timoteo (2004) es un buen ejemplo de un trabajo a nivel histórico, social y cultural que evidenciaba los límites ideológicos de la tradición bíblica. Sobre Timoteo y textos como este, Tamez señala que "Estos textos no solo pueden entenderse como una legitimación bíblica de situaciones inhumanas, sino también como una gran ausencia de Dios, quien se ha conocido como solidario con los pobres y en quien se han puesto esperanzas de liberación" (contraportada). El camino que queda ante esta y otras tradiciones es el de comprender histórica y culturalmente por qué se afirma tal o cual cosa, y tener la libertad de no acoger ciertas declaraciones porque, paradójicamente, van contra la voluntad de Dios solidario, *debiera ser un paso nuevo en la hermenéutica comunitaria de la Biblia.* (itálica mía) (contraportada). Remontarse a sus dimensiones históricas y sociológicas significará en muchos casos reconocer la "atadura" ideo-teológica del texto y la necesidad de buscar otros caminos de acceso para recuperar las "ideas y creencias" antiguas como herramientas de transformación.

---

8 Schüssler Fiorenza (1989, 17-18) enfatiza tanto el uso del método histórico como la ideología patriarcal del texto.

Las preguntas también surgieron desde la Hermenéutica Postcolonial. Desde aquí se planteaba que la Biblia era un texto teológicamente más ambiguo de lo que la Hermenéutica de la Liberación quería reconocer (Sugirtarajah 2002, 117). Se señala que "el Postcolonialismo es más cuidadoso en su aproximación a la utilidad de la Biblia. Ve la Biblia tanto como segura e insegura, y como un texto familiar al mismo tiempo que distante". Éste era un apunte hacia la recepción del texto sin más como tradición liberadora, y que resaltaba por el contrario una naturaleza más ambigua. De aquí surgieron también preguntas en torno al texto del Éxodo, específicamente sobre qué tan liberador podría ser una narrativa que prometía emancipación para un grupo con el exterminio de otro. Se observa que el texto del Éxodo había sido leído de forma selectiva e incompleta: la liberación de Israel implicó la dominación y desposesión del pueblo cananeo. A partir de esto, Sugirtarajah (2004, 201-261) menciona el peligro de apropiarse de textos bíblicos con sus agendas ideo-teológicas implícitas cuando las consecuencias de los mismos no son revisadas cuidadosamente. Este autor señala también que la narrativa del Éxodo tuvo consecuencias catastróficas no sólo para Cananeos sino también en "... contextos Americanos, Palestinos, Aborígenes", y rescata que el postcolonialismo "...lee la narrativa desde el punto de vista Cananeo, y discierne los paralelos entre las personas humilladas en los tiempos bíblicos y contemporáneos" (Sugirtarajah 2004, 261). Su dura crítica al uso del Éxodo continúa, señalando que:

> mientras que la hermenéutica de la liberación declaraba que el Éxodo era leído desde el punto de vista de los oprimidos, no se detuvo a pensar en el apuro de víctimas que estaban del otro lado de esta acción liberadora, y quienes fueron forzadas a embarcarse en lo que Robert Allen Warrior llama "un Éxodo inverso" desde la tierra prometida (118).

La teología del Éxodo se tornaba peligrosa, pues el proyecto liberador de Yahvé estaba implicado en un nuevo proyecto de conquista. Sobre esto Brett (2008, 10) señala que el Éxodo no fue problemático únicamente para los "cananeos" del relato, sino también en otros proyectos de colonización, como sucedió por ejemplo con los Boers en Sudáfrica. En cierto sentido, la crítica también apuntaba a señalar el peligro de la valoración del texto como normativo, y a una insistencia de su "rescate", al punto de silenciar las complicaciones que podría generar la imposición del proyecto liberador a la tradición bíblica[9]. En su valoración de la Hermenéutica de la Liberación, Sugirtarajah critica lo que llama "biblicismo" y recuerda que desde el postcolonialismo la Biblia es "tanto como una solución como un problema… (siendo que) su mensaje de liberación era visto mucho más indeterminado y complicado" (2002, 117).

A pesar de que desde la exégesis y la hermenéutica se daban estas discusiones, muchas de las comunidades de fe –objetos y algunas veces sujetos de este discurso– continuaban leyendo la Biblia como tradición liberadora, como discurso de los pobres, como espejo de sus luchas y liberación, identificando correctamente una tradición del texto, pero ignorando por completo las otras voces ideo-teológicas. Pero en el mundo académico, la pregunta en torno a la teología bíblica y a sus raíces socio-históricas se fue complicando más. Se suscitaron entonces nuevas formas de reconstrucción sociológicas –por ejemplo, la arqueología cuestionó la posibilidad de reconstruir el imperio salomónico[10]– y nuevas formas de hacer exégesis –por ejemplo, el análisis literario. La hermenéutica tomó distintos caminos, en unos se retuvo el discurso de los orígenes, en otros se cambiaron los paradigmas sociológicos e históricos por literarios, y otros abandonaron el texto como fuente de liberación.

---

[9] Sugirtarajah (2004, 260) menciona que liberación desde el postcolonialismo "no deriva únicamente de la Biblia pero es determinado por las necesidades del contexto y otros requerimientos".
[10] Finkelstein 2003 es sólo un ejemplo. Ver la importancia de Salomón para la hermenéutica de la liberación en Julio Trebolle-Barrera 1981 y Croatto 1986.

3. Teología Bíblica y Hermenéutica de la Liberación: una Biblia y muchas voces

> "...es crucial...reconocer la presencia del opresor y la opresión en el texto mismo.
> Es fatal confundir opresión con liberación y al opresor con el oprimido"
>
> I. Mosala (1989, 26).

En su trabajo *Hermenéutica bíblica y teología negra en Sudáfrica* (1989), el biblista y teólogo negro sudafricano Itumeleng Mosala tuvo que lidiar con las preguntas mencionadas anteriormente en este artículo. Asumiendo una exégesis histórico-crítica y un método materialista, Mosala levantó las mismas preguntas señaladas por la exégesis, la hermenéutica feminista o la postcolonial a los discursos bíblicos sobre liberación. El punto de partida de este autor –situado en las luchas de las iglesias y movimientos sociales en contra del apartheid - fue el de que, en términos de interpretación bíblica, "...la única explicación adecuada y honesta es que no toda la Biblia está del lado de los derechos humanos o de las personas explotadas y oprimidas" (18). De entrada Mosala mostraba una presuposición distinta a la del trabajo que se venía realizando en América Latina. Revisando los trabajos de teólogos como Cone, Boeasak, Mofokeng o Tutu, Mosala percibió el peligro de lo que catalogó como un descuidado análisis ideológico del texto dentro de la teología negra. Mosala llamaba a cuidarse de la idea de la Biblia como un texto que hablaba ideo-teológicamente en una forma y de considerarla como "Palabra de Dios" sin más.

Mosala reconocía que en el movimiento sudafricano de liberación ante el apartheid, teólogos y biblistas comprendían muy bien tanto las luchas como sus referentes ideológicos en dicho contexto, pero que no hacían la misma mirada crítica a la ideología de la Escritura, lo cual tarde o temprano podría ser problemático. El texto se convertía en eco de sus luchas, una tradición en denuncia de su explotación y en favor de su libertad, pero con esta apropiación se corría el riesgo latente de manejar un texto que, en sí mismo, y no por el discurso del apartheid, cargaba con teologías colonialistas y explotadoras. El texto podía, en cualquier momento y debido a su apropiación des-ideologizada, volverse contra los movimientos negros y suscitar proyectos dominadores, esto no por una interpretación errónea, sino por su naturaleza misma al comprender discursos variados y en pugna.

Para Mosala era necesario interrogar el texto bíblico como testimonio de conflicto social y pluralismo de discursos sobre Dios, no sólo para identificar aquellos discursos en sintonía con el movimiento negro, sino los discursos peligrosos que podrían venir de las clases explotadoras pero que eran leídos en favor de la Justicia. El temor de Mosala era confundir al opresor con el oprimido[11]. Mosala, creía que una vuelta a la reconstrucción sociológica e histórica del texto desde la teoría materialista podría ser fructífera en la comprensión de los límites de los discursos teológicos del texto como fuentes de liberación. Pero también pensaba en la reformulación de las categorías de liberación, siendo que al interrogar al texto en sus intereses ideológicos y al comprender las dinámicas de conflicto y dominación-resistencia, éste podría ser liberado de su lectura a-histórica para convertirse en un recurso fecundo de liberación. Algunos de los elementos de la hermenéutica de Mosala podrían ser útiles para pensar una "reforma" en la Hermenéutica de la liberación latinoamericana.

Crítica a la acogida de la Biblia como "Palabra de Dios": Primero que todo, Mosala menciona la necesidad de de-construir ideológicamente la noción de Biblia como palabra de Dios. Para Mosala, el aspecto problemático de esta idea está en la des-ideologización del contenido del texto. Mosala (1989, 5-6) ve que "la noción de que la Biblia es simplemente la 'Palabra de Dios' revelada…lleva a una falsa noción de que la

---

11 Un ejemplo de esto es su reconstrucción de Caín y Abel, donde a nivel literario Abel es la víctima, pero en su reconstrucción histórica y sociológica Abel es la élite representada como víctima de la violencia campesina, que probablemente lucha por no perder o recobrar su tierra. Cf. Mosala 1989, 33-37.

Biblia es no-ideológica, lo que causa una parálisis política en la gente oprimida que la lee". El autor critica a quienes no toman de forma seria el análisis ideológico de los propios relatos, debido a que muchos son parte de lo que considera la agenda de los opresores (1989, 6). Argumentar que el texto es palabra de Dios no sólo implica una incapacidad de criticar el texto por sus argumentos – pues es divino en su esencia y no contiene ningún conflicto de interés humano– sino que plantea una idea de unicidad de la tradición que impide ver sus tensiones y controversias, especialmente en los planos ideo-teológicos y de proyectos sociales[12]. Aunque la Hermenéutica de la Liberación Latinoamericana ha rescatado el texto bíblico como producto ideológico y situado, algunas vertientes han tendido a protegerlo y a proponer que cualquier discurso opresor emana en la interpretación. Para Mosala, la Hermenéutica de la Liberación debe situar al texto bíblico como tradición sujeta a la crítica – especialmente en sus discursos peligrosos – y debe también reconocer que el texto habla "con distintas voces", lo que implica un reconocimiento de los conflictos internos y una búsqueda de los discursos teológicos. Hablar de "palabras", y no de "Palabra", de/sobre Dios. El mantener el discurso ideológico (¿o des-ideologizante?) de la "Biblia como Palabra de Dios", según Mosala, "deja el privilegio de la lectura política de la Biblia a los sectores hegemónicos de la sociedad" (1989, 6). Este peligro, evidenciado en el uso de la Biblia por el sistema del apartheid, es el que busca atacar desde raíz.

Una Biblia y muchas voces: Lo dicho anteriormente lleva al segundo punto del trabajo de Mosala, el de reconocer que tenemos en la mano *una Biblia que habla con muchas voces*. En su trabajo de los años 70, W. Brueggemann (1979) señala que el Antiguo Testamento presenta un mínimo de dos líneas teológicas generales y en constante tensión: la tradición Mosaica, relativamente antigua y alineada teológicamente con una sociedad lejana a las ciudades estado-cananeas (¿la

---

12 Esto porque habla en "mayúscula" – con sentido universalista - de Biblia, Dios, Liberación, Palabra Divina, etc.

revuelta campesina?), y la tradición davídica, que emana de las estructuras de la monarquía y el templo y cuyo discurso teológico legitima y sostiene dicho orden. Lo importante de esto es que desde la teología bíblica se señala un mínimo de dos voces teológicas en conflicto, ambas representantes de grupos y estructuras socio-políticas y económicas. Para Mosala, la clave para que la lectura bíblica se convierta en campo fértil de las luchas por emancipación ante el sistema del apartheid está en recuperar esta noción ideológica que reconoce el texto no como una voz unísona pero como un *espacio de conflicto* en el cual las voces sobre Dios responden en la legitimación y deslegitimación proyectos de dominación y emancipación.

Mosala menciona que "la Biblia está hecha de una multiplicidad de tradiciones variables y usualmente en conflicto que son resultado de una larga historia a través de la cual fueron producidas así como una variedad de situaciones que las produjeron" (1989, 29). Este presupuesto es vital en la hermenéutica, y lleva al ejercicio que implica descubrir el origen y afinidad de las voces del texto, para luego tomar partido por aquellos proyectos con que se tiene afinidad. El autor reconoce que la multiplicidad de voces teológicas no debe ser una señal de imposibilidad de lectura del texto en clave liberadora. Pero sí señala la tarea, aduciendo que "lo que podemos hacer es tomar partido en una lucha *que no es apoyada por toda la Biblia…* pero insertada en el texto como una lucha que representa diferentes grupos y posiciones en la sociedad detrás del texto" (Mosala 1989, 27). La clave y contribución a la Hermenéutica Latinoamericana es la acogida de un texto en el cual no todas las tradiciones le serán afines en sus luchas por transformar las estructuras injustas de la sociedad.

A partir de esto se hace evidente que la tarea no es la de reconstruir el texto bíblico como un discurso unísono y armónico de *un* Dios liberador, sino la de comprender sus complejos procesos de conflicto, sus *distintas voces* sobre Dios, y *tomar partido*. Dentro de la Hermenéutica de la Liberación, esto se convierte en un llamado a revisar las categorías de Biblia como fuente de liberación, de Biblia como memoria de los pobres, o de Biblia como depositaria de un espíritu de liberación, por sus sentidos ideológicamente problemáticos y peligro latente. La tarea de la ciencia bíblica y teológica está en discernir estas voces, recuperar las que le son afines, y deconstruir las que buscan legitimar proyectos de dominación en nombre de lo divino.

La verdad bíblica del Dios liberador es sólo una de las verdades bíblicas: A partir del criterio de multiplicidad de voces en conflicto, Mosala propone que una herramienta de manejo del texto para la hermenéutica de la liberación es reconocer que *la verdad del Dios liberador es una verdad bíblica, pero no la única*. Con esto, se reconoce los límites de una idea totalizante de Biblia como tradición liberadora per se, y se recupera la noción exegética del texto como reflejo y producto de una multiplicidad de grupos, movimientos y corrientes sociales, políticas y teológicas en conflicto. Para Mosala, este presupuesto explica por qué múltiples grupos encuentran tradiciones liberadoras y reivindicadoras al mismo tiempo que múltiples grupos hayan en la escritura recursos para imponer sistemas de dominio y opresión. Este autor señala que la Biblia - por la naturaleza de su composición - puede ser usada como herramienta liberadora, pero sólo a través del discernimiento de los presupuestos ideológicos de sus relatos. La Biblia tiene sin duda principios que se enlazan con las luchas de las comunidades sudafricanas negras, pero también es fuente para la teología y sistema de Apartheid, lo que lleva a la necesidad de la lectura ideológica del texto y al reconocimiento de que sus "verdades teológicas" son diversas y muchas veces están en tensión. Esto se convierte en algo muy fructífero para la Hermenéutica Latinoamericana, pues afianza la sensibilidad que tuvo para identificar tradiciones liberadoras en el relato, pero también recuerda la necesidad de hacer una lectura menos homogenizante y más abiertamente consciente de las tensiones ideológicas del texto.

Deconstrucción ideológica de la teología del texto como el camino a la liberación: Para Mosala, es muy difícil encontrar discursos teológicos que puedan alinearse de forma sociológica e histórica con las luchas de emancipación negra en Sudáfrica. Ésta búsqueda ha caracterizado la Hermenéutica Latinoamericana – y Negra - desde sus inicios. Aunque los paradigmas se han ampliado, aún permanece la búsqueda de discursos teológicos de este tipo. Este autor argumenta que aunque los textos puedan reflejar la experiencia de los grupos dominados y su lucha por la reivindicación, al final, éstos son producto de los grupos de poder y por ende están imbricados en sus intereses y proyectos ideológicos:

> Los textos bíblicos son producto de condiciones conflictivas y contradictorias. Aun así, yo afirmo que los productos textuales finales están, a pesar de sus contextos de producción, imbuidos en códigos hegemónicos… esto levanta el problema de cómo la apropiación hermenéutica de textos hegemónicos pueden ser utilizados por sectores no hegemónicos de las sociedades contemporáneas. (Mosala 1989, 10).

Debido a esta premisa, Mosala apunta que el camino no puede ser el de la afinidad teológica y socio-política de los grupos que escribieron los relatos y los grupos que los usan hoy para su emancipación, cambiando uno de los principios de la Hermenéutica Latinoamericana. Mosala – en lo que Hans de Wit (2002, 182) llama lectura rebelde – propone comprender primero que los discursos de dominación que se amparan en lo divino provienen de grupos de interés que buscan implementar dichos sistemas. El canon sería, al fin de cuentas, una recopilación de las tradiciones a partir de la mirada e intereses de las estructuras que rigen la sociedad. La liberación consta para Mosala, en primera instancia, en que los discursos de dominación, aunque presentes en el texto bíblico (y por esto tan importante su principio de reconstruir la idea de Palabra de Dios y de hacer la reconstrucción ideológica), son producto humano, interesado, y situado. La liberación se alcanzaría en el momento en que se tenía conciencia de que los textos ven un uso de lo divino para justificar, legitimar y dar apoyo sus intereses se dominación[13]. Desde lo postcolonial, Sugirtarajah (2002, 118)

---

13 Para de Wit (2002, 180), es un reconocimiento de los antiprogramas del texto.

también señala este ejercicio, argumentando que "antes de que la Biblia pueda ser extraída en su potencial liberador... sus presupuestos hegemónicos deben ser expuestos".[14] Cuando hay un reconocimiento de que estos discursos no son de "Dios", sino fabricaciones de los grupos de poder, Mosala argumenta que se genera una liberación en la persona, quien puede buscar el discurso teológico en otra fuente, o de otra forma. Mosala (1989, 8) dice que "es liberador reconocer que no todo Dios en cada texto bíblico está de lado de los pobres...". Este ejercicio es liberador en dos aspectos según Sugirtarajah (2002, 118), pues "aboga por la emancipación de la Biblia de su implicación en ideologías dominantes tanto al nivel del texto como al nivel de la interpretación". La liberación estaría, pues, en un primer plano a nivel de conciencia y reconocimiento de aquellos discursos que buscan imponer hegemonía y control en el nombre de Dios, vengan de la Biblia o de cualquier otra fuente.

La lectura de toda la tradición bíblica: El último punto en que el trabajo de Mosala puede entrar en diálogo y contribuir con la Hermenéutica Latinoamericana de la Liberación es el de abandonar la lectura selectiva del texto. Al "liberarse" de la búsqueda únicamente de textos bíblicos que sean ideo-teológicamente afines, se abre la posibilidad de recuperar toda la Escritura como fuente y recurso de elaboración de hermenéuticas liberadoras. Esto permite atender otra crítica a la Hermenéutica de la Liberación: la lectura selectiva del texto. La lectura de todo texto, recuperada también en la práctica de lectura popular en los Estudios Bíblicos Contextuales del centro Ujamaa en Sudáfrica (West 2015, 1976),[15] implica leer todo el texto bíblico, comprendiendo las alternativas ideológicas

---

14 Segovia (1998, 60), por otro lado, añade que "...la sombra del imperio en la producción de textos antiguos debe ser resaltada."; y Boer (2005, 178) dice que "...las tradiciones textuales dominantes son aquellas del poder oficial, las instituciones y estructuras sacerdotales – quienes escriben, copian y preservan el texto".

15 Implica tomar partido y leer desde el texto como voz de distintos proyectos en tensión.

y teológicas así como los proyectos políticos, e identificando cuándo un grupo de poder utiliza la figura divina para apoyar sus intereses de dominación. Mosala (1989, 10) señala que "engancharse con el texto bíblico a la luz de la lucha negra por la liberación implica tomar partido en y conectarse con luchas afines que fueron dadas en comunidades muy antiguas", por lo que el ejercicio de lectura bíblica no implica escoger los textos afines, sino leer toda la tradición y tomar postura eligiendo aquellas teologías bíblicas que son eco de las luchas populares del presente. Se da así una transformación hermenéutica en la cual el trabajo no es buscar textos afines únicamente, sino buscar los intereses ideológicos de los relatos, y discernir su fecundidad para los proyectos que buscan emancipación.

Conclusiones

La Hermenéutica de la Liberación tiene una trayectoria de más de 40 años, y sigue más vigente que nunca en un contexto latinoamericano en donde perviven la opresión, la injusticia, la violencia y la desigualdad, y en donde el texto bíblico todavía es parte de las relaciones e imaginarios a nivel social, político, económico y cultural. Por esto es importante recuperar la historia de dicha hermenéutica, escuchar sus argumentos, así como las preguntas que suscita, y renovarla en medio de los compromisos y desafíos actuales. Mantener la tensión entre la búsqueda crítica de discursos bíblicos emancipadores y los desafíos de la crítica bíblica y la sociedad actual se torna central en este quehacer, recordando la importancia de mantener una responsabilidad hacia la disciplina del estudio del texto, por un lado, y a los compromisos con las luchas por la liberación, por el otro.

El llamado de Mosala a no confundir "al opresor con el oprimido", a recuperar la contribución exegética que nos abre un texto con multiplicidad de proyectos sobre Dios con sus respectivas expresiones en las estructuras socio-políticas, y a re-significar la idea de liberación como conciencia de dominación, se tornan fructíferas en una Hermenéutica Latinoamericana que aunque hermenéuticamente ha sido fecunda, experimenta vacíos exegéticos e ideológicos que ponen en peligro su mismo proyecto. La idea de *tomar partido* no sólo ante una sociedad compleja y conflictiva, sino ante un texto con las mismas condiciones, se torna desafiante y liberadora. Para G. West (1995, 87), "La contribución básica de las hermenéuticas de la liberación y su punto de partida metodológico dice que toda teología consciente o inconscientemente está por definición en favor o en contra de las personas oprimidas". Ante esto creemos en la importancia de que la teología bíblica siga informando el quehacer hermenéutico en favor de la justicia. Antes de instrumentar al texto, podemos deconstruirlo; antes de abandonarlo, re-apropiarlo, en un esfuerzo por encontrar a Dios en el texto, así como en la vida que se vive en franca lucha contra los múltiples rostros de opresión actual.

Bibliografía

Andiñach, Pablo. 2012. "Liberation in Latin American Biblical Hermeneutics". En *The Future of the Biblical Past: Envisioning Biblical Studies on a Global Key*, editado por Roland Boer y Fernando Segovia, 137-148. Atlanta: Society of Biblical Literature.

Boer, Roland. 2005. "Marx, Postcolonialism and the Bible". En *Postcolonial Biblical Criticism: Interdisciplinary Intersections*, editado por S Moore y F. Segovia, 166-183. London - New York: T & T Clark International.

Brett, Mark. 2008. *Decolonizing God: The Bible in the Tides of Empire*. Sheffield: Sheffield Phoenix Press.

Brueggeman, Walter. 1993. "Trajectories in Old Testament Literature and the Sociology of Ancient Israel". En *Hermeneutics of Liberation: Political and Social Hermeneutics*, editado por N. Gottwald y R. Horsley, 201-226. New York: Orbis.

Carter, Charles. 1996. "Discipline in Transition"; en: *Community, Identity and Ideology: Social Science Approaches to the Hebrew Bible*, editado por Charles E Carter y Carol Meyers. Winona Lake: Eisenbrauns.

Croatto, José Severino. 1978. *Liberación y Libertad: Pautas Hermenéuticas.* Lima: CEP.

———. 1981. "Conciencia Mítica y Liberación". *Salmanticensis* 28: Fasc. 347-358.

Croatto, Severino. 1986. *Crear y Amar en Libertad: Estudio de Gen 2.4-3.24.* Buenos Aires: La Aurora.

De Wit, Hans. 2002. *En la dispersión el texto es patria: Introducción a la hermenéutica clásica, moderna y posmoderna.* San José: SEBILA.

———. 2009. "'It should be burned and forgotten': Latin American Liberation Hermeneutics through the eyes of Another"; en: *The Bible and the Hermeneutics of Liberation,* editado por A.F. Botta y P.Andiñach, 39-60. Atlanta: Society of Biblical Literature.

Dever, William. 2006. *Who Were the Early Israelites and Where Did They Come From?* Grand Rapids: Eerdmans.

Faust, Avraham. 2006. *Israel's Etnogénesis: Settlement, Interaction, Expansion and Resistance.* London; Equinox.

Finkelstein, Israel y Neil Silberman. 2003. *La Biblia desenterrada: Una nueva visión arqueológica del antiguo Israel y de los orígenes de sus textos sagrados.* Madrid: Siglo XXI.

Garmus, Ludovico, ed. 1987. "Biblia, memoria histórica dos pobres". *Estudos Biblicos* 1:20–30.

Gottwald, Norman. 1979. *The Tribes of Yahweh: A Sociology of the Religion of Liberated Israel, 1250-1050 B.C.E.* New York: Orbis.

Macchi, Jean Daniel. 2008. "Éxodo". En *Introducción al Antiguo Testamento,* editado por T. Römer, C. Niham y D. Macchi. Bilbao: Desclée de Brouwer.

Mendenhall, George. 1962. "The Hebrew Conquest of Palestine". *Biblical Archaeologist* 25: 66-87.

Mosala, Itumeleng. 1989. *Biblical Hermeneutics and Black Theology in South Africa.* Grand Rapids: Eerdmans.

Pixley, George y Clodovis Boff. 2006. "A Latin American Perspective: The Option for the Poor in the Old Testament". En *Voices from the Margin: Interpreting the Bible in the Third World,* editado por R.S. Sugirtharajah, 207-216. New York: Orbis.

Pixley, Jorge. 1983. *Éxodo: Una Lectura Evangélica y Popular.* México D.F.: Casa Unida de Publicaciones.

———. 2012. "Liberating the Bible: Popular Bible Study and its Academia Allies". En *The Future of the Biblical Past: Envisioning*

Biblical Studies on a Global Key, editado por R Boer y F. Segovia, 167-178. Atlanta: Society of Biblical Literature.

Richard, Pablo. 1982. "La Biblia: Memoria histórica de los pobres". *Servir* 17:143–50.

Schüssler Fiorenza, Elizabeth. 1989. *En memoria de ella*. Henao: Desclée de Brouwer.

Segovia, Fernando. 1998. "Biblical Criticism and Postcolonial Studies: Towards a Postcolonial Optic". En *The Postcolonial Bible*, editado por R.S. Sugirtharajah, 49-65. Sheffield: Sheffield Academic Press.

Segundo, Juan Luis. 1993. "Faith and Ideologies in Biblical Revelation"; en: *The Bible and Liberation: Political and Social Hermeneutics*, editado por N. Gottwald y R. Horsley, 92-106. New York: Orbis.

Sugirtharajah, R. S. 2002. *Postcolonial Criticism and Biblical Interpretation*. Oxford: Oxford University Press.

———. 2004. *The Bible and the Third World: Precolonial, Colonial and Postcolonial Encounters*. Cambridge: Cambridge University Press.

Tamez, Elsa. 2004. *Luchas de poder en los orígenes del cristianismo. Un estudio de la 1ª Carta a Timoteo*. San José: DEI.

Trebolle-Barrera, Julio. 1981. "La liberación de Egipto narrada y creída desde la opresión de Salomón". *Cuadernos Bíblicos* 6: 1-18.

West, Gerald O. 2015. "Africa's Liberation Theologies: An Historical-Hermeneutical Analysis." En *The Changing World Religion Map: Sacred Places, Identities, Practices and Politics*, editado por Stanley D. Brunn, 1971-1985. Dordrecht, Heidelberg, New York, London: Springer.

Exégesis crítica como oportunidad de "reforma": provocaciones más allá del Vaticano II

Hanzel José Zúñiga Valerio

1. El "antes" de un Concilio

«*La Sagrada Escritura no se ha convertido ya en el libro de la vida en el corazón del hombre y en el culto de la parroquia, por el mero hecho de que en el concilio se entronizaran cada día los Evangelios y porque, aparte de numerosas indicaciones de detalle, exista una constitución que ensalza la importancia de la Escritura en la vida de la Iglesia*» (Rahner 2012, 44).

El 25 de enero de 1959, habiendo finalizado la semana de oración por la unidad de los cristianos y con sólo tres meses en su cargo, el Papa Juan XXIII anunció, de forma inesperada, su intención de convocar un nuevo concilio. La decisión fue controvertida, no sólo por las reacciones que provocó, sino porque la sombra del inconcluso Concilio Vaticano I[1] estaba presente aún (Alberigo

---

1 El Concilio Vaticano I (1869-1870) fue interrumpido por la caída de la ciudad de Roma y el Vaticano en las manos de las tropas italianas en 1870 y nunca fue clausurado oficialmente.

2004b, 338). ¿Se trataba de una continuación para abordar los aspectos eclesiológicos consecuencia de la aprobación de la constitución *Pastor Æternus* sobre el dogma de la infalibilidad y la prerrogativa del primado?

Muchos teólogos estimaban que, luego de tales definiciones, no habría más concilios porque todas las proclamaciones de fe estaban en manos del Papa. A pesar de esto, durante los pontificados de Pío XI y Pío XII se acarició la idea de convocar un concilio que era concebido como clausura del Vaticano I. No era un nuevo concilio, sino la fase final del anterior. No obstante, la idea de Juan XXIII era totalmente distinta. Él siempre afirmó que la convocatoria del concilio le había venido como "inspiración espontánea" de algo nuevo: «[…] *el Papa no mencionó para nada el Vaticano I, y ciertamente no pensó nunca que su concilio sería como una reanudación o continuación de aquella otra convocación anterior*» (O'Malley 2012, 34). Para todos quedó claro que su concilio tomaría una nueva senda al comunicar su nombre: "Vaticano II".

El contexto eclesial católico debe comprenderse a la luz de los acontecimientos de los siglos precedentes. La modernidad ofrecía el espíritu de libertad de pensamiento y acción como valores fundantes de la sociedad occidental. Ante esto, la oposición de intelectuales nacidos en círculos modernos, pero acogidos en los ambientes católicos, levantó barreras en defensa del dogma. Es de subrayar que los movimientos fascistas, al haber nacido en ambientes laicos con pretensiones totalitarias, fueron rechazados por gran parte de la jerarquía católica pero también, al haber bebido de fuentes de la doctrina católica en países como Italia o España, encontraron un enemigo común y se alinearon. El nexo de unión entre iglesia, reaccionarios de viejo cuño y fascistas era el odio común a la Ilustración del s. XVIII, a la Revolución Francesa y a sus "hijos": la democracia, el liberalismo y el "comunismo ateo" (Hobsbawm 2015, 121).

El punto más alto de esta oposición se puede ver en dos hechos consecutivos: la promulgación del *Syllabus* de 1864 y la realización del Concilio Vaticano I. El *Syllabus Errorum*, promulgado por Pío IX, «[…] *es una negación frontal del movimiento de emancipación liberal basado en la razón»* (Rovira Belloso 1985, 19). En él se niega la libertad de conciencia, se impone la filosofía escolástica, se rechaza la separación iglesia-estado a la vez que se condena la libertad de culto presentando a la iglesia católica romana como "sociedad perfecta". El Concilio Vaticano I concentró todos estos movimientos y proclamó solemnemente el primado del Papa y su condición infalible en temas de fe, de moral, de política eclesial (Concilio Vaticano 1963, 590).

De este modo, los movimientos eclesiales que asumían la sociedad como *oikoumene* y *ekklesía* implicadas fueron perseguidos, como lo fue Lutero. El reformador de Wittenberg se enfrentó, en su tiempo, a respuestas igual de soberbias y autoritarias. Las circunstancias históricas cambiaron pero la actitud centralista del catolicismo no.

Es interesante que desde el s. XIV encontremos propuestas para "reformar" la iglesia. Ya en el Concilio de Vienne (1311-1312), un documento del obispo Gulielmus Durandus usa, por primera vez, una expresión que se convertirá en eslogan del proyecto del s. XVI: la intención del concilio de Vienne es «[…] *corregir y reformar* […] *la iglesia de Dios* […] *tanto en la cabeza como en los miembros»* (Durantis 1531). Las corrupciones de la iglesia de su época deben ser abordadas como una *reformatio tam in capite quam in membris*. Pero las voces no fueron oídas y los concilios posteriores trataron el tema de forma periférica hasta la crisis del s. XVI[2].

---

2 El 31 de octubre de 1517, Lutero escribió dos cartas: una a su obispo ordinario y la otra a Alberto de Brandeburgo, responsable de la predicación de las indulgencias. Al final de las cartas podemos encontrar las 95 tesis contra la *Instrucción* sobre las indulgencias. Era un documento para la discusión académica, dirigido a la autoridad religiosa, por eso estaba escrito en latín y no era destinado a su publicación. Cf. Panni 2016, 148-151. Desde un punto de vista histórico, que Lutero haya pegado las 95 tesis en la puerta de la iglesia del castillo de Wittenberg es algo dudoso por la leyenda que se entretejió al respecto. Cf. Käßmann 2017.

El Concilio de Trento (1545-1563) fue la respuesta católica a la "Reforma". Entre la condena del protestantismo y la adaptación, los padres del concilio se preocuparon por los aspectos doctrinales contra las tesis de la Reforma así como por la disciplina. Pero, en palabras de M. Venard, ni la obra doctrinal ni «[...] *la obra disciplinar del concilio de Trento fue radicalmente nueva original*» (Venard 2004, 296) por el aspecto fundamentalmente apologético.

Muchos temas quedaron sin ser tratados pues los principios juridicistas del Derecho Canónico y del nuevo Catecismo Romano acapararon el horizonte. Las guerras de religión producidas en Europa, los fundamentalismos en ambos bandos y las diversas eclesiologías condensaron la ruptura. Fue hasta el s. XIX cuando surgieron nuevas tendencias de renovación condensadas en "movimiento teológicos" (Floristán 2002, 76-80) que volvían la mirada desde el espíritu de renovación y cambio:

- **Movimiento patrístico:** El estudio de las fuentes patrísticas realizado por J. A. Möhler y la publicación de la *Patrologia Graeca* y la *Patrologia Latina* por parte de J. P. Migne (1857-1866, 1844-1855 y 1862-1864)[3] pusieron en boga el movimiento patrístico como parte del "regreso a las fuentes".

- **Movimiento litúrgico:** Una nueva reflexión teológica sobre las fuentes de la celebración y su relación con una eclesiología del "pueblo" más simple y fiel a los testimonios del Nuevo Testamento. R. Guardini y O. Cassel fueron pioneros en este aspecto y la publicación de *El espíritu de la liturgia* (Guardini 2006) marcó época.

- **Movimiento misionero:** La preocupación por la misión de la iglesia se explicitó y las elucubraciones teológicas sobre la salvación y el mundo interreligioso más allá del *extra ecclesia nulla salus* fueron retomadas. Fue paradigmático el texto de

---

[3] Las citaciones de estos textos se harán de la forma clásica: las siglas "PL" o "PG" con volumen y sus columnas correspondientes.

H. Godin e Y. Daniel *La France pays de mission?* (1943) que se preguntaba sobre la misión en los países nominalmente cristianos pero que, en realidad, vivían un ateísmo práctico.

- **Movimiento ecuménico:** Habían comenzado a surgir, de forma natural, grupos de estudio de la Biblia entre católicos y protestantes, así como la participación de fieles en las celebraciones en las liturgias de una u otra iglesia, pero hasta el año 1910 en la Conferencia Misionera Internacional de Edimburgo se planteó el problema directamente. En el ambiente católico pero fuera de la cúpula romana, los teólogos como Y. Congar (1937) y H. Küng (1967) ya daban pasos hacia una reflexión ampliada.

- **Movimiento laical:** Las organizaciones laicales, como la *Jeunesse ouvrièrer chrétienne* (JOC) fundada por J. Cardijn (Gomes Moreira 1987, 205-220), proliferan y esta tendencia se convierte en elemento transversal de todos los demás movimientos: colocar al laico en un papel de protagonista en la iglesia, en la misión, en la teología, en la liturgia y en la lectura de la Biblia. La concepción de la iglesia como comunidad de creyentes, es decir, como "pueblo de Dios" y "cuerpo real de Cristo" [sic] está en el fundamento de esta reflexión teológica.

Finalmente, el movimiento que nos detendrá en la reflexión es el que origina el grueso del trabajo del presente artículo: **el movimiento bíblico.** El sacerdote dominico M. J. Lagrange (1855-1938), precursor de esta corriente, inició una lectura histórico-crítica de los textos bíblicos en el mundo católico aplicando la crítica textual, de teoría de las formas literarias y los aportes de la arqueología. No sin persecuciones[4], Lagrange

---

4 Las críticas del profesor Lagrange contra los miedos de una institución y contra su actitud cerrada frente a la moderna exégesis le acarrearon problemas. Sus discursos son testimonio de su voz profética: «[...] *l'Église affirme qu'elle n'a jamais varié dans l'intelligence essentielle des dogmes, et elle entend se maintenir sur ce terrain. On lui propose une voie nouvelle ; elle refuse d'y entrer. Elle a parfaitement conscience de ce jour elle cesserait d'être une société religieuse, dépositaire d'un dépôt divin, pour devenir un théâtre de discussions, presque un club*» Lagrange 1904, 15.

y su labor exegética fructificaron al punto de fundar l'*École Biblique* en Jerusalén y su influyente revista *Revue Biblique*. La ambivalencia del Magisterio eclesial, que sabía de la necesidad de la lectura profunda de la Biblia pero que a la vez se notaba cuestionada por el desarrollo de la "historia de los dogmas", se evidenció en las observaciones progresivas de los papas y del Santo Oficio.

Fue León XIII, con *Providentissimus Deus* (1893), quien afirmó, aún con tonos titubeantes, que «[…] *la utilización de la divina Escritura influya entera en la disciplina de la teología, y sea casi su alma* […]» (2010, n° 114, 164-165). Así se abrieron caminos hacia la reivindicación de la lectura de la Biblia en el mundo católico, a pesar de las posteriores posiciones de retroceso de Benedicto XV en *Spiritus Paraclitus* (1920) (Sánchez Caro 1995, 317). Es en la *Divino afflante Spiritu* de Pío XII donde se condesan los esfuerzos del tan sufrido "movimiento bíblico": la Biblia, contrario al uso que de ella hacían los escolásticos, no solo es fuente de argumentos, sino que es la base de la doctrina de la iglesia. Finalmente se asumió lo que en el mundo protestante de la Reforma tenía vía libre desde hace siglos: la moderna crítica histórica, la orientalística y la crítica de las formas (Pío XII 1943, 584-585).

Aun así, las ciencias bíblicas siguieron siendo sospechosas de "herejía", por eso las prohibiciones contra la investigación crítica recayeron en los jesuitas del *Pontificio Istituto Biblico*: las discusiones públicas entre L. Alonso Schökel y A. Romeo sobre la *Divino afflante Spiritu* en 1960, el agregado en el *Índice* de libros prohibidos de la obra *La vie de Jésus* de J. Steinmann y la simultánea expulsión laboral de M. Zerwick y S. Lyonnet por el Santo Oficio en 1961 son prueba de este ambiente inquisitorial (Prior 2001, 139-141). Así, el miedo seguía existiendo en épocas recientes y la libertad de cátedra era sólo un espejismo. Deberíamos esperar hasta el Concilio Vaticano II para que el debate se hiciera abierto y la labor exegética en el catolicismo tomase nuevos bríos.

2. El "acontecimiento" Vaticano II

No comprendemos[5] el Concilio Vaticano II como un compendio de textos producto de una reunión internacional, menos aún como un hecho aislado en la historia de la iglesia contemporánea, sino como un punto de quiebre. Es el evento eclesial y sociorreligioso más importante del s. XX (Tamayo 2005) para reformar prácticas y categorías de análisis deformadas: «*En una palabra, puesto que la Iglesia se deforma constantemente, tiene constantemente que reformarse: "Ecclesia semper reformanda"*» (Küng 1962, 45).

El Vaticano II debe ser asumido "continuidad" pues no "cayó del cielo" sino que se sigue como consecuencia de los hechos reseñados en el punto anterior: es producto de la iglesia del s. XIX y XX. Pero también debe ser asumido como "ruptura" en cuanto se distingue fundamentalmente de los concilios anteriores en varios elementos: las dimensiones de participación y producción, la aceptación de observadores no católicos y la revisión por parte de personas que no compartían el cuerpo doctrinal católico en su totalidad (Komonchak 1999, 301), el interés de la prensa internacional y el consecuente desvelamiento de la pluralidad teológica *ad intra* del catolicismo reflejada en los debates conciliares, el impacto directo sobre la vida de los fieles en la manera de acercarse a la Biblia y la liturgia, su honda preocupación ecuménica e interreligiosa, su amplitud en temas de política y su inquietud por los conflictos del mundo moderno (O'Malley 2012, 58), pero sobre todo, por su singularidad en categorías teológicas.

Por ende, el Concilio Vaticano II es tanto un acontecimiento eclesial de continuidad como de ruptura. Su singularidad es evidente en el "estilo" teológico que replantea sus códigos de lenguaje para comunicar el mensaje de siempre. Juan XXIII lo definió como concilio "pastoral" sin que eso significara

---

5 Los debates sobre hermenéutica conciliar no pueden ser ajenos a nuestro trabajo y son el fundamento de muchos criterios esbozados seguidamente.

"oposición a la doctrina". Fue un concilio "pastoral" ya que buscó "traducir" el Evangelio a las «*fórmulas literarias del pensamiento moderno*»:

> «La tarea principal de este Concilio no es, por lo tanto, la discusión de este o aquel tema de la doctrina fundamental de la Iglesia [...] Una cosa es la substancia de la antigua doctrina, del *"depositum fidei"*, y otra la manera de formular su expresión; y de ello ha de tenerse gran cuenta —con paciencia, si necesario fuese— ateniéndose a las normas y exigencias de un magisterio de carácter predominantemente pastoral» [6].

La búsqueda de un nuevo "estilo" para comunicar el Evangelio y hacerlo cercano al hombre y la mujer del s. XX fue la finalidad del Vaticano II. Hablamos de la apertura hacia un nuevo "paradigma" en sus formas con su propio "estilo" evangélico en esencia (Famerée 2012, 11). La transformación de los grandes esquemas conceptuales en palabras de invitación dialéctica, donde la persuasión mediante ejemplos priva sobre la coacción, es un evidente cambio en el género literario empleado. Las formulaciones secas como cánones y anatemas están ausentes de los documentos conclusivos pues el «[...] *Vaticano II empleó enseguida un lenguaje de amplia exposición y descripción que no tiene más exactamente el estilo dogmático del Vaticano I y sobre todo del Concilio de Trento. Es más abundante, más pedagógico*»[7]. Las *summae* han dado paso a una retórica propositiva, profundamente "epidíctica", que busca la reconciliación y el diálogo. Su vocabulario lo evidencia: palabras horizontales y de igualdad ("pueblo de Dios", "hermanos y hermanas"),

---

6 «*Neque opus nostrum, quasi ad finem primarium, eo spectat, ut de quibusdam capitibus praecipuis doctrinae ecclesiasticae discepetetur* [...] *Est enim aliud ipsum depositum Fidei, seu veritates, quae veneranda doctrina nostra continentur, aliud modus, quo eaedem enuntiantur, eodem tamen sensu eademque sententia. Huic quippe modo plurimum tribuendum erit et patienter, si opus fuerit, in eo elaborandum ; scilicet eae inducendae erunt rationes res exponendi, quae cum magisterio, cuius indoles praesertim pastoralis est, magis congruant*» Juan XXIII, *1962*, 791-792.

7 «[...] *Vatican II a souvent employé un langage de large exposé et de description qui n'a plus exactement le style dogmatique de Vatican I et surtout du Concile de Trente. Il est plus abondant, plus pédagogique*» Congar 1984b, 66.

palabras de reciprocidad ("cooperación", "colaboración"), palabras de cambio o movimiento histórico ("desarrollo", "progreso", "evolución"), palabras de interioridad ("carisma", "gozos y esperanzas"). Todos estos términos, tan poco usuales en la historia de los concilios, develan "el espíritu" del Vaticano II tras "la letra" (O'Malley 2016, 112-113).

De esta forma, el Concilio no es un suceso aislado en la historia, pero tampoco es un duplicado del Vaticano I o de Trento. Fija su mirada en el <u>pasado</u> buscando los orígenes del movimiento cristiano para hablarle al <u>presente</u> con un idioma comprensible y poder profundizar en el desarrollo doctrinal hacia el <u>futuro</u>. Estas tres dimensiones espacio-temporales revelan la continuidad y la ruptura que, en la historia del cristianismo, representa el Vaticano II. Se buscó "volver a las fuentes" (del francés *ressourcement* y del latín *ad fontes*)[8] de la tradición cristiana y así, inevitablemente, contrastar qué tan fiel se es hoy al ideal inicial. Se propuso "ponernos al día" (del italiano *aggiornamento*) (Concilio Vaticano 2004, 214-215)[9] con respecto al mundo moderno y asumir nuevos códigos de lenguaje para hacer comprensible el Evangelio. Se retó a mirar hacia adelante y asumir el "desarrollo" de la doctrina cristiana (del inglés *development*)[10] porque la tradición no es estática, sino dinámica y avanza descubriendo nuevos caminos.

Precisamente, por estas tres dimensiones que representan el "género" y el "estilo" del Vaticano II, se puede afirmar que los códigos teológicos se ven marcados por el paradigma de la modernidad ya iniciado en el s. XVII y XVIII. El Concilio es, en definitiva, un *événement*, un "acontecimiento" porque «[...]

---

8 «*Todo esto, a la luz y bajo la inspiración de una vuelta a la investigación de las fuentes: Biblia, cristianismo primitivo, espíritu de la liturgia, grandes documentos del magisterio*» Congar 2014, 62.

9 En las citaciones subsecuentes de los documentos del Vaticano II emplearemos la fórmula técnica: sigla correspondiente y numeral.

10 Un texto que marcó época, nacido en el ambiente protestante primero, luego católico por su "conversión", fue el texto de Newman 1846. Para la época del Concilio era una obra considerada definitiva en la materia.

intentó llevar a la práctica dos cambios de paradigma simultáneos: integró rasgos fundamentales tanto del paradigma de la Reforma como del paradigma de la Ilustración y la modernidad» (Küng 2014, 180). Se trata de un replanteamiento que hace pensar el ser eclesial y su posicionamiento en el mundo postmoderno, un paso hacia la transmodernidad o al paradigma ecuménico-contemporáneo (Küng 2006, 655). En este replanteamiento, la Biblia se ubica en el cruce de dos paradigmas: el de la concepción eclesiológica que busca recuperar las fuentes y el de la aplicación de los métodos críticos que es signo profundo de asimilación de la modernidad y del mundo de la Ilustración.

Se puede llegar a las "fuentes" mediante el uso de las herramientas que los estudios diacrónicos proporcionan. El paradigma del "pasado" se ve recuperado por el paradigma "moderno" para asumir una posición abierta y dialogante hacia una era "transmoderna". Así, la exégesis crítica revolucionaría la comprensión de la fe y podría seguir reformando el cristianismo. Este reto que el paradigma ilustrado-moderno le presenta al catolicismo romano es asumido en el Vaticano II. Pero, ¿qué implicaciones tiene?

3. Métodos históricos, provocaciones de Reforma

Luego de las persecuciones contra los representantes del "movimiento bíblico" y de la condena expresa del uso de las ciencias sociales, literarias e históricas en la exégesis de los siglos XIX y XX, la constitución dogmática sobre la divina revelación *Dei Verbum* emitió, en su estilo epidíctico, una palabra nueva de libertad para el mundo de la exégesis católica. La reforma en la manera de interpretar los textos, leyéndolos como "Palabra de Dios en lenguaje humano" (Mannucci 2008, 32), se hizo presente en los documentos brindando espacios para el diálogo y la formulación de nuevas preguntas:

> «Dios habla en la Escritura por medio de hombres y en lenguaje humano; por lo tanto, el intérprete de la Escritura, para conocer lo que Dios quiso comunicarnos, debe estudiar con atención lo que los

autores querían decir y Dios quería dar a conocer con dichas palabras. Para descubrir la intención del autor, hay que tener en cuenta, entre otras cosas, los géneros literarios. Pues la verdad se presenta y se enuncia de modo diverso en obras de diversa índole histórica, en libros proféticos o poéticos, o en otros géneros literarios. El intérprete indagará lo que el autor sagrado dice e intenta decir, según su tiempo y cultura, por medio de los géneros literarios propios de su época. Para comprender exactamente lo que el autor propone en sus escritos, hay que tener muy en cuenta los modos de pensar, de expresarse, de narrar que se usaban en tiempo del escritor y también las expresiones que entonces más se solían emplear. La Escritura se ha de leer e interpretar con el mismo Espíritu con que fue escrita; por tanto, para descubrir el verdadero sentido del texto sagrado hay que tener muy en cuenta el contenido y la unidad de toda la Escritura, la Tradición viva de toda la Iglesia, la analogía de la fe […]» (Concilio Vaticano 1965, 191-193).

En este numeral, la *Dei Verbum* resume una trayectoria de más de cien años y expresa, como es obvio en un documento regente y general, ideas que deben ser desarrolladas posteriormente. Podemos subrayar dos de estas ideas y proponerlas como "provocaciones" y "oportunidades" de reforma en momentos donde las lecturas concordistas y fundamentalistas siguen estando presentes en amplios sectores de la iglesia católica romana y en muchas iglesias de tradición protestante.

a) Dios habla en la Escritura en lenguaje humano: hacia una lectura cultural

El punto de partida para una reconstrucción teológica de nuestros conceptos "revelación" e "inspiración" se encuentra en el comprender la Biblia como lenguaje "theandriko". Cuando decimos que la Biblia es "Palabra de Dios" estamos expresando una analogía. No es una "palabra" emitida como un sonido que brota de la garganta y toma significación en las cuerdas bucales. Más bien queremos decir que la Biblia es "Palabra" en cuanto es testimonio de múltiples experiencias de fe. Es la narración de hombres y mujeres que han visto en su historia la acción de Dios y la han expresado en las formas y géneros de su época. Más aún, en la constitución *Dei Verbum*, es Dios mismo quien se encarna en la sociedad y se muestra mediante las palabras humanas: «*Dios emplea las palabras de los hombres como medio de comunicación* [...] *En las palabras de los autores toman la palabra tradiciones más antiguas, se hace presente la sociedad de su tiempo, esas palabras pasan a nuevos contextos de experiencia religiosa, se incorporan a textos nuevos*» (Schökel 1969, 432).

La constitución sobre la divina revelación mantiene, de este modo, un principio autoritativo de Dios como ente distinto del ser humano que escribe, superando un "psiquismo estrecho" (Schökel 1969, 432) pero concibiendo la intención humana como limitada ante la desbordante voluntad divina. Siempre se mantiene la división clásica de "revelación sobrenatural" y "revelación natural" emulando el principio teológico escolástico. Esta distinción nos ubica frente a un reto, inclusive desde la tradicional concepción dogmática, pues se plantea la necesidad de que el exégeta creyente asuma plenamente la historia como *locus* primero de su labor.

Si, desde una "exégesis canónica" o lectura creyente de la Escritura (Ratzinger 2007, 11-13), se tiene como un principio fundamental que Dios se ha encarnado, como consecuencia se sigue que "el mundo de arriba" se ha hecho manifiesto en el "mundo de abajo" (Lenaers 2008, 15). Esto quiere decir que lo sagrado ha sacralizado lo profano y, de esta forma, los métodos considerados "profanos" son condición *sine qua non* se puede acceder a la "revelación". Si la divinidad se ha hecho fragmento en historia humana, solamente a través de esta historia podemos acercarnos a la figura de Jesús y a lo que la primitiva iglesia pensó acerca de él. En el cuadrante de la confesionalidad esto es un reto y no menor, pero se trata de un reto que ha sido obviado con multiplicidad de prevenciones por las más altas autoridades romanas[11]. Pareciera que la misma *Dei Verbum*, como dialéctica abierta a los métodos históricos, es vista con

---

11 El teólogo J. Ratzinger advirtió de estos "peligros" en los que ha caído la exégesis crítica contemporánea. En su libro-entrevista *Informe sobre la fe* subrayó como "Señales de peligro" el hecho de que «[...] *una exégesis que ya no vive ni lee la Biblia en el cuerpo viviente de la Iglesia se convierte en*

recelo en sus principios exegéticos y se coloca el peso de la interpretación en la "analogía de la fe".

Ahora bien, es evidente que obviar la conceptualización heterónoma entre lo humano y lo divino es un reto que va más allá de lo presupuestado en el Vaticano II. A partir de estos límites teológicos y contextuales formulamos nuestra "provocación": es imprescindible desarrollar una exégesis laica desde el estatuto "cultural". Una posición como esta no fue pensada teológicamente por el Concilio (Theobald 2009, 103), pero se desprende como una tarea pendiente. Los recientes acercamientos retóricos, narrativos, sociológicos y antropológicos dan cuenta de que podemos asumir la Biblia en su naturaleza humana, en su profunda riqueza cultural, sin negar su dimensión trascendente como oportunidad de ver lo divino en lo humano. Se trata de comprender que la expresión "Palabra de Dios" es una metáfora antropomorfa. Un estatuto simbólico de lo que los seres humanos decimos acerca de Dios en la historia, no siendo ella misma, pero estando presente en ella.

La Biblia no cayó del cielo (Römer 2014). Ella es una pluralidad de testimonios de personas que expresan, en sus propios códigos de pensamiento, su fe. Y hablamos de una fe que siempre es diversa pues el concepto de "Dios" es plural según las situaciones históricas y vivencias personales de los escritores: múltiples son los "rostros de Dios" siendo todos ellos antropomorfos al expresarse "en lenguaje humano". Los libros de la Biblia brotaron de la vida cotidiana, de las experiencias de multiplicidad de personas que buscaban entender su realidad. La Biblia es expresión de lo humano y, de este modo, podemos decir que es "inspirada": no en el sentido deductivo como "soplo o dictado de Dios" sino como "inspirada" desde la historia concreta.

---

arqueología: los muertos entierran a sus muertos» Ratzinger y Messori 2005, 83-84.

En consecuencia, no se puede pensar la Biblia como un texto exclusivamente religioso sino como un verdadero compendio cultural. Ella no sólo es "inspirada" sino "inspiradora": «*Antes de ser abordado como texto* inspirado *en el sentido pleno del término –visto como texto que vehicula la relación "salvadora" entre Dios y los lectores creyentes– puede ser tomado como texto* inspirante [...] *verificación de la humanidad del texto en "la escuela de humanidad" que son nuestras existencias y nuestras sociedades pluriculturales*»[12]. Su recepción en la sociedad es una oportunidad para repensar la vida como los autores de este texto lo hicieron, creando cultura en todas las vertientes literarias posibles y, reflejando en las experiencias de fe, principios de elevada humanidad:

> «¿No es más adecuado a la naturaleza de la Biblia invertir el discurso de la inspiración para insistir menos en las características y condiciones de su carácter inspirado y subrayar más su capacidad de inspirar, de suscitar toda suerte de señales que significan a Dios? Para ello no es necesario el presupuesto de la fe, sino el de la apertura a las señales del texto, a su reserva inagotable de signos de esperanza [...] A ello contribuirá claramente una inequívoca renuncia eclesial al monopolio confesional de la Biblia, la aceptación de la validez de un discurso cultural y la asunción de los procesos lentos por los que las personas caminamos en la historia» (Arbiol 2009, 19).

Se trata de una provocación para que nuestros discursos teológicos puedan nacer realmente de la cotidianidad. Los acontecimientos de la vida corriente son, de por sí, momentos determinantes en la "revelación" de Dios. *Revelare* como historia, historia como *revelare*: la cultura comprendida como *locus* "revelación" y la Biblia, a su vez, asumida como manifestación cultural. Este reto es un pendiente que va más allá de la institucionalidad religiosa y, evidentemente, de los documentos del Vaticano II. Por ello hemos hablado de lectura "laica" de la Biblia. Ella no le pertenece, de forma exclusiva,

---

12 «*Avant d'être abordé comme texte* inspiré *au sens plénier du terme –voir comme texte qui véhicule la relation « salutaire » entre Dieu et les lecteurs croyants–, il peut être pris comme texte* inspirant [...] *la vérification de l'humanité du texte dans « l'école d'humanité » que sont nos existences et nos sociétés pluriculturelles*» Theobald 2009, 104.

a ninguna iglesia o sinagoga, ella es producto del patrimonio cultural del género humano. No es cierto que haya nacido solo en ambientes litúrgicos o con finalidades únicamente eclesiales sino que, además de esto, ha sido escrita para responder a problemas humanos de toda índole, en ambientes multifacéticos, con preocupaciones distintas que involucran toda expresión de la existencia.

b) Leer la Escritura con el mismo Espíritu con que fue escrita: hacia una nueva lectura teológica

Cuando los padres conciliares pensaron en la "analogía de la fe" y en leer los textos "en el Espíritu en que fueron escritos" tenían el principio de unidad de la Escritura en su mente (Beauchamp 1977): no puede entenderse el Nuevo Testamento sin el Antiguo Testamento porque el "primer" testamento es preparación profética del "segundo". En palabras directas dice el Concilio: «[...] *que el Antiguo encubriera el Nuevo, y el Nuevo descubriera el Antiguo*» (DV 16)[13] puesto que, la lectura creyente que se hace desde el cristianismo, es una lectura cristológica. Cristo es el culmen de un proceso que inició con la Creación y que después da paso a una fase de comprensión en el Espíritu (Pié-Ninot 2009, 331). Desde las lecturas confesionales, se habla acá de la integridad de la Escritura por su "autor principal", Dios.

Pero también debemos agregar que, además de esta integridad de la Escritura, una lectura "en el Espíritu con que fue escrita" implica responsabilidad para con la comunidad de fe, la comunidad que con mayor frecuencia acude al texto y le considera "sagrado". Es verdad que los libros canónicos no nacieron <u>exclusivamente</u> en ambientes litúrgicos o religiosos, pero también nacieron allí. Allí fueron leídos y finalmente canonizados. Las iglesias de los primeros siglos oyeron "la voz de Dios" en cantos, epístolas y narraciones, y las preservaron

---

13 El texto latino usa los verbos "latere" y "patere", "latente" y "patente", citando a Agustín 88, 623: «[...] *ut Novum in Vetere latere et in Novo Vetus pateret*».

con respeto, con fervor sagrado. Los padres conciliares tenían claridad sobre las consecuencias de lo que la Escritura significaba para la vida de la iglesia y cómo, mediante la lectura litúrgica de la Biblia, se llega a crear, alimentar y vivificar lo que denominaron, en la constitución dogmática sobre la Iglesia *Lumen Gentium*, el "Pueblo de Dios" (cf. LG 9-10).

El olvido de esta dimensión "canónica" ha sido una de las críticas que se le ha hecho al mundo de la exégesis moderna[14]. Muchos biblistas asumen su tarea como una labor exclusivamente histórico-filológica, arqueológica, pero "desarmando unidades sin querer rearmarlas" (Ratzinger 1989, 5). No son transparentes en sus intenciones y aquí, según nuestra apreciación, radica el problema. Si la labor exegética, en su naturaleza diacrónica, va a ser realizada con un objetivo únicamente diacrónico es igualmente válida y valiosa que cuando se realiza con miras a una interpretación teológica. Pero debe decirse. Es evidente que el procedimiento de un acercamiento científico sirve como base para el trabajo hermenéutico posterior del teólogo.

Aun así, debemos reconocer que en muchas ocasiones ese camino es recorrido de manera inversa pues se hace la labor

---

14 Es cierto que «*At its core, the debate about modern exegesis is not a dispute among historians: it is rather a philosophical debate*» por eso se debe hacer una "crítica de la crítica" hacia las hermenéuticas que traen más al texto de lo que extraen de él. Cf. Ratzinger 1989, 16. Pero no podemos asegurar que, como los métodos críticos nacen en el seno de las aproximaciones racionalistas, sean por ello todos sus resultados producto de un prejuicio antirreligioso o "desmitologizante". Aquí tendríamos el germen de nuevos fundamentalismos. La respuesta de R. E. Brown al entonces cardenal Ratzinger es clara y directa: «*I do recognize philosophical questions about the historical critical method, but in my judgment they are not questions about the possibility of the supernatural, or of the physical-science quality of the results. The basis biblical issue concerning the supernatural, for instance, is more a question of what is being affirmed (and thus of one's being cautious about the literary genre, not taking as history what was never intended as history), of whether those who affirmed it were in a position to know, and of whether their testimony agrees. I defend the word "proof" in such a quest, but that proof has nothing to do with proof in natural sciences; it is the same kind of proof we seek about so many issues in our own civilization for which we have to depend on the evidence of other human beings*» Brown 1989, 46.

hermenéutica previa a la exegética. Allí todo se diluye. La exégesis no existe porque la lectura teológica prevalece y la falacia de *petitio principii* es el círculo final. ¿Se hace exégesis para demostrar una doctrina o dogma pues no hay más salida? ¿Se hace realmente *exégesis* (del prefijo griego *ex* "desde") o más bien e*iségesis* (del prefijo griego *eis* "hacia")? Una labor comprometida, sea confesional o no, tiene una fase previa sin un horizonte ya determinado *a priori*. El único horizonte debe ser el de la apertura y la honestidad. No es mediante una falsa piedad por resguardad verdades petrificadas que logramos serles fieles a dichos textos. El reto está en «[...] *¡leer los textos sin prejuicios y respetar los datos! Es decir, no ocultarlos, retorcerlos o ignorarlos, como se hace en la teología neoescolástica y frecuentemente también en la protestante, en beneficio del sistema dogmático*» (Küng 2007, 295-296).

Sólo reconociendo las múltiples facetas del texto[15] podremos retomar el cercado diálogo entre exégesis y teología. La exégesis como traducción cultural y ventana que analiza fragmentos del texto y su historia. La teología como actualización de la vivencia de fe contenida en dicho texto y traducción para la comunidad creyente hoy. En esta relación, los acercamientos históricos no son peligro o amenaza para las iglesias, sino su más grande oportunidad para hablar el idioma actual sin ningún *a priori* tendencioso[16]. Los métodos "críticos" son posibilidad para reinterpretar la fe con que nacieron los textos sacralizados pero también para crear nuevas comprensiones culturales en las sociedades postmodernas que le huyen a la institucionalidad de las religiones. Son posibilidad, no amenaza. Son una oportunidad de reforma para la iglesia, para abrirse a las sociedades seculares y hablar con un lenguaje profundo cimentado en la vida, un idioma que va más allá de "la letra" y que busca "el símbolo" tras ella.

---

15 Se trata de una "metacrítica" o de una "ética de lectura". De Wit 2010, 448.

16 Cf. Pontificia Comisión Bíblica, "La Interpretación de la Biblia en la Iglesia" en Granados García y Sánchez Navarro 2010, 1028-1029.

4. Ecclesia semper reformanda in scriptura est

El Concilio Vaticano II representó para la iglesia católica la recepción del viejo adagio radicalizado por la Reforma del s. XVI: "iglesia reformándose siempre". Finalmente, luego de siglos de lucha y de negación con respecto al mundo secular, la institución eclesial comprendió la importancia de la adaptación. Curiosamente, ese espíritu fue movido desde las bases de movimientos de renovación preconciliares, entre los cuales, la lectura de la Biblia en círculos ecuménicos significó uno de los detonantes para pensar teológicamente el papel de los laicos, la unidad de los cristianos, la celebración litúrgica, entre otros principios. Tanto la liturgia como la Biblia, ambas "mesas comunes" de celebración, fueron determinantes para recordar la importancia de reformar las estructuras.

La lectura de la Biblia, como memoria cultural y como "fuente" para reconstruir los "orígenes" plurales del movimiento de Jesús, replantea siempre el lugar de las iglesias hoy. "Mirar atrás" hace someter a la crítica el "hoy" y a replantear el "mañana". He aquí la oportunidad para la renovación que es, a la vez, el peligro para las estructuras anquilosadas no dialogantes, apologéticas. Por ello hemos asumido la lectura históricocrítica de la Biblia como una provocación de "reforma", una oportunidad para replantear el papel de las instituciones religiosas en el mundo moderno y una ruptura para asumir un verdadero *ressourcement*. Tanto exégetas como teólogos están implicados en este papel, ambos desde su orientación científica de búsqueda y de interpretación. En palabras de K. Rahner, a algunos biblistas se les olvida que «[…] *es la exégesis católica una ciencia de fe, y no sólo filología o ciencia de la religión* […]» así como al teólogo se le debe subrayar que muchas veces «[…] *entiendes de exégesis menos de lo que sería deseable*» (Rahner 2003, 84 y 91). Se trata de una auto-implicación de transparencia y valentía.

Retos y rupturas implicadas se desprenden para ambos. Unos, los biblistas, no deben verse coaccionados por los dogmas establecidos; otros, los teólogos, no deben verse obligados a cimentar lo que no tiene asidero en la historia. Unos, los exégetas, deben saber que sus descubrimientos van más allá de lo "arqueológico" e implican una reconstrucción hacia lo "existencial" en la cultura; otros, los teólogos, deben saber que ese "existencial" es el fondo del mensaje comunicado, es el fragmento de la cultura contenida, y no las formas doctrinales como ropaje impuesto por los siglos.

Es una oportunidad, una provocación y una irreverencia en el mundo católico pensar más allá del *establishment*; pero es lo que hicieron los grandes reformadores del siglo XVI y muchos teólogos del pre-concilio. Así, profeta y reformador son dos figuras que cuestionan las "canonizaciones" de los sistemas: «*Contra todas estas degradaciones se alzaron los profetas. Contra esto se alzaron en la Iglesia los reformadores*» (Congar 2014, 147). Hablamos de encarnar un papel "profético" para responder a la cultura de las sociedades contemporáneas cada vez menos institucionales y estructurales. Leer los "signos de los tiempos" como propuesta del Concilio Vaticano II siempre es una provocación necesaria. Y estos "signos" vuelven su mirada a la vida concreta, a la cultura, a la historia. La Biblia es testigo fragmentario de la cultura de una época, es replanteamiento e interpretación de la vida de grupos en conflicto. Por eso la exégesis nos invita a "mirar atrás" en el texto, pero también a "mirar adelante" para ir más allá de dicho texto y sus límites. Esto es una labor provocadora, retadora, una labor de reforma.

Bibliografía
Agustín, San. 1988. *Cuestiones sobre el Heptateuco*. 2,73 en Patrología Latina 34, 623. Madrid: BAC.
Alberigo, G., ed. 1999. *Historia del Concilio Vaticano II*, vol. 1: *El catolicismo hacia una nueva era. El anuncio y la preparación*. Salamanca: Sígueme.
Alberigo, G. 2004a. "El Concilio Vaticano II (1962-1965)" en Alberigo, 2004b, 335-374.
Alberigo, G, ed. 2004b. *Historia de los concilios ecuménicos*. Salamanca: Sígueme.

Arbiol, C. Gil. 2009. "La Biblia y el mundo del siglo XXI". *Iglesia Viva* n° 238 (Valencia).
Beauchamp, P. 1977. *L'un et l'autre Testament*, tome 1 : *Essai de lecture*; Tome 2 : *Accomplir les Écritures*. Paris: Du Cerf.
Brown, R. E. 1989. "The Contribution of Historical Biblical Criticism to Ecumenical Church Discussion". En Neuhaus, 1989, 24-49.
Congar, Y. 1937. *Chrétiens désunis. Principes d'un « Œcuménisme catholique »*. Paris: Du Cerf.
Congar, Y, ed. 1984a. *Le Concile de Vatican II. Son Église, Peuple de Dieu et Corps du Christ*. Paris: Beauchesne.
Congar, Y. 1984b. "Regard sur le Concile Vatican II". En Congar (1984a).
Congar, Y. 2014. *Verdadera y falsa reforma en la Iglesia*. Salamanca: Sígueme.
Concilio Vaticano. 1963. "Constitución *Pastor Æternus* del Concilio Vaticano I, capítulo 3, canon 3064". En *El Magisterio de la Iglesia*, editado por H. Denzinger. Barcelona: Herder.
Concilio Vaticano. 1965. "Constitución dogmática 'Dei Verbum' sobre la divina Revelación" n° 12: *Concilio Ecuménico Vaticano II*.
Concilio Vaticano. 2004. "Constitución sobre la sagrada liturgia 'Sacrosactum Concilium'" n° 1. En *Concilio Ecuménico Vaticano II. Constituciones, Decretos y Declaraciones. Edición bilingüe promovida por la Conferencia Episcopal Española*. Madrid: BAC.
De Wit, H. 2010. *En la dispersión el texto es patria. Introducción a la hermenéutica clásica, moderna y postmoderna*. San José: SEBILA.
Durantis, G. 1531. *Tractatus de modo generalis concilii celebrandi et corruptelis in ecclesia reformandis*. Lyon, s.e. (reimpresión, Londres 1964). Consultado 9 marzo, 2017. http://reader.digitale-sammlungen.de/de/fs1/object/display/bsb10158936_00001.html
Famerée, J. 2012. "Le style comme interprétation". En *Vatican II comme style, L'herméneutique théologique du Concile,* dirigido por J. Famerée. Paris: Du Cerf.
Floristán, C. 2002. *Teología práctica. Teoría y praxis de la acción pastoral*. Salamanca: Sígueme.
Godin, H. y Y. Daniel. 1943. *La France pays de mission?* Paris: Du Cerf.
Gomes Moreira, J. A. 1987. "Para una historia de la Juventud Obrera Católica (1959-1985)". *Revista Mexicana de Sociología*, vol. 49, n° 3 (México, DF): 205-220.
Granados García, C. y L. Sánchez Navarro. 2010. *Enquiridion bíblico. Documentos de la Iglesia sobre la Sagrada Escritura*. Madrid: BAC.
Guardini, R. 2006. *El espíritu de la liturgia*. Cuadernos Fase 100. Barcelona: Centre de Pastoral Litúrgica.

Hobsbawm, E. 2015. *Historia del siglo XX*. Barcelona: Crítica.
Juan XXIII. 1962. *Acta Apostólica Sedis*, 54 vol. IV.
Komonchak, J. 1999. "La lucha por el concilio durante la preparación". En Alberigo 2004b.
Käßmann, M. 2017. "La Reforma en un contexto multicultural". Conferencia dictada el 1 de marzo de 2017 en la Universidad Bíblica Latinoamericana en el contexto del año de la Reforma.
Küng, H. 1962. *El Concilio y la unión de los cristianos*. Santiago de Chile: Herder.
Kung, H. 1967. "La justificación. Doctrina de Karl Barth y una interpretación católica". Original publicado en alemán en 1957. Barcelona: Estela. Tesis doctoral defendida en París.
Küng, H. 2006. *El cristianismo. Esencia e historia*. Madrid: Trotta.
Küng, H. 2007. *Libertad conquistada. Memorias*. Madrid: Trotta.
Küng, H. 2014. *La Iglesia Católica*. México, DF: Debolsillo.
Lagrange, M. J. 1904. "L'exégèse critique et le dogme ecclésiastique". *La méthode historique*, editado por M. J. Lagrange. Paris: Librairie Victor Lecoffre.
Lenaers, R. 2008. *Otro cristianismo es posible*. Quito: Abya-Yala.
León XIII. 2010. "Encíclica 'Providentissimus Deus'". En Granados García y Sánchez Navarro 2010.
Mannucci, V. 2008. *La Biblia como Palabra de Dios. Introducción general a la Sagrada Escritura*. Bilbao: Desclée de Brouwer.
Migne, J. P., ed. 1844-1855, 1862-1864. *Patrologia Latina*, 221 volúmenes, Paris.
Migne, J. P., ed. 1857-1866. *Patrologia Graeca*, 161 volúmenes. Paris.
Neuhaus, R. J., ed. 1989. *Biblical Interpretation in Crisis. The Ratzinger Conference on The Bible and Church*. Grand Rapids: Eerdmans.
Newman, John Henry. 1846. *An Essay of Development of Christian Doctrine*. London: James Toovey.
O'Malley, J. W. 2012. *¿Qué pasó en el Vaticano II?* Santander: Sal Terrae.
O'Malley, J. W. 2016. "La reforma en la vida de la Iglesia. El concilio de Trento y el Vaticano II". En Spadaro y Galli 2016.
Panni, G. 2016. "*Ecclesia Semper reformanda*: del siglo XIV al XVI". En Spadaro y Galli, 2016.
Pié-Ninot, S. 2009. *La Teología Fundamental."Dar razón de la esperanza"(1 Pe 3,15)*. Salamanca: Secretariado Trinitario.
Pío XII. 1943. "Carta Encíclica 'Divino afflante Spiritu'". En Granados García y Sánchez Navarro 2010, n° 558.
Prior, J. G. 2001. *The Historical Critical Method in Catholic Exegesis*. Roma: Pontificia Università Gregoriana.
Rahner, K. 2003. "Exégesis y dogmática". En *Escritos de teología*, editado por V K. Rahner. Madrid: Cristiandad.

Rahner, K. 2012. *El concilio, nuevo comienzo*. Barcelona: Herder.
Ratzinger, J. 1989. "Biblical Interpretation in Crisis: On the Foundations and Approaches of Exegesis Today". En Neuhaus 1989.
Ratzinger, J. 2007. *Jesús de Nazaret. Desde el Bautismo a la Transfiguración*. Buenos Aires: Planeta.
Ratzinger, J. y V. Messori. 2005. *Informe sobre la fe*. Madrid: BAC.
Römer, Th. 2014. *La Bible, quelles histoires! Entretien avec Estelle Villeneuve*. Genève: Labor et Fides.
Rovira Belloso, J. M. 1985. "Significación histórica del Vaticano II". En *El Vaticano II, veinte años después*, editado por C. Floristán y J. J. Tamayo. Madrid: Cristiandad.
Sánchez Caro, J. M. 1995. "Hermenéutica bíblica y metodología exegética". En *Biblia y Palabra de Dios,* editado por A. M. Artola y J. M. Sánchez Caro. Estella: Verbo Divino.
Schökel, L. Alonso. 1969. "Interpretación de la Sagrada Escritura". En *Concilio Vaticano* 1965.
Spadaro, A. y C. M. Galli, eds. 2016. *La reforma y las reformas en la Iglesia*. Santander: San Terrae.
Tamayo, J. J. 2005. "El mayor acontecimiento sociorreligioso del siglo XX". *El País* (Madrid) 8 de diciembre. Consultado 12 marzo de 2017. http://elpais.com/diario/2005/12/08/sociedad/1133996406_850215.html
Theobald, Ch. 2009. «*Dans le traces...*» *de la constitution «Dei Verbum» du Concile Vatican II. Bible, théologie et pratiques de lecture*. Paris: Du Cerf.
Venard, M. 2004. "El quinto concilio de Letrán (1512-1517) y el concilio de Trento (1545-1563)" en Alberigo 2004b.

Lecturas de la Biblia en América Latina

Pablo Moreno Palacios

> *En consecuencia, la verdad en la Biblia es siempre, en uno u otro sentido, verdad personal.*
> Juan A. Mackay

Un acercamiento al estudio de las lecturas de la Biblia necesita establecer de alguna manera las intenciones que dieron origen a ese énfasis de la lectura de un libro casi prohibido para los legos en Europa y América Latina. En esta primera parte se presentará una sinopsis histórica concentrada en la propuesta de Martín Lutero sobre la aplicación del principio de la "Sola Escritura" a la práctica concreta de la lectura, interpretación y aplicación de la Biblia al contexto de la iglesia y la vida cotidiana de sus lectores. Cuál fue la propuesta y su alcance y cómo se ha replicado en América Latina en el ámbito de los diversos protestantismos esta lectura.

1. Una perspectiva histórica

La reforma protestante levantó la bandera de la "Sola Escritura" como uno de sus emblemas más conocidos y característicos hasta el día de hoy. La vida de Martín Lutero encarnó este principio por su dedicación al estudio bíblico mientras estaba en el monasterio, por su abundante producción literaria a través de comentarios y por su traducción del Nuevo Testamento al alemán durante 1522 junto la edición completa de la Biblia en el año 1534. Pero sobre todo resalta el impacto personal que tuvo en él el estudio concienzudo y espiritual de la Escritura.

Durante el siglo XVI tanto católicos como protestantes promovieron una reforma de la cultura popular (Burke 1991) ya sea modificándola en el caso de la reforma católica, o suprimiéndola en el caso de la reforma protestante. Se trató de reducir o suprimir la participación del pueblo en fiestas, carnavales y otras diversiones que atentaban contra la santidad de la vida cristiana.

Pero no todo fue negativo. Los protestantes ofrecieron al pueblo un substituto de las fiestas, canciones e imágenes tradicionales. Lutero por ejemplo propuso los himnos "para darles a los jóvenes… algo que los aleje de las baladas de amor y de los versos carnales, y que al mismo tiempo les enseñe algo de valor" (Burke 1991, 316)[1].

Pero el más importante aporte de los protestantes a esta reforma fue hacer asequible la Biblia para el pueblo común. Lutero decía "Debe ser posible preguntar a la madre en su casa, a los niños en las calles, al hombre común en el mercado, y comprobar que todos la explican y la traducen bien" (Burke 1991, 316). Este era el ideal y por esa razón no solo Lutero en Alemania sino otros reformadores en diferentes países comenzaron a traducir la Biblia a sus propios idiomas.

El Nuevo Testamento de Tyndale fue traducido en 1535, La Biblia sueca en 1541, la ginebrina en francés en 1540 (conocida como la versión revisada de 1588), la versión checa, preparada por diez expertos en 1579, la Biblia calvinista húngara en 1590, la versión galesa en 1604 y la versión inglesa en 1611 (Burke 1991, 317). La imprenta ayudó a la difusión más rápida de esta versiones. Sin embargo, no era muy factible que cada familia

---

[1] Cita textual de Martín Lutero, prefacio a libro de himnos de Wittemberg de 1524 en sus Werke, 35, Weimar, p. 474

tuviera una Biblia y la leyera, como soñaba Lutero. Según Burke, el costo de las Biblias era alto y por ejemplo en Suecia una de cada veinte familias podía comprar un ejemplar de la Biblia (317).

El ideal de Lutero se desvaneció pronto. En 1520 dejó de promover la lectura individual de la Biblia, por los excesos que esta práctica podía producir. Como alternativa propuso un modelo en el que se destacan la predicación y el catecismo (Chartier 1990, 121) Se promovió el papel de los pastores en la enseñanza y la interpretación de la Biblia. La relevancia que ganó el Catecismo Menor de Lutero entre los pastores analfabetos fue muy alta, "El Catecismo de Lutero era, en palabras del obispo sueco Laurentius Paulinus, -La Biblia del hombre común-, un pequeño resumen de las Sagradas Escrituras" (Burke 1991, 319) que podía ser memorizado por partes.

Años después el Pietismo, nacido en la Universidad de Halle en Alemania y liderado por Jacobo Spener y Augusto Francke, reanimó el comentario sobre los sermones dominicales en grupos pequeños y la lectura devocional e individual de la Biblia. Chartier dice que la Biblia es: "..en la Alemania del siglo XVI, un libro de pastores, de candidatos al ministerio, de bibliotecas parroquiales, en la de principios del siglo XVIII se convierte en un libro de todos, producido en serie a precio muy bajo" (Chartier 1990, 121) y basado en los datos que muestran el aumento de alfabetización en varios países protestantes concluye que "..es con el pietismo, y no con la Reforma luterana, con lo que se difunde de manera universal en Alemania la práctica de leer." (122)

¿Se repitió esta historia en América Latina? ¿La recepción de la "Sola Escritura" fue una experiencia novedosa y hasta revolucionaria? Si lo fue ¿en qué sentido se puede hablar de esta novedad y revolución?

En América Latina la sospecha de presencia de Biblias encendió las alarmas de la intolerancia y sólo fue hasta comienzos del siglo XIX cuando Diego Thomson y la Sociedad Bíblica Británica difundieron la Biblia como libro de texto para aprender a leer, usando el método lancasteriano[2]. Otras formas de protestantismo surgieron y se implantaron en América Latina y nos sirven para comprender cómo la lectura de la Biblia se implementó en este contexto y que tan cerca o tan lejos llegó a estar de los sueños y frustraciones de Lutero en la Alemania del siglo XVI.

2. La Biblia con el protestantismo misionero

La observación general de Bastian parece aplicarse en América Latina durante el siglo XIX. El movimiento misionero envió sus agentes para que promovieran "..la difusión de la Biblia, elevaran la condición moral y material de los pueblos y la educación de las masas.."[3]

El protestantismo misionero norteamericano, estaba más orientado hacia la promoción de prácticas que hacia un adoctrinamiento con la teología de la Reforma. Se trataba de promover "..un estilo de vida moral cuyos principales signos "cristianos" tangibles eran la lectura de la Biblia, la abstención del alcohol y del tabaco, el respeto por el descanso dominical, la prohibición de los juegos de azar y la defensa de la monogamia" (Bastian 1994, 107).

La difusión de la Biblia fue muy limitada en el siglo XIX debido a que a pesar del trabajo de las sociedades bíblicas no muchos cooperaban con ese proyecto. Los comerciantes, algunos extranjeros y los colportores fueron los promotores de la difusión de la Biblia.

---

[2] El método lancasteriano fue fundado por Joseph Lancaster en Inglaterra; era un sistema de enseñanza mutua en el que los estudiantes eran divididos en grupos de diez con la orientación de un tutor, quien a su vez era el alumno más avanzado de la clase. En este sistema se utilizó la Biblia como texto de lectura, y en Colombia fue promovido por fray Sebastián Mora y Pierre Comettant durante el gobierno de Francisco de Paula Santander. (Moreno 2010, 29).

[3] "La misión de El Faro", el Faro, México, 1 de enero de 1885, p.2 Citado por Bastian 1994, 107.

A este hecho se suma también el obstáculo del analfabetismo que la educación católica y protestante no lograron superar. Pocos sabían leer aunque pudieran tener una Biblia. La enseñanza de la misma fue necesaria en los cultos, conferencias y eventos especiales que se pudieran realizar con algún conferencista destacado. De esta manera en América Latina se evidenció la misma tendencia que tuvo el auge de la Reforma protestante y la traducción de la Biblia al idioma vernáculo.

El testimonio de Alexander Allan en el congreso misionero de Panamá 1916, mencionaba sobre Colombia: "En esta población se dice que hay 800.000 que pueden leer, pero me atrevo a decir que ni una cuarta parte de ellos realmente leen, o se nutren de su lectura, o puede obtener la literatura adecuada" ("Christian Work" 1917, 121).

En el siglo XIX el protestantismo misionero se enfocó principalmente en la promoción del modelo liberal modernizador como el mejor estado posible para la sociedad. En consecuencia uno de los mayores énfasis fue la educación y la fundación de escuelas fue el resultado lógico. Allí estudiaron hijos de artesanos y de líderes del partido liberal que no llegaron a ser miembros de las iglesias, porque lo que les interesaba era compartir el prestigio que significaba estudiar en las escuelas protestantes o colegios americanos (Moreno 1991).

Los resultados en cuanto al crecimiento numérico de los protestantes son una evidencia de la concentración de sus esfuerzos en crear espacios para la promoción de ideas liberales, más que lugares de culto tradicional como los conocemos hoy. Igualmente el protestantismo corrió la misma suerte del liberalismo del siglo XIX, pues a partir de 1863 Colombia fue regida por la constitución liberal que duró apenas 23 años, en 1886 comenzó a regir una constitución conservadora por más de 100 años.

El congreso misionero de Panamá (1916) mencionaba a Colombia como uno de los países con mayores dificultades para el ejercicio de la libertad religiosa, se decía por ejemplo que "..los niños que no asistían a los servicios religiosos de la Iglesia Católica no eran recibidos en las escuelas públicas" ("Christian Work" 1917, 73)

El panorama descrito en este congreso sobre Colombia no era nada alentador en lo estadístico, pero sí clarificador de la tarea modernizadora de la educación, cuya importancia es innegable. En el informe sobre Colombia se decía:

> La población excede algo de 5.000.000. Las fuerzas del cristianismo evangélico aquí son un hombre ordenado por cada 1,000,000, quien es responsable de la escuela, la evangelización y la administración de la iglesia. Los trabajadores latinos son un evangelista de España, cuatro colportores de las Sociedades Bíblicas, y no más de veinte miembros de la iglesia que, sin dejar sus vocaciones, dan tiempo libre a las reuniones ("Christian Work" 1917, 92).

Sobre la importancia de la educación se decía:

> Además hay maestros y maestras en las escuelas, pero se notará que no hay un ministro nacional de entre las seis pequeñas congregaciones de creyentes, y que se puede esperar sin medios para organizarlo y capacitarlo. La única agencia sustancial en Colombia es la Presbiteriana del Norte de los Estados Unidos. La política principal ha sido educativa ("Christian Work" 1917, 92).

Finalmente, una anotación importante sobre la actitud y el uso de la Biblia entre los protestantes de este período, se relaciona con la discusión que en el mismo congreso se levantó sobre la lectura crítica de la Biblia. Arturo Piedra en su trabajo sobre la evangelización protestante en América Latina, dice que las conferencias del Comité de Cooperación para América Latina "..evitaron reflejar perspectivas tradicionales de la Biblia; es decir, en su forma exclusivamente doctrinal. En otros términos, no cayeron en la retórica y celo de quienes en las iglesias protestantes creían que se estaba dañando la autoridad de la Biblia" (Piedra 2002, 191).

Piedra indica que la controversia entre quienes defendían la autoridad de la Biblia y entre quienes estaban abiertos a los estudios modernos, tenía un interés funcional al éxito anhelado para la evangelización protestante. Unos creían que si además de la Biblia se usaban otros textos y estudios modernos sobre la ciencia se llegaría con más efectividad a los sectores intelectuales de América Latina, por su lado quienes defendían la autoridad y suficiencia de la Biblia, creían que alinearse con la Iglesia Católica en su crítica al modernismo, haría cambiar la opinión común entre muchos católicos de que la Biblia era un libro protestante usado por éstos para manipular a los ignorantes (Piedra 2002, 195-198).

La objetivación de la Biblia como un símbolo de cambio y progreso fue característica del uso protestante de ella en los comienzos de la obra misionera en América Latina. El siglo XIX estuvo marcado por este proceso y el auge del trabajo de las sociedades bíblicas contribuyó en gran manera a que se considerara el "libro" como un símbolo de progreso y avance dejando atrás la ignorancia y el "oscurantismo".

3. Biblia y protestantismo evangélico

Las iglesias que llegaron como parte del movimiento misionero evangélico comparten, como dice Míguez Bonino, un mismo horizonte teológico resumido en Estados Unidos como "evangélico". Citando a Marsden, Míguez Bonino resumió el ser evangélico como "gente que profesa una total confianza en la Biblia y se preocupa por el mensaje de la salvación que Dios ofrece a los pecadores por medio de la muerte de Jesucristo" (Míguez Bonino 1995, 35).

Ese horizonte teológico forjado en Norteamérica al calor del segundo Gran Despertar, puso en contradicción evangelización y reforma social, lo que provocó una concentración de poder de transformación en la evangelización y la consecuente espiritualización de la realidad personal y social.

El trasfondo de esta postura se conoció como fundamentalismo y sucedió entre mediados del siglo XIX y comienzos del XX en oposición al modernismo teológico. Esta tensión, como hemos mencionado antes, se vio en el congreso misionero de Panamá (1916).

Míguez Bonino describe el fundamentalismo como opuesto al modernismo, que basaba su conocimiento en la observación y la evidencia surgida de hechos objetivos. Por su lado, el fundamentalismo propuso una "..fuente infalible, específica e irrefutable para afirmar los hechos del mundo supernatural con la misma fuerza que el ´sentido común´ afirma los del natural" (1995, 41). Esta fuente era la Biblia, que fue colocada como contraparte a la discusión con la ciencia, convirtiendo a la Biblia en un veredicto tan razonable y suficiente como lo pretendía la ciencia positiva de aquellos años.

Esa Biblia entonces requería una interpretación literal y para eso estaban las bases de la inspiración verbal, plenaria e inerrancia, porque servían para proteger el fundamento de la fe evangélica. Como resultado lógico de esta postura la Biblia debía difundirse lo más rápido y extensamente posible.

La centralidad de la Biblia se precisa muy bien por Míguez Bonino en su exposición sobre el "Rostro evangélico" del protestantismo. "..la Biblia no es sólo un ´medio´ de defensa de la fe sino un ´objeto de fe´ que adquiere una especie de autonomía". Esta apreciación aparece en su texto cuando está definiendo lo que el fundamentalismo representó en ese "Rostro evangélico", no le dio todo el contenido del ser evangélico pero le dejó como característica principal su aprecio, respeto y casi veneración por la Biblia.

Míguez cita al inglés James Barr que en su libro *Fundamentalism* se expresa sobre la Biblia así:

> La Biblia es más que la fuente de la verdad para su religión... Es parte de la religión misma, en realidad es prácticamente el centro de la religión... En la mentalidad fundamentalista, la Biblia funciona como una especie de correlato de Cristo... Cristo es el Señor y Salvador personal... la Biblia es la entidad verbalizada, "inscripturada"... En tanto que Cristo es el Señor y Salvador divino, la Biblia es el símbolo religioso supremo, tangible, articulado, que puede poseerse y es accesible al ser humano sobre la tierra (Míguez Bonino 1995, 44).

Esta descripción del lugar de la Biblia nos lleva a señalar que en el ámbito evangélico y pentecostal del protestantismo latinoamericano, la propuesta de la "Sola Escritura" fue llevada a su máxima expresión hasta darle el lugar que el mismo Lutero no se atrevía a otorgarle.

Por otro lado, se evidencia la necesidad de objetivación de la realidad de Cristo, fuente de salvación en la Biblia pues hay que "..honrarla, darle el lugar de honor en el corazón y la mente, pero también en la mesa del comedor o sobre la mesa de luz, al lado de la cama. De alguna manera, es el ícono y el sacramento de la fe" (Míguez Bonino 1995, 44). Debemos analizar este hecho más allá de los esquemas 'fundamentalismo vs liberalismo', del cual no podemos abstraernos sin más, pero la prácticas de los evangélicos han sido animadas en gran parte por esa objetivación y centralidad que le han dado a la Biblia.

Las prácticas de los evangélicos continuaron con la tendencia del protestantismo histórico o "Rostro liberal", como lo denomina Míguez Bonino, de adhesión al proyecto liberal modernizador. Por esa razón, a pesar de su base fundamentalista, promovieron escuelas rurales, dispensarios de salud, asociación con otras minorías religiosas y políticas, así que mientras sostenían su devoción a la Santa Biblia se involucraban en los asuntos políticos de su comarca, participaban en procesos de lucha por los derechos civiles y de momentos de entusiasmo político como el que produjo Jorge Eliécer Gaitán en Colombia.

En conjunto este protestantismo, histórico y evangélico entró en crisis desde la década de los años 30 del siglo XX. Bastian señala que los protestantes experimentaron una alejamiento de la arena política "..perdieron su importancia política, en parte porque en algunos de ellos (países) triunfaron las revoluciones, y por tanto otros actores entraron en la vanguardia y aquellos se marginaron. En otros países vivieron una persecución y una represión realmente ejemplares" (Bastian 2007, 458).

Bastian es más drástico aún en su observación sobre la situación:

> "Podemos decir que en los años cincuenta los protestantismos históricos eran un fenómeno religioso anecdótico, extremadamente

marginal pues ni siquiera representaba el 1% de la población en la región. Sobrevivían dentro de un contexto en donde los actores que habían sido necesarios para su expansión habían en gran parte desaparecido" (2007, 458)

Se refería específicamente a la crisis del liberalismo y del proyector modernizador que tuvo que moderar sus aspiraciones y entrar en la transacción política con los sectores conservadores para poder sobrevivir.

No se puede subestimar los esfuerzos por articularse a esta nueva realidad política de sectores protestantes ecuménicos que habían estado presentes en décadas anteriores y que desde el congreso de Panamá (1916) habían participado en las acciones políticas y sociales animadas desde ese y otros congresos. No es el objetivo aquí valorar los resultados de dichos sectores, sino destacar como su lectura de la Biblia tuvo otra perspectiva y le permitió articularse a los desafíos que representaba la crisis del proyecto liberal modernizador.

Hubo un esfuerzo por leer la Biblia desde una perspectiva diferente, más contextualizada y política, aunque este desarrollo sólo emergió en varios países en los años 1960s también tuvo sus antecedentes en las conferencias latinoamericanas y mundiales tanto como en algunos centros de formación teológica. No obstante, como lo reconoció Jorge Pixley a comienzos de los 90s, "el ecumenismo modesto que conocemos en nuestras tierras casi no trasciende los límites de estas dos corrientes de protestantismo" (1991, 100) se refería a la corriente misionera europea y norteamericana llegadas desde el siglo XIX.

4. Biblia y pentecostalismo

Diferentes interpretaciones se han hecho a la fecha sobre el pentecostalismo, los estudios a esta altura son abundantes, con estudios de caso, algunas síntesis, desde lo teológico, histórico, sociológico, antropológico y lingüístico hasta las constantes miradas apologéticas de uno y otro lado. Un brevísimo pero completo estado del arte se puede encontrar en la investigación de William M. Beltrán sobre la explosión pentecostal (2013, 19-23).

Sobre la lectura de la Biblia en el pentecostalismo podemos citar para abrir el análisis de esta expresión, a Donald Dayton cuando dice: "En contraste con el protestantismo magisterial, que tiende a leer el Nuevo Testamento según el apóstol Pablo, el pentecostalismo lee el resto del Nuevo Testamento por medio de la óptica de Lucas, especialmente con la visión del libro de los Hechos" (Dayton 1991, 10). A renglón seguido hace notar el carácter narrativo de los textos de Lucas, que se adaptan mejor a un acercamiento vivencial y experiencial de los y las lectores(as); por esa razón reconoce Dayton que "..el pentecostalismo se coloca en una larga tradición de una 'hermenéutica subjetivista'" (Dayton 1991, 11).

Lo que ocurre con la lectura o interpretación pentecostal de la Biblia es una actualización de ese pasado idílico que es posible revivir. Dayton cita a Menzies, historiador de Asambleas de Dios: "..el movimiento pentecostal es ese grupo de sectas dentro de la iglesia cristiana que se caracteriza por la creencia de que lo mencionado en Hechos 2 en el día de Pentecostés no sólo señaló el nacimiento de la iglesia sino que describe una experiencia al alcance de creyentes de todas las épocas" (Dayton 1991, 11).

Bernardo Campos ha dicho sobre la hermenéutica pentecostal que "es fundamentalmente una hermenéutica del Espíritu que busca la comprensión más profunda del sentido mesiánico en las Sagradas Escrituras, en los acontecimientos y en la propia experiencia de los creyentes en la Iglesia y en su vida cotidiana"(1997, 97). Esta afirmación no difiere de las citadas anteriormente, pero destaca la relación que se establece entre esa comprensión de sentido hallado en las Escrituras y el hoy de la iglesia y los creyentes. Una exégesis crítica de la Biblia no es necesaria para construir ese puente de relación entre el mundo bíblico y el contemporáneo, allí predomina la comunidad emocional y la experiencia del Espíritu que toma el texto bíblico como fuente sagrada para la experiencia actualizadora.

Míguez Bonino por su parte cree que el pentecostalismo es uno de los rostros del protestantismo, pero reconoce que no es fácil comprenderlo y que en general se tiende a reducirlo cuando se aborda desde afuera, desde lo meramente académico (1995, 63). Míguez Bonino comienza subrayando su carácter endógeno, aunque sin negar la influencia misionera en varias de las iglesias pentecostales.

El papel y el acercamiento a la Biblia en la tradición pentecostal, nos lleva diferenciarlo del fundamentalismo que caracterizó al Rostro evangélico "..son dos aproximaciones al libro totalmente diferentes: una busca en él verdades irrefutables; la otra, una inspiración , un poder, una orientación para vivir y actuar, una respuesta a su angustia o una expresión de alegría"(Míguez Bonino 1995, 77). En el caso del pentecostalismo sin embargo, se da la presencia de una tradición fundamentalista que se tensiona con la libertad que genera la experiencia inspiradora y que esta desborda con frecuencia cuando el actor es la congregación y no sólo el pastor.

Míguez Bonino propone tres dimensiones de la experiencia de la Biblia en el pentecostalismo que deben considerarse como categorías de una hermenéutica de la comunidad que "vive la Escritura" antes que estudiarla.

> En primer lugar, la Biblia como relato que se escucha, repite y memoriza en el culto, el estudio, la lectura diaria; en contraposición a la Biblia como repositorio de textos de prueba. Luego, la Biblia como el instrumento mediante el cual el Espíritu nos guía en medio de las alternativas y decisiones de todo orden. Finalmente, la Biblia como "lenguaje" expresivo de las vivencias de la fe: el temor, la alegría, la alabanza, la confesión, la súplica (Míguez Bonino 1995, 78).

La lectura de la Biblia en los pentecostales recoge una herencia de varias fuentes, desde la reforma hasta el pietismo, desde la defensa de la Biblia como palabra inerrante de Dios hasta la experiencia viva de esa palabra. En ese juego dinámico que es la fe contrastada con la cruda realidad de la vida cotidiana, la aproximación pentecostal a la Biblia refleja igualmente esa ambivalencia de querer encontrar algo que le dé fundamento a su fe (apología) y lo que fortalezca su existencia en la crisis que presiona a la fe (vivencia).

Un esfuerzo por mostrar una lectura alternativa de la Biblia, dentro del protestantismo, fue descrito por Jorge Pixley quien se refirió a este como "protestantismo popular" y en su caracterización menciona el papel de la Biblia entre estas iglesias. La Biblia es central dentro de este protestantismo y hay una alta conciencia de que se posee la Palabra de Dios. Más adelante comenta:

> La apropiación de la Biblia es directa e inculta. Hay elementos del uso de la Biblia que resultan chocantes para los biblistas.. Sin embargo, hemos aprendido que los pobres pueden mostrarse nuestros maestros.. tenemos que estar alertas de que el rechazo de la lectura popular protestante no sea un caso más de clericalismo, la tendencia a despreciar a quienes no tienen la orientación de personas cultas, teológicamente entrenadas (Pixley, 1991, 103).

Hay una valoración favorable de este protestantismo, al reconocer que la lectura de la Biblia no es una herencia de la reforma para la academia teológica sino para el "pueblo de Dios", además que existe una apropiación directa que podía relacionarse con la vida cotidiana y la situación sociopolítica.

A pesar de la valoración positiva que Pixley hace del "protestantismo popular", el texto refleja cierta resistencia a reconocerlo como pentecostalismo que en sus inicios ha sido la expresión más popular del protestantismo. Además se nota cierta idealización al usar el término "popular" que había sido discutido ampliamente en la literatura sobre movimientos sociales y populares, pero en aquellos años primó la esperanza de ver expresiones eclesiales alternativas en medio de la desesperanza que mostraba el movimiento social de los 90s.

Elsa Tamez tiene igualmente una valoración favorable de la lectura de la Biblia que hacen los pobres, pero hay varios matices que deja claros en un breve escrito en el que sintetiza su visión de estos lectores. "'Los pobres me han enseñado a leer la Biblia", dijo Monseñor Oscar Arnulfo Romero antes de ser asesinado por el ejército salvadoreño. Yo, biblista latinoamericana, con cautela y matices, llego a esa misma conclusión de Monseñor Romero" (Tamez 2006, 2).

Sus matices comienzan al hablar de quiénes son esos lectores cuyo ejercicio y experiencia considera relevantes. Prefiere llamarlos *"excluidos críticos* porque en los años setenta y ochenta habíamos idealizado el mundo de los pobres y miserables" (Tamez 2006, 2) Ahora a estos excluidos se les debe reconocer rostro, tono, sexo, emociones y no sólo política o acción social.

Llama la atención que ese acercamiento con la Biblia, que por momentos temía Lutero, se haya dado en América Latina y que, al decir de Tamez, "ha hecho posible que se den cambios y saltos exegéticos y hermenéuticos, sobre todo en personas comprometidas con la realidad social, económica, política y cultural de mujeres y hombres" (Tamez 2006, 2). Los condicionamientos sociales y políticos son inevitables pero deben ser discernidos, este es quizá un aprendizaje que han dejado los diferentes esfuerzos de lectura de la Biblia en América Latina, sea popular, intercultural y contextual entre otros.

También destaca las diferentes miradas del texto, entre las que señala la menos tres: "detrás del texto", "enfrente del texto" y el "texto en sí". El estudio del "detrás del texto", empezó "a ser vital e inevitable para comprender mejor todos los libros de la Biblia, en especial aquellos en los cuales se haya complicidad con las opresiones y discriminaciones" (Tamez 2006, 4).

El camino que expone Tamez recupera el valor del texto en sí, pero no se queda en ese texto sin digerirlo o degustarlo, el saboreo de ese texto invita a discernir esas aristas que se pueden hallar en la lectura *crítica* de la Biblia. "Las lecturas exegético-hermenéuticas no están separadas ni de la espiritualidad ni de la pastoral ni de la política. Lo nuevo es que se deja hablar al texto sin tratar de manipularlo para que sea liberador a la fuerza, como lo hacíamos conscientemente en un inicio (2006, 5). Esta autocrítica abre las puertas para que los diversos acercamientos a la lectura de la Biblia puedan enriquecerse, permitan la no solo la renovación del lector sino el redescubrimiento del texto mismo.

En síntesis ".. el "enfrente del texto" domina en la hermenéutica del Dios Liberador; el "detrás del texto" en la reconstrucción del mundo bíblico patriarcal, y "el texto en sí" en el reconocimiento de la ambigüedad de la Escritura. Los tres momentos, con todo, están condicionados por "el enfrente", la situación actual de los excluidos y las excluidas" (Tamez 2006, 5).

A modo de conclusión

La llegada del protestantismo histórico dio un paso adelante en este proceso, pero el uso y lectura de la Biblia estuvo ligado a la promoción de la educación y de la formación de escuelas. Este protestantismo estuvo muy ligado en su lectura de la Biblia a la ortodoxia que representaban. Así, la Biblia fue más una fuente de comprobación de esas ortodoxias que un campo abierto de exploración de nuevas ideas.

En el siglo XX el auge del protestantismo evangélico aumentó el uso de las Biblias, pero estas llegaron a ser un símbolo del "evangélico". Portarla debajo del brazo pudo ser más importante que leerla, ya que era una minoría la que accedía a la lectura aprenderse algunos versículos para defender la doctrina sustituyó el estudio de la Biblia.

Con la llegada del pentecostalismo el lugar de la Biblia cambió de significado. Ya no fue suficiente leerla, sino que se hizo necesario experimentar sus enseñanzas y practicar sus mandamientos. El llamado a la vida de santidad llegó a ser más importante que el estudio profundo de la Biblia. La Biblia fue leída bajo la iluminación del Espíritu. La importancia dada a la enseñanza del Espíritu sobrepasó la importancia que se podía dar a la lectura de la Biblia.

Los diferentes esfuerzos de lectura popular son un llamado y una oportunidad, llamado a ir más allá de las lectura literalistas del texto aprovechando el aprecio que se tiene a este en las comunidades pentecostales, que son la mayoría hoy del protestantismo latinoamericano; oportunidad porque se abre una vez más la opción de promover y practicar lecturas de la

Biblia que sean liberadoras en lo personal y en lo social, que así como perviven y se fortalecen las lecturas que legitiman modelos de dominación se continúe con lecturas que faciliten modelos alternativos de relacionamiento y liberación.

Bibliografía

Bastián, Jean Pierre. 1994. *Protestantismos y modernidad latinoamericana.* México: FCE.

———. 2010. "De los protestantismos históricos a los pentecostalismos latinoamericanos, análisis de una mutación religiosa". En *Creer y Poder hoy,* editado por C. Tejeiro, F. Sanabria y W. Beltrán. Bogotá: Universidad Nacional de Colombia.

Beltrán, William Mauricio. 2013. *Del monopolio católico a la explosión pentecostal. Pluralización religiosa, secularización y cambio social en Colombia.* Bogotá: Universidad Nacional de Colombia.

Burke, Peter. 1991. *La cultura popular y la Europa Moderna.* Madrid: Alianza Editorial.

Campos, Bernardo. 1997. *De la Reforma protestante a la Pentecostalidad de la Iglesia.* Quito: CLAI.

Chartier, Roger. 1990. "Las prácticas de lo escrito" en *Historia de la vida privada,* Vol. 5, editado por Philippe Aries y Georges Duby. Buenos Aires: Taurus.

"Christian Work in Latin America, Survey and Occupation Message and Method Education" Vol. I. 1917. New York: CCLA.

Dayton, Donald. 1991. *Raíces teológicas del pentecostalismo.* Buenos Aires: Nueva Creación.

Miguez Bonino, José. 1995. *Rostros del protestantismo latinoamericano.* Buenos Aires: Nueva Creación.

Moreno, Pablo. 2010. *Por momentos hacia atrás, por momentos hacia delante. Historia del protestantismo en Colombia.* Cali: Bonaventuriana.

———. 1991. "La educación protestante durante la modernización de la educación en Colombia, 1869-1928". *Revista Cristianismo y Sociedad* (México) XXIX/1: 107.

Piedra, Arturo. 2002. *Evangelización protestante en América Latina,* Tomo II. Quito: CLAI.

Pixley, Jorge. 1991. "Un llamado a lanzar las redes el nuevo protestantismo y la lectura popular de la Biblia". *Revista de Interpretación Latinoamericana.* San José: DEI.

Tamez, Elsa. 2006. "La Biblia y sus lectores en América Latina". *Pasos* 128. San José: DEI.

Tejeiro, C. F. Sanabria y W. Beltran, editores. 2007. *Creer y poder hoy.* Bogotá: Universidad Nacional de Colombia.

Los abusos y tráficos económicos según los criterios heteronormativos de las teologías cristianas Occidentales

Genilma Boehler

Al releer las 90 (95) tesis de Martín Lutero escritas en 1517, me detuve en la tesis 75, donde curiosamente se expresa: "Es un disparate pensar que las indulgencias del Papa sean tan eficaces como para que puedan absolver, para hablar de algo imposible, a un hombre que haya violado a la madre de Dios. (…)" (Leskó y Held 1967, 13) Es curioso pensar en la reflexión de Martín Lutero en los Siglos XV - XVI y su posición radical relativa a varios posicionamientos de la Iglesia de su tiempo, yendo en dirección contraria a lo que estaba ocurriendo. Es interesante también releer las 95 tesis que generaran la expulsión del monje agustiniano de su congregación y que han generado uno de los movimientos de la Reforma en aquel entonces. (Escuchamos a menudo de las 95 tesis, aunque no siempre las hemos leído).

El tema central de la tesis número 75 es claramente la oposición y crítica a la venta de las indulgencias papales. Habiendo dinero, el liderazgo de la iglesia redimía cualquiera fuese la falta. Y naturalmente a esto va Lutero en su crítica, cuando cuestiona la falta de límites del poder religioso que legitima conductas antiéticas, violentas y corruptas. Hoy día, algo muy similar pasa con los grupos, o como lo llamamos en Brasil, las "bancadas", de los representantes políticos evangélicos que presumidamente se autorizan a censurar, ofender, perseguir, maltratar y contrabandear favores y recursos, sin ninguna ética ni compromiso con el pueblo trabajador y empobrecido, así como personas líderes de algunas iglesias cristianas de nuestra época que siguen esta misma ola de mucha codicia.

Ahora bien, nos interesa en esta breve reflexión detenernos en la ilustración que utiliza Lutero en su tesis 75: "que las indulgencias del Papa sean tan eficaces como para que puedan absolver, para hablar de algo imposible, a un hombre que haya violado a la madre de Dios" (Leskó y Held 1967, 13). Me parece que en tal ilustración, la mención de "un hombre que haya violado a la madre de Dios" no ha sido producto del azar, sino que indica una práctica corriente de violación a las mujeres de modo general, y muy particularmente a las mujeres pertenecientes a segmentos empobrecidos de aquel entonces. En los filmes épicos, hemos visto representadas una y otra vez diversas modalidades de actos de violencia sexual a mujeres. Según Maritza Ortiz y otras investigadoras de este campo en la Universidad de Costa Rica,

> (...) al inicio del Siglo XV, no existían restricciones para las manifestaciones abiertas de sexualidad, en especial para los hombres. En diferentes ciudades europeas existían prostíbulos en terrenos públicos manejados por los municipios e incluso por clérigos, y su ejercicio era tolerado sin mayores restricciones sociales, justificado en la necesidad de contener a los jóvenes y así evitar que violaran y asaltaran a mujeres a quienes estos 'cuestionaban su honorabilidad', o bien para mantener la castidad de las mujeres no prostituidas" (Ortiz 1998, 24).

Según esta cita, la prostitución era promovida con dinero público por algunas razones como la de contener a los hombres violadores por una parte, y la de proteger la castidad de las mujeres por otra. Esto indica que la violación sexual a mujeres era algo usual y común aunque no legítimo. Y más allá, el argumento de Lutero nos conduce a una realidad histórica que también nos había indicado Michel Foucault:

> "(...) a comienzos del siglo XVII era moneda corriente, se dice, cierta franqueza. Las prácticas no buscaban el secreto; las palabras se decían sin excesiva reticencia, y las cosas sin demasiado disfraz; se tenía una tolerante familiaridad con lo ilícito. Los códigos de lo grosero, de lo obsceno y de lo indecente, si se los compara con los del siglo XIX, eran muy laxos. Gestos directos, discursos sin vergüenzas, transgresiones visibles, anatomías exhibidas y fácilmente entremezcladas" (Foucault 2011, 26-27).

Tratando de ubicarnos en tiempos y realidades socio-geográficas distantes a la nuestra hoy y acercándonos a las actitudes vigentes entre siglos XV hasta el XVII, sospechamos que quizás por esta razón no fue difícil para Lutero, en su tesis 75, cuestionar la venta de indulgencias papales a partir de un ejemplo que involucra incluso a la "Madre de Dios" con el fin de mostrar el carácter extraordinario de los hechos. Vale recordar, por lo tanto, que estamos analizando una frase de una época distante a la nuestra, pero que refleja un acto de transgresión o violencia, al punto de requerir la intervención comercial de indulgencia.

Está claro que en la tesis de nuestra reflexión, la 75, Lutero, cuando habla de "un hombre que haya violado a...", se refiere a un acto de violencia sexual o de abuso sexual. Vale preguntarnos ¿qué significa esto?, y ensayar las definiciones que nos ubican en una comprensión racional hoy día.

Según el Código Penal de Brasil se considera el estupro como crimen (arts. 213 y 214). "El crimen del estupro se refiere al constreñimiento de la mujer en la conjunción carnal, mediante violencia o amenaza grave, y los movimientos de mujeres y feministas luchan para que esta comprensión sea más amplia, que se refiera a cualquier relación forzosa (genital, anal u oral), involucrando mujeres o hombres como víctimas." (Rodríguez, 2006, 19). Según Rita Segato, "el uso y abuso del cuerpo del otro sin que este participe con la intención o con la voluntad compatibles, el estupro se dirige al aniquilamiento de la voluntad de la víctima, cuya reducción es justamente significada por la pérdida del control sobre el comportamiento de su cuerpo y el agenciamiento del mismo por la voluntad del agresor. La victima es expropiada del control sobre su espacio-cuerpo." (Segato 2005, 270). Es la misma Segato, que en otro texto nos alerta acerca del grado de violencia sexual que puede haber en los hogares, que según ella "la violencia doméstica y los abusos cometidos en la intimidad del hogar entre personas emparentadas son las formas más comunes y frecuentes de esos delitos y constituyen, según las estadísticas conocidas en las más diversas localidades de Brasil y el exterior, aproximadamente el setenta por ciento de los casos." (Segato 2003, 22).

Coincidentemente, el tema sobre el cual se pronuncia Lutero, mismo que sea a título de ilustración de lo que estaba pasando en una época con el cristianismo Occidental, sigue presente en nuestras sociedades, y requieren una mirada atenta para proyectar cambios de mentalidades y actitudes relativas a conductas de violaciones y abusos, y que no podemos ser ingenuas, pues tales realidades en contra de las cuales denunciamos y protestamos, siguen también presentes en los límites de las iglesias cristianas de modo general. La misma Segato nos informa que "tanto las pruebas históricas como etnográficas muestran la universalidad de la experiencia de la violación. El acceso sexual al cuerpo de la mujer sin su consentimiento es un hecho sobre el cual todas las sociedades humanas tienen o tuvieron noticias." (Segato 2003, 24). Para tanto requieren cambios radicales y proféticos y las iglesias cristianas están desafiadas a promocionar tales cambios: valor para denunciar y pronunciarse en contra a tales conductas y culturas de violencias, espacios de protección a víctimas, valor para reformar, transformar mentalidades, conductas, colectividades, comunidades, iglesias y sociedades y reales condiciones para sí ofrecer educación, capacitación, reflexión crítica, preparación de personas miembros de las iglesias y sus liderazgos.

Comprendo que en la actualidad, las iglesias cristianas y la gran mayoría de sus dirigentes estamos sometidos a grandes locuras. Verdades teológicas universales e indisolubles, relativas al cuerpo humano y su sexualidad determinan valores y actitudes que según tal ideología, castigan o absuelven a individuos o grupos basados en las actuales monedas de negociación de las indulgencias postmodernas. También comprendo que no hay teologías o pastorales que sean neutrales o que no estén impregnadas de una ideología o de un poder que las sostengan. En realidad, fueron las teologías feministas las que trajeron las críticas más severas al cristianismo, principalmente porque desestabilizaron los fundamentos patriarcales que sostenían a las teologías sistemáticas, rompiendo con las bases de la ideología patriarcal acerca de Dios. (Althaus-Reid 2004, 3).

Cuando en tantos de nuestros países testimoniamos actitudes, marchas, pronunciaciones y hasta proyectos de leyes en congresos contra la ideología de género, lo que observamos en líderes cristianos (pastores, pastoras, teólogos o personas de partidos políticos), es que defienden los regímenes patriarcales, sexistas y la naturalización de los roles jerárquicos de sumisión y opresión en una clara inversión de sentido. Según Althaus-Reid: "En América Latina, política y teológicamente hablando, las iglesias como los regímenes dictatoriales, tienden a donar el nombre de 'libertinaje' a sus propios temores." (2003, 24).

Lo que se afirma como ideología de género, es ante todo una herramienta de análisis utilizada hace cuatro décadas por nosotras las feministas, donde lo que se propone es justamente aclarar las ideologías patriarcales y sexistas. Recordamos que: (1) la ideología patriarcal "es una forma de organización política, económica, religiosa y social basada en la autoridad y el liderazgo de unos pocos varones sobre el resto." (Herrera-Gómez 2011); (2) "En la sociedad sexista el rol predominante de la mujer en la vida, es ser ayuda idónea del hombre, cocinar y trabajar para él sin pago, dar a luz y criar a sus hijos, y garantizar su satisfacción psicológica y sexual" (Schüssler-Fiorenza 2011, 45).

Es por esta razón que las teologías contextuales y postcoloniales que transitan desde las teologías feministas latinoamericanas hasta las teologías sexuales o queer afirman en palabras de la teóloga Marcela Althaus-Reid que: "no podemos aceptar que Dios tenga límites ideológicos, ni que el cristianismo tenga pilares tan poco sólidos en que sostenerse." (2006, 67) Porque toda y cualquier teología, y por consiguiente las acciones pastorales, están sostenidas por alguna ideología – y por siglos y siglos las teologías fueron cautivas de las ideologías patriarcales y sexistas que legitimaron violencias, y muy puntualmente abusos y violaciones a las mujeres, a niños y niñas y a toda forma de humanidad diversa, bajo la imposición masculina y heteronormativa y a la vez, ocuparon y sostuvieron estructuras económicas y políticas. Recuerda Althaus-Reid que "la ideología es siempre una idolatría que nos obliga a servirla a costa de muchos sacrificios humanos." (Althaus-Reid 2003, 24).

Frente a esto, afirmo que el cristianismo, en sus teologías, prácticas pastorales, doctrinas, tradiciones y eclesiologías, que por siglos han ejercido dominio y represión sobre las mujeres, que naturalmente incluye la manipulación simbólica o real de sus cuerpos y de su sexo, requiere pasar por rupturas y cambios. Aquí no hablo de nuevas reformas, pero sí, lo que propongo son rupturas y recreaciones de discursos y acciones que incluyan al ser humano en su diversidad, que rompa el velo de la violencia de género y pos género, y que defienda la Vida de modo general, desde lo 'micro' a lo 'macro', humano y no humano, con reconocimiento, cuidado y respeto.

Me parece que la tesis 75, cuando afirma el "disparate de la venta de indulgencias", se actualiza hoy frente a líderes religiosos que se autoimponen autoridades y privilegios con codicia; va en la misma línea de lo que nos ha alertado el propio Jesús, acerca de la ley y de la vida. La vida es el bien más precioso y sencillamente no puede quedar atrapado por doctrinas y conceptos binarios que oscilan entre virtud y pecado, cuando a la vez reprimen la misma existencia con sus devenires y utilizan métodos y actitudes deshonestas, violentas y perversas. Hoy día, son "disparates" representantes políticos que utilizan la masa evangélica votante, bajo una moral hipócrita, que solamente defienden sus propios intereses y poco les importan los derechos colectivos. Son "disparates" los líderes religiosos que públicamente y privadamente actúan con violencia y se apropian de beneficios que no les pertenecen.

Esta es por lo tanto mi tesis, que como Martín Lutero, clavo en las puertas de las catedrales y templos de nuestra época, así como en las lujosas puertas de cámaras de diputados y senados de nuestra pobre América Latina y Caribe, donde tratan de "manipular aprobaciones de leyes y de derechos, según paradigmas nutridos por perjuicios e hipocresías, supuestamente basados en principios cristianos" (Boehler 2017). Para éstos, las ideas y falsas morales vienen en primer lugar, mientras que la Vida en su complejidad y diversidad no tiene valor.

Comprendo las tesis de Lutero en siglos pasados como una denuncia; así como hoy, estos argumentos que nombro 'mi tesis' tratan también de una denuncia y una protesta, "para mantener viva esa praxis de inclusión y pluralismo y ese principio ético de honestidad de las mujeres, que es una historia de fragmentos, desintegraciones y luchas en el camino de ser fieles a Dios" (Althaus-Reid 2008, 99). Pero no solamente de las mujeres, pues el discurso binario mujer y hombre ya lo hemos valorado como insuficiente para este siglo. Es urgente mirar más allá de la forma binaria, pues finalmente los abusos y violencias se dan en contra de las mujeres y de las niñas y niños, pero también se dan, en alto porcentaje, en contra de la diversidad de seres transexual, travestis, transgénero, homosexuales. Pero este horizonte nos sobrepasa, pues la vida violada, abusada, no es solamente la humana, es la vida en su diversidad de formas y de seres, violada por los regímenes políticos y económicos que se imponen para dominar y destruir. Protestamos y no aceptamos las monedas que negocian nuestros derechos. Por esta razón somos capaces de crear redes de resistencias, de solidaridades y de esperanzas para que la vida vulnerable pueda seguir existiendo, no como sujetos heroicos autónomos, pero como sujetos relacionales (Preciado y Forcades 2014, 26) deseando que haya Vida por otros 500 años, o quizás más.

Bibliografía
Althaus-Reid, Marcella. 2003. *The queer God*. New York: Routledge.
Althaus-Reid, Marcella. 2003b. "Sobre teologías feministas y teologías indecentes." *Cuadernos de Teología*. Buenos Aires: Isedet.

Althaus-Reid, Marcella. 2004. *From Feminist Theology: readings on poverty, sexual identity and God*. Londres: SCM.

Althaus-Reid, Marcella. 2006. "De la teología de la liberación feminista a la teología torcida." *A Graca do mundo transforma Deus: Dialogos latinoamericanos com a IX Assembleia do CMI*. Porto Alegre: Universitaria Metodista.

Althaus-Reid, Marcella. 2008. "Yo soy la desintegración". *[Re]leituras de Frida Kahlo: Por una ética estética da diversidade machucada*. Santa Cruz do Sul: Edunisc.

Boehler, Genilma. 2013. *Quando elas se beijam o mundo se transforma*. Rio de Janeiro: Metanóia.

Boehler, Genilma. 2014. "El origen del mundo: La Teología Feminista y la subversión del erótico." *Revista Espiga*, Año XIII, N. 27, enero-junio.

Boehler, Genilma. 2017. *Vitral com teologías – feministas e queer*. Rio de Janeiro: Metanóia.

Boehler, Genilma, Lars Berduke y Silvia Regina Silva. 2014. *Teorías Queer y teologías: estar… en otro lugar*. San José: DEI.

Figari, Carlos. 2009. *Eróticas de la dissidência en América Latina – Brasil, siglos XVII al XX*. Buenos Aires: Ciccus/Claso.

Foucault, Michel. 2011. *Historia de la sexualidad*. México: Siglo XXI.

Herrera-Goméz, Coral. 2011. *La ideología patriarcal*. Consultado 14 abril, 2014. http: //www.mujerpalabra.net/pensamiento/coralherreragomez/ laideologiapatriarcal.htm.

Obras de Martin Lutero. Tomo I. Edición preparada por Béla Leskó y Heinz Joachim Held. Buenos Aires: Editorial Paidós. 1967.

Ortiz C., Marizta [et al.] 1998. *Soy una mujer de ambiente: las mujeres en prostitución y la prevención VIH/Sida*. San José: Universidad de Costa Rica.

Preciado, Beatriz y Forcades, Teresa. 2014. *Encarnar disidencias. Conversan con Andrea Valdés*. EEM, 2 junio. Consultado el 3 de junio, 2015. https:// teresaforcades.files.wordpress.com/2014/08/encarnar-disidencias.pdf.

Rodrigues, Almira y Cortés, Iáris (Org.). 2006. *Os direitos das mulheres na legislação brasileira pós constituinte*. Brasilia: CFEMEA/Letras Livres.

Schussler-Fiorenza, Elisabeth. 2011. *Discipulado de iguales. Una Ekklesia critica feminista de la liberación*. La Paz: Pachamama.

Segato, Rita Laura. 2003. *Las estructuras elementales de la violencia – ensayos sobre género entre la antropología, el psicanalisis y los derechos humanos*. Bernal: Universidad Nacional de Quilmes.

Segato, Rita Laura. 2005. Territorio, soberania e crimes de Segundo Estado: a Escritura nos corpos das mulheres de Ciudad Juarez. In: *Estudos Feministas*, Florianopolis: UFCS, 2005, 265-285.

Lutero y su comentario al Magníficat
Provocaciones desde la hermenéutica feminista hoy

Violeta Rocha Áreas

> No se puede enseñar con palabras,
> sino que sólo se puede conocer por experiencia
> propia (Lutero 1979, 383).

> A veces nuestros conocimientos están cargados
> de dependencia y no de autonomía
> (Lagarde y de los Ríos 2005, 48).

Introducción

Los actos que conmemoran estos 500 años de Reforma, presentan múltiples desafíos al seno del protestantismo latinoamericano. La hermenéutica bíblica latinoamericana es uno de ellas, y por supuesto un desafío también para la teología y hermenéutica feministas. Los tres enfoques de esta celebración giran alrededor de los temas: "La salvación no se vende", "El ser humano no se vende" y "La creación no se vende". Encuentro algunos hilos conductores que son también reconocibles en el canto o poema del Magníficat, para un ejercicio hermenéutico que pueda traer reflexión y con suerte, una visión distinta que nos inste a cambios profundos en varios niveles. Por tal razón, considero los ejes de cuerpo, política y poder como claves para esta reflexión.

1. Lutero y el Magnificat

Lutero, como exegeta y traductor, hizo su propia traducción del texto. Un ejercicio interesante es acercar esta traducción a las de Jerusalén y Reina Valera, algo que podría hacerse en otro momento. El comentario sobre el Magnificat aborda cada versículo, donde se destacan elementos teológicos que van hilando su propia interpretación. En el prefacio e introducción señala que en este Canto de la virgen María *"... el Espíritu Santo le enseña este profundo conocimiento y sapiencia de que Dios es un señor cuyas acciones no son otra cosa que ensalzar y abatir lo alto, es decir, en pocas palabras, <u>romper lo que está hecho y rehacer lo que está roto</u>" (Lutero 1979, 380, traducción propia).*

> Mi alma glorifica a Dios, el Señor,
> y mi espíritu se regocija en Dios, mi salvador.
> Porque se ha fijado en mí, su humilde criada;
> por eso eternamente me dirán bienaventurada las generaciones.
> Porque el hacedor de todo ha realizado maravillas conmigo,
> y su nombre es santo.
> Su misericordia se alarga de generación en generación
> para todos los que le temen.
> Despliega la potencia de su brazo,
> y destruye a los soberbios de corazón.
> Desposee a los grandes de su señorío,
> y enaltece a los insignificantes, a quienes no son nada.
> Sacia a los hambrientos con toda suerte de bienes,
> y deja a los ricos con las manos vacías.
> Acoge a su pueblo Israel, su servidor,
> acordándose de su misericordia,
> conforme prometió a nuestros padres,
> a Abrahán y a su descendencia por siempre.
> (Lc 1, 46-55).

El comentario de Lutero al Magnificat se puede describir como un estudio bíblico-teológico-espiritual, muy cercano al texto lucano (1,46-55). Es evidente que su exégesis y espiritualidad son producto de su experiencia de la *sola justitia Dei por la sola fides en Jesucristo*. Lutero dedica dicho comentario a Federico de Sajonia, entre 1520 y 1521, en un contexto bastante adverso para él: después de la condenación de su doctrina (*Exsurge domine*), de su excomunión (*Decet romanum pontifice*), de la Dieta de Worms y de su tiempo en Wartburg. Podemos palpar la fuerza de su interpretación en su experiencia vital. La dedicatoria dice *"Al Serenísimo e ilustrísimo príncipe y señor, Juan Federico, duque de Sajonia, Landgrave de Turingia y Margrave de Meissen, mi clemente señor y patrono"* (Lutero 1979).

Escrito en una lectio continua, estudiosos de sus obras distinguen dos partes:

> *En la primera, que corresponde a los primeros versículos, podríamos encontrar los verdaderos principios hermenéuticos que dirigen y orientan su exégesis. Y en la segunda parte, que se inicia con la enumeración de las obras de Dios (magnalia Dei), cantadas por María en antítesis y en inversión escatológica con las obras de los hombres soberbios-poderosos-ricos, encontraríamos su aplicación y verificación* (Touron del Pie 1994. 371-390).

Esa isotopía de poder que apunta Touron del Pie, ha tenido una gran fuerza en la hermenéutica latinoamericana, y amerita una relectura constante para nuestros contextos.

Roberto Zwestch, teólogo luterano brasileño, encuentra en el Magnificat un posicionamiento del Reformador sobre temas de justicia social y del poder político como una contribución crítica actual. Zwestch concluye *"Lutero elabora lo que sería una espiritualidad cristiana auténtica, porque es humilde, realista liberadora"* (Zwetsch 2016).

Esta espiritualidad liberadora es producto de un elemento fundamental en la exégesis y hermenéutica de Lutero, quien dice que en

> el Salmo 137 Dios es el más excelso y pone su mirada en el humilde, más a los encumbrados los reconoce de lejos. Lo mismo, el Salmo 111 dónde hay un Dios como el nuestro que está sentado en las alturas, y

sin embargo mira hacia abajo a los humildes en el cielo y en la tierra? Puesto que es el más excelso y no hay nada por encima de él, no puede mirar hacia arriba, por encima de él, ni tampoco a su alrededor, ya que no tiene igual. Es preciso que vuelva la vista hacia sí mismo y la dirija hacia abajo. Cuanto más bajo está alguien, tanto mejor lo ve (Lutero 1979, 380).

Esta sería el primer detalle a destacar en la hermenéutica de Lutero del Magníficat, *la mirada hacia abajo*. Zwetsch dice al respecto *"Nadie quiere mirar para abajo. Donde está la pobreza, deshonra, desgracia y angustia. Todo el mundo desvía su mirar de esto... por eso, solamente Dios consigue ver las cosas de esta manera, mirando para abajo, a la miseria y la desgracia"* (Lutero 1979, 7).

Es esa mirada hacia abajo, que hace que la distancia entre Dios y la humanidad se supere por su gracia incondicional y que su presencia abrace al mundo por su encarnación.[1] Esa mirada hacia abajo, para ver la humildad de su sierva María, elevándola ella en su humildad y a los que no son nada (v.3.5).[2] Touron del Pie encuentra cierta exégesis bíblica-psicológica de tipo lacaniano[3] en esa "mirada de Dios" como el comienzo de la personalidad de toda la gracia de María. Esto adquiere sentido en un contexto donde la concepción del pecado imposibilita ese acercamiento a Dios, y donde la gracia y la justificación por la fe involucran a la creación entera.[4] El Magníficat como título del Canto, no remite a las portentosas acciones y obras de Dios, puestas en boca de María, que según su comentarista tiene la finalidad de fortalecer la fe, alentar a los humiles e infundir temor a los poderosos.

---

1 La constante en este pensamiento es que mientras se esté más abajo, tanto más se distingue o se ve.

2 Esta mirada hacia la mujer humilde, la identifica según Lutero y otros, en una *anawim*, los las pobres de Yahvé.

3 Para Lacan hay tres aspectos que convergen para conformar la personalidad, lo imaginario, lo simbólico y lo real.

4 Por eso María es la bienaventurada, la muy favorecida, al hallar gracia ante los ojos de Dios.

Al mismo tiempo es esa mirada hacia abajo, es coincidente con la bajeza de María, descrita en el texto. Ella no ha sido más que un albergue que con alegría se ha dispuesto a ser anfitriona de tan digno huésped, agrega el comentarista en relación a que ella engrandece al Señor y no a sí misma.

Si bien Lutero apunta que nada de este favor es merecido, sino por la gracia de Dios, el hecho de poner los ojos en ella, es la obra es la primera y más importante según María (1,3b). En el Canto ella asume que será llamada "bienaventurada", porque Dios ha vuelto su mirada hacia su insignificancia.

Este es un segundo aspecto para reflexionar, y que nos remite a la María histórica, la adolescente de la anunciación, que se declara sierva/esclava (criada, en la traducción de Lutero) del Señor. Estas imágenes del Señor y de la esclava, subyacen en oposiciones – de la humildad de la cual el reformador desarrolla un largo argumento, y el orgullo; la abundancia y la necesidad, que engloba el contexto donde hay hambre y donde se envía vacíos; así también el dominio del poder, tronos, como realidad de opresión, servidumbre e injusticia. María al describirse como esclava en 1.48, lo hace en el lenguaje del sistema opresor. Isabel Gómez Acebo (2011), biblista española, visualiza la imagen del monarca y del patrón y la de María como cliente. Con la salvedad de que María pregunta cómo sería eso que le es anunciado en la visión, visitación o sueño, sobre su embarazo divino. Distintos trabajos desde una lectura poscolonial de los textos[5], dan fe de esto. No conozco trabajos desde América Latina con estas perspectivas poscoloniales, aunque esto no indica que no se hayan hecho.[6]

---

[5] Aunque se puede argumentar que el lenguaje con ello contestatariamente rechaza la lealtad a los amos terrenales y la atribuye a Dios, sin embargo, reinscribe la relación con Dios en términos de la estructura imperial dominante de amo y esclavo. Una dinámica similar existe en su lenguaje de "salvador".

[6] Enfoques desde la teología feminista latinoamericana han destacado una interpretación crítica en relación a los temas de la virginidad, maternidad, sumisión y pasividad de María. Por otro lado la figura de María ha sido

A mi parecer, esto plantea una ambigüedad en la interpretación que ha tenido efecto en la recepción del texto, generando un modelo universalista para las mujeres en cuanto a su sumisión en una estructura patriarcal, de la cual los textos tampoco escapan. Este modelaje tendrá también su repercusión a nivel teológico y eclesiológico, Eric Gritsch, teólogo y pastor luterano de origen austríaco e investigador de Lutero señala: "Para Lutero María fue el ejemplo primero de la fe, un typus ecclesiae encarnado en gracia inmerecida. María es un paradigma para la indefectibilidad de la iglesia" (Gritsch 1992, 241).

En este mismo artículo se recuerda al teólogo luterano Wolfhart Pannenberg quien dijo "María es en la historia del Cristianismo, más un símbolo que una persona histórica". La historiografía feminista en distintas vertientes ha intentado reunir no sólo el efecto del símbolo, sino de reconstruir esa María histórica, por lo que la exégesis y hermenéutica feminista son fundamentales para acercarse no sólo a los textos canónicos sino a las tradiciones, historias, religiosidades, estudios culturales y antropológicos. Un tercer aspecto tiene que ver con la descripción del poder y contrapoder en el canto del Magnificat. Así como se habla de la misericordia de Dios para quienes le temen (v.50), destaca las grandes proezas que ha hecho con su brazo, deshaciendo los planes de los soberbios. Toda la acción está puesta en Dios, Lutero lo dice:

> *No dice María que él destruye los tronos, sino que arroja de ellos a los poderosos; ni que deje a los pequeños su abatimiento, sino que los ensalza. Mientras el mundo perdure, tiene que existir la autoridad, el gobierno, la potencia y los tronos. Lo que no sufre por largo tiempo es que usen mal y en oposición a Dios de todo esto para injuriar a los hombres píos, para abusar de ellos..."* (Gritsch 1992, 422).

Los temas del poder y la política son intrínsecos y visibles en el canto, y también en el contexto del evangelio Lucano.

---

rescatada como símbolo de resistencia, en lo que Moltmann apuntó como una Mariología política, cuyo clímax es una apocalíptica mariana. Trabajos de teólogas luteranas como Wanda Deifelt han hecho una lectura de María como una Santa protestante, y la Revista de Interpretación Bíblica (RIBLA 43) dedicó toda una edición con distintas perspectivas.

Nuestro cuarta observación gira sobre la profunda empatía, algunos llaman "veneración y fascinación" de Lutero por la divina maternidad y el tema de la mediación, que abordará sin ambages para evitar la idolatrización de María. Lo excepcional respecto al resto de la humanidad, es que ha tenido un hijo, *"Y qué hijo!"*, por eso la llaman madre de Dios. Antes del epílogo, Lutero cierra su comentario con esta oración *"Pidamos a Dios que se nos conceda la correcta inteligencia de este Magníficat: que no se contente con iluminar y hablar, sino que inflame y viva en el cuerpo y en el alma. Que Cristo nos lo conceda por la intercesión y la voluntad de su querida madre María. Amén"* (Gritsch 1992, 433).

El cuerpo, los cuerpos, en este caso de las mujeres, se constituyen en una clave de lectura, atravesada no sólo por el género, generación, clase social (aún si esta mediación provoca algunas dudas en cuanto a su pertinencia), e imperio. Esto que se conoce como la teoría de la interseccionalidad, nos amplía el horizonte de la interpretación feminista, en cuanto a identidades sociales y sus referentes sistémicos de opresión. Gritsch nos plantea un enfoque que suena provocador; *"El cuerpo de la virgen es revelador de lo multirracial, multiétnico, multicultural, mestiza (mezcla) la iglesia que se encarna"*. Se refiere al Typus ecclesiae? En todo caso, ¿para la hermenéutica feminista latinoamericana, tiene algún sentido?

Aunque he señalado algunos aspectos en un cierto orden, no necesariamente tendrán la misma sucesión en esta segunda parte del artículo, que he llamado *provocaciones desde la hermenéutica feminista hoy*.

2. El nacimiento de la madre

En este proceso de investigación encontré un artículo de Anne Elvey (2002) que inicia nombrando a Julia Kristeva y su ensayo *Stabat Mater*, primeramente publicado como "Herética del amor", en *Tel Quel* en 1977, donde interpreta como poderosa la tradición cristiana concerniente a una madre en particular, María de Nazaret.

Su artículo se constituye en un puente entre la teorización feminista del embarazo y el nacimiento, y el relato de Lc. 2,1-20. Kristeva construye la idea del cuerpo embarazado como un sitio donde se juega el dualismo de *"el cuerpo como nuestro y no nuestro, yo y yo más que yo, yo y no yo"*. Aunque el nacimiento es también ruptura, y a la vez es alienación por esa separación entre el yo y el otro yo, Kristeva menciona la conexión, esa experiencia del compartir el dolor y la alegría.

Esta lectura de Kristeva es un buen preámbulo para Elvey y para poder considerar la propuesta que hace Gayatri Spivak a partir de una historia corta de Margaret Atwood[7], llamada *"Dando a luz"*, también traducido *"Dando vida"*. Spivak escribe la relación entre la madre y el nuevo nacido como resultado de dos nacimientos, el del hijo y el de la madre. El texto de Lucas señalaría más el nacimiento de la madre, además del nacimiento de la tradición Mariana. Para Lucas es importante entender la narrativa del nacimiento desde la realidad de la autoridad imperial, en medio de un censo que tiene dos decretos implícitos: 1.37 el decreto imperial y la narrativa divina. Es decir, entre la intersección de las narrativas divina e imperial, en otras palabras desde la realidad de la colonización.

El recorrido figurativo de María presenta tres asentimientos a ese anuncio de ser madre, cuando pregunta cómo será en el 1.34; al decir sí en el 1,38; y en el Magnificat al identificarse como esclava y las proezas que ha hecho Dios en ella, descritas en 1.47 al 1,55. Estos tres asentimientos pasan por la corporalidad misma de María, haciendo del cuerpo un agente de acción por una parte, y por otra, una respuesta desde la colonización del cuerpo de la mujer, con un hijo varón, que parte de su condición social y simbólica del contexto. En el marco de comprensión del embarazo en el siglo I, la María de Lucas ofrece una hospitalidad corporal a la palabra divina, dicho ya de otra manera por Lutero, y comentado más arriba en este artículo.

---

7 Escritora, poeta y activista política canadiense, muy conocida por su novela llevada a la pantalla grande *"The Servant Girl"*, traducido como *"El cuento de la criada"* (1974).

Kristeva evoca el señalamiento del tiempo cumplido, tanto en Lc 1,57 como en 2,6, el cumplimiento del tiempo de dar a luz para María y Elizabeth, y plantea la pregunta ¿cuál tiempo? Ella sugiere que *cuando evocamos el nombre y el destino* de las mujeres, una piensa más en el espacio de generación y formación de la especie humana que de tiempo, comienzo o historia. Encuentro que tiene sentido en este señalamiento, en cuanto que es el nacimiento de la madre el que dará lugar a una historia brevemente descrita en los sinópticos, pero significativa, como en Lc. 2.19 y 2.51 que muestra a María guardando todo en su corazón y reflexionando sobre ello. El uso de "guardar todo en su corazón"[8], señala el lugar del pensamiento, memoria y la afectividad. El nacimiento de la madre en el contexto narrativo lucano, nos parece mostrar el nacimiento de la mujer-madre cuidadora.

Es probable que esta dimensión del nacimiento de la madre-cuidadora, no satisfaga a las distintas corrientes del feminismo, aunque teniendo claro que es un acercamiento hermenéutico podría representar un espacio para el debate, estando muy conscientes de las luchas de las mujeres por su libertad a decidir ser madres o no. Para Hanna Arendt, el nacimiento es el acto básico a partir del cual todas las posibilidades están abiertas, por el hecho de empezar algo nuevo, de actuar, la acción tiene en el pensamiento de Arendt un peso fundamental, es la actividad política por excelencia. Actuar implica poder elegir. Desde la acción política esto tiene mucho potencial, asumimos que somos cuerpos políticos, que si bien es cierto no escapamos al control social y su regulación, también es verdad que logramos escaparnos a los determinismos, incluso biológicos. Cuerpos en reivindicación y con capacidad de agencia (acción) y resistencia desde nuestras realidades económicas, políticas, sociales y culturales.

---

8 Exégetas encuentran en los verbos que refieren a "guardar" en el 2,19 y 2,51 en la Septuaginta, ecos de verbos hebreos que significan mirar, guardar, defender, proteger y cuidar.

La hermenéutica feminista latinoamericana hoy puede considerar una acción cotidiana el configurar y reconfigurar nuestro *ser- en-el-mundo*, nuestro actuar individual y colectivo en la conformación de esos cuerpos políticos, *"entendidos como ese conjunto de representaciones, imágenes, ideas, actitudes, técnicas y conductas encarnadas, una configuración corporal determinada promovida consciente o inconscientemente desde un movimiento social en nuestro caso el feminismo, que se concreta a nivel individual y colectivo"* (Galarza 2011, 65).

La biblista brasileña Marga J. Ströher en su artículo "Ser madre sin padecer en el paraíso – Algunos hilos de la trama entre mujeres Eva, María y Artemisa: Lecturas a partir de Timoteo 2, 8-15", en su itinerancia por libros no canónicos, como Apéndices de San Ignacio, nos lleva a palpar otros rostros de María:

> *La re-significación de la maternidad, se evidencia en el cántico y en el pronunciamiento de las palabras proféticas de María en el Magnificat. En este himno, se funden, fe, alabanza, maternidad profética y ciudadana. La maternidad de María representa justicia y pan para las hijas y los hijos de Israel. Esto nada tiene que ver con la maternidad silenciosa y sumisa – es maternidad subversiva!* (Ströher 2003, 128)

Me atrevería a interpretar en Ströher lo de la maternidad profética y ciudadana, desde los cuerpos políticos, podría ser! En lo que respecta a la maternidad subversiva, podría ser más que romper el silencio y la sumisión, tal vez subvertir otras ideas, pensamientos y prácticas en relación a la maternidad. Ströher también destaca el carácter litúrgico del himno, tal como Lutero en cuanto a fe, alabanza, *"...la dulce madre de Dios; nos enseña con el ejemplo de su experiencia y con palabras, cómo debemos conocer, amar y alabar a Dios, porque la miró..."* (Ströher 2003, 282).

Es importante señalar que estas dimensiones que se cruzan, intersectan lo político y lo litúrgico. Para Lutero el Magnificat es en cierta manera un manifiesto de una ética política,

> El ejercicio del poder revela qué clase de hombre es el que gobierna. Los súbditos no se atreven a manifestarse por miedo a la autoridad.

Por eso es preciso que todos los soberanos teman ante todo a Dios... Ahora bien no conozco nada en la Escritura que se preste para el caso tanto como este cántico sagrado de la bienaventurada madre de Dios. Debieran aprenderlo bien y recordarlo, en efecto, todos los que quieran gobernar bien y ser buenos soberanos (Ströher 2003, 378).

A nuestro entender esta declaración, no se contrapone a una ética de la espiritualidad, continúa diciendo *"En él canta, por cierto, muy agraciadamente del temor a Dios; nos dice cómo ejerce el Señor su poder y, ante todo, cómo actúa con los ilustres y los humildes"* (Ströher 2003, 379), expresión profundamente profética que encuentra eco en otras voces, otras mujeres, otros cuerpos, otros cantos y diversos contextos. Los cantos de Miriam (Éxodo 15.19-21) y Ana (1 Sam 2.1-10), Salmo 35.9; Isaías 25.9; Salmo 66.1, son expresiones de liberación, victoria y acción de gracias. Esos ecos en el Magnificat también anuncian la transformación del mundo, de los cuerpos, de la tierra[9] y otra lógica del poder.

3. Poder y política

He pretendido en la provocación anterior centrar un punto en cuanto a los cuerpos como agentes políticos invitando a ver en María y el Magnificat una oportunidad de acercarnos al análisis de las realidades latinoamericanas desde la hermenéutica feminista, en cuanto al poder y la política a la que me dedicaré en esta última parte.

Blanca Camacho Sandoval (2012) plantea una inquietud para "buscar" la sabiduría ignorada de María, y plantea que el protagonismo de María ha sido ignorado, aun siendo ella partícipe con Dios, para actuar con él en la nueva creación, agrega *"ella participa en su totalidad, mente, cuerpo y espíritu, discerniendo, dialogando y tomando decisiones"*. Camacho retoma

---

[9] En el Magnificat se recuerda la promesa de la tierra, se revierte la situación de pobreza enviando vacíos a los poderosos y saciando a los necesitado, una referencia que nos lleva a tomar en cuenta la situación de la tierra en el siglo I.

a Maricel Mena quien agrega a lo dicho que esta fe de María brota como fruto de su deliberación personal, como un gesto ético y acogida gozosa de la acción divina. Esto se logra porque María *guarda las cosas en su corazón* (nos volvemos a conectar con esta idea expuesta anteriormente), no hay lugar para la inactividad! Ella participa en su totalidad, mente, cuerpo y espíritu, discerniendo, dialogando y tomando decisiones. Interesantemente, Lutero acotaba en su comentario: *"No debe el gobernante proteger de injusticia su país y su pueblo, en vez de permanecer inactivo, dejando que se le quite todo?* (Camacho Sandoval 2012, 416). Es definitivo que el Magnificat no puede leerse sin las claves de poder y política, y es desde la relación con estas esferas en la cotidianidad, que lo haremos.

Si bien el contexto de Lutero cuando escribe su comentario es muy particular, así como el contexto del siglo I de nuestra era, un elemento es común a ambos y también a nuestros contextos latinoamericanos: la urgencia de pensar qué tipo de poder es el que subyace en la política, aunque parezca obvio, y cuáles son las formas de poder que han guiado cada acción o estrategia individual, en la búsqueda de generar cambios en las situaciones de inequidad y desigualdad, preguntándonos qué tipo de poder ejercemos y al que aspiramos.

El poder es circulante, tiene que ver con distintas funciones y vínculos más complejos, el poder que conocemos en nuestra región, mata, aniquila, destruye. La idea desde la teoría feminista es desnaturalizar la concepción del poder, para desactivar distintas discriminaciones y muchos otros desplazamientos de los lugares de ciudadanía y de reconocimiento público, que establecen los poderes que se han naturalizado.

Esto nos lleva a pensar en la construcción de la legitimidad, porque el poder es la legitimidad, es la razón de la obediencia. No es en vano la enorme carga simbólica que tiene el concepto y práctica de "desobediencia civil"[10] en momentos

---

10 Henry Thoreau, con su ensayo con el mismo nombre publicado en 1848, explicita en que consiste esta acción crítica ante la autoridad del

históricos determinantes. El poder es una relación de mando y obediencia, lo que define que alguien pueda mandar es que muchos puedan obedecer. De allí que se debe tener capacidad de mando, y contar con instituciones que también mandan, pero la obediencia es el poder.

En los espacios de la vida cotidiana se plantea una tarea que es la construcción de la política y la capacidad, a través del cuestionamiento de nuestro conocimiento de sentido común[11], de reevaluar nuestra experiencia, para vislumbrar más interpretaciones posibles, logrando de este modo una criticidad que nos conduzca a aceptar, cada vez menos, las cosas como son actualmente o como creemos que son. Construyendo un sentido común diferente, logramos impulsar políticas sociales diferentes, para generar cambios donde se va construyendo el poder cotidiano en la sociedad, generando modelos alternativos.

La discusión sobre el término política es muy necesaria ya que estamos participando como espectadores o actores, en sociedades cada vez más despolitizadas, donde el contenido semántico se ha vaciado, y la generación de opinión pública es controlada por entes reguladores como la mass media. En ese sentido, el feminismo supone un proyecto ético de reconstrucción de la realidad que requiere la institución de nuevos pactos, distintos de los que suponen e impone la razón patriarcal, y en los cuales podamos ser agentes y no objetos de dichos pactos. Si necesariamente vamos a re-semantizar y cambiar la política, también hay que cambiar la ética.

Zwetsch en el artículo mencionado anteriormente, cita una obra de Lutero de 1523 conocida como *"La autoridad secular"*. En esta pequeña obra hace referencia a su escrito de 1520

Estado, ha sido inspiradora para grandes movimientos sea pacifistas, o de objeción de conciencia. Actualmente hay muy variadas formas.

11 Un aporte respetable al respecto es el libro de Bauman y May (2007).

"La nobleza cristiana de la nación alemana", considerada una de sus obras más importantes, en la que mostrará en qué consiste el ministerio y función de esta nobleza en la sociedad, especialmente los príncipes y gobernantes. Cito a Zwetsch *"Consciente de que sus tesis no surtirán ningún efecto en la nobleza, más, aun así, vuelve a escribir sobre la función de los gobernantes motivado por los abusos insoportables practicados por príncipes y autoridades eclesiásticas. Él llega a afirmar que Dios enloqueció a nuestros príncipes"* (Zwetsch 2016, 10, traducción propia). Según el reformador la esfera política también debe ser controlada, monitoreada e interpelada, diríamos en el lenguaje de hoy. Richard Rorty dice que podemos pensar la política como un antagonismo, una lucha, cuando hay reglas que están ahí y que todos hemos aceptado. Hay que poder explicitar que estamos peleando por otro poder.

Algunas feministas han encontrado en el cuido del mundo, de la misma forma en que se cuidan los hijos e hijas, como una toma de conciencia de lo que es realmente importante en la política. Con cierta prudencia considero esta perspectiva de la política, ya que también consideran que ni la economía ni el militarismo son lo más importante de la política. Hablo de cierta prudencia, porque esto último es debatible.

Evidentemente hay un punto de coincidencia con la imagen del nacimiento de la madre-cuidadora, en los últimos tiempos las teólogas feministas hemos integrado a nuestra reflexión el tema de la ética del cuidado, al cual Carol Gilligan feminista, filósofa y psicóloga norteamericana, ha brindado un respetable aporte. De forma breve, Gilligan dice que las mujeres privilegian los vínculos con los demás, basadas en la comprensión del mundo como una gran red de relaciones, de la cual somos parte y desde donde reconocemos responsabilidades hacia los otros y otras, con la convicción de que el bienestar y la supervivencia misma, van a requerir el reconocimiento de derechos y deberes.

Conclusión

Sabemos que la exégesis y hermenéutica bíblica del reformador Martín Lutero, profesor en Wittenberg, sigue estando abierta para su relectura y para situar en contexto, hoy. La hermenéutica feminista latinoamericana ofrece también esa posibilidad, en sus distintos rostros y luchas. Marc Müller, pastor y teólogo luterano francés ha escrito en su reciente libro *"Martin Luther (1517-2017). Puiser aux sources du protestantisme"*, que el doctor Lutero no es el quinto evangelio, y que su relectura puede ser aún fecunda, con una aspiración liberadora. Después de todo, Lutero acostumbraba firmar como *Eleutherius*, palabra que significa [hombre] libre.

Así mismo, se observan los límites de su teología, que como apunta Martin Hoffmann en su libro *"La locura de la cruz. La teología de Martín Lutero"*, que califica la Reforma como *Reforma inconclusa*, lo que la plantea como una tarea constante. Es precisamente a partir de la relectura del Magnificat y de estos desafíos teológicos y hermenéuticos que retomo un pensamiento de Elisabeth Schüssler-Fiorenza que encuentro aplicable también a la política: *"La teología y la política, se entienden mejor no como un sistema sino como una práctica retórica que no concibe al lenguaje meramente como significación y transmisión, sino más bien como una forma de acción y poder que afecta a las personas y situaciones reales"* (citado en Kim 2013).

El ejercicio hermenéutico feminista asumimos es un espacio democrático, de compromiso y participativo. Esta debe ser una tarea cotidiana, casi inconclusa, porque requiere no sólo una forma de acción, sino una consideración distinta del poder y de la transformación de las prácticas.

La María del Magnificat, es una figura simbólica, que genera no sólo opinión sino que influye, por lo que la tarea de reconocer la realidad de colonialidad es fundamental, no sólo por el contexto del siglo I, sino por cómo se le introduce en el texto, que de por sí ya es una interpretación, para analizar luego cómo hace Lutero una relectura de ella a partir de su contexto. También el Magnificat de María es un salmo de oración con una potencialidad estremecedora, donde las acciones de Dios se describen a favor del pueblo (1.51-53).

Las claves hermenéuticas de cuerpo, poder y política intentan ofrecer un espacio para la consideración y reflexión, pues es una lectura entre otras tantas. Lo que sí puedo concluir es que es un texto y un acercamiento pertinente para hoy desde nuestras inquietudes y búsquedas.

Bibliografía

Bauman, Zygmunt y Tim May. 2007. *Pensando sociológicamente*. Traducido por Ricardo Figueira. Buenos Aires: Nueva Visión.

Camacho Sandoval, Blanca. 2012. "María en la tradición protestante. La inquietud, una manera de encontrarse con la sabiduría ignorada de María". *Albertus Magnus, Vol. 4, N° 2: 192-210.* file:///C:/Users/hp/Downloads/Dialnet-MariaEnLaTradicionProtestante LaInquietudUnaManeraD-5663457.pdf

Elvey, Anne. 2002. "The Birth of the Mother: A Reading of Luke 2:1-20 in Conversation with Some Recent Feminist Theory on Pregnancy and Birth". *Sage Journals*. Vol. 15, Issue 1.

Galarza, Mari Luz Esteban. 2011. "Cuerpos y políticas feministas; el feminismo como cuerpo". En *Cuerpos políticos y agencia. Reflexiones feministas sobre cuerpo, trabajo y colonialidad*, coordinado por Cristina Villalba y Nacho Álvarez. Granada: Universidad de Granada.

Gómez-Acebo, Isabel. 2011. "Mary, model of biblical contemplation". *Sage Journals*. Vol. 19, Issue 3. http://journals.sagepub.com/doi/pdf/10.1177/0966735011401725

Gritsch, Eric. 1992. *"The Views of Luther and Lutheranism on the Veneration of Mary"*. En *The One Mediator, The Saints, and Mary: Lutherans and Catholics in Dialog VIII*, editado por H. George Anderson, J. Francis Stafford, and Joseph A. Burgess. Minneapolis: Augsburg, 235-248.

Hoffmann, Martin. 2016. *La locura de la cruz. La teología de Martín Lutero*. San José: DEI.

Johnson, Maxwell E. 2015. "The Blessed Virgin Mary and Ecumenical Convergence in Doctrine, Doxology, and Devotion". *Pray Tell*. http://www.praytellblog.com/wp-content/uploads/2015/01/Johnson-November-2014.pdf

Kim, Elizabeth Min Hee. 2013. The Voice of the Voiceless: Reading Luke 1:46-55 in the Context of HIV/AIDS in Response to Elisabeth Schüssler Fiorenza's Feminist The*logy. Thesis presented in partial fulfillment of the requirements for the degree of Master of Theology (New Testament) at the University of Stellenbosch, South Africa.

Lagarde y de los Ríos, M. 2005. "Para mis socias de la vida. Claves para el empoderamiento y autonomía de las mujeres; los liderazgos entrañables y las negociaciones en el amor". *Cuadernos inacabados 48*.

Lutero, Martin. 1979. *Obras de Martín Lutero*. Tomo VI. Buenos Aires: La Aurora.

Pikaza Ibarrondo, Xabier. 2016. "Lutero y el Magnificat de María". *El Periodista Digital*: 371-390. http://blogs.periodistadigital.com/xpikaza.php/2008/09/09/maria-y-el-magnificat-en-lutero-1-introd

Ströher, Marga J. 2003. "Ser madre sin padecer en el paraíso – Algunos hilos de la trama entre mujeres Eva, María y Artemisa: Lecturas a partir de Timoteo 2, 8-15". RIBLA 46.

Zwetsch, Roberto. 2016. "Lutero, Justica Social e Poder Político. Aproximaciones teológicas a partir de alguns de seus escritos". *Cadernos Teologia Publica*, Año 13, Vol 13.

Masculinidades pentecostales
La pentecostalidad como posibilidad para construir masculinidades no violentas

Ángel Eduardo Román-López Dollinger

Introducción

La teoría de género y los diversos aportes feministas han estimulado procesos de reflexión sobre el "ser hombre" y "ser mujer". Esta situación ha generado que también algunos hombres comencemos a reflexionar sobre formas alternativas de vivir nuestras masculinidades. En efecto, poco a poco nos vamos dando cuenta que el modelo masculino hegemónico vigente no funciona. Sin embargo, no es suficiente reconocer la ineficacia de ese modelo, es necesario pensar en alternativas creativas y subversivas. El objetivo de estas reflexiones es visibilizar algunas experiencias de grupos pentecostales de base que, a través del trabajo pastoral con pandilleros en contextos urbanos marginalizados de Guatemala, han logrado desarrollar procesos terapéuticos que ayudan a transformar conductas masculinas violentas.

1. Relaciones de poder y género

Cuando se analiza el tema de la(s) masculinidad(es), no se puede evitar recurrir a la categoría género y sobre todo a las relaciones de poder implícitas en ella. Aunque existen diferentes perspectivas y enfoques que abordan el tema del poder, los aportes del feminismo son los que más influencia han tenido en la reflexión actual sobre el tema del poder en las relaciones de género.[1] Un aspecto importante es abordar las relaciones de poder a partir del dominio y control que las personas ejercen en sus esferas particulares y cotidianas. Solo desde esas esferas se comprende el papel real y directo que el poder tiene en nuestras vidas, conductas, decisiones, formas de control y dominio (cf. Connell 1997, 37; Foucault 1987, 26–31, 1999, 41–55).

Ahora bien, las masculinidades y feminidades son temas que competen a ambos géneros, ya que éstas se construyen socialmente con la participación de ambos géneros y con el apoyo de las instituciones socializadoras: familia, escuela, iglesia. En estas instituciones se aprende a ejercer dominio y control sobre las personas más débiles (cf. Román-López Dollinger 2015). Aunque la familia y la escuela juegan un papel importante en la validación de estereotipos masculinos tradicionales o en la construcción de nuevas formas de vivir la masculinidad, aquí nos concentraremos más en la socialización que ejerce la iglesia. Esto con el fin de poder vincular más adelante el aporte que las comunidades pentecostales de base hacen a la construcción de masculinidades alternativas, no violentas y sensibles.

2. Socialización masculina e iglesia

Según algunos estudios de género (cf. Hartley 1959; Lagarde 1997; Oakley 1972; Stoller 1968), para comprender la función de las instituciones socializadoras en la construcción de masculinidades es importante tomar en cuenta tres elementos

---

[1] Algunos de esos aportes son los estudios realizados por Amy Allen (1998, 2000, 2009), Simone de Beauvoir (1949), Judith Butler (2001, 2007), Nancy Hartsock (1983), Marcela Lagarde (2005, 2012); Ivone Gebara (1994, 2002), Amelia Valcárcel (1994, 1997) y Elisabeth Schüssler Fiorenza (2004, 2008, 2011).

que condicionan cualquier socialización humana: 1) La asignación del género que se da al nacer. 2) La identidad de género que se expresa en factores biológicos y psicológicos que condicionan la personalidad para identificarse con el género asignado. 3) El rol de género que determina cuáles actividades o áreas de acción corresponden a uno u otro género.

Ahora bien, para que la socialización sea efectiva es necesario que las personas acepten el rol de género que se les ha asignado (cf. Bourdieu 1971; Connell 1997:44-47). Es aquí donde entran a funcionar las instituciones socializadoras tradicionales que facilitan la aceptación de los roles de género.

La iglesia, como institución socializadora, es un espacio que por tradición promueve y reproduce modelos masculinos hegemónicos, donde se le otorga al hombre todo el poder (dominio y control) sobre la mujer, el hogar, las hijas y los hijos. La ética cristiana tradicional patriarcal generalmente influye otras instituciones socializadoras como la familia, la escuela y el trabajo. Por esa razón, aunque muchas personas no asistan a una iglesia o no se consideren cristianas, están permeadas por esa ética religiosa. Este aspecto refleja la importancia de trabajar el tema de las masculinidades desde la socialización eclesial. Para abordar las masculinidades desde la socialización eclesial, aquí se toma como ejemplo la experiencia de algunas comunidades pentecostales de base en Guatemala.

3. El pentecostalismo como fenómeno y reforma religiosa

Es indiscutible que desde mediados del siglo pasado el movimiento pentecostal se ha constituido en un fenómeno religioso de gran envergadura en Latinoamérica.[2] Su presencia,

---

2 En el continente están presentes por lo menos tres corrientes del pentecostalismo (Álvarez 2006:19-30; Schäfer 2009; Smith 2006): 1) *Pentecostalismo criollo*, se forma en Chile y Brasil entre 1907 y 1909. 2) *Pentecostalismo misionero*, se establece en Argentina en 1914 como

consolidación y crecimiento ha generado mucho interés en diferentes ámbitos académicos y perspectivas teóricas, que parten básicamente de los siguientes supuestos:

- Es una expresión renovada de las tradiciones religiosas y espirituales populares de Latinoamérica, donde personas empobrecidas encuentran alternativas de adaptación al mundo globalizado (Bastian 1983, 1986, Cantón Delgado 1992, 1998, Rolim 1980, 1985, Sepúlveda 1992, 2009; Willems 1967).
- Ofrece refugio a personas empobrecidas que, por la rapidez de los cambios sociales, se encuentran en un estado de anomía social,[3] con lo cual pueden convivir con la modernidad sin dejarse absorber completamente por ella (Lalive D'Épinay 1968; Schäfer 2009; Stoll 1993).
- Genera resiliencia psicológica colectiva, pues ofrece espacios de identidad, protección y pertenencia que ayudan a enfrentar la des-personalización del mundo urbano moderno (Álvarez 1992, 85–83; Bergunder 2009a, 7–11; Míguez Bonino 1995, 61–63; Sepúlveda 1992,, 78–82).
- Es un avivamiento espiritual que interpela al cristianismo latinoamericano tradicional y que llena el espacio vacío religioso que dejó especialmente la iglesia católica (Hurtado Cruchaga 1941; Vergara 1962).
- Promueve la participación activa de sus miembros e integra sus diferentes expresiones culturales y religiosas de corte popular (Álvarez 1992, 2006, Schäfer 1992, 2008).

---

misión de las Asambleas de Dios de Estados Unidos. 3) *Pentecostalismo de sanación divina y prosperidad*, surge en los años 1990s como un tipo de consumismo religioso a través de música, danzas, exorcismos, profecías, sanaciones multitudinarias, etc.

3 La anomía social se refiere a la falta o pérdida de la adecuada jerarquización de los valores culturales y/o sociales, debido a cambios drásticos en las estructuras sociales. Implica la incapacidad de las instituciones sociales y del Estado de proveer los medios básicos para que las personas se realicen plenamente dentro de los modelos que exige la sociedad: trabajo, vivienda, educación, ocio, etc. (Durkheim 2003; Merton 1964).

El pentecostalismo es un fenómeno religioso que no se puede entender reduciéndolo a un movimiento monolítico o considerándolo una herejía (Astete y Sálesman 2006) o a una secta con intereses religiosos fundamentalistas (Hill 1976; Masferrer Kann 2004; Stoll 1993, 362–67).[4] El pentecostalismo es más bien un fenómeno religioso, social-cultural y dinámico que se encuentra en constante desarrollo y está formado por diversos grupos cristianos con diferentes formas de expresión, organización, teología, doctrina y culto.

Lo que sí existe son elementos comunes, prácticos y doctrinales que confieren a esas agrupaciones religiosas una identidad propiamente pentecostal, por ejemplo: 1) Bautismo en el Espíritu (Santo) como señal de conversión y renacimiento en Cristo. 2) Infalibilidad bíblica y su lectura comunitaria. 3) Testimonio personal sobre la acción de Dios en la vida cotidiana. 4) Guerra espiritual contra espíritus abstractos (tentaciones, pecado, mal) y espíritus físicos (enfermedades, pobreza, violencia). 5) La prosperidad personal (salud, trabajo, educación) que genera el compromiso con Dios (diezmo, ofrenda, servicio). 6) Su presencia en sectores empobrecidos y marginalizados, lo cual justifica que sus miembros provengan mayormente de las clases populares. 7) Formación de grupos (células o comunidades) de base.

El tipo de proyección y compromiso social (pastoral) de los grupos pentecostales en sectores populares, depende del énfasis que pone en cada uno de esos elementos.

El fenómeno religioso pentecostal ha generado la revisión de dos categorías fundamentales relacionadas con las formas de comprender y practicar la religión: los ritos y las creencias. A través de su comprensión (creencias) de la realidad concreta (profana) y la realidad ideal (sagrada), el pentecostalismo

---

4 Estas percepciones negativas del pentecostalismo, generalmente dificultan que se pueda analizar el aporte que este movimiento hace a la religión, la cultura, teología y sobre todo a la pastoral (Álvarez 2006; Schäfer 2009).

desarrolla reglas de conducta y prácticas religiosas cotidianas, generalmente en formas de ritos, que permite a sus miembros mantener una relación equilibrada con lo sagrado. Esas conductas y prácticas implican rechazar selectivamente aspectos profanos que puedan poner en peligro la relación con lo sagrado. Eso es importante porque, en el caso de los hombres, promueve cambios de conducta que les motiva a vivir una masculinidad sagrada (alternativa) que se opone a la masculinidad profana (hegemónica) que "el mundo" (la sociedad) exige.

Es en este sentido que se puede afirmar que el pentecostalismo se constituye en un tipo de reforma religiosa, que interpela las estructuras religiosas tradicionales, sus formas de comprender y practicar la fe cristiana y –quizá sin proponérselo– las formas patriarcales de las relaciones de género, especialmente al proponer una masculinidad alternativa centrada en la figura de Jesús.

4. Comunidades pentecostales de base en Guatemala

En Guatemala, así como en toda Latinoamérica, las manifestaciones religiosas populares son expresiones sociales que ponen de manifiesto una relación dicotómica e indisoluble entre la "religión popular" y "la religión oficial". Esto ocurre en todas las corrientes religiosas cristianas establecidas oficialmente en la sociedad. En el pentecostalismo también están presentes este tipo de manifestaciones populares.

Junto a las diferentes corrientes pentecostales establecidas oficialmente en Guatemala, existen grupos populares que surgieron de esas corrientes o que se identifican teológica y/o doctrinalmente con alguna de ellas. Estas agrupaciones son a las que denominamos "comunidades pentecostales de base" y tienen las siguientes características: 1) Se ubican en sectores empobrecidos (urbanos y rurales). 2) No cuentan con un templo, se reúnen en casas particulares o salones de iglesias. 3) Surgen de "células" (grupos) de estudio bíblico. 4) Sus líderes provienen de esas células de estudio. 5) No dependen de una iglesia específica y por ello gozan de autonomía eclesial (Román-López Dollinger 2014b).

Según algunos datos cualitativos recolectados en algunos barrios de la ciudad de Guatemala (Román-López Dollinger 2014a), las personas que forman parte de estas comunidades de fe, se comprometen a cumplir las normas y valores del grupo, lo cual implica iniciar un proceso de cambio de conducta que tenga efecto en su entorno: familia, amistades, colegas. Además se consideran una familia extendida (Frei 2011, 224–53; Ullán de la Rosa 2003, 242–53).

La razón de denominar a estos grupos "comunidades pentecostales de base" obedece a las similitudes que tienen con las "comunidades eclesiales de base" (CEBs) católicas.[5] Entre esas similitudes se pueden mencionar las siguientes:

- Son una opción atractiva y efectiva para personas empobrecidas, pues tienen estructuras y relaciones que promueven el cambio social con la participación de sus miembros (Álvarez 2006; Bergunder 2009b; Moltmann y Kuschel 1996; Schäfer 2009; Self 2009; Sepúlveda 2009).

- Promueven el empoderamiento de personas empobrecidas, al motivarlas a trasformar sus vidas personales y su contexto con sus propias capacidades (Dussel 1998; Scannone 2004; Sobrino 2007).

- Sus miembros se comprometen pastoralmente con las necesidades de las personas que comparten su condición de empobrecimiento (Boff 1979; Dussel 1998; Gutiérrez 1977; Hinkelammert 1998; Pixley y Boff 1986)

---

5 Las CEBs surgieron en el seno de la iglesia católica, a través del compromiso de ciertos sectores eclesiales que se identificaban con la teología de la liberación. Las CEBs intentaron dar respuestas pastorales a las necesidades religiosas, sociales, culturales y económicas de personas que vivían en contextos conflictivos. Su recepción fue muy fuerte en países con regímenes represivos y con conflictos armados internos.

- Integran las habilidades de sus miembros en las tareas pastorales, lo que genera resiliencia colectiva y empoderamiento, pues hace sentir a las personas que son parte de la solución de sus problemas (Sepúlveda 2009, 110).

5. Masculinidades en las comunidades pentecostales de base

Las siguientes reflexiones se limitan a la experiencia pastoral de las comunidades pentecostales de base y se fundamentan en datos recolectados a través de entrevistas realizadas con hombres pentecostales entre 24 y 29 años, quienes en el pasado vivieron experiencias de violencia con grupos criminales y actualmente coordinan la pastoral de la calle de algunas comunidades pentecostales de base.[6]

Los datos reflejan los procesos de conversión (rehabilitación) de estas personas y el consecuente cambio de conducta (resocialización) en sus relaciones de género. A partir de sus procesos de conversión estos jóvenes tuvieron la oportunidad de vivir, sentir, pensar y expresar una masculinidad no violenta. Su trabajo pastoral actual consiste en trasladar esa nueva forma de "ser hombre" a hombres jóvenes que por su condición de marginalidad son susceptibles a convertirse en hombres violentos.

6. La conversión pentecostal

Muchos hombres jóvenes marginalizados con conductas violentas encuentran en las comunidades pentecostales de base espacios de refugio seguros, identidad colectiva, educación,

---

[6] La información se obtuvo de grupos que trabajan con pandillas en Guatemala y fue recolectada entre los años 2007 y 2012, enriquecida y depurada en los años 2015 y 2016 (cf. Román-López Dollinger 2014a).

diversión y procesos terapéuticos que les ayudan a superar sus problemas de conducta. Son espacios de refugio para sus problemas cotidianos (Lalive D'Épinay 1968; Schipani 1997; Sepúlveda 2009, 113–15). El primer paso para iniciar un proceso terapéutico en estos grupos es "aceptar a Cristo", es decir la conversión.

> En cada grupo, en cada movimiento hay una cierta rutina de aceptación, es una decisión personal. (...) Cuando uno mismo toma la decisión de rendir, entregar toda su vida a Dios, a través del sacrificio que Jesucristo ha hecho por nosotros. Después de esa decisión ya pasa uno a formar parte de la familia *pente* (*Oscar*).

Este rito de iniciación (conversión) es un paso muy significativo para hombres jóvenes con experiencias de violencia, pues implica fidelidad al grupo y cambio de conducta. Como se observa en la siguiente cita, este proceso de iniciación ya lo han vivido al ingresar a una pandilla:

> Una pandilla o mara es como una familia (...) cuando ingresé a la pandilla me sentí así, como en una familia, una familia de verdad. No como mi familia sanguínea, fragmentada y con malos ejemplos, sin que les importara qué me pasaba. Por eso acepté entrar a la pandilla y hacer lo que me pedían, hasta estaba dispuesto a dar mi vida por ella. Y ellos me dieron protección, amistad, inclusive un estatus. (*Jorge*).

En el contexto de iglesia, el rito se mantiene, inclusive conserva algunos símbolos: familia, protección, amistad y reconocimiento. Lo que cambian son los contenidos prácticos del rito y los símbolos:

> La iglesia pentecostal me ha hecho sentir que Cristo está tan cerquita, que puede ser mi *compadre* (amigo solidario), mi *cuate* (gran amigo), que no es solo para gente de élite. (...) Ahí encontré una familia, cariño y apoyo. (...) Nadie me llamó pandillero, sino me dijo mi nombre y me enseñaron que yo mismo soy la iglesia... Y yo ahí mismo me vi refugiado y acepté cambiar mi vida... (*Fernando*).

La conversión es un tipo de terapia que, junto a la empatía de la comunidad abre la posibilidad para que jóvenes violentos decidan cambiar sus vidas (conductas).

7. La amistad como terapia comunitaria

Aunque estas comunidades generalmente no cuentan con centros de rehabilitación, tienen criterios terapéuticos que flexibles y claros para acompañar jóvenes con conductas violentas. El segundo paso terapéutico, inmediatamente después de la conversión, consiste en brindarle a la persona la amistad de la comunidad de fe.

> Nosotros ahorita tenemos a una persona que en una actividad de nosotros él recibió a Cristo (se hizo cristiano), ¿verdad?, como le llamamos nosotros, "la iniciación". Entonces, nosotros hemos empezado una terapia con él. Pero la terapia no es algo técnico escrito, sino lo que hemos empezado a hacer es acercarnos y brindarle nuestra amistad. Y yo siento que esto podría ser como cierta terapia, porque él definitivamente no conoce a ninguna otra persona que considere su amigo (*Fernando*).

La amistad es un instrumento terapéutico fundamental, pues muchos jóvenes involucrados en pandillas tienen problemas en sus relaciones interpersonales y les cuesta construir lazos de amistad sólidos con otros hombres. La amistad sensibiliza a los jóvenes para que comiencen a hablar con sus amigos sobre sus problemas y temores:

> Nosotros tratamos de darle nuestra amistad o la "leche espiritual", como le llamamos. Lo llevamos a jugar básquet a la cancha y a nuestras reuniones, también a cultos en diferentes iglesias, lo invitamos a comer, a un refresco. Tratamos que sienta que no está solo, que somos sus amigos y lo queremos. Eso lo veo como una terapia, pues él ha comenzado a abrir su corazón y a hablar de sus cosas personales (*Fernando*).

La amistad permite escuchar los sueños y esperanzas de los jóvenes, solidarizarse comunitariamente con ellos y buscar alternativas de rehabilitación y reinserción social. Es un acto de solidaridad-amistad humana (Galilea 1997; Johns 2009).

8. Expresar los miedos y sensibilidades masculinas

Los hombres –y especialmente los hombres violentos– están constantemente enfrascados en una lucha por no demostrar sus miedos y "debilidades" (sensibilidades). Reprimir el miedo genera en los hombres jóvenes actitudes violentas, lo cual les hace perder paulatinamente la sensibilidad frente al dolor de otras personas. El siguiente ejemplo refleja esta situación:

> La primera vez que yo vi sangre, yo estaba en la pandilla, y quería ser parte de ella, parte de un grupo, por las cosas que se daban fáciles, dinero, mujeres, respeto, muchas cosas, en el barrio, en la colonia... Pero entonces tenía que hacer cosas que en el fondo me daban miedo, tenía que golpear a alguien de otra pandilla, solo para demostrar mi fidelidad al grupo. La primera vez que golpeé a alguien y vi sangre me impactó, me dio miedo, pero no lo demostré. Luego fui perdiendo el miedo y ya *me valía madre* (no me importaba). Es más, le fui agarrando el gusto (*Jorge*).

Sin embargo, a través de procesos terapéuticos en contextos pentecostales de base, estos jóvenes violentos logran recuperar su sensibilidad y comienzan a construir una nueva forma de ser hombres, donde el miedo y las sensibilidades ya no son aspectos negativos.

> Hoy en día miro mi vida como una película y yo digo: *a la gran* (increíble), hasta donde yo estaba perdido. Y me da tanto miedo pensar lo que hice. La otra vez hablando con Jorge de las cosas que hicimos nos dimos cuenta que los dos tenemos miedo de lo que los hombres podemos hacer. Ese día hasta *chillamos* (lloramos) juntos, nos abrazamos y oramos juntos. (...) Llorar y orar juntos nos ha ayudado a ser mejores hombres cada día, como dice Pablo cada día enterramos una parte de nuestro "hombre viejo" y le damos vida a nuestro "hombre nuevo" en Cristo (*Oscar*).

Expresar los miedos y sensibilidades masculinas entre hombres es un instrumento significativo de la pastoral pentecostal, que puede ayudar a construir masculinidades no violentas.

9. Relaciones equitativas de género

El aporte que las comunidades pentecostales de base hacen a la construcción de masculinidades no violentas se evidencia en el cambio de percepción de los hombres con respecto a las mujeres. Tener un proceso de conversión, experimentar relaciones profundas de amistad con otros hombres y expresar los miedos y sensibilidades, permite que hombres que tuvieron actitudes violentas hacia las mujeres, logren cambiar su actitud hacia ellas. Las siguientes secuencias de citas, ofrece un ejemplo de este cambio de conducta.[7]

Secuencia 1

Antes para mí las mujeres solo eran para tener sexo, para ir a recoger el dinero de nuestros negocios y para guardarnos nuestras *cosas* (armas). (…) También tenía la idea que solo a golpes entendían y pensaba que les gustaba que uno las golpeara (*Oscar*).

Ahora, en nuestro ministerio, yo trabajo junto a mi esposa. Ella tiene su propio espacio en el ministerio. Va a los hospitales y a los asilos. En las noches cocinamos y comemos juntos, acostamos a nuestra *nena* (hija), oramos juntos y hablamos del ministerio (…) Es muy bonito, es una bendición compartir el ministerio con ella (*Oscar*).

Secuencia 2

Esa patoja (muchacha) traicionó a la pandilla. (…) Entonces, con otro *brother* (amigo) la vimos subir a un bus y él se subió adelante y yo atrás…, y el bus iba algo lleno… (…) y le comenzamos a pegar como si fuera hombre, sin piedad. (…) Y ella nos dijo que estaba embarazada. Y realmente se le veía algo de panza (vientre). (…) Pero no nos importó, la bajamos a patadas del bus y la dejamos tirada (*Jorge*).

Yo ahora he aprendido a amar a mi pareja (…) No podría imaginarme golpeándola…, ni a ella ni a otra persona. (…) Yo tengo una hija y no quiero ni pensar que alguien le pueda hacer daño (*Jorge*).

Estas dos secuencias reflejan el efecto que generan procesos de rehabilitación y reinserción social en las personas y sus relaciones de género. Posiblemente esas nuevas percepciones sobre la masculinidad todavía no tienen una forma reflexiva muy elaborada, pero pueden constituirse en la materia prima para reflexionar las masculinidades desde la perspectiva teológica pentecostal.

---

[7] Cada una de las partes de la secuencia de las citas se dio en diferentes contextos de la narración. Aquí se ordenaron de acuerdo a los temas de interés.

10. Jesús como paradigma masculino

El cambio de conducta masculina en el pentecostalismo de base no es muy complicado, porque el referente del cambio es la figura de Jesús. Una exigencia pentecostal es seguir a Jesús y tomarlo como modelo de vida. Para hombres que han sido violentos, este aspecto implica un cambio radical en sus vidas, porque tienen que seguir un modelo centrado en la sensibilidad, la ternura y el amor. La siguiente cita refleja el proceso de conversión al pentecostalismo y el consecuente cambio de conducta en jóvenes que provienen de experiencias violentas.

> Nosotros veníamos de un estilo de vida totalmente diferente al que íbamos a entrar y que no se puede cambiar de a *romplón* (totalmente). No es nada más así que hoy me *topé* (encontré) con Cristo y hoy cambié. Es un proceso que marca el cambio de tu vida, como dice la Biblia "así como se va matando al viejo hombre, va rejuveneciendo el nuevo". (...) Es como si fuéramos bebés de nuevo..., nacemos, crecemos y nos reproducimos. (...) Todo conforme a la voluntad de Dios y de uno, porque de uno depende también, tenés que querer cambiar, si no el hombre viejo sigue vivo (*Jorge*).

Las siguientes citas reflejan de forma general la imagen que el pentecostalismo de base tiene de Jesús, así como la propuesta de un modelo masculino alternativo.

> Nosotros hemos aprendido que nosotros mismos somos la iglesia y el *Señor* (Jesús) quiere que la iglesia pentecostal sea la imagen viva de él. (...) El *Señor* (Jesús) le habló a pescadores en su lenguaje, igual a negociantes, recaudadores de impuestos, sembradores, mujeres de su tiempo..., inclusive a los niños. Se hizo parte de ellos, entró en su contexto y les habló de forma comprensible para ellos. Y eso hace la iglesia pentecostal, te habla en tu idioma y te dice claro que necesitas para cambiar tu vida, por eso te queda cómoda (*Fernando*).

> Jesús quiso mucho a las mujeres, nunca las dañó. (...) Es más, las defendió, acordáte de la adúltera. (...) Con los niños fue tierno los cargó y pidió que los dejaran acercarse. (...) Amó a sus amigos (...) a Pedro, a Juan, a Lázaro. Tuvo miedo de morir y lloró sangre. (...) Nunca fue violento, ni siquiera con los que lo torturaron y mataron,

es más puso la otra mejía. (…) Seguir a Jesús es querer ser igual a él, hacer lo que hizo, inclusive hasta dar la vida por otros (*Jorge*).

Cambiar tu vida significa seguir al *Señor* (Jesús). Eso parece difícil, pero es bien fácil, solamente tenés que decirle al "mundo" que no y cambiar tu forma de ser. (…) Es fácil porque solo tenés que amar a tu prójimo como a ti mismo. (…) Eso nos enseñó el *Señor* (Jesús) y eso queremos hacer (*Oscar*).

Si bien el cambio de conducta masculina no es fácil, pues requiere un proceso complicado y, sobre todo, un compromiso personal con el cambio, también es cierto que con el apoyo de comunidades terapéuticas, como la pastoral pentecostal de la calle, ese proceso se hace más sencillo.

Conclusión

Las reflexiones que aquí se presentaron posiblemente generan más dudas que respuestas sobre el tema de las masculinidades. Pero esa es precisamente la situación que enfrentamos actualmente los hombres. Una situación de duda sobre el sentido de "ser hombre" en un contexto donde las relaciones de género y los valores que la sustentan van cambiando radical y aceleradamente. Esto hace que los hombres entremos un estado de anomía masculina o crisis de identidad, provocada por diferentes factores: la interpelación que nos hacen las mujeres a través de la crítica feminista al sistema patriarcal vigente, la convicción cada vez más clara que también somos víctimas del modelo masculino hegemónico, la falta de referentes alternativos para "ser hombres", la dificultad de superar problemas relacionados con violencia, el cansancio físico, mental y emocional que genera la lucha constante y desmedida por alcanzar "el éxito", proveer, dominar y controlar.

Sin embargo, en medio de ese panorama desalentador existen todavía luces de esperanza que nos pueden ayudar a construir referentes masculinos alternativos. Por ejemplo: 1) Los aportes teóricos y prácticos que algunas mujeres han realizado para intentar cambiar las formas inequitativas en las relaciones de género. 2) Los incipientes aportes teóricos y prácticos propuestos por algunos hombres que han comprendido que también son víctimas de un sistema que les impone cargar imposibles de llevar. 3) Los aportes pastorales de grupos religiosos, como las comunidades pentecostales de base, que promueven cambios de conducta masculina a través de un modelo centrado en la sensibilidad de Jesús.

Esos aportes reflejan que el tema de las masculinidades alternativas va por el camino correcto en Latinoamérica. En el contexto teológico, algunas de las tareas pendientes para profundizar en el tema son las siguientes:

- Recuperar las experiencias de diferentes grupos religiosos que promueven la equidad de género a través de cambios en la conducta masculina.

- Sistematizar esas experiencias para socializarlas y que se constituyan en criterios teológicos de la pastoral.

- Generar espacios de capacitación sobre teoría de género para personas líderes cristianas, con el fin que trabajen los de equidad de género y masculinidades.

- Trabajar sobre una espiritualidad masculina alternativa centrada en la figura de Jesús plantea: sensible, no violenta, amorosa, transformadora y liberadora.

- Estudiar más de cerca la variedad de experiencias y propuestas religiosas de diferentes comunidades de base –pentecostales y no pentecostales– que trabajan el tema masculinidades.

Estas tareas exigen que la iglesia y las demás instituciones socializadoras se comprometan profunda, activa y radicalmente en la construcción de sociedades justas y equitativas, libres de todo tipo de violencia. Solamente ese tipo de sociedades pueden ser un referente concreto de lo que en el contexto cristiano denominamos Reino de Dios.

Bibliografía

Allen, Amy. 1998. "Rethinking Power". *Hypatia* 13 (1):21–40.
Allen, Amy. 2000. *The Power of Feminist Theory*. Boulder: Westview.
Allen, Amy. 2009. "Gender and Power"; en: *The SAGE Handbook of Power*, editado por S. R. Clegg y M. Haugaard, 293–309. London: SAGE.
Álvarez, Carmelo. 1992. *Pentecostalismo y liberación. Una experiencia latinoamericana*. San José: DEI.
Álvarez, Carmelo. 2006. *Alborada de tiempos fecundos. Una teología ecuménica y pentecostal*. Quito: CLAI.
Astete, Gaspar y Eliécer Sálesman. 2006. *Nuevo catecismo católico explicado. Según el catecismo de Juan Pablo II*. Quito: San Pablo.
Bastian, Jean-Pierre. 1983. *Protestantismo y sociedad en México*. México, D.F.: Casa Unida de Publicaciones.
Bastian, Jean-Pierre. 1986. *Breve historia del protestantismo en América latina*. México, D.F.: Casa Unida de Publicaciones.
Beauvoir, Simone de. 1949. *Le deuxième sexe*. Paris: Gallimard.
Bergunder, Michael. 2009a. "A modo de introducción. Movimiento pentecostal en América Latina: teorías sociológicas y debates teológicos". En *Movimiento pentecostal y comunidades de base en América Latina. La recepción de conceptos teológicos de liberación a través de la teología pentecostal*, editado por M. Bergunder, 5–50. Heidelberg: Universität von Heidelberg. Recuperado 13 de julio de 2014. http://archiv.ub.uni-heidelberg.de/volltextserver/8942/1/Bergunder_Movimiento_pentecostal.pdf.
Bergunder, Michael, ed. 2009b. *Movimiento pentecostal y comunidades de base en América Latina. La recepción de conceptos teológicos de liberación a través de la teología pentecostal*. Heidelberg: Universität von Heidelberg. Recuperado 13 de julio de 2014 http://archiv.ub.uni-heidelberg.de/volltextserver/8942/1/Bergunder_Movimiento_pentecostal.pdf.
Boff, Leonardo. 1979. *Eclesiogénesis. Las comunidades de base reinventan la iglesia*. Santander: Sal Terrae.
Bourdieu, Pierre. 1971. "Génesis y estructura del campo religioso". *Revue Française de Sociologie* XII: 1–37.
Butler, Judith. 2001. *Mecanismos psíquicos del poder: teorías sobre la sujeción*. Valencia: Universitat de València.
Butler, Judith. 2007. *El género en disputa: el feminismo y la subversión de la identidad*. Barcelona: Paidós.
Cantón Delgado, Manuela. 1992. "Lo sagrado y lo político entre los pentecostales guatemaltecos. Vivencia y significación". *Gazeta de Antropología*. Recuperado 30 de marzo de 2017. http://hdl.handle.net/10481/13653.

Cantón Delgado, Manuela. 1998. *Bautizados en fuego: Protestantes, discursos de conversión y política en Guatemala (1989-1993)*. South Woodstock, Vermont y La Antigua, Guatemala: Plumsock Mesoamerican Studies; CIRMA.

Connell, Robert W. 1997. "La organización social de la masculinidad". En *Masculinidad/es: poder y crisis, Ediciones de la Mujer*, editado por T. Valdés y J. Olavarría, 31–48. Santiago de Chile: ISIS Internacional; FLACSO.

Durkheim, Émile. 2003. *Las reglas del método sociológico*. Buenos Aires: Prometeo.

Dussel, Enrique. 1998. *Ética de la liberación en la edad de la globalización y de la exclusión*. Madrid: Trotta.

Foucault, Michel. 1987. *Genealogía del Poder. Hermenéutica del sujeto*. 7a. edición. Madrid: Ediciones de la Piqueta.

Foucault, Michel. 1999. *Estrategias de poder*. Barcelona: Paidós. Recuperado 14 de enero de 2016. http://laberintosdeltiempo.blogspot.com/2012/07/michel-foucault-obras-completas.html.

Frei, Daniel. 2011. *Die Pädagogik der Bekehrung. Sozialisation in chilenischen Pfingstkirchen*. Zürich/Berlin: Lit Verlag.

Galilea, Segundo. 1997. *La amistad de Dios: el cristianismo como amistad*. Madrid: Paulinas.

Gebara, Ivone. 1994. *El rostro nuevo de Dios: la reconstrucción de los significados trinitarios y la celebración de la vida*. México, D.F.: Dabar.

Gebara, Ivone. 2002. *El rostro oculto del mal: una teología desde la experiencia de las mujeres*. Madrid: Trotta.

Gutiérrez, Gustavo. 1977. *Teología desde el reverso de la historia*. Lima, Perú: CEP.

Hartley, Ruth E. 1959. "Sex—role Pressures and the Socialization of the Male Child". *Psychological Reports* 5(h):457–68.

Hartsock, Nancy. 1983. *Money, Sex, and Power: Toward a Feminist Historical Materialism*. New York: Longman.

Hill, Michael. 1976. *Sociología de la religión*. Madrid: Cristiandad.

Hinkelammert, Franz J. 1998. *El grito del sujeto: del teatro-mundo del evangelio de Juan al perro-mundo de la globalización*. San José: DEI.

Hurtado Cruchaga, Luis Alberto Miguel. 1941. *¿Es Chile un país católico?* Santiago de Chile: Los Andes.

Johns, Cheryl Briges. 2009. "Pentecostales y la práctica de la liberación: Propuesta para una formación teológica subversiva". En *Movimiento pentecostal y comunidades de base en América Latina. La recepción de conceptos teológicos de liberación a través de la teología pentecostal*, editado por M. Bergunder, 136–52. Heidelberg: Universidad de Heidelberg. http://archiv.ub.uni-heidelberg.de/volltextserver/8942/1/Bergunder_Movimiento_pentecostal.pdf.

Lagarde, Marcela. 1997. *Claves feministas para el poderío y la autonomía de las mujeres: Memoria*. Managua: Puntos de Encuentro.

Lagarde, Marcela. 2005. *Los cautiverios de las mujeres: madresposas, monjas, putas, presas y locas*. México, D.F.: Universidad Nacional Autónoma de México (UNAM).

Lagarde, Marcela. 2012. "Claves feministas para la despatriarcalización". En *Mujeres en diálogo. Avanzando hacia la despatriarcalización*, editado por Coordinadora de la Mujer, 17–38. La Paz: Coordinadora de la Mujer. Recuperado 16 de agosto de 2015. http://www.bivica.org/upload/mujeres-despatriarcalizacion.pdf.

Lalive D'Épinay, Christian. 1968. *El refugio de las masas. Estudio sociológico del protestantismo chileno*. Santiago de Chile: Editorial del Pacífico.

Masferrer Kann, Elio. 2004. *¿Es del César o es de Dios? Un modelo antropológico del campo religioso*. México, D.F.: UNAM.

Merton, Robert King. 1964. *Teoría y estructura sociales*. México, D.F.: Fondo de Cultura Económica.

Míguez Bonino, José. 1995. *Rostros del protestantismo latinoamericano*. Grand Rapids/Buenos Aires: Nueva Creación.

Moltmann, Jürgen y Karl-Josef Kuschel. 1996. "Die Pfingstbewegung als Herausforderung". *Concilium* 32(3):207–208.

Oakley, Ann. 1972. *Sex, Gender, and Society*. San Francisco: Harper and Row.

Pixley, Jorge y Clodovis Boff. 1986. *Opción por los pobres*. 2ª ed. Madrid: Paulinas.

Rolim, Francisco Cartaxo. 1980. *Religião e clases populares*. Petrópolis: Vozes.

Rolim, Francisco Cartaxo. 1985. *Pentecostais no Brasil, una interpretaçao socio-religiosa*. Petrópolis: Vozes.

Román-López Dollinger, Angel Eduardo. 2014a. *Basisorientierte Pastoral für marginalisierte Jugendliche mit abweichendem Verhalten. Eine empirisch-qualitative Forschung über die urbane Strassenpastoral der guatemaltekischen Pfingstbewegung*. Berlín: Winter-Industries.

Román-López Dollinger, Ángel Eduardo. 2014b. "Comunidades pentecostales de base en Latinoamérica. Un desafío actual para la teología". *Fe y Pueblo* 24–25(tercera época):183–94.

Román-López Dollinger, Ángel Eduardo. 2015. "Masculinidades y feminismo. Una mezcla política necesaria". En *Teologías contextuales. Género e interculturalidad*, editado por Y. Rosas, J. C. Chávez Quispe, A. E. Román-López Dollinger, L. C. Quezada Barreto, y S. Lassak, 123–34. La Paz: ISEAT.

Scannone, Juan Carlos. 2004. "Dios desde las víctimas. Contribución para un 'nuevo pensamiento'". En *Problemas de filosofía de la religión desde América Latina: la religión y sus límites*, editado por V. Durán Casas, J. C. Scannone, y E. Silva, 183–210. Bogotá: Siglo del Hombre Editores; Equipo Jesuita Latinoamericano de Reflexión Filosófica.

Schäfer, Heinrich. 1992. *Protestantismo y crisis social en América Central*. San José: DEI.

Schäfer, Heinrich. 2008. "Modernisierung und Identitätskonstruktion: Zum Protestantismus in Zentralamerika (1980 bis heute)". En *Zentralamerika heute*, editado por S. Kurtenbach, 485–506. Frankfurt: Vervuert. Recuperado 4 de marzo de 2014. http://pub.uni-bielefeld.de/publication/1861570.

Schäfer, Heinrich. 2009. "La generación de sentido religioso. Observaciones acerca de la diversidad pentecostal en América Latina". En *Voces del pentecostalismo latinoamericano*, vol. III: Teología, Historia, Identidad, editado por D. Chiquete y L. Orellana, 45–72. Concepción de Chile: EMW/CETELA.

Schipani, Daniel. 1997. "Bases eclesiológicas: La iglesia como comunidad sanadora". En *Psicología y Consejo Pastoral. Perspectiva Hispana*, editado por D. Schipani y P. Jiménez, 3–25. Decatur, Georgia: AETH.

Schüssler Fiorenza, Elisabeth. 2004. *Los caminos de la Sabiduría: una introducción a la interpretación feminista de la Biblia*. Santander: Sal Terrae.

Schüssler Fiorenza, Elisabeth. 2008. "Reclamando la autoridad de la interpretación bíblica". *Alternativas* 15(36):15–32.

Schüssler Fiorenza, Elisabeth. 2011. *Discipulado de iguales. Una Ekklesialogía crítica feminista de liberación*. La Paz: Pachamama.

Self, Charles E. 2009. "Formación de conciencia, conversión y convergencia: Reflexiones acerca de las comunidades eclesiales de base y el emergente movimiento pentecostal en América Latina". En *Movimiento pentecostal y comunidades de base en América Latina. La recepción de conceptos teológicos de liberación a través de la teología pentecostal*, editado por M. Bergunder, 84-103. Heidelberg: Universität Heidelberg.

Sepúlveda, Juan. 1992. "El crecimiento del movimiento pentecostal en América Latina". En *Pentecostalismo y liberación. Una experiencia latinoamericana*, editado por C. Álvarez, 77–88. San José: DEI.

Sepúlveda, Juan. 2009. "Movimiento pentecostal y Teología de la Liberación. Dos manifestaciones de la Obra del Espíritu Santo para la renovación de la Iglesia". En *Movimiento pentecostal y comunidades de base en América Latina. La recepción de conceptos teológicos de liberación a través de la teología pentecostal*, editado por M. Bergunder, 104–17. Heidelberg: Universität Heidelberg.

Smith, Dennis. 2006. *Los teleapóstoles guatemaltecos y los medios electrónicos. Apuntes históricos y propuestas para la investigación*. São Pablo: Congreso Latinoamericano sobre Religião e Etnicidade.

Sobrino, Jon. 2007. *Fuera de los pobres no hay salvación*. Madrid: Trotta.

Stoll, David. 1993. *¿América Latina se vuelve protestante?* Quito: Abya-Yala.

Stoller, Robert J. 1968. *Sex and Gender: On the Development of Masculinity and Femininity*. London: Hogarth.

Ullán de la Rosa, Francisco Javier. 2003. "Análisis del crecimiento pentecostal entre las clases populares e indígenas de Latinoamérica. Aplicación del modelo a una comunidad ticuna de la Alta Amazonía". *Relaciones* XXIV: 227–265.

Valcárcel, Amelia. 1994. *Sexo y filosofía: sobre "mujer" y "poder"*. Barcelona: Anthropos.

Valcárcel, Amelia. 1997. *La política de las mujeres*. Valencia, España: Universitat de València.

Vergara, Ignacio. 1962. *El protestantismo en Chile*. Santiago de Chile: Editorial del Pacífico.

Willems, Emilio. 1967. "El protestantismo y los cambios culturales en Brasil y Chile". En *Religión, revolución y reforma. Nuevas formas de transformación en Latinoamérica*, editado por W. V. D'Antonio y F. B. Pike, 165–97. Barcelona: Herder.

Nuevas Reformas en América Latina
Un análisis de la propuesta de Teología de la Liberación de Marcella Althaus-Reid

Karoline Mora Blanco

1. 500 años de la Reforma Protestante

Este artículo es pensado en el marco de la celebración de los 500 años de la Reforma Protestante. Y desde la Reforma hay dos cosas que quisiera puntualizar. La primera es la tarea constante de reformarse como requisito del quehacer teológico. Y la segunda es la cercanía de la historia de la reforma con la conquista de nuestros pueblos originarios. Ambos señalamientos están presentes en la teología de Marcella Althaus-Reid.

La Reforma Protestante hace referencia a un momento histórico (siglo XVI, Europa) donde el contexto político y religioso demandaba una respuesta de parte de los diferentes actores sociales. Para el historiador Justo L. González la reforma sucede porque personajes como Lutero y otros y otras "estuvieron dispuestos a cumplir su responsabilidad histórica" (1994, 35). La Reforma es por lo tanto un proceso histórico complejo, pero que podríamos simplificar, con el fin de transmitir el mensaje de este artículo, como un movimiento que tuvo lugar dentro de la iglesia católica y que termina por dar origen a una nueva forma de ser iglesia y de entender la fe en Jesús.

De este modo se puede decir que 'reforma' hace referencia a la acción de modificar algo, o volver a dar forma a algo ya existente. La reforma protestante es un quehacer de *autocrítica* y *autoevaluación* no únicamente de la forma de hablar de Dios (la teología), pero del contexto político, económico y social dentro del cual se construye la teología. Y este ejercicio de revisión produce en los reformadores un convencimiento de "la verdad de su causa" (González 1994, 34), que los lleva a enfrentarse con las autoridades y poderes de su contexto, y esto es lo que hace posible la transformación.

En el marco de los 500 años de la Reforma Protestante este trabajo desea recordar que reforma no es únicamente aquel suceso, sino una tarea constante de la teología. Y esta tarea ¡no está muerta! En los años 60-70s la Teología de la Liberación representó una reforma (auto-crítica, auto-evaluación) dentro de la teología de la Iglesia Católica en el contexto de las dictaduras y las luchas por los derechos civiles. En este nuevo siglo la Teología Indecente representa también una reforma dentro de la teología de la liberación. Marcella Althaus-Reid, a través de sus escritos muestra ser una observadora del contexto histórico y analizar a partir de los discursos de moralidad (decencia e indecencia) las dimensiones políticas, económicas, culturales y religiosas. Es gracias a esta exposición de la manipulación e imposición de una sexualidad a través de discursos de moralidad que la Teología Indecente se ve capacitada para enfrentarse al orden establecido y proponer un nuevo orden: lo indecente. Al igual que Lutero en su momento, Althaus-Reid responde a su contexto histórico y se ve empoderada y necesitada de enfrentar a 'la autoridad'.

El segundo punto que quiero enfatizar en el marco de los 500 años de la Reforma Protestante es la cercanía, y quizás la relación, existente entre la Reforma Protestante y la Conquista de los pueblos originarios. Ambos sucesos son de gran importancia para nuestra experiencia de fe hoy en Latinoamérica y el Caribe ya que fue a través de la fe que se justificó la conquista: "toda la empresa conquistadora se realizó en nombre de Cristo, y la tarea evangelizadora fue uno de los principales argumentos" (González 1994, 157). Por lo que Cristo ha significado un conquistador que vino a destruir la cultura de nuestros pueblos originarios e imponer una nueva cultura y no necesariamente una nueva fe. El aporte postcolonial de la teología de Marcella Althaus-Reid analiza algunas secuelas que se viven hasta el día de hoy de dicha conquista imperialista y de la imposición de aquella nueva fe. Ella lo expresa así:

> América Latina fue invadida y la fe, el lenguaje y la cultura de los pueblos indígenas fueron prohibidos... ellos y ellas sufrieron de la división de lo sagrado/profano, que se convirtió en algo central del cristianismo en nuestras tierras. La sacralidad de la vida cotidiana fue destruida y reemplazada por una sacralidad pública, representada por la iglesia apoyada en el poder económico de los colonizadores. (Althaus-Reid 2004, 20) (Traducción propia).
>
> El hecho es que el cristianismo más que una teología tiene un programa sexual. La historia de la colonización lo demuestra muy distintivamente. Por ejemplo, el cristianismo vino a América Latina con una intención sexual detrás de los catecismos para producir una conversión no tanto a Cristo, sino a los entonces predominantes patrones de relaciones afectivas europeos... La predicación se hacía sobre el sexo, no sobre Dios (101) (Traducción propia).

Al señalar estos dos puntos: la constante tarea de reformarse de la teología y la cercanía de la reforma con la conquista, posiciono este artículo en medio de la celebración de la Reforma Protestante, y me doy el permiso de hablar de las nuevas reformas en América Latina.

2. Nuevas reformas en América Latina:
La Teología Indecente

Marcella Althaus-Reid en su texto 'De la teología feminista a la teología indecente' (From Feminist theology to Indecent Theology) señala que la Teología de la Liberación más que una teología finalizada correspondiente a un momento histórico, es *una forma de hacer* teología que no puede quedarse estancada en un pasado sino que requiere de los liberacionistas un continuar (2004, 2). Y es que esta teóloga está denunciando que aquella Teología de la Liberación que fue controversial y liberadora en su momento, hoy día se hizo aceptada y paso de ser 'subversiva' a ser 'incorporada' (2004, 2).

Es por este motivo que la Teología Indecente se declara como una continuación de la Teología de la Liberación que se caracteriza por hacer explícita la sexualidad en la teología y así se mantiene siendo una teología trasgresora y de acción (Althaus-Reid 2004, 4). Sin embargo su autora se cuida de definir bien su teología no solo como "una continuación de la teología de la liberación" sino también "como una disrupción de la misma" (Althaus-Reid 2000, 16) ya que comparte los principios de dicha teología y a su vez los autocritica y autoevalúa, dando así origen a una forma nueva de hacer teología de la liberación.

En su forma la Teología Indecente es una teología creativa, rebelde, innovadora, insumisa, contestataria, que crea controversia; características, que en teoría, son propias de la Teología de la Liberación. Sin embargo lo rebelde y contestatario de la Teología de la Liberación se ve cuestionado por su nuevo status en la academia y en la sociedad mundial, espacios en donde ha adquirido una posición de interés que compromete su labor liberadora.

A continuación expondré tres elementos de continuidad y de ruptura de la Teología Indecente con la Teología de la Liberación Latinoamericana con el fin de ilustrar la contribución de esta autora a una teología de la liberación.

Una teología política

La característica más sobresaliente de la Teología Indecente, y la que más bulla hace, es su centralidad en la sexualidad, dimensión de la vida que no había sido expuesta *abiertamente* en otras teologías, pero que como bien lo reconoce la autora, está presente en toda teología y además cumple una función política. En su momento, el teólogo de la liberación Juan Luis Segundo dijo que "toda teología es política, aun la que no habla o no piensa en términos políticos", y además señalaba que si la teología desempeñaba su función política de manera inconsciente lo hacía para beneficio del status quo (1975, 88). Marcella Althaus-Reid hace una paráfrasis de estas palabras de Segundo y de modo similar dice que: "toda teología implica una praxis sexual y política consciente o inconsciente basada en reflexiones y acciones desarrolladas a partir de determinadas codificaciones aceptadas" (2005, 15).

Esta afirmación resulta incómoda para quienes prefieren negar la presencia de un discurso sexual en la teología. Sin embargo, la teología indecente logra mostrar no solo la existencia de dicho discurso sexual, sino su función de normalizar un tipo de heterosexualidad (violenta y de dominación) que se impone sobre cualquier otra expresión de sexualidad de los seres humanos. Siguiendo la lógica de Segundo dicha teología (la que desmiente tener un discurso sexual), desempeña una función política a favor del *status quo*.

Sin embargo, la Teología de la Liberación o teologías de liberación al ser teologías políticas tienen como fundamento el ser críticas del orden establecido (Tamayo 1989, 57). La teología indecente hace precisamente esto, ya que denuncia la "organización de los espacios públicos y privados de la sociedad en lo tocante al sexo" (Althaus-Reid 2005, 12), organización que se autodenomina 'decente'. La Teología Indecente confronta este status quo con un orden/desorden alternativo al que ella denomina 'indecente'.

El sujeto teológico

Según relata Juan José Tamayo, uno de los factores que impulso a la Teología de la Liberación fue la "presencia activa de sectores significativos de cristianos en los procesos de liberación" (Tamayo 1989, 34). En otras palabras, no hay teología de la liberación sin movimientos sociales, y los nuevos rostros de esta teología corresponden a diversos grupos organizados que luchan por la libertad. Sin embargo, a la hora de sistematizarse *La* Teología de la Liberación (nótese mi intención al usar mayúscula para referirme a "La" teología de la liberación) el sujeto teológico de la misma es descrito como "los pobres" y su definición se ve limitada a un sujeto socio-económico, en otras palabras a un sujeto (masculino) y de clase baja en la estratificación económica de la sociedad. Y esta limitación a la hora de definir al sujeto de su teología deja por fuera muchas otras pobrezas experimentadas por el pueblo de Dios.

Althaus-Reid lo explica a través de 'la exclusión' y dice que la teología de la liberación realizó un "proceso selectivo de los entornos de la pobreza y de experiencias de marginalización en el continente" (Althaus-Reid 2005, 15), y que dicho proceso dio como resultado la exclusión de muchos otros sujetos y muchas otras experiencias. En su teología indecente, Althaus-Reid es capaz de mostrar "la pobreza y la sensualidad como un todo" y así hacer ver que la sexualidad es experimentada de forma distinta en la pobreza.

El sujeto de la Teología Indecente es mucho más complejo de lo que una categorización socio-económica puede comunicar. Este sujeto puede encerrar una diversidad de opresiones y dimensiones de la vida: sexuales, de género, de raza, de clase. Sin embargo, conforme la autora va desarrollando su teología, va dejando de lado categorías tales como el género o la clase social. Por ejemplo en su 'Teología Indecente', escrita primero en el año 2000 en inglés, ella se presenta a sí misma como una teóloga feminista, lo cual da a entender que trabaja su teología con el sujeto 'mujer'. Sin embargo en escritos más tardíos, su identificación es claramente queer y su sujeto teológico es 'el otro o la otra'. De esta manera, en el 2004 ella escribe la obra "De la teología feminista a la teología indecente" y allí hace referencia a la opresión de la "alteridad de género, raza y explotación económica en América Latina" (Althaus-Reid 2004, 20) (Traducción propia).

Por lo anteriormente dicho, el sujeto de la Teología Indecente no puede ser condicionado y puesto bajo categorías que lo definan y lo limiten. Sino que el sujeto de la teología se abre a un sin número de posibilidades y especialmente a un sujeto cambiante, fluido.

Las teorías que informan a la teología

La teología de la liberación incorpora en su método teológico, el uso de ciencias sociales que funcionan como lentes para mirar la realidad e interpretarla, para seguidamente juzgarla a la luz de la Escritura o de la fe. Juan José Tamayo expone que la función de esta mediación socio-analítica en la teología de la liberación obedece a "considerar y explicitar las condiciones materiales de la existencia, que la teología no puede poner entre paréntesis" (1989, 72). De este modo podemos afirmar que las ciencias o teorías de las que se alimenta la teología de la liberación, se limitan al análisis de las clases sociales y las dinámicas del mercado. Sus teorías son meramente económicas. De allí la acusación de marxistas (sistema filosófico político y económico) que han recibido los teólogos de la liberación latinoamericana.

Althaus-Reid señala que el uso de ciencias sociales en el círculo hermenéutico de la teología de la liberación "nunca consideró seriamente la heterosexualidad como una ideología" (2003, 103). Y es que precisamente como lo hemos señalado ya, las mediaciones de análisis correspondieron únicamente a la realidad del sujeto de esta teología: "los pobres". Categoría socio-económica que, como mencioné anteriormente, restringe la realidad de este sujeto.

Y es que el uso de las ciencias sociales corresponde a la problemática o a las experiencias que cada teología este considerando. La teología de la liberación, por ejemplo, tiene un claro interés por exponer la ideología capitalista. Por su lado la teología feminista está interesada en exponer la ideología patriarcal. La teología indecente por su parte, está interesada en exponer la ideología sexual heteronormativa, sin embargo lo hace de una manera mucho más integradora, tomando en cuenta las experiencias complejas del sujeto/sujeta que su teología piensa. Así, por ejemplo, ella está consciente que dentro de los sistemas de clases sociales la sexualidad es fundacional (2004, 13).

Para poder hacer esta tarea Althaus-Reid integra en su uso de las ciencias sociales distintas herramientas para mirar e interpretar la realidad. Ella se dice acompañada por varios compañeros y compañeras en un "dialogo interdisciplinario" (2004, 5), donde se ve enriquecida por los aportes de las Teologías Feministas de la Liberación, la teoría poscolonial, las perspectivas posmodernas y la teoría Queer.

Concluyo este breve aporte enfatizando a partir de lo ya señalado algunos apuntes. Primero quisiera señalar que el método de la teología de la liberación al posicionar a Dios en la historia, ha abierto a sus predecesoras teologías el camino para seguir localizando áreas de exclusión dentro de la teología. Además que es necesario abrazar las nuevas epistemologías, a pesar de que ello cause sospecha de ser infiel a los principios de la teología de la liberación, acusación que ya han recibido por ejemplo las feministas.

En segundo lugar, no quisiera finalizar sin destacar que los aportes de la Teología Indecente son muy importantes. Y que quizás hasta se debería de tildar de traidora a toda aquella teología que se llame así misma de la liberación y que reproduzca narrativas patriarcales-heteronormativas, así como valide un orden económico sexual de usura (utilidad/interés). ¡Que continúen las *per-versiones* (como diría Althaus-Reid) y que de esta forma la teología permanezca siempre reformándose!

Bibliografía
Althaus-Reid, Marcella. 2003. "Queer I stand: Lifting the skirts of God"; en: *The Sexual Theologian: Essays on Sex, God and Politics*. Editado por Marcella Althaus Reid y Lisa Isherwood, Londres – Nueva York: T&T Clark International.

―――. 2004. *From Feminist Theology to Indecent Theology*. Londres: SCM Press.

―――. 2005. *La Teología Indecente. Perversiones teológicas en sexo, género y política*. Ediciones Bellaterra.

González, Justo L. 1994. *Historia del cristianismo, Tomo 2: Desde la era de la reforma hasta la era inconclusa*. Medly, Florida: Unilit.

Pimentel Chacón, Jonathan. 2016. "El grito, lo inolvidable: sobre la herencia de teologías latinoamericanas de la liberación". *Vida y Pensamiento* Vol. 36 (2): 67-82.

Segundo, Juan Luis. 1975. *Liberación de la teología*. Vol. 17. Buenos Aires: Ediciones C. Lohlé.

Tamayo-Acosta, Juan José. 1989. *Para comprender la Teología de la Liberación*. España: Verbo Divino.

Mis abuelas y la Reforma Protestante
Forjando una nueva Reforma junto a la Tierra

Neddy Astudillo

Mi familia, como casi todas las familias en América Latina, fue fundada en las historias de varias abuelas. En mi caso paterno, una abuela europea, inmigrante, que le gustaba bañarse con leche para conservar su piel blanca; y otra abuela, indígena, de la región amazónica, quien prefería bañarse en el río para no olvidar su conexión con la Tierra. Nunca supe el nombre de la primera, pero la segunda abuela se llamaba, *Diosgracia*.[1]

Aún cuando ninguna de ellas llegó a ser protestante, la historia de la Iglesia en el mundo occidental, su poder y visión del mundo, se incrustó en la cultura y en leyes que justificaron doctrinas como la del Descubrimiento, la toma de tierras, las luchas raciales, modelos de desarrollo y explotación de la tierra, que influenciaron igualmente sus vidas, la vida del campo, la vida del río, la vida de sus hijos y sus próximas generaciones.

---
1 Esta historia también fue publicada en PHP POST, 2017.

Encontrándome hoy como el resultado de estas historias, la Reforma Protestante y la crisis socio-ambiental en sus diversas expresiones, me siento llamada a mirar la historia de mis abuelas como otro marco de referencia desde el cual también encontrar algunas pistas y salidas a la crisis ecológica. En ella veo, cómo aún cuando la Reforma del siglo XVI logró purgar a la iglesia occidental de algunos de sus abusos medievales, restaurando la promesa de salvación a los pobres a través de la doctrina de la Gracia, conforme a un estudio exegético de la Escritura; el existir dentro de un mundo patriarcal y antropocéntrico, influenciado por el pensamiento aristotélico y neoplatónico dualista, no le permitió a la reforma trasladar con igual facilidad la promesa de salvación a las demás comunidades vulnerables de la tierra.

Diosgracia – como bien dice su nombre, representaba otro modelo epistemológico existente desde hace mucho más de 500 años, el cual la Reforma no pudo destruir del todo, pero tampoco adoptó, marginándola como a la misma Tierra, dejándola al margen, al estudio y el servicio de la modernidad, y los deseos insaciables de la industrialización y el Mercado.

Diosgracia, representa una manera de conocer la Gracia de Dios presente también en la Tierra. Una gracia independiente de exégesis bíblicas para ser reconocida, pero igualmente sostenida por la Escritura, donde encontramos llamados como el de Jesús a sus discípulos, de observar los lirios del campo y las aves del cielo, de dejarnos encantar por su belleza, encontrar en ellos sabiduría, y contentamiento para vivir de una manera que las demás abuelas también puedan asegurar la existencia de sus nietas y sus nietos.

1. Diosgracia y la Reforma

Los reformadores sin duda trajeron consigo semillas del Reino, pero como hijos de su tiempo, olvidaron podar algunas ramas secas que provocaron explotación, injusticia y sufrimiento durante los próximos 500 años y de la cual la iglesia consciente o inconscientemente se hizo cómplice.

Por un lado, como ejemplo, tenemos las órdenes papales que desde un par de décadas antes de la Reforma, legalizaban la conquista de tierras indígenas. Estos derechos no lo dejaron atrás los reformadores, también se los llevaron consigo después de la Reforma.

Tin Tinker, en un artículo escrito para un diario sobre Ética Luterana comenta que, tanto los misioneros católicos como luego los protestantes, llegaban a las comunidades indígenas, invitándoles a orar primero, pero cuando levantaban sus ojos, los indígenas tenían biblias, y los demás ahora tenían la tierra.[2]

> La bula papal *"fue el principio legal utilizado por cada grupo cristiano protestante que reclamó como suya la tierra de Nativos en Norte América, desde los episcopales... hasta los puritanos... los peregrinos y los inmigrantes luteranos que se regaron por la zona norte del continente"* (Tinker 2017).

El abuso de la cultura occidental se manifestó en el uso mecanicista de la naturaleza, la cual para muchos fue infundida por las promesas y búsqueda de gracia infinita para los hombres, promovida por los reformadores.

Hoy por hoy, esta visión mecanicista se manifiesta dentro de la Iglesia cuando leemos el Génesis 1 en favor de la dominación de los llamados, 'recursos naturales', para beneficio del desarrollo humano; de manera menos obvia, la visión mecanicista de la naturaleza también está en la lectura que la mayoría del pueblo evangélico protestante en EEUU hace sobre el cambio climático. Aún cuando los científicos en su mayoría concuerdan que, el cambio climático es el resultado de las emisiones de gases de efecto invernadero producidos por la actividad humana, desde el auge de la industrialización, la mayoría evangélica cree que el cambio climático es señal del apocalipsis, no el resultado de nuestras acciones (Dahill y Martin-Schramm 2016, 142). "Si Dios nos dio el derecho de dominar la tierra, nada malo puede

---

[2] Tink Tinker es de la Nación Wazhazhe/Osage y profesor de Tradiciones Religiosas y Culturas Indias Americanas en la Escuela de Teología Iliff.

pasar que no estuviera ya prescrito. Por lo tanto, si el clima está cambiando y los polos se derriten, es señal de buena nueva."[3]

Esta manera de relacionarnos y de mirar la naturaleza, no siempre fue así. Elizabeth Johnson, en el libro *"Cristianismo y Ecología, buscando el bienestar de la tierra y los seres humanos"* (2000, 6), explica cómo durante los primeros 1500 años de historia de la Iglesia, la naturaleza era vista como creación bondadosa[4] (Gen 1). La Iglesia se regía por una mística trinitaria (Dios-Ser Humano-Naturaleza), que aún cuando no era perfecta, por ser aún dualista y jerárquica (el hombre venía primero y luego la mujer), esta mística le permitía ver la naturaleza como un sujeto vivo, con derechos y como lugar teológico.

Hasta ese momento, el rol del teólogo incluía el estudio de la naturaleza para entender los misterios de Dios. Si dejábamos a un lado parte de esta mística trinitaria, se sabía que nuestro conocimiento de Dios, de la naturaleza, y de nosotros mismos, iba a ser incompleto (Hessell y Radford Ruether 2000, 6).

Esta mística comunitaria tiene su expresión propia en las comunidades indígenas del Continente Americano, donde el rol del líder espiritual también incluye estudiar el misterio revelado en la naturaleza para bien de la comunidad. Si se rompe esta mística comunitaria, viene la enfermedad. Por eso los rituales de sanación, incluyen la restauración de las relaciones con las diversas dimensiones de la vida humana, y al igual que en la Escritura (Ap 22:2, Ez 47:12, Jn 9:6-7), y la naturaleza también viene a servir como ente restaurador y sanador.

---

[3] Todos los días escuchamos nuevas noticias sobre los estragos producidos por el cambio climático: lluvias, sequías, epidemias, records de temperatura. Si no hacemos nada para frenar las emisiones de gases de invernadero, los científicos preveen que el calentamiento global puede llegar a más de 8 grados Farenheit, lo cual transformaría el planeta y socavaría su capacidad de soportar gran parte de la población humana.

[4] La palabra hebrea *"tov"* traducida como la *bondad* de la creación en el Génesis 1:12, 18, 25 y 31, también puede traducirse como *generadora de vida*.

¿Qué pasó entonces? Como Iglesia ¿cuándo dejamos de discernir los misterios del universo para buscar nuestro retorno hacia Dios, sin el apoyo de la naturaleza?

Para la Iglesia Católica y reformada, esto sucedió cuando su visión del mundo se vio confrontada o encantada por los descubrimientos de la modernidad y la nueva ciencia. Hasta ahora, el universo giraba alrededor de la tierra, y a partir de esta visión habíamos organizado la Iglesia y la sociedad, creando orden y jerarquías estáticas. Pero la nueva ciencia descubrió que esta visión era construcción del hombre. El mundo no estaba ordenado jerárquicamente, ni el universo giraba alrededor de nosotros/as.

Para otros, esta mística trinitaria parece haber ido desapareciendo cuando el encanto de la Modernidad y sus nuevas oportunidades también se fusionaron con las promesas de salvación y gracia divina promovida por los reformadores. Hoy en día, la teología del progreso nos puede servir como referencia.

Al igual que con la crisis ecológica de hoy, y sus grandes retos al pueblo de Dios, la Iglesia tuvo la oportunidad de adoptar los nuevos conocimientos y hacerse relevante ante su momento histórico, sin tener que negar su propia fe.

A diferencia de lo que hoy esperamos lograr con este análisis de la historia, la Iglesia reformada (y católico romana) decidió abandonar su vocación de discernir el universo para bien del pueblo de Dios. Temiendo el bote hundirse, y sin tomarse tiempo de pedirle ayuda a Cristo (Mc 4:35-41), la iglesia tiró por la borda la naturaleza, como si ella fuera el problema, para dejar que ahora la ciencia y la modernidad se encargaran de estudiarla, analizarla y utilizarla, para bien de la modernidad, dentro de una cultura dominante, euro y antropo-céntrica. El trabajo del teólogo desde entonces y hasta hoy, se concentró en discernir los asuntos de Dios con respecto al ser humano.[5]

---

5 Se dice también que la doctrina Calvinista de la Soberanía de Dios fue una reacción a los abusos de la naturaleza por parte de la nueva ciencia,

Lo importante ahora era nuestra relación vertical con Dios. A los teólogos que quisieron dialogar con las ciencias modernas, se les censuró y se les obligó a retractarse (Hessel y Radford Ruether, 2000, 5-9).

2. Diosgracia y Lutero

Así como Diosgracia reconocía una conexión mística con el río, que la llevaba hacia él todos los días, Martin Lutero reconocía el valor espiritual de la tierra. Lutero pensaba que Dios habitaba en la naturaleza, aún en la hoja más pequeña. Él decía que debíamos "escuchar la Palabra sanadora, liberadora y transformadora de Dios, aún en las criaturas y los elementos de la Tierra" (Dahil y Martin-Schramm 2016, 47).

> "Dios está sustancialmente presente en todas partes, en y por medio de todas las criaturas, en todas sus partes y lugares, de modo que el mundo está lleno de Dios y llena todo, pero sin que Él esté rodeado y rodeado por él"… "la Divina Majestad es tan pequeña que puede estar sustancialmente presente en un grano, sobre un grano, a través de un grano, dentro y fuera. Su propia esencia divina puede estar en todas las criaturas colectivamente y en cada una individualmente más profundamente, más íntimamente, más presente que la criatura es en sí misma. Sin embargo, no puede ser abarcado en ninguna parte y por nadie" (Dahil y Martin-Schramm 2016, 9).

Mientras el tema de la salvación humana, y la lucha de los pobres fue la inspiración principal de Lutero; *Diosgracia* desde el río amenazado por las minerías, el río que ya no fluye, o el que corre con aguas contaminadas, hoy nos llama a considerar la necesidad de una nueva reforma que reconozca la salvación también prometida a la tierra (Mc 16:15, Col 1:20, Ap 11:18), a través de Cristo.

---

como una manera de advertir que por encima de todo y de todos, está Dios. Hoy por hoy, el reto que propone esta doctrina fuera de su contexto, es llevarnos a percibir a Dios fuera de todo y de todos, aún fuera de la misma naturaleza, donde una vez buscamos su Gloria y su sabiduría.

Entendiendo que el pecado humano contra la tierra está íntimamente ligado con el pecado en contra de otros seres humanos, al buscar la salvación de la tierra tenemos que encontrar el punto de contacto entre la violencia económica, la violencia racial y la violencia ecológica; y concentrar allí nuestros mayores esfuerzos. Este es el tipo de 'salvación' que Dios también nos ofrece como Dios Creador, del Cielo y de la Tierra. Una salvación que va más allá de la salvación escatológica. Se la comprende como salud y como restauración de la vida en abundancia (Jn 10:10), prometida al cosmos a través de Jesucristo (Jn 3:16), aquí y ahora para todas las criaturas de la tierra.

3. La tierra está viva

> "El cambio climático puede ser la manifestación de mayor alcance de los privilegios blancos y privilegios de clase que aún deben afrontar la humanidad." El cambio climático es causado abrumadoramente por los altos consumidores del mundo que son desproporcionadamente descendientes de Europa" (Dahil y Martin-Schramm 2016, 40).

Mi abuela sin nombre también representa una esperanza, la necesidad humana de bienestar y de salud. Ella representa la historia de cada inmigrante, forzada a buscar en tierras lejanas lo que necesita para sobrevivir. Ella es símbolo de valentía y del derecho que toda criatura tiene de encontrar su lugar en la tierra y de disfrutar de sus frutos (Gen 9:8-17). Mi abuela europea también representa lo que puede suceder cuando este impulso divino, pierde su vocación principal de servir la tierra mientras buscamos nuestra paz (Jer 29:4-7); o lo que puede suceder cuando dejamos de reconocernos como forasteros y forasteras, en una tierra que al fin y al cabo, es de Dios (Lev 25:23).

Para ayudar a la Iglesia a superar este modelo antropocentrista heredado en nuestros esfuerzos por *ver, juzgar* y *actuar* con la Tierra en mente, necesitamos incorporar el *sentir* de la Tierra, reconciliando las relaciones esenciales de todo ser humano que vive en este planeta.

Cuando mi esposo y yo teníamos dos años viviendo en el campo, luego de dejar la ciudad para comenzar un centro de aprendizaje en una granja orgánica al norte de Chicago, uno de nuestros hijos de 9 años llegó un día de la escuela rural a donde iba, con una pregunta inquietante: "¡Mami!" – Me dijo – "¿La Tierra está viva?"

Su pregunta era extraña, porque desde que nos mudamos al campo, él nos había escuchado decir una y otra vez, a cada grupo que recibíamos en la granja, cómo en un manojo de tierra fértil, viven billones de microorganismos. Más organismos que seres humanos en la faz de la tierra.

Entonces le dije: "Hijo, ¡Claro que la tierra está viva! ¿Por qué me lo preguntas? –.

"La maestra nos pidió que le diéramos ejemplos de objetos de la naturaleza que están vivos y objetos muertos. Y cuando alcé mi mano para darle el ejemplo de un objeto vivo, le dije: la tierra (el suelo). Y ella me dijo: "No, la tierra está muerta."

Una fe basada en el conocimiento de una tierra muerta, no puede dar fruto, ni puede responder a los retos que la crisis ecológica hoy pone frente a nosotros. Por eso, yo creo que necesitamos nutrir y proteger las intuiciones que nuestros hijos e hijas heredaron de sus abuelas. Estamos en un momento histórico único, donde necesitamos cada experiencia práctica e intuitiva, cada recurso institucional, cada sabiduría comunitaria y ancestral, orientadas en unísono hacia la sanación de nuestro planeta.

Sentir la tierra no es idolatrarla, es cumplir nuestra vocación divina de cuidarla y servirla[6] (Gn 2: 15).

Mientras la escritura siempre nos ha invitado a conocer la sabiduría de Dios en las criaturas de la tierra (Job 12:7, Pr

---

[6] Diversos estudiosos de la Escritura, señalan que la palabra hebrea normalmente traducida como 'cultivar', puede igualmente traducirse como 'servir', lo cual nos ubica como seres humanos en una posición de humildad frente a la tierra.

6:6), y las verdades de Dios en el cielo (Sal 19:1-6, Mt 2:1-2); la preocupación sobre la depravación humana y el pecado, llevó a algunos reformadores a concluir, que debido al pecado, necesitamos las Escrituras para ver con claridad la misma naturaleza (Hessel y Radford Ruether 2000, 9). Este nuevo requisito, unido a los esfuerzos de la ciencia de dominar la naturaleza,[7] le cerró las puertas del templo, la convirtió en "la plataforma donde se desarrolla el drama de la historia de la salvación; e incluso... símbolo de aquello de lo cual necesitamos salvarnos" (Hessel y Radford Ruether 2000, 10).

4. Bondadosa o caída, nuestra vida depende de ella[8]

Hace un par de años, el artículo de un periódico digital mostraba la huella de la mano de un niño de 8 años en una placa de Petri. Las bacterias de su mano que quedaron en la placa de Petri, habían tenido la oportunidad de multiplicarse y crear un bosque colorido de bacterias.

Su madre, una microbióloga, había hecho este experimento para demostrarle a la gente, que todos estamos cubiertos de bacterias y esto no es necesariamente algo malo. El artículo explicaba cómo las bacterias viven dentro y fuera de nuestros cuerpos; nos ayudan a mantener un sistema inmunológico sano. Las bacterias de nuestros intestinos, nos ayudan a digerir la comida y a absorber las vitaminas. Tenemos 100 trillones de bacterias viviendo en nuestros cuerpos que han evolucionado con nosotros. En la boca solamente, existen hasta 5000 especies de bacterias. Las de la piel, la humedecen y evitan las ranuras donde puedan entrar agentes patógenos. La leche del pecho de nuestras madres, no siendo pasterizada, tiene más de 600 especies de bacterias.

---

7 Las palabras del científico Francis Bacon (1561-1626) sirven bien para ilustrarlo: *"La madre naturaleza debía ser atada de sus correrías igual que se hace con las brujas. Ambas debían ser dominadas, interrogadas y conquistadas."*
8 Este escrito es una versión revisada y resumida de un artículo anteriormente publicado para la revista *HORIZONS* Nov/Dic 2015. Este escrito ha sido reimpreso con su debido permiso.

Cuando pensamos en la necesidad de reconciliarnos con la Tierra, e incorporamos este tipo de realidad esencial del ser humano y que no podemos existir, ni tener salud, sin el apoyo de otros seres vivos como las bacterias, nos damos cuenta que el camino hacia la reconciliación universal en Cristo, pasa por el descubrirnos de nosotros mismos.

"¿Quiénes somos en realidad? ¿Qué tipo de mundo creó Dios? No podemos ser nosotras, ni nosotros, sin las muchas otras criaturas que nos proveen de salud. En esta realidad divina, vemos que el concepto de 'individualidad' como ser 'independiente', no existe en la creación. Así como Dios existe en comunidad o actúa en comunidad (Gn 1:16), yo no puedo ser yo ni puedo existir, sin las muchas otras criaturas con las cuales Dios me creó para encontrar mi salvación.

Existimos como parte de una red de relaciones y mientras más estudiamos este mundo natural del cual somos parte y dependemos, nos damos cuenta que esta red de relaciones nos conecta con la red mucho más amplia llamada planeta Tierra; nuestra casa común.

5. Mirando la tierra desde una mirada eco-teológica

Una de las propuestas teológicas que me parecen más pertinentes para reponer el daño hecho a la tierra y a sus criaturas, respetando nuestra diversidad cultural latinoamericana y fundamentada en las raíces de nuestra tradición judeo-cristiana, es la Eco-Espiritualidad.[9]

Ella propone ver a Dios de una manera Pneumática: Dios Padre, Hijo y Espíritu Santo, viviendo en y entre nosotros, como la *Ruah* que no sólo sostiene al ser humano sino que da vida a todas las criaturas (Job 34:14-15; Salmo 104:29-30); y a

---

9 Parte de este planteamiento fue publicado en Astudillo 2011, pero ha sido modificado para efectos de este escrito.

la misma vez, inspira a las hijas e hijos de Dios a ser Iglesia, a manifestarse y a liberar a la creación de la opresión de la cual ha sido sujeta (Romanos 8:19-23a).

Mediante esta eco-espiritualidad, podemos seguir participando de una reconciliación universal fundada en Jesucristo (Col 1:15-20). Su fin no es sólo la salvación de las almas humanas, sino todo el universo (Juan 3:16). Nada existe fuera de Dios, así como nosotros no existimos independientemente del resto de la creación. La presencia de Cristo en el mundo, es la que hace posible que encontremos vida y salvación[10] en un momento de solidaridad, en la comunidad, en la ternura, en la misma tierra (Gebara 1999, 167).

Como seres humanos, fuimos hechos del polvo de la tierra (Gen 2:7) y parte de nuestra identidad sólo la descubrimos cuando estamos en comunión con ella. Como imagen de Dios (Gen 1:26), estamos llamados a reflejar a un Dios que se auto-limita, existe y a crea en comunidad. Desde su propia unidad en diversidad, Dios nos invita a vivir de la misma manera, creando en unión con otras y otros, como Dios mismo lo hizo, con la ayuda de la misma tierra[11] (Gen 1:11-12). Bajo esta espiritualidad no sólo existimos porque pensamos, sino también porque sentimos;[12] y aceptamos ponerle límites al dominio (Gen 2:15-16), para que la vida pueda florecer.

---

10 En Gebara 1999, ella propone que cuando Jesús invita a sus discípulos a admirar los lirios del campo y encontrar en ellos sabiduría, Jesús estaba abriendo nuevos caminos de salvación.

11 La profesora Catherine Keller, en una clase de Eco-teología en la Universidad de Drew propuso una versión alternativa al Génesis 1:9, 11, 14, 24, 26, donde normalmente interpretamos como la expresión trinitaria de Dios. Otra visión igualmente válida es la posibilidad de que Dios en cada uno de estos momentos está invitando a la tierra a crear con Dios, y la tierra responde en obediencia.

12 En el siglo XVII, el filósofo René Descartes (Francia), se hizo famoso con su gran frase: "Yo pienso, por lo tanto, existo", ubicando la existencia del ser humano, en la mente.

Desde esta espiritualidad la naturaleza somos nosotros mismos, con y en ella existimos, vivimos, sufrimos, morimos y recibimos salvación (Ecl 3:17-22; Joel 2:21-22). La naturaleza es nuestra prójima y desde el principio ha sido "muy buena" (Gen 1:31). Si alguna vez fue maldita por culpa del pecado humano, ya Cristo la libró de tal condena (Gal 3:13-14). Independientemente de nuestra capacidad de dominar la tierra, la tierra es de Dios y todo lo que en ella habita (Salmo 24:1); nosotros somos simples forasteros (Lev 25:23).

La tierra es nuestra compañera (1 Rey 17:2-6; Nm 22:23-30; Gen 2:18-20); y hermana (Gen 9:8-11), como lo reconoció San Francisco de Asís. A lo largo de la historia Dios ha decidido revelar su gloria también a través de ella (Éx 3:1-6; 19:16-19; 20:18-21; Lc 3:21-22); y aunque ella no es lo mismo que Dios, el Espíritu de Dios también la inspira y nos ilumina a nosotros para discernir en ella su mensaje y esto la convierte en nuestra maestra (Pr 6:6-8; Job 12:7-11).

La Eco-Espiritualidad está fundamentada en el Dios Creador y en una experiencia sensible a la experiencia de lo divino en la Creación. Pero ella también puede ayudarnos a restaurar el daño cometido en contra de Diosgracia, del campo, del río, de la abuela sin nombre que tuvo que emigrar para buscar mejores oportunidades, y en ese caminar, la eco-espiritualidad nos enraíza con el lugar donde vivimos y enriquece también nuestra Fe. Con su ayuda, podremos dejar que el Espíritu de Dios para que la voluntad del Padre Nuestro que está en el Cielo también logre su fin, aquí en la Tierra.

6. Religando al Padre Nuestro con la Madre Tierra

> "Necesitamos una nueva revolución copernicana: que pase de ser centrada en el ser humano a estar centrada en la creación; que pase de enfocarse en la relación de Dios con los humanos solamente, a enfocarse en la relación de Dios con toda la creación" (Dahill y Martin-Schramm 2016, 4)

Mientras los reformadores preocupados por el pecado del ser humano, se fueron alejando de la naturaleza, enfocando su mirada en la Palabra de Dios Escrita para encontrar salvación eterna; la crisis ecológica nos propone mirar de nuevo el pecado, no como un fenómeno individual, con consecuencias escatológicas, sino como todo aquello que ignora la Sabiduría de Dios y distorsiona la armonía de la creación.

Si no lo hacemos, contribuimos a la crisis ecológica. Es hora de ver la salvación como la reconciliación de nuestras relaciones humanas "tanto en el ámbito personal, social, comunitario, en la relación con Dios" (Estermann 2006, 52-53). Es la hora que la Tierra espera la manifestación de los hijos y las hijas de Dios.

Es hora de soñar no solamente con un castillo en el cielo, porque al fin y al cabo la nueva Jerusalén bajará del cielo a instalarse en la tierra. Es hora de cuidar nuestra casa terrenal, protegiendo el agua para poder bañarnos con *Diosgracia* en el río. Es hora de reconocer la presencia y las contribuciones de los dos libros de Dios: la Escritura y la Naturaleza, y las dos manos de Dios: la Palabra y la Sabiduría, Cristo y el Espíritu (Dahill, y Martin-Schramm 2016, 5, 49).

Tal vez si los consideramos, nos daremos cuenta no solo de la fe, no solo de la Escritura, sino también de la naturaleza que tiene capacidad salvífica, porque en ella, Dios también vive y revela su Gracia.

Para la eco-teóloga Yvonne Gebara, esto es posible por la capacidad crística de la creación[13]. Es Cristo, no la naturaleza misma, la que hace posible que la creación pueda ser también canal y fuente de salvación para el pueblo de Dios (Gebara 1999).

---

13 Esta manera pneumática de entender a Cristo, tal vez nos ayude a contribuir con mayor apertura en la construcción del Reino de Dios en la tierra; sobre todo, si entendemos el reino de Dios – usando las palabras de Sobrino – "como un lugar donde la salvación no es sólo un don alcanzable escatológicamente, sino algo que comienza en las muchas mini-salvaciones que día a día nos permiten superar los males del presente". (Sobrino 1990, 482)

Para comprender esta revelación, necesitamos el discernimiento del Espíritu de Dios, como cuando nos sentamos a escribir un sermón o leer la Escritura. Es Dios quien decide revelarse a sí mismo y el Espíritu Santo el que nos guía a entender la revelación. Sin una vida en el Espíritu, no podremos encontrar a Dios, ni siquiera en los lugares más hermosos o pacíficos, más altos y profundos del planeta, y tampoco en la Escritura.

El Espíritu que ayudó a los judíos a entender que la salvación también corría por las venas de los gentiles; llevó a Pablo a reconocer que la salvación rompía las fronteras entre judíos y gentiles, hombres y mujeres, esclavos y libres, hoy también está rompiendo las fronteras entre los seres humanos y la madre tierra.

Una teología que sólo piensa en el llamado de los hijos y las hijas de Dios de liberar la tierra de su cautividad (Rom 8), y se olvida de la historia del Génesis 2, donde las criaturas del campo son creadas para ayudar a Adán en su vocación seguirá siendo una teología andro y antropocéntrica.

Cuando nos acercamos a la tierra como compañera en ministerio, podemos entender, como el jesuita español Jon Sobrino, en la capacidad salvífica de los pobres; cómo aún cuando Cristo es el Mediador entre Dios y la humanidad, a través de su Espíritu que infunda todas las cosas, ahora también existen nuevos mediadores, mediados por Él (Sobrino 1990, 495), y a través de los cuales la salvación entendida como la restauración de todas nuestras relaciones, se hace posible cuando caminamos al lado de ellas y ellos.[14]

---

14 Así como otros teólogos de la liberación, el teólogo Jesuita Jon Sobrino propone que la salvación está presente cuando caminamos al lado de los pobres, ya que en ellos el Reino de Dios se concretiza.

7. Parafraseando ahora el pensamiento de Sobrino

Necesitamos aprender a caminar con la tierra que está siendo deforestada y extinguida antes de su tiempo, una tierra para la cual existir y reproducirse es difícil frente al peso creado por los intereses comerciales y los deseos humanos insaciables. Debemos dejarnos afectar radicalmente por la realidad de la naturaleza. Ella definirá el Reino de Dios junto con todos los marginados y marginadas, y nos revelará aquello de lo cual necesitamos desesclavizarnos, y de lo cual el reino de Dios nos liberará.[15]

Esta reunión con las criaturas de la tierra, es la misión más importante de nuestro tiempo. Tal vez no logremos regresar al Jardín del Edén con nuestros esfuerzos, pero podremos caminar juntos hacia la Nueva Jerusalén.

Bibliografía

Astudillo, Neddy. 2011. "Cuando la Madre Tierra y el Padre del Cielo viven separados. En la búsqueda de una eco-espiritualidad cristiana y latinoamericana". *Presencia Ecuménica* No. 71, enero-abril: 26-31.

Dahill, Lisa E. y James Martin-Schramm, eds. 2016. *Eco-Reformation, Grace and Hope for a Planet in Peril*. Eugene, Oregon: Cascade.

Estermann, Josef, ed. 2006. *Teología Andina, El tejido diverso de la fe indígena*. Tomo I. La Paz: ISEAT y Plural.

Gebara, Ivone. 1999. "¿Quién es el 'Jesús liberador' que buscamos?" En *Diez Palabras Clave Sobre Jesús de Nazaret*, editado por Juan José Tamayo Acosta. Estella, Navarra: Verbo Divino.

Hessel, Dieter T. y Rosemary Radford Ruether, eds. 2000. *Christianity and Ecology: Seeking the Well-being of Earth and Humans*. Cambridge, Massachusetts: Harvard CSWR.

Johnson, Elizabeth. 2000. "Losing and Finding Creation in the Christian Tradition". En *Christianity and Ecology: Seeking the Well-being of Earth and Humans*, editado por Dieter T. Hessel and Rosemary Radford Ruether. Cambridge, Massachusetts: Harvard CSWR.

---

15 Parafraseando las palabras de Jon Sobrino inspiradas en los pobres, pero ahora desde la mirada de una tierra marginada.

PHP POST. 2017. *A Hunger Justice Journal*. Presbyterian Hunger Program.PCUSA, Spring.

Sobrino, Jon. 1990. "Centralidad del Reino de Dios en la teología de la liberación". *Mysterium Liberationis*, Tomo I, editado por Ignacio Ellacuria y Jon Sobrino, 1990, 467-510.

Tinker, Tink. 2017. "La doctrina del descubrimiento cristiano: Los luteranos y el lenguaje del imperio". *Journal of Lutheran Ethics*. Consultado el 4 de abril, 2017. http://elca.org/JLE/Articles/1203

Sola Escritura, Sola Gracia, Sola Fe
Para una reforma ecológica

Arianne van Andel

Cambiar no es fácil. Cada persona que ha tratado de cambiar hábitos u opiniones sabe eso. Somos personas de costumbres, de ritos, de pertenencia, porque estas cosas nos dan seguridad e identidad. Y eso cuenta seguramente también para comunidades como la iglesia. Sin embargo, las iglesias de la reforma han sido capaces de generar grandes cambios. ¿Han pensado alguna vez que la Iglesia Luterana es el resultado, más que de una reforma, de una revolución? La llamada reforma produjo un cambio radical en el paisaje de la fe y cultura cristiana.

En estos tiempos de conmemoración de la Reforma retomamos el lema de *Ecclesia semper reformanda*. Nos preguntamos, en consecuencia, sobre las reformas que las iglesias tendrían que hacer hoy, a la luz del contexto actual, y específicamente frente al desafío más grande de la humanidad en nuestro tiempo: la crisis ecológica y climática. El Espíritu nos llama con urgencia hoy a una "reforma ecológica". Una tarea para todas las tradiciones cristianas, concluyeron teólogos/as protestantes en un manifiesto después de una consulta sobre Eco-teología,

Justicia Climática y Seguridad Alimentaria en Volos (Grecia) en marzo 2016 (Conradie y otros 2016).

Hay tiempos en que la realidad misma clama por cambios. Es un momento *Kairós,* palabra que viene de la tradición griega y significa "momento oportuno", en opuesto a *Cronos,* que es el tiempo cronológico. En términos bíblicos es un momento en el tiempo en que, según el teólogo norteamericano Robert McAfee Brown, la oportunidad demanda una respuesta. Un tiempo en que Dios nos da un conjunto de posibilidades y nosotros tenemos que aceptar o declinar, elegir entre vida o muerte (Dt 30) (Braverman 2011). Son momentos de verdad para la iglesia, momentos escatológicos.

Hoy la humanidad utiliza, en términos de recursos, el equivalente a 1.4 planetas cada año. Esto significa que ahora le tarda a la tierra un año y cinco meses para regenerar lo que utilizamos en un año (Global Footprint 2016), y cada año se adelanta la fecha en que hemos llegado a este límite, pero seguimos explotando recursos, hipotecando directamente a las generaciones futuras[1]. Se ven ahí las dos grandes causas de nuestra crisis ecológica y del cambio climático: un consumo excesivo de materias primas y la destrucción de ecosistemas por la extracción de estos recursos.

La crisis ecológica y el cambio climático están íntimamente relacionados con problemas sociales y de desigualdad. Ha sido un error pensar que el desarrollo humano es irreconciliable con el cuidado del entorno, un argumento que todavía se escucha regularmente en conflictos socio-ambientales donde empresas prometen crear puestos de trabajo. A largo plazo, el desarrollo que se da a costa del deterioro del medio ambiente no genera progreso real para las personas. Toda la vida en la tierra está maravillosamente conectada y si destruyéramos las condiciones para que esta vida florezca no habrá progreso, ni

---

[1] En 2016 la fecha fue el 8 de agosto: se llama el "Día del Sobregiro de la Tierra". www.wwf.cl/noticias/campanas/sobregiroecologico/

desarrollo. "No hay dos crisis separadas, una ambiental y otra social" dice el papa Francisco acertadamente en su Encíclica 'Laudato si', "sino una sola y compleja crisis socio-ambiental" (SS Francisco 2015, párr 139).

Es claro que la reforma ecológica que se requiere no puede ser solo una reforma de las iglesias luteranas o protestantes. El desafío de la crisis ecológica trasciende las diferencias entre denominaciones cristianas, y nos invita a trabajar en conjunto con otras, hasta por sobre las fronteras de las religiones, por el cuidado de nuestra *Casa Común*. Urge también vincularnos con organizaciones civiles que se preocupen por el tema e intercambiar nuestras experiencias.

¿Qué podría aportar la reforma luterana en este camino? Quiero explorar críticamente en este artículo lo que podrían ser las riquezas de esa tradición para inspirar la reforma ecológica que necesitamos. Tomo para eso tres principios importantes de la Reforma del siglo XVI: *Sola Escritura, Sola Gracia y Sola Fe*. En este nuevo contexto voy a dar una re-interpretación de estos conceptos.

1. Sola Escritura

La Reforma en el Siglo XVI surgió de un malestar profundo por las doctrinas y prácticas de la misma iglesia, que según Lutero y sus seguidores ya no eran "Evangelio". Frente a la posibilidad de que la tradición eclesial se corrompiera y cediera ante el sistema de este mundo, proclamaron el principio de "Sola Escritura" como la necesidad de volver a la Biblia para afinar criterios de actuación en el mundo actual. En el caso de la crisis ecológica, sin embargo, volver al principio de "Sola Escritura" se muestra complejo. Primero, naturalmente, porque la Biblia no nos da respuestas claras y directas sobre una crisis que estaba fuera del horizonte de sus autores. Sería un anacronismo decir que la Biblia nos da prescripciones sobre cómo actuar frente al cambio climático. Pero la Escritura sí habla de la relación entre seres humanos y la creación, entonces quizás ahí podemos deducir algunas pistas.

Sin embargo y como segundo punto, también ahí se presenta un problema serio. Lo que pasa es que el principio de "Sola Escritura" está vinculado al nacimiento de la época industrial moderna que ha sido la causa de la crisis en que nos encontramos. La lectura de la Biblia por el pueblo en la lengua materna impulsó el inicio de la impresión de libros, que se masificó más tarde por la invención de las máquinas a vapor. La libertad del pueblo que promocionó Lutero con la idea del "sacerdocio universal de los fieles" y con la lectura autónoma de las Escrituras, creó una cultura que calzaba bien con el desarrollo del sistema económico capitalista occidental que paralelamente se desplegó en Europa. No puedo abarcar estas complejas relaciones dentro de la escala de este artículo. Sociólogos, como Max Weber, han hecho análisis profundos de estos vínculos, como también existen muchas reflexiones que matizan sus conclusiones o problematizan la pregunta por la relación de causa y efecto en este asunto: ¿Impulsó el cristianismo occidental un sistema capitalista? o ¿Utilizó el capitalismo al cristianismo para sus propios fines?

Lo que sí necesitamos tomar en serio como iglesias son las críticas que hemos recibido sobre interpretaciones bíblicas originadas en la época de la revolución científica e industrial, que legitimaron una actitud dañina frente a la creación. Según el manifiesto ecológico que mencioné, una reforma del cristianismo implica una "doble crítica, a saber, una crítica cristiana profunda de las causas que están a la raíz de la destrucción ecológica y una crítica de formas de cristianismo que no han reconocido las dimensiones ecológicas del evangelio. La última crítica viene desde fuera y dentro de las iglesias cristianas, y es expresada por críticos seculares, representantes de otras religiones, líderes de iglesias, teólogos/as y líderes laicos" (Conradie y otros 2016).

La crítica fundamental de que estamos hablando apunta a la historia de la creación en Génesis 1, y específicamente los versículos 1:26 y 1:28. En 1967 historiador Lynn White escribió su famoso artículo *"Las raíces históricas de nuestra crisis ecológica"* en la revista *Science*. White acusa al cristianismo occidental de ser en gran parte responsable de la crisis ecológica, por ser unas de las religiones más "antropocéntricas". White dice que, según la Biblia, la naturaleza está hecha para beneficio de los seres humanos, que son creados a imagen de Dios, lo que ha legitimado su poder de dominio sobre las otras especies. Además, la naturaleza es creación, y Dios se encuentra fuera de ella, como un ser transcendente, todopoderoso, lo que, en contraste con religiones "paganas", ha generado una actitud utilitarista frente a todo lo que es "material". White estima que existe una alianza clara entre el desarrollo del cristianismo y un sistema económico explotador del mundo natural (White 1967).

Buena parte de la primera eco-teología se desarrolló en defensa frente a las acusaciones de White y sus partidarios. El hecho que la reflexión eco-teológica reciente nació en reacción a la crítica de White de alguna forma afirma su crítica. Tenemos que agradecerle que por su "ataque" volviéramos a la Escritura con lentes ecológicos. Teólogos y teólogas mostraron convincentemente que White estaba equivocado en sus conclusiones sobre la historia de la creación. Génesis 1 no es un texto antropocéntrico, sino teocéntrico, y el "dominar y someter" (Gn 1:28) en hebreo tenía connotaciones de "crear orden en el caos y cultivar la tierra" y no tenía nada que ver con "explotar la tierra sin límites". El rabino Jonathan Sacks dice que el "dominar" y "someter" de Génesis 1 es un mandato moral que está condicionado por el "guardar" y "cuidar" de Gn 2:15, y más aún por los límites para los seres humanos que instala Gn 3 (Sacks 2002, 165-166).

Teólogos y teólogas descubrieron otras historias con implicaciones claramente ecológicas en la Biblia: las leyes sabáticas, el año jubileo con el descanso de la tierra, las metáforas proféticas, los Salmos, la armonía de Jesús con la naturaleza y pasajes de Pablo[2]. Ahora existen "Biblias ecológicas" que han destacado todos los pasajes sobre la naturaleza en letra verde.

---

2 Por ejemplo: Ex. 16:23, 23:12, Lv. 25, Is. 10:18, Is. 11:6-9, Jr. 14:1-10, Sal. 104, Mt. 6:26, Lc 12:6, Rm 8:22.

Pero algunos eco-teólogos y teólogas protestantes han dicho que no es suficiente enfrentar la crítica del "antropocentrismo", interpretando solamente pasajes bíblicos desde una perspectiva ecológica. Hay que volver a las Escrituras, dicen, no para defenderlas, sino para estudiar en profundidad lo que ha pasado con la narrativa cristiana en su contexto. Porque la crítica a las interpretaciones es acertada y va mucho más allá de las acusaciones de White. David Hallman dice: "Yo creo que las iglesias en el Norte todavía no han asumido el grado en que la teología y tradición cristiana están implicadas en el modelo de desarrollo capitalista occidental que ha dominado nuestros países desde la Revolución Industrial, muchos otros países a través de períodos colonizadores y más recientemente cada parte del mundo que ha sido tocado por la economía global" (Hallman 1994, 5).

Ernst Conradie plantea que tenemos que ir más allá de una eco-teología apologética. Es tiempo de buscar una hermenéutica ecológica crítica que aplique a toda la Biblia, no que busque solamente pasajes favorables en torno a la naturaleza. Primero, eso requiere admitir que la Biblia no fue escrita durante tiempos de crisis ecológica. Génesis refleja una sociedad nómada o agrícola en la que la naturaleza todavía era una fuerza atemorizante e impredecible para los seres humanos. Es importante re-estudiar en qué contextos fueron escritos los textos, y a qué preguntas trataron de responder. Segundo, hay que atreverse a aplicar una hermenéutica de la sospecha frente a todas las narrativas bíblicas que han servido para legitimar sistemas opresores, frente a otros seres humanos, especialmente mujeres y pueblos indígenas, y ahora también frente al resto de la creación.

La tradición judeo-cristiana nunca ha cuestionado su desmitificación de la tierra. En la Biblia se hace una distinción clara entre Dios, los seres humanos y el resto de la creación. Sacks defiende esta desmitificación diciendo que las culturas que adoraron a la tierra no la trataron mejor que nosotros (2002, 164). El papa Francisco destaca el compromiso que tenemos los seres humanos frente a una tierra que ahora es frágil y necesita ser cuidada, afirmando que los seres humanos tienen un valor especial en la creación, por su capacidad de reflexionar, argumentar, ser co-creadores con Dios y que justo esta unicidad les da mayor responsabilidad (SS Francisco 2015, párr 69 y 81). La tradición luterana crítica apoya esta postura, más aún después de las experiencias con el nazismo en Alemania, en donde los rasgos "naturales" de grupos de gente (por raza, etnia, orientación sexual), fueron juzgados como indignos ante los ojos de Dios. El destacado teólogo suizo Karl Barth ha escrito tratados feroces contra esa teología "natural": Dios no tiene nada que ver con nuestro mundo material. Dios viene, nos dice, desde "el Otro Lado".

Todas estas reflexiones son muy válidas e importantes para retomar en una nueva hermenéutica ecológica. ¿Cómo influye nuestra imagen del Dios transcendente, y nuestra posición especial como seres humanos, en nuestro actuar frente a la creación? Tenemos que preguntarnos seriamente ¿por qué seguimos defendiendo el valor único de los seres humanos? ¿Es esto así realmente para estimular nuestra responsabilidad y dignidad frente a la naturaleza? Como dice la Encíclica 'Laudato si', ¿no será porque muchas veces, en la práctica, todavía nos sentimos superiores a ella?

Es cierto que la historia de la creación permite una interpretación antropocéntrica, y eso ha hecho mucho daño. Teólogas ecofeministas como Rosemary Radford Ruether e Ivone Gebara han señalado que la cultura occidental cristiana está construida de dualismos jerárquicos entre cultura y naturaleza, espíritu y cuerpo, razón y emoción, sagrado y profano, dando siempre más valor al primero, por estar más "cercano a Dios". Esto tiene una expresión directa en la historia cristiana con el desprecio mostrado hacia las mujeres y a los pueblos de otra raza o religión, que siempre fueron vinculados más con la naturaleza (salvajes), el cuerpo (prostitutas, tentadoras), la emoción (menos razonables) y lo profano (paganos). Estos dualismos todavía reinan en gran parte de nuestra cultura e iglesias, y han sido legitimados con ayuda de numerosos textos bíblicos.

Es preciso constatar que la Biblia tiene –efectivamente- rasgos antropocéntricos, pero posibilita también lecturas ecológicas. Eco-teólogas y teólogos están explorando las posibilidades de "escuchar la voz de la tierra" en los textos bíblicos, como lo han hecho las hermenéuticas feministas con el fin de escuchar las voces silenciadas de mujeres (Conradie 2004). Es necesario repensar imágenes de Dios, y ocupar metáforas como Roca (Sal 18:2), Madre (Is 46:3 y 49:15) o la imagen de la gallina que cuida a sus pollitos (Mt 23:37), al lado de la del Dios "todopoderoso". Sally McFague ha sugerido que podemos percibir la tierra metafóricamente como "el cuerpo de Dios". Son maneras para cuestionar una separación cultural demasiado grande entre la creación, los seres humanos y Dios.

Lutero había visto bien que la cultura y la tradición pueden usar a las historias bíblicas para justificar y legitimar prácticas que no tienen nada que ver con la historia liberadora de Jesús. La noción "Sola Escritura" nos invita a no confiar demasiado en estas interpretaciones y volver siempre a las historias originales. Bajo la condición de una lectura crítica y contextualizada, eso nos puede ayudar a salir de la apologética y abrirnos a nuevos paradigmas.

2. Sola Gracia

Todo lo anterior se relaciona con otra convicción clave en la Reforma, la de "Sola Gracia". Esta afirmación viene desde una consciencia profunda de nuestros límites estructurales como seres humanos. Los reformadores se caracterizaban por un pesimismo antropológico que ha tenido nocivos efectos históricos, afectando la auto-estima y generando una actitud más bien pasiva frente a desafíos del mundo en algunas iglesias evangélicas. Sin embargo, en este tiempo de crisis ecológica, creo que la "Sola Gracia" puede ser una noción liberadora al menos en tres niveles.

Primero, puede darnos una herramienta para enfrentar características de nuestra condición humana que nos han llevado a la catástrofe ecológica en la que estamos. Estas son muy bien ilustradas en la siguiente cita del científico Gush Speth, abogado de causas climáticas:

> Yo solía pensar que los más grandes problemas ambientales radicaban en la pérdida de la biodiversidad, el colapso de los ecosistemas y el cambio climático. Pensaba que con 30 años de buena ciencia podríamos enfrentar estos problemas. Pero estaba equivocado. Los más grandes problemas ambientales son el egoísmo, la avaricia y la apatía… y para enfrentar esto necesitamos un cambio espiritual y cultural. Y nosotros los científicos no sabemos cómo hacer esto (2016).

El egoísmo, la avaricia y la apatía, en mi opinión, están basados en suposiciones sicológicas sobre nuestro valor intrínseco como seres humanos. Brotan de la inseguridad fundamental sobre nuestra propia importancia, que ha sido utilizada por un sistema económico que nos hace creer que nuestro valor personal depende de lo que consumimos y tenemos. Es la religión de nuestros tiempos. La apatía es la contracara del egoísmo y la avaricia. Viene con la idea que no podemos hacer una diferencia importante desde nuestra insignificancia, hasta que seamos más grandes…. Creo que solo podemos superar estas tendencias si re-valoramos la idea de "sola Gracia". Nuestra vida es don de Dios y eso mismo le otorga su valor. Somos personas buenas, válidas y dignas de vivir aun antes de hacer algo. Debemos recordar día a día que no necesitamos "ganar o demostrar el sentido de nuestra existencia" por medio del dinero, la fama o el poder. Sólo viviendo desde esta certeza podemos ser más humildes. La palabra humilde tiene su raíz en la palabra humus, tierra… Nos recuerda que somos todos y todas personas de la Tierra, hechas de tierra (*Adamah*), creadas por Dios (Gn 3:19). No somos ni necesitamos ser Dioses. Somos seres humanos, con nuestras limitaciones e imperfecciones, y también con una llama divina, una potencialidad grande de hacer el bien.

Segundo, la noción de "Sola Gracia" nos hace más libres para autocorregirnos, para confesar el pecado e iniciar de nuevo. Las iglesias de la reforma tomaron posiciones radicales varias veces frente a otros sectores de la iglesia que habían olvidado que la vida depende de la gracia, y que nosotros por eso no tenemos el derecho de oprimir o erradicar este don en otras personas o en la naturaleza[3]. En 2004, la Alianza Mundial de Iglesias Reformadas, ahora llamada Comunión Mundial de Iglesias Reformadas, publicó la Confesión de Accra, donde confiesa que rechaza el orden económico actual impuesto por el capitalismo neoliberal por sus consecuencias para los pobres y la tierra. Cito algunos de sus artículos:

1. Creemos que Dios ha sellado un pacto con toda la creación (Gn 9:8-12). Dios ha creado una comunidad terrenal sobre la base de una visión de justicia y de paz. El pacto es un don de gracia que no se vende en el mercado (Is 55:1). (…)
2. En consecuencia, rechazamos la cultura del consumismo desenfrenado, la avaricia y el egoísmo competitivos del sistema de mercado mundial neoliberal y cualquier otro sistema que sostenga que no existen alternativas.
3. (…) Se trata de un sistema mundial que defiende y protege los intereses de los poderosos. Nos afecta y atrapa a todos. Desde la óptica bíblica se entiende que tal sistema de acumulación de riquezas a costa de los pobres no es fiel a Dios y ocasiona sufrimientos evitables a las personas. Se denomina Mamón. Jesús nos dijo que no es posible servir a Dios y a Mamón (Lc 16:13) (Confesión 2004).

La noción de "Sola Gracia" abre la posibilidad a confesar que el sistema atrapa a todos, también a nuestras iglesias. Nos invita a una "humildad audaz" como dice un documento eco-teológico de la iglesia protestante holandesa: más humilde sobre nuestras posibilidades y más audaz en nuestro actuar. Nos lleva a la posibilidad de admitir que nos equivocamos como iglesias en nuestra lentitud de actuar frente a la crisis ecológica. Podríamos, como explora Conradie, pensar en una confesión pública de pecado sobre la responsabilidad de la

---

[3] En Declaración de Barmen (1934), la Confesión de Belhar en contra del apartheid (1985), y la confesión de las iglesias cristianas en Palestina contra la situación de opresión en Palestina (2009)

tradición cristiana al generar esta crisis, como una manera de comprometernos a cambiar nuestra acción (Conradie 2004, 130). Nos da la posibilidad de mantenernos críticos ante nuestras propias luchas de poder, nuestro egoísmo, avaricia y apatía.

Tercero, paradójicamente, la noción de "Sola Gracia" nos da pistas por dónde empezar a actuar frente a la crisis ecológica como iglesias. El reto del cambio climático nos podría paralizar y llevar a la apatía por su inmensidad o a hacernos megalómanos en el intento de solucionarlo. "Sola Gracia" nos puede liberar de la idea de que el sentido de nuestro actuar se encuentra en sus resultados. En la lucha contra el cambio climático es fácil recaer en un activismo voluntarista que nuevamente confía demasiado en soluciones tecnológicas o rápidas para quitarnos el problema de encima. Es una tendencia que vemos claramente en los países del Norte. También nos puede hacer creer que no podemos hacer nada sin dinero o poder. Esa es una tendencia que encontramos frecuentemente en los países del Sur. Justo en medio de estos dos extremos se presenta la idea de actuar desde la Gracia.

Significa que podríamos empezar a visualizar las cosas que se dan o deberían darse desde la gratuidad. La Federación Luterana Mundial le ha dado palabras a esto con el slogan: "La Creación NO se vende". En todo lugar donde la vida es mercantilizada, la iglesia tiene algo que decir. En Latinoamérica no faltan oportunidades: el acceso al agua está amenazado; comunidades se ven dañadas por la explotación sin límites de la gran minería; los bosques nativos son reemplazados por plantaciones forestales que erosionan los suelos. Las comunidades que sufren las consecuencias necesitan apoyo de voces solidarias y proféticas frente a las grandes empresas transnacionales, clamando que *la Creación no se vende*.

Pero la reforma también tiene el lado de la conversión personal y comunitaria. Todos los pequeños gestos de humanización y de cuidado frente a la naturaleza ayudan; son semillas en la creación de una cultura ecológica integral, como dice el papa Francisco.

En Alemania grupos de iglesias han tomado muy en serio este tipo de conversión. Tienen el proyecto de hacer sus iglesias neutrales en emisiones de CO_2 antes de 2050. Eso significa que revisan su consumo energético, que aíslan sus catedrales, ponen paneles solares en el techo, chequean de dónde viene su comida, se vuelven vegetarianos, tratan de reciclar todo en los eventos que organizan, etc… Así, estas iglesias se han vuelto ejemplo y testimonio de esperanza para la comunidad a su alrededor.

En Chile algunas iglesias se han vinculado a la Coalición Ecuménica por el Cuidado de la Creación, red de organizaciones y personas cristianas que mantienen una reflexión teológica frente a los conflictos socio-ambientales, organizan celebraciones y eventos informativos y se solidarizan con comunidades que viven las consecuencias del extractivismo del modelo económico chileno (Conradie 2010).

3. Sola Fe

Finalmente, quiero abogar por el principio de "Sola Fe" en nuestro actuar. Creo que lo más importante que pueden ofrecer las iglesias en el contexto de la crisis climática es la fe en que todo lo que hacemos frente a ella tiene sentido. Vivimos tiempos apocalípticos, escatológicos. Nunca antes ha parecido tan difícil cambiar el rumbo. Hay distintas actitudes posibles frente a una situación tan abrumadora. Lo reflexiona de manera profunda el filósofo Jorge Riechmann en una ponencia que hizo en un seminario sobre Pensamiento Crítico en España en septiembre 2016 (Riechmann 2016).

¿Cómo actuar si sabemos que científicamente hay muy poca probabilidad que como humanidad podamos hacer el cambio con la urgencia que es necesaria? Mucha gente reacciona con una apatía nutrida por el autoengaño, otra con un optimismo desinformado. Riechmann no quiere ceder a estas dos opciones, ya que cree que nunca deberíamos entregar nuestra lucidez. Él argumenta en favor de la esperanza en la línea de Vaclav Havel, quien dijo: "Definitivamente la esperanza no es lo mismo que el optimismo. No es la convicción de que algo saldrá bien. Es la certeza de que algo tiene sentido, independientemente de cómo resulte"[4].

En la Biblia el pueblo judío se aferra a la esperanza en situaciones donde, de una forma u otra, han sucumbido: en el exilio, en la diáspora. Hacen memoria, buscan historias de aliento y nuevas maneras de vivir para crear sentido en el momento que están viviendo.

> Especialmente ahora que nos encaminamos al colapso ecológico-social, ahora que va estando claro que, en sentido fuerte, ya no hay soluciones, es muy importante seguir haciendo las cosas correctas no porque esperemos como resultado una imposible solución, sino *sencillamente porque hay que hacerlas*. (Riechmann 2016).

Se puede decir que pasó lo mismo con la vida y la muerte de Jesús. Franz Hinkelammert afirma que la muerte de Jesús podría ser vista como una muestra de que sus acciones no tenían éxito. Sin embargo, los cristianos afirman con la resurrección de Jesús que sus acciones tenían sentido en sí, y que el fracaso de su muerte no elimina este sentido: "La única acción que hoy puede tener éxito es la que no busca el sentido de la acción en el éxito. Porque, frente a las amenazas [enormes], el cálculo paraliza, las probabilidades de fracasar son muy grandes, el sistema es enorme y sumamente complejo" (Hinkelammert 2012).

¿De dónde, pues, sacamos el coraje para una esperanza activa que se atreva a mirar la realidad de frente sin huir ante sus tremendas complejidades y abismos, y que busque el bien por el bien, dando sentido al presente sin esperar recompensa en el futuro? Creo que sólo podemos llegar a vivir esta esperanza desde la fe.

---

4 Vea también mi ponencia "Cómo movilizar la esperanza" en línea: http://critica.cl/medio-ambiente/cambio-climatico-%C2%BFcomo-movilizar-la-esperanza

La esperanza es fruto de la fe. Y la fe es la certeza de que Dios puede abrir futuro donde parece que ya no lo hay. Jürgen Moltmann ha propuesto una "teología de la esperanza", en que plantea que Dios no se encuentra en un más allá, fuera de este tiempo, sino en un más allá en el tiempo: en el futuro que cada día nos da la posibilidad de convertirnos nuevamente. Dios nos llega desde el futuro.

Una teología de la esperanza es imprescindible para una conversión ecológica radical, y ésta solo puede estar basada en la fe que otra humanidad es posible, con la ayuda de Dios, y que tiene sentido luchar por ella. Y la fe es la apuesta de que en Dios no hay nada imposible (Lc. 1:37). Sólo la fe puede darnos la esperanza de que la crisis ecológica puede convertirse en una oportunidad. Que como seres humanos podemos liberarnos de nuestras propias cadenas, y que de un sistema de muerte puede brotar la vida. Las iglesias pueden ser lugares en los que nutrimos esta fe y esta esperanza.

Acciones pequeñas

Concluyendo este camino por tres conceptos de la Reforma, vuelvo al inicio. El cambio no es fácil. Lutero no tenía la intención de provocar una revolución, pero lo hizo. El volvió a las Escrituras y descubrió que la tradición cristiana había perdido su rumbo. Se pronunció audazmente, sabiéndose libre por la Gracia de Dios, clavando 95 tesis en la puerta de una iglesia en Wittenberg un día 31 de octubre de 1517. Lo hizo sólo por la fe de que lo que hizo era lo que tenía que hacer, con la esperanza, pero no la certeza, que algo cambiaría. Pero así empezó la Reforma Protestante, un movimiento que sigue con nosotros hoy.

Es una historia esperanzadora. La resistencia no empieza con grandes palabras, sino con acciones pequeñas, como resuena en un poema de un poeta holandés: Remco Campert, escrito en 1929.

La Resistencia no empieza con grandes palabras

La resistencia no comienza con grandes palabras,
sino con acciones pequeñas

como una tormenta con una suave vibración en el jardín
o como un gato que se vuelve un poco loco

como los ríos amplios
con un pequeño manantial
escondido en un bosque

como un mar de fuego
con el mismo fósforo de madera
que enciende un cigarrillo

como el amor en tan sólo una mirada
un toque, algo que distingues en una voz

haciéndote una pregunta
con esto comienza la resistencia
y entonces hacer a otra persona esa pregunta

Los principios "Sola Escritura, Sola Gracia y Sola Fe" no dan la receta para una gran reforma ecológica, pero nos pueden dar una orientación para empezar a hacernos una pregunta, y hacer esa pregunta a otra persona. Nos invitan a mirar críticamente nuestras narrativas cristianas y buscar su potencia ecológica, considerar la posibilidad de confesarnos y posicionarnos radicalmente frente a todo sistema que mercantiliza lo que es gratuito, y sabernos sostenidos por la fe que Dios no nos va a defraudar si nos atrevemos a abrir un nuevo futuro con esperanza.

Bibliografía

Braverman, Mark. 2011. "What is a Kairos Document?" http://markbraverman.org/writing/what-is-a-kairos-document/.
Confesión de Accra. 2004. Consultado 10 setiembre, 2016. http://d3n8a8pro7vhmx.cloudfront.net/unitedchurchofchrist/legacy_url/1775/confesion-de-accra.pdf?1418425284.
Conradie, Ernst. 2004. "Towards an Ecological Biblical Hermeneutics: a Review of the Earth Bible Project". *Scriptura* 85: 123-135.

Consultado 10 setiembre, 2016. https://www.researchgate.net/profile/Ernst_Conradie/publications.

Conradie, Ernst. 2010. "Confessing Guilt in the Context of Climate Change: some South African Perspectives". *Scriptura* 103: 134-152. Consultado 10 setiembre, 2016. https://www.researchgate.net/profile/Ernst_Conradie/publications.

Conradie, Ernst, Ekaterini Tsalampouni y Dietrich Werner, eds. 2016. "Manifesto for an Ecological Reformation of all Christian Traditions". World Council of Churches. Consultado 10 setiembre, 2016. www.oikoumene.org/en/resources/documents/other-ecumenical-bodies/manifesto-on-an-ecological-reformation-of-all-christian-traditions?searchterm=volos+eco.

Global Footprint Network. 2016. Consultado 29 setiembre, 2016. www.footprintnetwork.org/es/index.php/GFN/page/world_footprint/.

Hallman, David. 1994. "Beyond North/South Dialogue". *Ecotheology. Voices from South and North*, editado por David Hallman, 1994. New York: Orbis.

Hinkelammert, Franz. 2012. Teología profana y pensamiento crítico (conversaciones con Estela Fernández Nadal y Gustavo David Silnik), Buenos Aires: CICCUS/ CLACSO, 90-91. Citado en ponencia de Riechmann.

Riechmann, Jorge. 2016. "Ponencia en Cuarto Seminario Red Internacional de Pensamiento Crítico", 20 septiembre, Madrid: UAM, por publicar.

Sacks, Jonathan. 2002. *The Dignity of Difference, How to avoid the Clash of Civilizations*. New York: Continuum.

Speth, Gus. 2016. "We scientists don't know how to do that." Wine Water Watch. Consultado 10 setiembre, 2016. http://winewaterwatch.org/2016/05/we-scientists-dont-know-how-to-do-that-what-a-commentary/.

SS Francisco. 2015. "Laudato sí". Carta Encíclica sobre el cuidado de nuestra casa común.

White, Lynn. 1967. "The Historical Roots of Our Environmental Crisis". *Science* 155 (3767): 1203-1207. Consultado 10 setiembre, 2016. http://science.sciencemag.org/content/155/3767/1203.

Reforma religiosa y transformación social
Aportes desde América Latina en ocasión de los 500 años de la Reforma Protestante

El camino de las Espiritualidades vinculadas a la Gran Red de la Vida

Sofía Chipana Quispe

> *Nayraru kheparu uñtasisaw sarnakäta*
> Caminaras sin perder de vista, el pasado y el futuro.
> (Sabiduría aymara)

El tejido que ofrezco tiene como diseño de fondo las palabras sabias de las ancestras/os aymaras, caminarás sin perder de vista el pasado y futuro, pues para muchos pueblos indígenas el pasado tiene que ver con el *amuyu*, la comprensión de la vida. Desde esa comprensión, estamos aprendiendo a releer nuestras historias, no sólo desde la memoria de los vencidos, sino desde las memorias transgresoras que resistieron la conquista y la imposición colonial social y religiosa; gestando la libertad y la sanación de la Vida desde la conexión con las espiritualidades ancestrales, a fin de encaminar transformaciones necesarias para que el aliento vital circule plenamente, provocando equilibrios necesarios en la gran Red o comunidad de la Vida.

1. Esa Piedra Soy Yo

Evocar la memoria de las resistencias de los pueblos en *Abya Yala* supone aproximarse a las espiritualidades y cosmovisiones profundas que sostenían la vida en los diversos territorios, que la conquista y colonización no pudo extinguir. En las espiritualidades ancestrales heredadas se percibe la interrelación de los cuerpos y territorios vinculados con los ritmos cíclicos del Cosmos. Sin duda, esos vínculos y ritmos fueron alterados por las diversas luchas locales y las expansiones territoriales de los "imperios" que buscaron homogenizar la vivencia de las espiritualidades y las prácticas religiosas a fin de ejercer su dominio. Sin embargo, se percibe una cosmovisión y espiritualidad cosmogónica compartida que fueron sentidas, experimentadas y resignificadas de maneras muy diversas según sus contextos geográficos y culturales.

El entramado de las expresiones espirituales, sabidurías y cosmovisiones no fueron consideradas como tal por los conquistadores y la cristiandad[1] que se extendió por *Abya Yala*. Esta empresa avasalló territorios, enajenando identidades y sentidos de Vida a partir de las campañas de "extirpación de idolatrías", y sentenciando todo lo estaba fuera de los parámetros de la cultura y religión dominante, como se puede apreciar en la narración que procede del año de 1565 de la región de Yauyos (Perú) rescatada por Eduardo Galeano:

> El funcionario del rey aguarda a la bruja, diestra en maldades, que ha de venir a rendir cuentas. A sus pies yace boca abajo, el ídolo de piedra. La bruja fue sorprendida cuando estaba velando esta huaca a escondidas. Y pronto pagará su herejía. Pero antes del castigo, el funcionario quiere escuchar de su boca la confesión de sus charlas con el demonio. Mientras espera que la traigan, se entretiene pisoteando la huaca y meditando sobre el destino de estos indios, que da pesar a Dios haberlos creado.
> Los soldados arrojaron la bruja y la dejan temblando en el umbral.

---

[1] La cristiandad tiene que ver con la expansión "civilizatoria" del cristianismo.

> Entonces la huaca de piedra, fea y vieja, saluda en lengua quechua a la bruja vieja y fea:
> - Bienvenida seas, princesa dice la voz, ronca, desde las suelas del funcionario.
> El funcionario queda bizco y cae, despatarrado, al piso.
> Mientras lo abanica con un sombrero, la vieja se prende a la casaca del desvanecido y clama: "¡No me castigues, señor, no la rompas!".
> La vieja quisiera explicarle que en esa piedra viven las divinidades y que si no fuera por la huaca, ella no sabría cómo se llama, ni quién es, ni de dónde viene, y andaría por el mundo desnuda y perdida. (1998, 43-44)

Me detengo en la última parte del relato. La *Huaca*, en este caso, se trata de una piedra sagrada, ya que las *Huacas* podían ser las montañas, los volcanes, las lagunas o los objetos de piedra donde habitan los espíritus de las/os protectoras/es que sostienen la Vida de los pueblos. Esa *Huaca*, que cuidaba la mujer catalogada como "bruja"[2], conservaba el sentido de su vida y su conexión con la vida de su territorio que suponía toda su historia. Por ello implora para que no la destruyan, pues sin ella no sabría cómo se llama, ni quién es, ni de dónde viene. Para muchos, la destrucción de lo que se consideraba sagrado supuso la enajenación de sus identidades. Por eso, esa mujer andaría desnuda y perdida por el mundo; se trataba de una desarmonización total, pues esa *Huaca* era el vínculo con la memoria de sus ancestros/as, de su cuerpo y su territorio.

2. Cuerpos en resistencia

En el contexto de rupturas y desarraigo no sólo por la imposición religiosa, sino también por el aumento del "número de encomiendas"[3] y los pesados impuestos tributarios que pagaban los nativos, "la situación de los indígenas empeoró cuando ellos comenzaron a trabajar en las minas..." (Cavero,

---
[2] Se trata de una extensión de la cacería de brujas en Europa, hacía los siglos XV al XVIII, como lo desarrolla Silvia Federici en su obra el Calibán y la Bruja.
[3] El trabajo forzado controlado por los sacerdotes encomenderos.

2001, 360). En ese contexto de opresión, represión y exterminio de los indígenas y sus territorios, ubicamos la comunidad de resistencia, *Taki Oncoy*, que sus inquisidores denominaron como la "enfermedad del baile", porque habían asumido la danza y el canto para entrar en comunión con las Huacas destruidas que resucitaban en sus cuerpos. Para Luis Millones, se trataría de una "rebelión de Huacas contra el Dios cristiano", desde una autonomía espiritual que encaminarían la renovación y reconstrucción de las espiritualidades ancestrales, superando el predominio de las estructuras religiosas y sociales de los imperios Inca y de España. Por ello, Cavero la cataloga como un movimiento socio religioso (2001, 357) que buscaba la unificación andina desde los lazos comunes que procedían de las espiritualidades ancestrales vinculadas a las montañas, lagunas, lagos, mares, bosques y *paqarinas*[4] que remitían a los orígenes de los pueblos, lo que en *aymara* se denomina el *Taypi*. Éste era el tiempo en que el cosmos se fue armonizando y equilibrando, y la vida de los diversos seres empezó a germinar. Es decir, se trataba de la conexión con el corazón de la Gran Red o Comunidad de la Vida.

La resistencia de *Taki Oncoy* se propone restablecer el equilibrio (*kuti*), que es "inversión, vuelta, regreso, restitución, retorno, revolución o transformación" (Montes, 1999, 144), del tiempo y el espacio. El *Pachakuti* se trata de un "cataclismo simétricamente opuesto a la Conquista −esta vez producido por los indios−, invertirá de nuevo el universo, inaugurando una nueva era de justicia que reedite las glorias del pasado indígena en un mañana prometido" (Montes, 1999, 315).

La resistencia de *Taki Oncoy*, ubicada en los primeros tiempos de la conquista (1560 − 1572), fuera de los centros del imperio Inca (en Huamanga/Ayacucho), se fue extendiendo hacia otros territorios. No hay acuerdos al respecto, ya que algunos, siguiendo las crónicas del sacerdote "extirpador de idolatrías", Cristóbal de Albornoz, la ubican en Cuzco, Arequipa,

---

4 Espacios donde cuidaban los cuerpos de sus ancestros/as.

Lima y hasta la jurisdicción de Charcas Sucre (Bolivia). Sin embargo, María Marsilli, siguiendo la documentación de los etnohistoriadores, plantea que "se circunscribió a una parte del Sur de Perú, desde Huancavelica a Condesuyos en el noreste de Arequipa" (2004, 49). Ambos datos presentan al *Taki Onkoy* como una comunidad de resistencia itinerante por los territorios dolidos. A su vez, interesantemente sus principales líderes habían asumido nombres bíblicos que están relacionados a la Cruz de Cristo, Juan Chocne (o Chocna), Santa María y Santa María Magdalena, posiblemente con mucha intención, por la relación a un Dios vencido en la Cruz.

Siguiendo la ruta de las resistencias, el *Taki Oncoy* parecería no haber quedado en el registro de la memoria, como pasó con la resistencia de los cuatro últimos descendientes de Atahuallpa en Villcabamba (Cuzco) hacia los años de 1534 – 1572. Sin embargo, habita en la memoria más profunda que se registra en otros espacios y no sólo del cuerpo humano. Mientras los incas luchaban contra los españoles y los pueblos aliados, en otros territorios hacían conexiones con la naturaleza desde la danza y el canto e interpretaban los mensajes que traían "el fenómeno del niño, temblores, terremotos, fenómenos astrológicos" (Cavero 2001, 361). Estos fenómenos provenían de *amaru*, la serpiente ancestral que habitaba en las profundidades de los volcanes, la cordillera nevada y las cumbres altas, dejando sentir su fuerza telúrica en los diversos fenómenos naturales que posibilitarían un nuevo orden. De esta manera el *Taki Oncoy*, desde la danza, el canto y el culto a los ancestros/as, estaba relacionado con las realidades sobrehumanas y las fuerzas de la Vida que eran capaces de generar el *Pachakuti*.

La conexión con *Amaru* será significativa para el *Taki Oncoy*, pero también para la resistencia Inca. No por casualidad, el último Inca fue nombrado como *Tupac Amaru*, pues desde esa fuerza buscará la reconstitución del *Tahuantinsuyo*[5]; y a su muerte se

---

[5] Se extendía en los territorios de lo que hoy es: Perú, Bolivia, Chile, Argentina, Ecuador y Colombia.

tejerá el relato del *Inkarri*[6], con la polisemia propia de los relatos orales, que iluminará y sostendrá diversos levantamientos y resistencias. En la cabeza decapitada del *lnkarri* (rey inca) habita la fuerza de *Amaru* en las cumbres altas de los pueblos en resistencia. Por ello, los que encabezaron los levantamientos en la región Andina asumirán el apelativo *Amaru* o *Katari* (serpiente). Sólo como ejemplo nombro a algunos:

- Tomás Katari y sus hermanos (1700 – 1701): encabezaron sublevaciones por Potosí, Sucre y Oruro, conocido como la sublevación de Chayanta.

- Tupac Amaru II (1780 – 1782): encabezó una sublevación general que "se extendió desde el Cuzco, por el norte, hasta Jujuy en la actual Argentina, por el sur, y tuvo repercusiones en lo que son hoy Colombia y Ecuador (Montes, 1989, 328).

- Tupac Katari (1781), cercó a la ciudad de La Paz y se desplazó hacía Oruro y Puno y aliándose con la resistencia de Cuzco después de la muerte de Tupac Amaru II.

La resistencia de los pueblos indígenas no sólo ocupó el tiempo de la colonia; se extendió al tiempo de las repúblicas y sus "democracias", ya que la situación de los pueblos indígenas seguiría siendo expropiada y oprimida, ya no por los conquistadores, sino por los terratenientes en las haciendas, hasta el período de 1950. En este tiempo se promoverán en diversas regiones andinas reformas agrarias promovidas por los Estados con una serie de vacíos legales. Por ello, en las décadas de 1980 y 1990 se retomará la lucha por la tierra en diversas regiones andinas, lucha que se extiende hasta nuestros tiempos en el cuidado de la vida.

Desde el tiempo de la conquista, hasta nuestros tiempos será la fuerza ancestral primigenia, a lo que llamamos la fuerza vital

---

[6] El mito hace referencia a la decapitación del Inca, cuya cabeza se mantiene con vida hasta lograr el restablecimiento del pueblo.

de la Gran comunidad, Red de la Vida, Pachamama, la que mantendrá las luchas de los pueblos y la reconstitución de los cuerpos y territorios desmembrados. Pueblos que algún día se unificarán desde esa fuerza misteriosa de *Amaru*, que desde los *Pachakutis*, empiezan a resquebrajar, "el sistema de creencias, valores y actitudes de conformismo y sometimiento, y se desacreditan las justificaciones sobrenaturales de la opresión, descorriéndose así los velos ideológicos que encubren la realidad indígena. Entonces la injusticia y la explotación aparecen en su cruda desnudez, y el orden establecido pierde toda legitimidad" (Montes, 1999, 368).

3. ¿Este es el oro que comes? Este oro comemos

La legitimación de las opresiones que la conquista había instaurado en los territorios de *Abya Yala* refleja la misma complejidad de su estructura como bien lo plantea Octavio Paz:

> En su conciencia y en la de sus ejércitos combaten nociones opuestas: los intereses de la Monarquía y los individuales, los de la fe y los del lucro. Y cada conquistador, cada misionero y cada burócrata era un campo de batalla. Si aisladamente considerados, cada uno representa a los grandes poderes que se disputan la dirección de la sociedad –el feudalismo, la Iglesia y la Monarquía absoluta–, en su interior pelean otras tendencias. Las mismas que distinguen a España del resto de Europa y que la hacen, en el sentido literal de la palabra, una nación excéntrica" (Paz, 2004, 107).

Pues esas mismas contradicciones generarían desconciertos en los pueblos conquistados, como bien lo expresa Guamán Poma de Ayala en uno de sus textos graficados, en la que Huayna Capac presenta un plato con oro a uno de los conquistadores, haciendo la pregunta "¿este es el oro que comes?", y la respuesta se da sin esperar, "este oro comemos". Al parecer se trata de una constatación que hace el inca sobre el comportamiento de los conquistadores y misioneros, que el oro era lo más importante. Se lo puede advertir en los escritos de Bartolomé de las Casas en México y su preocupación por los territorios de Perú, donde se había despertado la fiebre del oro. Por eso dirá que las motivaciones de aquellos que pasan a las Indias, son "los que se han determinadamente rendido y hecho siervos y cautivos de la avaricia, como parece por las obras, que han hecho allá" (Gutiérrez 2009, 611). No lo que dicen creer, sino sus obras prueban que quienes no se detienen ante nada por conseguir oro han hecho de las riquezas su señor… "menos se estima y reverencia y adora a Dios que el dinero" (Gutiérrez 2009, 611). Gutiérrez también hace eco de las palabras del jesuita José de Acosta en relación a la codicia "el día que falte el oro y la plata, o desparezca de la circulación, se desvanecerá automáticamente toda connivencia de gente, toda ambición viajera, toda rivalidad en el campo civil o eclesiástico" (Ibid. p. 595).

Las campañas de extirpación de idolatrías y las reducciones de las poblaciones indígenas impuestos por el virrey Francisco de Toledo, suponían incorporar los modos de vida, el sistema de tributación y la religión, a fin de establecer el nuevo orden bajo el sometimiento y subordinación, desde la deslegitimación de la organización y religión prehispánica. Las directrices del III Concilio de Lima lo ratifican, catalogando que la religión ancestral había sido identificada como diabólica por naturaleza, por lo que se usaría la coerción espiritual, que dará paso a la dominación cultural y a la sumisión. Como diría Gutiérrez, "con finura, José de Acosta[7] expresa la sorpresa –que sigue siendo la nuestra– de que en su tiempo se hayan juntado cosas tan dispares como "el Evangelio de la paz" y "la espada de la guerra" (1992, 178).

Por otra parte, desde los espacios académicos se debatirá sobre las formas en que debía llevarse la conversión de los indígenas. Pero el que ya se seguía era el que planteaba Ginés de Sepúlveda a partir de la figura de los "dos caminos que pueden llevar a la conversión de los bárbaros… uno es difícil, largo y obstaculizado con muchos peligros y trabajos que consiste solamente en la admonición, doctrina y predicación; y otro fácil, breve, expedito y muy ventajoso para los bárbaros, que

---

[7] Ubicado en el siglo XVI.

consiste en su sometimiento, no es de hombre prudente dudar cuál de estos caminos se deba seguir" (Gutiérrez 1992, 193).

Lamentablemente, como lo dice Octavio Paz: "al hablar de la Iglesia católica no me refiero nada más a la obra apostólica de los misioneros, sino a su cuerpo entero, con su santos, sus prelados rapaces, sus eclesiásticos pedantes, sus juristas apasionados, sus obras de caridad y su atesoramiento de riquezas" (2004, 111). Asumió actitudes inquisitoriales para someter territorios y cuerpos a fin de que produjesen oro. Sin duda, no se puede olvidar las presencias transgresoras, como diría Gustavo Gutiérrez, que "son una activa minoría que batalló con denuedo por la justicia" (1992, 17) y que de algún modo conspiraron con los pueblos en resistencia, desde el cuestionamiento al sistema de organización colonial y la reflexión sobre Jesucristo y la forma en la que se encarna y hace historia en los territorios conquistados:

> Las vejaciones cometidas por quienes "se hacen llamar cristianos", como los califica Las Casas repetidas veces, contra las naciones indias, despertarán conciencias y decidirán destinos. Guamán Poma y las Casas son dos de aquellos que, desde la fe en el Dios de la vida, recusaron la muerte injusta y prematura de los indios. Pertenecieron a mundos culturales distintos, no vivieron en los mismos años; pero tuvieron en común la observación de una realidad en la que la población autóctona vivía la postergación y el maltrato. Comulgaron también en su propósito de hacer pasar esa situación por la criba de las exigencias de la fe cristiana, esfuerzo que en cada uno tuvo naturalmente acentos propios. Ambos de manera diversa emprendieron el camino de la solidaridad con los marginados y oprimidos, con los "pobres de Jesucristo" para decirlo con Guamán Poma" (Gutiérrez 1992, 25).

4. 500 años y seguimos siendo

La memoria de los 500 años de los pueblos en resistencia, supuso el paso del caos a un tiempo de luz y de armonía, un *Pachakuti*, "que enfrenta a ambos opuestos en un terreno neutral (*akapacha*) y los confunde e iguala momentáneamente en un caos temporal, que luego otorga el predominio al que estaba subordinado, restaurando así el equilibrio" (Montes, 1999, 105). Se trata de un tiempo que busca salir de la clandestinidad y avivar el grito ancestral por el derecho, dignidad y la defensa de la tierra y territorio desde el vínculo con el *Amaru*, la fuerza ancestral que habita en los cuerpos territorios y las tierras territorios que buscan reintegrarse desde sus propias identidades. Evidencia la gran pluralidad de pueblos que no buscan las unificaciones homogéneas sino conectarse con las sabidurías ancestrales de las "culturas madres" (Paz, 2004, 99). Permanecen registradas en la gran riqueza de expresiones artísticas, idiomas, territorios, sabores, saberes y espiritualidades.

La memoria de los 500 años se fue gestando como una pequeña semilla resguardada por diversos procesos y relatos profundos de la memoria de los pueblos que la nutrieron en diversos tiempos y espacios, hasta que al final dejó ver su pequeño y vulnerable brote, desafiando a las sociedades dominantes, desde la presencia digna de los pueblos ancestrales, y no incivilizada, ignorante ni idólatra; sino desde la humilde conciencia de ser portadora de sabidurías milenarias que están guardadas en las sabidurías profundas de cada pueblo que habita la gran *Abya Yala*. Como dirían los sabios mayas "arrancaron nuestros frutos, cortaron nuestras ramas, quemaron nuestro tronco, pero no pudieron matar nuestras raíces" (*Popol Vuh*). Desde esa conexión, muchos pueblos indígenas (reapropiación descolonizadora de la categoría "indígena"), en diversos territorios asumen el desafío "cósmico político" en palabras de la sabia Xinca Lorena Cabnal.

Por diversos territorios de *Abya Yala*, las resistencias explicitas de algunos países con mayor población indígena y comunidades antisistémicas, acuerpan las múltiples resistencias de los pueblos que están procurando las conspiraciones cósmicas en la profundidad de sus territorios. De esa manera, desde la común unión podemos seguir resistiendo y haciendo frente a las diversas conquistas de las compañías extractivistas, que día a día, siguen expropiando tierras y territorios, para explotar cordilleras, montañas y cerros sagrados donde habitan las/os guardianas/es, contaminando a su paso lagunas, ríos y vertientes consideradas como guardianas de la vida. Talan árboles y bosques sagrados donde habitan los espíritus de las/os ancestros/as; matan semillas y seres ancestrales. De esa manera podemos seguir mencionando a los otros miembros de la comunidad de la vida que están siendo afectados en su ser, y que sin duda afectan profundamente las cosmovisiones y espiritualidades ancestrales donde la vida es como un gran tejido. Se trata de la resistencia cósmico-política frente a las nuevas "extirpaciones" de las espiritualidades vinculadas a la Red de la Vida. Son empresas que siguen la ruta del oro y que están llevando a la desaparición de pueblos, a la criminalización de sus luchas y al asesinato de sus líderes, todo esto con la venia de los estados que asumen las "políticas de exterminio" de los pueblos indígenas.

El *Pachakuti* supone el despertar de la conciencia cósmica que nos recuerda el vínculo con el gran tejido de vida, que provoca otros modos de ser y estar en el Cosmos. En los territorios andinos se la reconoce como el *Sumak Kausay*, el *Suma Qamaña*, el Buen Vivir. Este proyecto histórico, político, económico, social y religioso de los pueblos ancestrales no se trata de una propuesta nueva, sino de rescatar desde los diversos saberes y espiritualidades lo que las conquistas interrumpieron, y que en nuestro tiempo se ofrece como una alternativa al supuesto "desarrollo" que nos presenta el mercado y las políticas globales. Se trata del restablecimiento del equilibrio de las relaciones en el Cosmos que estamos llamados a propiciar como comunidad humana. Es una propuesta que empieza a ser acogida en diversos espacios y, de manera significativa, en las constituciones políticas de Ecuador y Bolivia, aunque las políticas y economías extractivas que ambos estados asumen para alcanzar el supuesto "desarrollo", limitan en la búsqueda de esos otros modos de comprender la Vida.

Por ello, un paso fundamental que nos encaminaría hacia el sentido más profundo del Buen Vivir, serán los procesos de descolonización del ser, del saber y del poder, porque es imposible dar pasos en la construcción de algo nuevo y diferente desde los parámetros coloniales, patriarcales y jerárquicos. Como dirían las comunidades de mujeres feministas indígenas, no se puede hablar del Buen Vivir, si es que aún la otra mitad de la comunidad es violentada y sufre la exclusión de sus comunidades por el enfoque patriarcal que se sostiene en la tradición ancestral y colonial; y que desde el discurso del machismo indígena niega las relaciones de igualdad. De éstas rescato el sentido de la defensa y cuidado del cuerpo territorio y la tierra territorio.

Hay muchas experiencias del Buen Vivir, que recorren los caminos insurgentes, como los que emprendieron las hermanas/os zapatistas en los territorios de Chiapas, que aún sigue siendo un gran referente de que "es posible romper con las estructuras de la cultura dominante, del éxito, del individualismo, de la competencia, del consumismo y del poder del dinero, para proponer una nueva manera de hacer vida, una vida para todos/as" (Bascopé 2006, 109).

5. Tejiendo Teologías Indígenas y Espiritualidades ancestrales

Nos aproximamos a un tejido que se va entrelazando con los hilos rotos y quemados de las espiritualidades ancestrales que fueron acompañando de maneras creativas el caminar de los pueblos indígenas de *Abya Yala*. Supieron no sólo darle su espacio y tiempo al cristianismo, sino también hacer apropiaciones creativas y dinámicas de los símbolos impuestos a los que le dieron sus propios sentidos.

Las teologías indígenas, como plantearía Josef Estermann, haciendo referencia a la teología andina y a su pertinencia para las teologías indígenas:

> se inserta en una serie de contextualizaciones socio-culturales y étnicas del quehacer teológico que han tomado cuerpo en los últimos treinta años, tanto en América Latina, como en África y Asia. No es solamente el fruto de una creciente toma de conciencia de los pueblos indígenas y sus cosmovisiones, sino también de una labor en el campo de la reflexión intercultural (Estermann 2006, 144)…

que cuestiona la universalidad de la teología occidental dominante, y cualquier pretensión de presentar un solo modo de hacer teología, por ello en palabras de Eleazar López, "no existe una única Teología India, sino múltiples teologías indias, cada una caminando por senderos propios según el Espíritu le inspira y según las circunstancias históricas le permitan desarrollarse" (López 2000, 7).

Las teologías indígenas son parte de una articulación teológica y pastoral, cuya constitución surge en la década de 1990 en las regiones de México y Centroamérica, en la región Andina de Perú–Bolivia y en otras regiones. Se trata de una articulación promovida por algunos sectores de la iglesia católica como el Centro Nacional de Ayuda a las Misiones Indígenas (CENAMI) y espacios ecuménicos como la Articulación Ecuménica Latinoamericano de Pueblos Indígenas (AELAPI), el Consejo Latinoamericano de Iglesias (CLAI) y el Consejo Mundial de Iglesias (CMI). Desde ellos, se consolidaron procesos de reflexión en la relectura de la fe desde la realidad vivida por la comunidad creyente en las tierras y territorios indígenas considerados como "el pozo milenario de donde se saca agua fresca para la vida cotidiana y la vida de la fe; en ella está la teología narrativa y la experiencia de Dios" (Sarmiento, 2000, 12). Esta articulación es también promovida por las opciones éticas, políticas, sociales y pastorales en los distintos contextos históricos de los pueblos indígenas en resistencia de cada región, ya que pese a las reivindicaciones de autonomía y autodeterminación de los pueblos, el avasallamiento de los territorios por empresas extractivistas es una amenaza patente.

Se trata de un proceso que supuso el paso de una "pastoral indigenista" promovida por misioneros en territorios indígenas; hacia la "pastoral indígena" impulsada con el protagonismo de las comunidades "indígenas" a partir de las articulaciones pastorales con el apoyo institucional de algunas iglesias católicas y protestantes[8]. El equipo asesor de Teología India de la

---

8 En Bolivia las iglesias metodista y luterana emprendieron algunos caminos profundos de una articulación teológica andina.

Conferencia Episcopal Latinoamericana, en el ámbito católico, rescata dos experiencias significativas en la articulación de una "iglesia indígena" en las Diócesis de Riobamba, Ecuador con el obispo Leónidas Proaño, y en Chiapas de San Cristóbal de las Casas, México con el obispo Samuel Ruiz, los que impulsaron "el proceso de construcción de una iglesia con rostro, pensamiento y corazón indígena" (Millones 2015, 63). Son experiencias que en estos tiempos han adquirido otros sentidos al no estar los impulsores de esos otros modos de comprender la iglesia.

Si bien a nivel de algunas iglesias y de sociedades se empieza a aceptar los otros modos de vivir la fe y las espiritualidades, no es un proceso fácil, ya que para muchas iglesias las teologías indígenas son vistas como una amenaza para la "integridad" del cristianismo y una 're-paganización', porque aún priman las clasificaciones excluyentes de los otros modos de sentir al Misterio Sagrado de la Vida, como idólatras, panteístas, politeístas, animistas. Los procesos de las Teologías Indígenas, al ser gestados en espacios eclesiales cristianos, se inclinaron a una articulación cristiana ya que se trataba de reconocer en los pueblos las "semillas del verbo presente en todas las culturas" (López, 2000, 26), es decir, la presencia de Cristo, a fin de otorgar dignidad a las religiones y espiritualidades y permitir que los pueblos indígenas puedan ofrecer su palabra viva.

Con todo, no podemos obviar los aportes que las teologías indígenas-*cristianas* y las teologías indígenas-*indígenas* ofrecen desde el despertar de la conciencia cósmica, no sólo al interior de las iglesias y los ámbitos teológicos, sino también en la sociedad como un todo:

- La noción holística de la vida asume la vida como un gran tejido donde los seres humanos somos un hilo que se interrelaciona con los demás para generar la armonía y el equilibrio desde los procesos senti-pensantes que cuestionan las visiones y espiritualidades dualistas, antropocéntricas y androcéntricas.
- Una experiencia del Misterio Sagrado de la Vida, integrada a la fuerza vital cósmica, y que precisa de todas las fuerzas

complementarias para que la vida germine y sea criada; frente al teísmo, cristocentrismo y androcentrismo.

- Reconocer que en las espiritualidades ancestrales hay procesos de "salvación", sanación y liberación desde la relacionalidad y la reciprocidad; por lo tanto, no sólo en la iglesia hay salvación.
- Promover un diálogo intercultural, interreligioso, ecuménico y descolonizador, desde una relación de alteridad y simetría que confronte las posturas hegemónicas de una cultura y religión dominante.

Pero también quedan pendientes algunos desafíos por asumir en los procesos de las teologías indígenas:

- El más desafiante, una actitud crítica frente al entronque patriarcal y jerárquico del colonialismo cristiano y las tradiciones ancestrales que no permite emprender caminos liberadores.
- Las descolonizaciones del ser, saber y poder.
- Mayor aproximación a las espiritualidades ancestrales, para descubrir los ropajes adquiridos en la construcción de las identidades indígenas urbanas que son asumidos como esotéricas y comerciables.

Finalmente, decir que los pueblos y comunidades en resistencia, desde las memorias subversivas de *pachakutis*, nos ofrecen las fuentes de las espiritualidades ancestrales, desde la que se pueden ir gestando las semillas del *Suma Qamaña, Sumak Kausay*, el Buen Vivir, el *Shalom*, la Vida Digna y Plena que nos vincula a la gran red o comunidad de la Vida.

Bibliografía

Arnold, Denisse. 2006. "Algunos aportes de las ciencias sociales al proyecto de teología andina". En *Teología Andina: El tejido diverso de la fe indígena*, editado por José Estermann, 247-293. La Paz: ISEAT.

Bascopé, Víctor. 2006. *Espiritualidad Andina: en el Pacha Andino*. Cochabamba: Verbo Divino.

Cabnal, Lorena. s.f. "Documento en construcción para aportar a las reflexiones continentales desde el feminismo comunitario al paradigma ancestral originario del 'Sumak Kawasay'—Buen Vivir". Asociación de mujeres indígenas de Santa María Jalapa Amismaxaj. https://amismaxaj.files.wordpress.com/2012/09/buen-vivir-desde-el-feminismo-comunitario.pdf

Cavero, Ranulfo. 2001. *Los Dioses vencidos*. San Cristóbal de Huamanga, Perú: Universidad Nacional. https://www.google.com/search?q=TAKI+ONKOY&ie=utf-8&oe=utf-8&client=firefox-b#q=TAKI+ONKOY+PDF+&*

Estermann, José. 2006. "La 'Teología Andina' como realidad y proyecto". En *Teología Andina: El tejido diverso de la fe indígena*, de José Estermann, 137-162. La Paz: ISEAT.

Galeano, Eduardo. 1998. *Úselo y tírelo*. Buenos Aires: Planeta.

Gutiérrez, Gustavo. 1992. *En busca de los pobres de Jesucristo: El pensamiento de Bartolomé de las Casas*. Lima: Instituto Bartolomé de las Casas y Centro de Estudios y Publicaciones.

López, Eleazar. 2000. *Teología India: Antología*. Cochabamba: UCB, Guadalupe y Verbo Divino.

Marsilli, María. 2014. *Hábitos perniciosos: religión andina colonial en la diócesis de Arequipa*. Santiago de Chile: Dirección de Bibliotecas, Archivos y Museos.

Marzal, Manuel. 1988. *La transformación religiosa peruana*. Lima: Pontificio Universidad Católica del Perú (PUCP).

Millones, Luis. 2015. "El taki oncoy y las montañas". *Perspectivas latinoamericanas*, 111-117. https://www.ic.nanzan-u.ac.jp/LATIN/kanko/PL/TAKIPDF/pltaki_09_luis_millones.pdf

Montes Ruiz, Fernando. 1999. *La máscara de piedra: Simbolismo y personalidad aymaras en la historia*. La Paz: Armonía.

Paz, Octavio 2004. *El laberinto de la soledad: Posdata vuelta a "El laberinto de la soledad"*. México: Fondo de Cultura Económica.

Sarmiento, Nicanor. 2000. *Caminos de la teología india*. Cochabamba: UCB, Guadalupe y Verbo Divino.

Una lectura desde la perspectiva indígena del Ecuador
Legado anabaptista entre los indígenas

Julián Guamán

1. Un sector nada despreciable

El protestantismo en el Ecuador es inherente a la mutación religiosa que vive América Latina (Bastian 1997 y 2004, 160)[1]. El Instituto Nacional de Estadística y Censos en 2011 llevó a cabo una encuesta que fue realizada por primera vez en Ecuador y esta establece que el 11,3 % de la población ecuatoriana es de afiliación religiosa evangélica (INEC 2012)[2]. En el 2014 la

---

1 En América Latina, la afiliación religiosa evangélica ha crecido significativamente. Por ejemplo, el 41% de hondureños y guatemaltecos se declaran evangélicos; Nicaragua con el 40%, El Salvador posee 36% de población protestante; Puerto Rico con el 33%; Brasil registra un 26% de protestantes; en Costa Rica los evangélicos son el 25%, República Dominica con el 23%, Panamá con el 19 %, la población protestante de Chile, Perú y Venezuela alcanza el 17%; Argentina y Uruguay registran el 15%; en Colombia el 13% de la población se declaran evangélicos; México con el 9%; y Paraguay con el 7% (Pew Research Center 2014, 12).
2 El INEC aplicó una encuesta sobre "filiación religiosa" únicamente en las ciudades de Quito, Guayaquil, Ambato, Machala y Cuenca; y aplicó la

encuesta de *Pew Research Center* (2014, 12) informaba que el 13% de ecuatorianos profesan la fe protestante. Sin embargo, los dirigentes de la Confraternidad Evangélica Ecuatoriana (CEE)[3] proyectan actualmente que el protestantismo representaría entre el 16 y 20% de la población total del Ecuador.

Poblacion evangélica en Ecuador

AÑO	%
1960*	0.48
1985*	2.75
2010**	11.5
2014**	13

Fuente: *Stoll 1990 y ** Pew Research Center 2011 y 2014.
Elaboración: Julián Guamán, 2016.

En la sierra central y norte del Ecuador, donde hay mayor población indígena (kichwa) la población evangélica es muy significativa. En las comunidades indígenas de la provincia de Chimborazo, entre seis y ocho de cada diez indígenas se declaran evangélicos; en provincias como Bolívar, Tungurahua, Cotopaxi e Imbabura sobrepasan la mitad de la población indígena. En poblaciones indígenas de la Amazonía y la Costa ecuatoriana, la presencia del protestantismo es también significativa.

Consecuentemente, el protestantismo en el Ecuador se presenta o se hace visible en organizaciones religiosas[4] llamadas "agencias", "misiones" "denominaciones", "congregaciones", "iglesias locales", "organizaciones para-eclesiales" y "organizaciones de integración religiosa" entre otras. Ha permeado di-

---

entrevista a 13.211 personas; pero no en las zonas de población indígena, donde se halla mayor población evangélica.

3 Esta organización agrupa a cerca de un centenar de denominaciones y entidades religiosas protestantes, evangelicales y pentecostales, y está vigente desde el año 1964.

4 La "Ley de Cultos" o el Decreto Supremo No. 212 del 21 de julio de 1937 y el Reglamento de Cultos Religiosos del Decreto Ejecutivo No. 1682 del 20 de enero de 2000, a las sociedades religiosas o iglesias los denomina "organizaciones religiosas" y "entidades religiosas" también.

versas capas sociales y algunos segmentos del protestantismo participan de la protesta social, otros en cambio defienden el *statu quo* del sistema dominante; pero, sobre todo se manifiestan de manera plural, autárquica y con múltiples vocerías.

2. Difusión del protestantismo

En lo que es hoy el territorio ecuatoriano, el protestantismo se halla presente desde la época colonial[5] por medio de comerciantes y viajeros; y durante período pre-liberal, principalmente por diplomáticos (Gold 1970). A partir de 1822 los ingleses anglicanos miembros del Batallón Albión que habían combatido contra el ejército realista en las guerras de la independencia, habían establecido ya una parroquia en Guayaquil para su práctica religiosa (Crespo 2007, 40-46); y desde 1824 por medio *colportores* [distribuidores de Biblia o partes de ella] hasta 1896 (Padilla 1990, 106-108).

Pero la incursión oficial del cristianismo evangélico ocurre en el año 1896, en el gobierno liberal de Eloy Alfaro, con la llegada a Guayaquil de los primeros misioneros evangélicos de la *Gospel Missionary Union* / Unión Misionera Evangélica (UME) (Padilla 1989, 194). Entre 1896 y 1945 se establecen cinco denominaciones[6] y una organización para-eclesiástica[7] procedentes de los Estados Unidos de América y se ubicaron

---

5 Se dice que entre 1571 y 1575 un "luterano" se había radicado en Guamote, en la provincia de Chimborazo, y fue asesinado por la muchedumbre católica en la antigua ciudad de Riobamba, de la misma provincia (González 1892, 367-368).

6 Por denominación entendemos a una iglesia conformada por congregaciones y se rige por un solo sistema normativo, organizativo, gobierno, doctrina, rito y magisterio. Una denominación se clasifica en *denominación extranjera* (iglesia que tiene origen en el exterior) y *denominación nacional* (iglesia de raíz nacional). A una congregación lo definimos como iglesia local y esta puede ser de hecho o de derecho (que tiene personalidad jurídica). Si es de derecho es independiente y autónoma.

7 Por organización para-eclesiástica entendemos a una organización no gubernamental evangélica que apoya o complementa la labor misionera de la denominación o una congregación.

principalmente en las provincias de Manabí, Guayas, Pichincha y provincias andinas con población indígena mayoritaria. El trabajo de los misioneros evangélicos además del proselitismo tímido fue la alfabetización, traducción de porciones de la Biblia y actividades de beneficencia (Padilla 2008).

La segunda fase de expansión evangélica se suscita entre 1945-1990, la misma que se caracteriza por la incursión de más de una veintena de denominaciones y cerca de una decena de agencias para-eclesiales. La mayoría de estas denominaciones son evangelicales, seguida de iglesias pentecostales. Entre los años 1970 y 1990 ocurre la mayor conversión de los indígenas.

En este período se constituyen decenas de iglesias nacionales a imagen y semejanza de las denominaciones extranjeras, se crean instituciones educativas[8], se establecen organizaciones de asistencia humanitaria, se crean institutos y seminarios teológicos, se instauran clínicas de salud[9] y medios de comunicación[10], entre otros.

Asimismo, nace y se desarrollan dos principales organizaciones nacionales que procuran integrar y representar a los evangélicos: la Confraternidad Evangélica Ecuatoriana-CEE (1964) y el

---

[8] Por ejemplo, los protestantes metodistas tienen el honor de haber contribuido con la educación laica del Ecuador. El 22 de diciembre de 1899, el Ministerio de Instrucción Pública firmó un contrato con el misionero metodista Thomas Wood para que éste contratase profesores extranjeros para las escuelas normales: un director y profesor para la Escuela Normal de varones de Quito, un director y un profesor para la Escuela Normal de Cuenca, y una directora y una profesora para la Escuela Normal de Quito. El trabajo educativo de los metodistas con el gobierno culminó en septiembre de 1907 entre dificultades y aciertos (Padilla 1989, 252 y 257-258 y Villamarín 1996, 62-63). En la actualidad hay instituciones educativas particulares como el Colegio Evangélico Theodore W Anderson, Ciencia y Fe, 4 de Julio, Colegio Bautista, Colegio Adventista, Colegio Verbo, entre otros.

[9] Hospital Voz Andes de Quito y de Shell Mera, Pastaza; MAP Internacional, Clínicas de salud, entre otros.

[10] Radio La Voz de los Andes HCJB (1931), Radio HCUE5 o Radio Colta, Radio *Runata Kuyak*, Radio *Ingapirca*, TV Ventana de los Andes, Asomavision, UNSION TV, entre otros.

Consejo de Pueblos y Organizaciones Indígenas Evangélicas del Ecuador–FEINE (1980). La CEE abarca principalmente a iglesias y organizaciones religiosas mestizas y la FEINE agrupa exclusivamente a indígenas.

En el período comprendido entre 1990 y 2015 se constata el inicio de la retirada de misioneros de las denominaciones extranjeras que se establecieron en los períodos anteriores; además la "nacionalización" del protestantismo; la emergencia del liderazgo nacional sin tutelaje misionero; la autarquía y la atomización de los evangélicos y pentecostales. En esta fase, los evangélicos incursionan en la arena de la política partidista sea mediante sus propios partidos[11] o por medio de otros partidos políticos. La participación de evangélicos en la política partidista no ha tenido mucha trascendencia.

No cabe duda que la expansión del protestantismo en el Ecuador, como en el resto de América Latina, ocurre a la par de los cambios operados en los ámbitos económicos, sociales y políticos (Levine 2012, 83-89). Los factores que explican la expansión del protestantismo en América Latina y en el Ecuador –que coinciden con los períodos de difusión señalados arriba- serían 1) la irrupción y el triunfo del liberalismo (Bastian 2007, 454- 455); 2) la actuación del protestantismo a la par de la expansión del imperialismo estadounidense en pleno contexto de la Guerra Fría y que rivalizó con el catolicismo (Stoll 1985, 26–28); y 3) la nacionalización (menor dependencia de financiación y control de misioneros), organización del protestantismo y el pluralismo religioso (Bastian 2007, 460; 2004, 160; 1994, 231; Levine 2012, 70-71)

3. Protestantismo en el sector indígena

El sector indígena ha sido principalmente el grupo objetivo más codiciado para la evangelización por parte del

---

11 Por ejemplo Unidos Para Servir al Ecuador, 1992, Amauta Jatari, 1998 y Tierra Fértil (2009); la primera y tercera fueron una iniciativa del sector mestizo y la segunda, propia de los indígenas.

protestantismo evangelical y por ello en el país se desarrollaría un "protestantismo indígena" (Andrade 2004). También el protestantismo pentecostal[12] en mayor medida, y el histórico-clásico[13] en menor medida, se hallan entre los indígenas.

Sin desmerecer las demás denominaciones[14] y agencias misioneras[15] evangelicales, tres misiones evangélicas que se asentaron entre los indígenas del Ecuador son las que han tenido mayor éxito en sus propósitos de evangelización: la Unión Misionera Evangélica (UME)[16], la Alianza Cristiana y Misionera (ACM)[17] y el Instituto Lingüístico de Verano (ILV)[18].

---

12 Entre los indígenas se hallan principalmente la Iglesia del Evangelio Cuadrangular (1956); Iglesia Evangélica Apostólica del Nombre de Jesús (1959); Asambleas de Dios (1962); Iglesia de Dios (Cleveland) 1972, e Iglesia Cristiana Verbo (1982).

13 Iglesia de los Hermanos y Misión Unida Andina Indígena, 1946 (Pichincha: Calderón, Tabacundo); Iglesia Episcopal (1960); Misión Luterana Sudamericana de Noruega, 1968 (Cañar y Azuay); e Iglesia Evangélica Metodista del Ecuador (1975).

14 Hermanos Libres, 1939 (Kichwa de Pastaza, Napo y Tsáchila de Sto. Domingo); Iglesia del Pacto Evangélico, 1947 (Pichincha, Imbabura y Napo); Convención Bautista, 1950 (Pichincha y Cañar); Misión Interamericana, 1952 (Loja); Misión Bereana, 1959 (Bolívar); Iglesia del Nazareno (1971); Iglesia de Cristo (1962);

15 Entre otras, la Radio La Voz de los Andes, HCJB (1931), Alas de Socorro (1948), Servicios Radiofónicos de la Selva (1954), Instituto Lingüístico de Verano (1953) hicieron su esfuerzo proselitista para afianzar el proceso evangelizador de los indígenas. Además, desde los años setenta se hicieron presentes en el sector indígena las organizaciones de asistencia humanitarias como Alfalit (1962), Visión Mundial (1978), Compasión Internacional (1975) y MAP Internacional (1979), principalmente.

16 La UME (llegó al país en 1896) se asienta entre los kichwa de Chimborazo en 1902 (sólo en 1954 ocurrió la conversión de los primero 4 indígenas). Luego se asienta entre kichwa de Bolívar, Tungurahua, Cotopaxi. Desde 1922 en adelante se asienta entre los indígenas Shuar, Achuar, Waorani y Kichwa de Pastaza de la Amazonía.

17 La Alianza Cristiana y Misionera llegó al país en 1897 y se asentó en medio de los kichwa de Imbabura en 1918, desde 1926 entre los indígenas de Napo; entre los Shuar y Achuar desde 1929; en la zona de Chimborazo en 1933; y desde 1934 entre los indígenas de Tungurahua.

18 El ILV (1953) ha sido una organización religiosa polémica que fue expulsada del país en 1992. El ILV trabajó principalmente en la traducción de porciones de Biblia y de la literatura evangélica para la

De entre las tres misiones, la UME ha sido determinante entre los indígenas de la Sierra central del Ecuador y en particular en la provincia de Chimborazo. Pues fruto de una masiva conversión de indígenas en las décadas de los setenta y los noventa, se consolidaron congregaciones e incluso se fortaleció el proceso organizativo de los indígenas evangélicos.

4. Legado anabaptista entre los indígenas evangélicos

No hay duda de la persistencia de la herencia protestante entre los indígenas evangélicos tales como la sola *scriptura*, sola *gratia*, sola *fide*, libertad cristiana; sacerdocio universal de los creyentes, *Eclessia reformata Semper reformanda* y *Soli deo gloria* (Stam 2016, 05-11); pero ciertamente, los indígenas evangélicos, además de lo anterior, han asumido ciertos postulados que tienen características del movimiento y teología anabaptista[19].

De hecho, sostenemos que el "protestantismo indígena" ha tenido dos períodos en su desarrollo teológico, a saber: a) el período de influencia de los postulados anabaptistas[20] y b) el

---

evangelización de pueblos indígenas del Ecuador del Oriente y la Costa ecuatoriana (Cofán, Siona, Secoya, Hoaorani, Tsáchila, Chachi y Awa) a la par de la producción de literatura y gramática en lenguas indígenas, la alfabetización, las iniciativas de educación bilingüe (Cfr. Barriga 1992).

19 En el Ecuador de manera oficial se hallan dos convenciones de iglesias menonitas. La Iglesia Evangélica Menonita Ecuatoriana (IEME) formada por la Misión Menonita de Rosedale que se estableció en 1980 y la Iglesia Cristiana Anabautista Menonita de Ecuador (ICAME) formada por la Mennonite Mission Network de Iglesia Menonita de los Estados Unidos que se estableció en el país en 1992. La IEME tiene 8 iglesias locales en la Costa ecuatoriana y la ICAME una congregación en Quito. Pero, sólo la ICAME ha tenido acercamientos con los indígenas del Ecuador, pero no ha establecido congregaciones.

20 Pese a que la UME se asentó en la zona en 1902, sólo desde 1953 con la presencia del misionero canadiense Enrique Klassen suscitaría el "fuego en el páramo" (Maust 1995). Klassen permaneció por cuarenta años y con el ocurrió las masivas conversiones, se ordenaron pastores, se creó y se consolidó el Instituto Bíblico Sinaí para entrenar líderes y ministros religiosos, no sólo de indígenas de la provincia de Chimborazo sino de indígenas migrantes en el Ecuador y fuera del país (Estados Unidos y

influjo del dispensacionalismo y fundamentalismo evangélico. Aquí, quiero detenerme en el primero.

El legado anabaptista entre los indígenas evangélicos se puede constatar en la afirmación y práctica de bautismo de adultos; la concepción del Bautismo y Santa Cena como ordenanza; el vino y el pan en la Santa Cena como símbolos de la conmemoración del sacrificio de Jesucristo; la iglesia como comunidad; la separación iglesia y Estado; la interpretación cristocéntrica de la Biblia y la no violencia.

5. Iglesia como comunidad de hermanos y separada del Estado

El cristianismo evangélico entre los indígenas se propagó rápidamente por los predicadores itinerantes y dirigentes de las comunidades indígenas[21]; no sin antes sufrir las persecuciones por parte de elementos de la iglesia católica y los terratenientes de la época, hasta principios de la década de los noventa del siglo pasado.

Luego de la conversión masiva se organizaron como pequeñas células ("salas evangélicas"). Estas iglesias tienen las características de "comunidad". En particular entre los indígenas migrantes en los barrios marginales de las ciudades, se evidencia que la iglesia local juega el rol de comunidad; es decir, "como familia marcada por un amor fraternal íntimo y personal" (Byler 1994, 9) y que difiere "del individualismo

---

España). Klassen si bien fue misionero de la UME, pero al ser menonita de origen, legó a los indígenas ciertos elementos históricos y teológicos anabaptistas, y luego desde 1992, con el trabajo de misioneros menonitas de la Mennonite Mission Network de la Iglesia Menonita de Estados Unidos entre los indígenas se evidenció los postulados anabautistas, aunque no se plantó congregaciones.

21 Una comunidad indígena significa población basada en familias extendidas y asentada en un microterritorio, con memoria histórica y colectiva, y con gobierno y administración de justicia propia.

típico de los protestantes" (Byler 2017, 7). Las iglesias indígenas son esencialmente autónomas e independientes; algo así como "pequeñas células de hermanos y hermanas comprometidos hasta la mismísima muerte" (Byler 1994, 9).

Hasta finales de los años 90s, las iglesias tenían claridad respecto de la separación entre la iglesia y el Estado; y como consecuencia de ello, los cristianos indígenas y sus ministros tenían prohibición de participar en la política partidista. Se consideraba que la iglesia no requiere de las palancas del poder de los príncipes, de gobiernos o autoridades del ayuntamiento o ciudad (Byler 2017, 7).

Como es bien conocido, el protestantismo en su versión luterana, calvinista y anglicana, en el siglo XVI, no plateaba la separación, sino el mantenimiento o fusión entre la iglesia y el Estado; incluso son los príncipes, el Concejo de la ciudad y el rey (Enrique VIII de Inglaterra), los que adoptan el protestantismo y por ende, los habitantes de sus territorios también. Como alguien dijo: los habitantes o lo súbditos de los principados y reinos durmieron católicos, pero amanecieron protestantes. De ahí que, se configuraron iglesias nacionales, oficializadas por el Estado, defendidas y asumidas por los príncipes y autoridades. Sin embargo, los anabaptistas contrarios a ser tutelados por el Estado, se autodenominaron "iglesias libres" (no estatales) y legaron lo que hoy se entiende por "iglesias evangélicas".

Los indígenas, además de autodefinirse como evangélicos, se definieron como "cristianos", seguidores de Cristo y por ello enfatizan la espiritualidad personal (salvación como asunto de la persona); el discipulado y la disciplina expresada en la santidad y moral; no la violencia sino el amor sacrificial. Para el anabaptismo, la iglesia, siendo una comunidad de hermanos separada del mundo, es "libre" en dos sentidos: 1) participación voluntaria e 2) independencia del Estado por inconformismo con el mundo y células pequeñas. Se expresa el apego a la Biblia, pero no a credos ni teólogos, sino a la Biblia leída por ellos mismos; la comunidad de fieles es el lugar de estudio de la Palabra (cf. Byler 1994, 11).

En el cristianismo indígena, se pone total énfasis en el bautismo de adultos y en la Santa Cena para personas bautizadas, similar a los anabaptistas del siglo XVI. Estos dos aspectos son considerados como coherentes y consistentes con las Escrituras y de acuerdo con el testimonio de la iglesia primitiva. El pan y el vino son considerados sin embargo meramente símbolos (Roth 2012, 11 y 14).

6. La Biblia y su interpretación

Los cristianos indígenas aseveran que el término evangélico fue enseñado en el sentido de ceñirse a las enseñanzas, la vida, testimonio, muerte y resurrección de Jesús, conforme a los cuatro evangelios. Las enseñanzas y el estilo de vida de Jesús son la autoridad última.

De ahí que la interpretación de la Biblia se hace a la luz de los evangelios y de las enseñanzas de Jesús. Es decir, tal cual como expresa la cita siguiente:

> examinar *toda* la revelación bíblica a la luz de Jesús de Nazaret, el Hijo, aquel a quien Juan llama *logos*, o sea Palabra de Dios por excelencia. Las consecuencias de basar nuestra enseñanza en las palabras de Jesús de Nazaret son eminentemente prácticas. Jesús nunca nos dejará conformarnos con una mera «sana doctrina». Jesús exige de nosotros más bien una «sana conducta» basada en el amor al prójimo y la solidaridad con los que sufren" (Byler 1994, 9).

Además de la interpretación cristocéntrica, los indígenas evangélicos toman la enseñanza y el ejemplo de conducta, vida y muerte de Jesús, como orientación esencial para la vida cristiana.

La difusión del cristianismo evangélico entre los indígenas se debió a los tratados y la Biblia en su lengua vernácula. Los himnos cristianos, la prédica y los predicadores indígenas permitieron la expansión del cristianismo entre los indígenas. El esfuerzo del misionero fue precisamente poner la Palabra en las lenguas indígenas. Tal como se suscitó en el siglo XVI, la Biblia en su propio idioma o los tratados y cuartillas impresas (por hábiles predicadores), eran un elemento de propaganda para consolidar el nacionalismo y la identidad independiente de las naciones (en el contexto del Sacro Imperio Germánico).

En el caso de los indígenas ecuatorianos la Biblia en su propia lengua sirvió no solo para propagación de la fe cristiana sino también como medio de alfabetización y escolarización.

7. Ética y la no violencia

Las enseñanzas de los predicadores y pastores indígenas consistían en solucionar los problemas mediante el diálogo, sin acudir a las autoridades civiles o jueces. Hoy en día, en las iglesias indígenas cualquier tipo de problemas o dificultades se solucionan en un ámbito comunitario, inclusive los relacionados con la justicia ordinaria. Días enteros se destinan para la solución de controversias, no solo de miembros en la iglesia sino de la comunidad en general.

El otro elemento que se evidencia es la objeción de conciencia en cuanto al servicio militar obligatorio, por cuanto el servicio militar se considera como una forma de violencia contraria a las enseñanzas de Jesús. La "destrucción de la vida humana nunca se justifica. Y que quien quiera mantener lo contrario sencillamente no ha comprendido el evangelio" (Byler 1994, 11).

En el país los indígenas han protagonizado varios levantamientos indígenas en defensa o exigencia de sus derechos como pueblos. Los indígenas evangélicos participaron en los levantamientos indígenas del año 1990, 1994 y 2001[22]; participaron en marchas y movilizaciones sociales, pero sin usar en sus reclamos elementos que pueden ser considerados insumos de violencia.

---

22 En la década de los setenta, en pleno contexto de reformas agrarias, los líderes evangélicos promovieron la recuperación de tierras para los pueblos indígenas.

El legado anabaptista también coincide con la concepción de una vida no conformada a este mundo. El estilo de vida sencillo y el pacífico. La vida diaria es conforme a las enseñanzas y estilo de vida de Jesús.

Para cerrar. Los cristianos indígenas enfatizan 1) en que Jesús es el centro de la fe. Heb 12:2 y 1 Cor 3:11. "nacidos de nuevo" en vez de "justificados por la fe". El Bautismo de adultos llegó a ser la señal de salvación y transformación (transformación moral, social y económica de la persona) y la salvación entendida como trasformación. 2) Una iglesia que sigue el modelo y forma original del Nuevo Testamento, independiente del Estado (privilegian el congregacionalismo). Una iglesia como comunidad, integrada por creyentes transformados y comprometidos con Jesús y unos con otros. Y 3) Enseñanza y práctica acerca de la gracia transformadora, la evangelización, la paz y el poder transformador del Espíritu Santo, pues cree que el Espíritu Santo les da poder para discipular, evangelizar, hacer la paz y llevar una vida simple (Cfr. Becker 2008).

El legado más precioso de la Reforma desde nuestra perspectiva indígena, aún por encima de los principios protestantes y anabaptistas, ha sido y sigue siendo la Palabra –algunos dirían el retorno a las Escrituras- en las manos de los pueblos indígenas.

Bibliografía

Andrade, Susana. 2004. *Protestantismo indígena. Procesos de conversión religiosa en la provincia de Chimborazo, Ecuador.* Quito: FLACSO-Abya Yala-IFEA.

Barriga López, Franklin. 1992. *Las culturas indígenas ecuatorianas y el Instituto Lingüístico de Verano.* Quito: Amauta.

Bastian, Jean-Pierre. 1994. *Protestantismo y modernidad latinoamericana. Historia de unas minorías religiosas activas en América Latina.* México D.F.: Fondo de Cultura Económica.

———. 1997. *La mutación religiosa de América Latina. Para una sociología del cambio social en la modernidad periférica.* México D.F.: Fondo de Cultura Económica.

———. 2004. "La recomposición religiosa de América Latina en la modernidad tardía". En *La modernidad religiosa: Europa latina y América Latina en perspectiva comparada,* coordinado por Jean-Pierre Bastian, 155-174. México DF.: Fondo de Cultura Económica.

———. 2007. "De los protestantismos históricos a los pentecostalismos latinoamericanos: análisis de una mutación religiosa". En *Creer y poder hoy,* editado por Clemencia Tejeiro, Fabián Sanabria y William Beltrán, 550-578. Bogotá: Universidad Nacional de Colombia.

Becker, Palmer. 2008. *¿Qué es un cristiano anabautista?* Elkhart, IN: Mennonite Mission Network.

Byler, Dionisio. 1994. *Origen de los menonitas: Los anabaptistas no violentos del siglo XVI.* Conferencia leída en el II Encuentro Menonita Español, Zaragoza, 9- 11 septiembre, con el título «Los anabaptistas del siglo 16 y los españoles del siglo 21».

———. 2017. *El 500 aniversario de la Reforma protestante, desde una perspectiva anabaptista.* Ponencia presentada en el retiro de pastores y líderes de AMyHCE (Anabaptistas, Menonitas y Hermanos en Cristo - España), 3-5 de marzo.

Crespo, Walter R. 2007. *La espada del Albión, Crónica iconoclasta de la tolerancia religiosa en el Ecuador.* Quito: Universidad Autónoma de Quito.

Gold, Robert L.1970. "Problems of Protestantism in Ecuador, 1866-1873". *Journal of Church and State,* Vol. 12, No. 1 (Winter): 59-77. Oxford University Press.

González Suárez, Federico. 1892. *Historia General de la República del Ecuador,* Tomo III. Quito: Publicaciones Educativas Ariel.

Instituto Nacional de Estadística y Censo, INEC 2012. Consultado el 15 de febrero de 2016. http://www.ecuadorencifras.gob.ec/filiacion-religiosa/

Lalive d'Épinay, Christian. 1970. "Les Protestantismes latino-américains: Un modèle typologique". *Archives de sociologie des religions,* 15e Année, No. 30 (Jul. - Dec.): 33-57. EHESS.

Levine, Daniel H. 2012. *Politics, religion and society in Latin American.* Boulder, CO: Lynne Rienner Publishers.

Maust, John. 1995. *Un canto nuevo en los Andes.* Kansas City: Gospel Missionary Union.

Míguez Bonino, José. 1995. *Rostros del protestantismo latinoamericano.* Buenos Aires: Nueva Creación.

Padilla J, Washington. 1989. *La Iglesia y los dioses modernos. Historia del Protestantismo en el Ecuador.* Quito: Corporación Editora Nacional.

———. 1990. "La actividad de la sociedades bíblicas en Ecuador durante el primer liberalismo". En *Protestantes, liberales y francmasones. Sociedades de ideas y modernidad en América Latina, siglo XIX,* editado por Jean-Pierre Bastian, 97-118. México D.F.: Fondo de Cultura Económica.

———. 2008. *La iglesia y los dioses modernos. Historia del protestantismo en el Ecuador.* 2ª Edición. Quito: Corporación Editora Nacional.

Pew Research Center 2011. "Global Christianity. A Report on the Size and Distribution of the World's Christian Population". Consultado el 15 de febrero de 2016. http://www.pewforum.org/files/2011/12/Christianity-fullreport-web.pdf

Pew Research Center 2014. "Religión en América Latina". Consultado el 15 de febrero de 2016. http://www.pewforum.org/files/2014/11/PEW-RESEARCH-CENTER-Religion-in-Latin-America-Overview-SPANISH-TRANSLATION-for-publication-11-13.pdf

Roth, John D. 2012. "What to Do About 2017? The Ecumenical Challenge of an Anniversary". An Anabaptist-Mennonite Perspective. Institute for Ecumenical Research July 4-11.

Schäfer, Heinrich W. 1989. "Una tipología del protestantismo en Centroamérica". *Pasos.* N° 24. (julio- agosto): 16-30. Departamento Ecuménico de Investigaciones.

Stam, Juan. 2016. "La reforma y la iglesia protestante hoy" en SBU, *El medio milenio de la Reforma Protestante. Escenario latinoamericano de hoy.* Quito: Sociedades Bíblicas Unidas en Ecuador.

Stoll, David. 1985. *El Instituto de Verano en América Latina ¿Pescadores de hombres o fundadores del imperio?* Lima: DESCO-Abya Yala.

———. 1990. *¿América Latina se vuelve protestante? Las políticas de crecimiento evangélico.* Quito: Abya Yala.

Villamarín, Marcelo. 1996. "Los orígenes del normalismo y el proyecto liberal". Procesos, *Revista Ecuatoriana de Historia,* No. 8. Corporación Editora Nacional, Quito: 55-65.

Hermenéutica empírica en contextos de conflicto

Una experiencia a partir de la comunidad cristiana indígena Nasa-Páez

Edgar Cardozo Jiménez

1. Contextualización

Comunidad cristiana indígena Nasa-Páez[1], entre crítica progresista y refundación identitaria

La comunidad o *subgrupo cristiano indígena Nasa-Páez* (SICN-P)[2], es uno que vive una condición de *conflicto* y *desplazamiento* por razones ideológicas. Dicha comunidad o subgrupo, constituido por 73

---

1 Término compuesto que tiene como pretensión, por una parte, indicar la etnia a la que corresponde la comunidad partícipe en el proyecto (Nasa) y, por la otra, el municipio del Departamento del Cauca (Colombia) al cual corresponde su lugar de origen (Páez).

2 Pues se pudo reconocer, en esta región, un cristianismo fisurado que dejó entrever dos tipologías; es decir, dos grupos de creyentes. El primero, cristianos denominados 'dinámicos', los cuales no segregan de sí su cosmovisión ancestral-tradicional y su correspondiente sujeción a sus Autoridades Tradicionales (AT) pues lo consideran necesario para la preservación de su identidad. El segundo, cristianos de 'ética radical' -subgrupo al que pertenece esta nominación-, los cuales en un alto grado –no total- la rechazan.

familias, en la actualidad enfrenta circunstancias alienantes y de quiebre socio-político, cultural e ideológico[3]. Escenario crítico que, desde sus propios testimonios, consideran consecuente con el sufrimiento y rechazo que recibe el creyente por la causa de Jesucristo.

Esta situación fue aquella que vino a considerarse como conflicto en esta investigación. Ello debido a que es el resultado de un desencadenamiento de intereses político-económicos mediatizados por una oscilación entre las *Autoridades Tradicionales* (AT)[4], impulsadas propiamente por el *Consejo Regional Indígena del Cauca* (CRIC)[5], y el SICN-P en estudio.

Por una parte, las AT han sido aquellas que han dejado entrever en su quehacer organizativo, así como el CRIC, una intencionalidad por mantener su identidad cultural, propiamente Nasa (anti-

---

3 Circunstancias fruto de abusos que incluyeron, violencia verbal-psicológica, escarnio público y castigos tradicionales (cepo, calabozo y azotes); así como amenazas de desplazamiento (año 2010). Allí donde -según el SICN-P- el cabildo convocaba a reuniones en las que se apoyaban de *grupos armados ilegales (Sexto bloque de las FARC-EP)* para generar la presión suficiente que los hiciera desistir. Sin embargo, estas experiencias –según ellos- lo que hacía era fortalecerlos en su deseo de ser independientes; cuestión que –ante las AT- viabilizaba un desplazamiento. Esta situación, para el año 2013, logró alcanzar niveles de lucha y resistencia interna a tal punto que se les otorgó 72 horas de plazo para abandonar el territorio. El desplazamiento estuvo a la puerta y los alcanzó. Para Junio del mismo año este subgrupo terminó desplazándose forzadamente hacia Piendamó, Cauca.

4 Organización originada en el departamento del Cauca por el problema del terraje y la negociación de los derechos elementales de los pueblos originarios. En su historia (40 años) ha tomado diversos nombres: AISO (Autoridades indígenas del sur de Colombia, 1987) y, AICO (Autoridades indígenas de Colombia, 1988). En el año 2011 retomó su nombre inicial: Autoridades Tradicionales indígenas de Colombia; así como su principal función: "fortalecer la identidad y defender los territorios".

5 Comité ejecutivo que surge el 24 de febrero de 1971 en Toribío (Cauca), a partir de la estructuración de siete Cabildos e igual número de resguardos, los cuales hasta la actualidad han ascendido a un número 115 en total. Su programa político ha tenido como eje central los principios de: unidad, tierra y cultura. Es decir, toda una influencia de las enseñanzas de sus líderes históricos: La Gaitana, Juán Tama y Manuel Quintín Lame.

heterónoma), la cual asegure, de manera unilateral, el acceso a las garantías del Estado colombiano; labor que ha sido llevada a cabo bajo los principios de *unidad, tierra y cultura*, los cuales han contrarrestado todo actor antagónico que obstaculice dicha empresa. Por la otra, el SICN-P en estudio, es aquel que resiste a partir de un proyecto ideológico basado en los principios de la Biblia, fruto de la evangelización. Proyecto que –según ellos– se ha mantenido y fortalecido, debido a la dependencia de la palabra y la práctica de ella.

Este escenario de disputa –a juicio de estas organizaciones políticas y sus quehaceres– ha sido aquel que se puede categorizar como: el resultado de la implementación de un paradigma acerca de la vida propiamente progresista. Situación que se cree, afecta la cosmovisión identitaria propiamente Nasa. Según Lozano (2009), esta fue una evangelización que "no tomó en cuenta el orden social [Nasa] Páez" (192). Al contrario, de acuerdo con Findji y Rojas (1985), se hizo bajo la influencia conjugada del protestantismo y el cooperativismo que en la década de 1960 motivó a dirigentes indígenas a adoptar el *modelo de progreso*.

Estas circunstancias son aquellas que dejaron en el SICN-P -a juicio de esta investigación- un espíritu *etno-emancipador*[6], el cual se ha revitalizado a través de la *empírea aplicada en el ejercicio bíblico-interpretativo que realizan a la luz de su realidad*. Circunstancia que se cree, fue aquella que impulsó la búsqueda de una heteronomía cultural y gubernativa que prescindiera de la administración y subordinación a las que eran sometidos.

Esta búsqueda fue aquella que hacia el año 2009 se materializó en el origen de la *Organización pluricultural de los Pueblos Indígenas de Colombia* (OPIC) en medio de la respuesta del

---

6 Término compuesto que tiene como finalidad, por una parte, denotar el carácter natural de 'resistencia' propio de esta población y, por otra, la mirada de la vida que han construido a partir de los principios del evangelio que se les ha entregado y a la vez han moldeado (uno de tintes progresistas).

Estado colombiano a la Minga del año 2008 organizada por el CRIC[7]. Situación que fue asumida por estas organizaciones políticas, como una estrategia del entonces gobierno Uribe [expresidente de Colombia], para dividir el pulso político que el pueblo indígena mantenía ante el Estado colombiano.

En síntesis, una hipótesis que permitía inculpar al SICN-P de la pérdida de la *unidad como pueblo indígena, sus tierras* y *su cultura*; además de la *cooptación de sus liderazgos*. En otras palabras, "toda una organización de esquiroles y paniaguados [*indigenismo de derecha*] creada por Uribe y su ministro Valencia Cossio" (Molano 2016).

Sin embargo, -desde este punto investigativo- tal acusación, chivo expiatorio de disciplinas académicas, es una que puede ser objetada debido a su posible tergiversación; pues, el impulso que llevó a la conformación de la OPIC, se debió a una mutación de la "*Asociación del liderazgo Nasa para el desarrollo y la convivencia pacífica pluricultural en Hispanoamérica*" (ASONASA) nacida en el año 2004 (ASONASA 2009). Asociación que tuvo como núcleo central: el fomento de

> [...] programas de etnoeducación que incluyeran el pluralismo religioso y la enseñanza del inglés como tercera lengua. [Objetivo que] estaba enmarcado dentro de una abierta oposición al CRIC, pues ASONASA como lo manifestaba su Manual de Convivencia rechazaba su "indigenismo radical", su antiestatismo, su ineficacia en el manejo de recursos nacionales e internacionales – ligada a brotes de corrupción – y su posición frente a la toma de vías y las ocupaciones. En suma, podría decirse que el proyecto de ASONASA consistía en un programa educativo abierto a la globalización, cristiano y a la vez interesado en la conservación de la identidad nasa, opuesto al discurso de izquierda y, debido a su búsqueda de integración a la "sociedad nacional", expresamente solidario con las instituciones estatales. (Ramírez, 2016)

---

7 Allí donde se llevó a cabo una movilización a partir de la articulación de grupos indígenas, campesinos, afros y estudiantiles en torno a consignas centradas en la "autonomía", la redistribución de la tierra, el rechazo del "neoliberalismo" y el militarismo, [que] bien puede ser vista entonces como un proyecto hegemónico contrario al uribismo. (Ramírez 2015, 92).

En suma, un conglomerado de vertientes que fue visto por las AT y el CRIC como una lucha por acceder a las ventajas del desarrollo. Ventajas que solo se lograban inscribiéndose en una lógica de subordinación a las condiciones de la producción capitalista promocionadas por el mensaje evangelizador que recibieron. Es decir, todo *un intento de civilización que se trasformó en un proyecto étnico-emancipatorio.*

Hasta la actualidad -y luego del desplazamiento- el SICN-P sigue considerando la necesidad de "diseñar una política propia basada en los principios bíblicos, la Biblia como palabra de Dios, y así elegir a sus propios candidatos que apoyen su propia organización previo acuerdo de la comunidad" (Lozano 2009, 194). Espíritu que ha generado y sigue generando una división interna entre indígenas tradicionalmente izquierdistas en tanto el Estado colombiano, y derechistas "culturizados por la evangelización"; además de poner en evidencia la posibilidad de una fuerte implicación que la comprensión de la realidad a partir de la *lectura del texto bíblico* tuvo en el surgimiento, fortalecimiento y sostenimiento de dicho conflicto.

De esta manera, queda enunciado a grandes rasgos el problema y contexto de la conflictividad que oscila entre las AT, impulsadas por el CRIC, y el SICN-P, hijos de la evangelización y un tipo de lectura bíblica.

2. Proyecto
Hermenéutica empírica en contextos de conflicto

Como ya se expuso, la situación sobre la que se orientó esta investigación estuvo enmarcada en la condición de conflicto y desplazamiento por razones ideológicas del SICN-P desplazado actualmente en el municipio de Piendamó, Cauca. Condición que, vista desde marcos conceptuales y enfoques metodológicos interdisciplinares realizados en las últimas décadas, obedece a la álgida crisis política y económica enraizada en los antecedentes de los años 1960, la cual se agudizó principalmente con la conformación del CRIC y el quehacer configurador junto a las

AT. Razones que, sin lugar a dudas, resultan ser importantes y transversales para la realización de un análisis objetivo de esta coyuntura; sin embargo, no pueden ser tomadas como una absolutización discursiva sobre las causas, ramificaciones y actores del conflicto. Al contrario, ¿Cómo podrían también dichas aseveraciones permitir una implicación hermenéutico-religiosa como elemento rizomático de tal problemática? Stoll afirma: "si los compromisos religiosos se descartan como simples reflejos de intereses políticos, no podremos reconocer las nuevas y creativas respuestas que estos producen" (1990, 6).

Ante dichas circunstancias, se pudo notar que existía una realidad de tipo religioso (teológico-hermenéutico) presente en la conflictividad. Una realidad producto del carácter autoritativo que una particular forma de interpretar el texto bíblico logró adquirir en el SICN-P, la cual les permitía ver en sus contenidos, un cúmulo de reglas exactas a ejecutar para su propio beneficio comunitario, logrando así superar cualquier otro nivel de autoridad, incluso, el que ancestral y tradicionalmente habían recibido. Pero, ¿Cómo logró ello ser transportado a su imaginario colectivo? En efecto, debía existir una actitud interpretativa o mecanismo hermenéutico en su lectura bíblica que propendiera por una reconfiguración identitaria. Esta cuestión –a juicio investigativo- es aquella que posibilitó un afianzamiento y sostenimiento ideológico en medio de sus crisis humanas.

Fue a partir de este esfuerzo por analizar las causas, ramificaciones y actores de este conflicto, que resultó pertinente plantear la pregunta problema: *¿Cuál es la práctica de apropiación del contenido bíblico que realizan los creyentes cristianos Nasa, inmersos en un contexto de conflicto para la reconfiguración de su identidad comunitaria?*

Sin lugar a dudas, un encuadre conflictual que ameritaba ser indagado, ya que era uno que no solo adquiría relevancia por la identificación y caracterización de la práctica y proceso hermenéutico que en medio de ellos transitaba, sino que, a su vez, permitía tener en cuenta el papel que el factor *apropiación del texto bíblico*, es decir, la forma como aprehendían o interiorizaban los contenidos, influía e intervenía en la idea inherente de reconstruir su identidad comunitaria.

Fue de esta manera como se lograron nuevas perspectivas y aproximaciones al texto bíblico cuya fuerza generadora de cambio promovían una *hermenéutica empírica en contextos de conflicto* (hipótesis del proyecto).

3. Metodología

Focus Group/lectura espontánea de la Biblia

El método investigativo que se utilizó para este abordaje fue el de "grupos focales" (focus group); técnica que consiste en la recolección de datos mediante la entrevista grupal semi-estructurada que gira alrededor de una temática propuesta por el investigador. Allí donde la discusión, según Gibb (como se citó en Escobar y Bonilla 2009), es guiada por un conjunto de preguntas diseñadas cuidadosamente con el objetivo particular de hacer que surjan actitudes, sentimientos, creencias, experiencias y reacciones en los participantes. Una multiplicidad de miradas y procesos socio-emocionales dentro del contexto de su realización.

Estos grupos focales se llevaron a acabo luego de una fase de selección rigurosa a más de 25 creyentes con el objetivo de establecer un grupo selecto (12 personas), que cumplieran con las siguientes características: 1) conocer, en el mejor de los términos, la problemática de desplazamiento existente entre ellos y las principales causas que la originaron; 2) reconocer libremente su confesión de fe (cristiana) y; 3) ser miembro activo, líder o no, de la comunidad eclesial del sector donde actualmente se encontraban ubicados (Piendamó, Cauca).

Una vez culminada esta fase (selección) se dio inicio a la segunda: los grupos focales. Estos se llevaron a cabo a través de 4 sesiones de trabajo, cada 15 días los meses febrero y marzo de 2016. El lugar de reunión fue el templo improvisado que este SICN-P tiene en la zona de desplazamiento.

El desarrollo de cada una de estas sesiones tuvo en cuenta los siguientes aspectos:

- *Objetivo general de la investigación*: Identificar y analizar la práctica de apropiación del contenido del texto bíblico que realizan los creyentes cristianos Nasa, inmersos en un contexto de conflicto, para su reconfiguración comunitaria.
- *Las personas invitadas a los grupos focales*; es decir, los doce miembros selectos.
- *Sesión de trabajo*: un saludo y la presentación del moderador (5 minutos). Posterior a ello, la presentación de los participantes (10 minutos, solo para el primer encuentro). Luego de estos dos primeros pasos, la apertura a la sesión de preguntas (1:30 minutos) previamente elaboradas (codificadas) y, finalmente, una breve síntesis de los puntos más destacados.

Posterior a lo ya expuesto, vino un segundo momento, o tercera fase, donde se procedió a realizar las conjeturas teóricas correspondientes (tres capítulos), las cuales, luego de la recolección de la información obtenida en cada una de las sesiones, su análisis correspondiente a través del software ATLAS TI y la fundamentación teórica adecuada, permitieron poner en evidencia los aspectos más relevantes de este proyecto. Estas conjeturas se estructuraron en tres capítulos: 1) una caracterización del contexto y conflicto que ha rodeado a la comunidad indígena Nasa-Páez producto de la evangelización en el Norte del Cauca; la afectación que esta ha tenido en la comunidad en estudio; las múltiples aristas y actores que han fortalecido esta situación que hasta hoy se encuentra enmarcada en una condición de desplazamiento (desde "Tierra adentro" hasta "Piendamó", Cauca) y, las múltiples implicaciones que ello ha tenido en su identidad cristiana comunitaria. 2) una fundamentación teórica (categorías de análisis): *Hermenéutica empírica*; *Lector común* y sus 5 rasgos: dimensión espiritual, actitud frente al texto, portadores de memorias viscerales, entre ídolo e icono y como un encargo; realidad existencial del lector (*Ser-en-el-mundo*) y del *texto bíblico*; *Narrativa bíblica*: espacio de diálogo, imaginación y re-significación en la experiencia sentida del lector y, finalmente, de lo que el lector se apropia (*Apropiación*). 3) un análisis detallado de la información obtenida en la tercera y cuarta sesión, cuyos propósitos fueron los de corroborar la existencia de una práctica hermenéutica, propiamente 'empírica', afiliada a una actitud política resurgente de una ética cristiana radical que conducía a admitir el conflicto como un evento consecuente a la búsqueda de heteronomía *Teológica y sociocultural* y, al seguimiento de Jesús.

Finalmente, para la cuarta y última sesión, se reemplazó la discusión orientada, por una experiencia de lectura espontánea del texto 1 Reyes 21, de cuyo resultado salió un informe de lectura que posteriormente se dividió en segmentos de texto que, a su vez, fueron codificados (ATLAS.TI.) para el análisis final y la conclusión de la investigación.

4. Resultados

Existencia, heridas, ideales... una espontaneidad interpretativa en clave conflictual

Los resultados presentados a continuación tendrán como propósito develar parte de las voces de quienes vivieron y viven el conflicto (SICN-P). Para ello se seguirá el orden sistemático de las sesiones de trabajo (focus group) y se buscará llamar la atención al lector de este artículo, de manera que pueda interesarse por el documento total de esta investigación.

En primer lugar se abordaran las dos primeras sesiones de trabajo. Sesiones en las que respectivamente se realizó una entrevista previamente diseñada, las cuales aportaron a la construcción del problema teniendo en cuenta el punto de vista del SICN-P. Estas entrevistas fueron analizadas a partir de la técnica de observación que proporcionaron los grupos focales, lo cual permitió, aparte de un análisis de la exposición verbal sobre los conocimientos de la comunidad en cuanto al conflicto y su experiencia vivida, analizar las actitudes, sentimientos, creencias, experiencias y reacciones en los participantes; es decir, una mirada detallada sobre los procesos socio-emocionales que se iban presentando. Datos que, de manera implícita, se encuentran incluidos en la contextualización del problema y la comunidad (punto 1 de este artículo).

En segundo lugar (sesión 3 de los focus group), y entendiendo por autoridad bíblica *ese nivel o valor que el texto bíblico tiene para una comunidad*, se propuso develar esa *percepción autoritativa* que el SICN-P tiene de la Biblia; así como su grado de *comprensión bíblica* y, lo que se considera, *del texto salta al lector*. Codificación representada en la gráfica a continuación (seguir los colores).

El análisis de estos resultados dejaron entrever, por una parte, y en cuanto a la *percepción autoritativa de la Biblia*: 1) que ésta es considerada un documento o estatuto (ley) espiritual que brinda los lineamientos que requieren sus vidas, 2) da fortaleza en los momentos de necesidad y, 3) motiva a compartir con otros un mensaje esperanzador.

- *Primero.* En palabras de dos participantes, la Biblia es "el único manual de vida del creyente" y, "el documento espiritual que nos da las razones y los modos para vivir, pues de ella podemos conocer todas las situaciones y sus consecuencias". Estas aseveraciones permiten percibir dos aspectos que fueron generales en el grupo, por un lado, un grado de influencia radicalmente autoritativo y, por el otro, una analogía o paralelismo en tanto sus experiencias conflictuales.

- *Segundo.* Respecto al hecho *la Biblia da fortaleza en medio de las necesidades*, se tomó nota de una sentencia que sintetiza el común denominador de los participantes: "el texto bíblico es un estatuto donde uno puede mirar y leer y sentir que hay algo ahí que está relacionado a mis problemas o que está hablando a mi vida". Afirmación que resulta ser una evidencia de la posibilidad de categorizar a la comunidad como Lector o Lectora común, ya que aparecen como un espacio de lectura que, desde lo más profundo de sus vidas, desde el *'mirar', 'leer'* y *'sentir',* buscan obtener un contenido que les sirva para atender su necesidad y proyectarse ante el devenir de la vida.

- *Tercero.* Ante el postulado: *la Biblia motiva a compartir ese mensaje esperanzador,* resulta pertinente observar el aporte de uno de los participantes: "la Biblia es un documento muy útil, porque de ahí se aprende y de ahí se corrige uno mismo y de ahí mismo se da un mensaje a los demás". Esta sentencia es una que, entre otras cosas, permite observar un componente adicional: *el llamado a compartir el mensaje interpretado empíricamente, desde una realidad personal, a una colectiva.*

En segundo lugar, se presentaron algunos hallazgos en cuanto a la *compresión bíblica* del SICN-P. Por un lado, al preguntarles sobre qué mecanismo utilizan para comprender un pasaje bíblico completamente, la respuesta de la mayoría de los participantes fue: "leer hasta comprender, entre 3 y 6 veces". Respuestas que motivaron a ver en la reiteración de la lectura, una metodología próxima para la comprensión textual. Ej.

"Para entender un texto, yo he visto que se debe repetir varias veces la lectura… se debe leer y leer" (Pastor Marco Abel, líder de la congregación).

Al buscar una ampliación de este postulado, se halló oportuno preguntar sobre quienes les ayudan a entender los pasajes más difíciles, los resultados obtenidos fueron: "un 70% de los asistentes sin ningún tipo de participación más que un silencio sospechoso"; quizá porque en su experiencia personal de lectura, son ellos mismos quienes idean las estrategias de acercamiento y apropiación que les permite mantener un equilibrio en sus procesos de lectura y comprensión. Mientras que, el restante del grupo, afirmó que se debe a la ayuda del Espíritu Santo, la capacidad lógica del ser humano y, en el menor de los casos, el apoyo de otros pastores con capacidad en el tema.

Así mismo, se aseguró que los términos y temas desconocidos (comprensión literal) muchas veces no logran ser comprendidos debido a la falta de ayudas exegéticas y capacitación teológica. Hecho que corrobora la práctica en el ejercicio exegético y, a la vez, un tenue grado de angustia metodológica en quienes tienen un mínimo de capacitación bíblico-teológica (pastores de la comunidad). Finalmente, se identificó que la versión bíblica Reina Valera 1960 ha sido aquella que, a través de la lectura en un tono de voz preferiblemente bajo, mayormente se ha empleado en la comunidad.

En tercer lugar, se procedió a identificar aquello que *del texto salta al lector*. Tarea en la que se siguió a De Wit (2013), el cual afirma: los textos bíblicos

> […] quieren que honremos y exploremos ese primer plano, lo que los textos proyectan hacia adelante. Eso implica que leer, como respuesta primaria a lo que está escrito, no es solo explorar lo que el autor dijo sobre su propia situación, sino lo que él o ella pudo haber dicho sobre mi situación (p.104).

De ahí que se propuso partir de la pregunta (código de análisis) ¿Usa la Biblia para tomar decisiones? ¿Cómo lo hace? Algunas respuestas a ella fueron: "Cuando uno lee la Biblia en cualquier texto, este está yendo a la persona"; "la Biblia es un estatuto donde uno puede *mirar* y *leer* y *sentir* que hay algo ahí […] que está hablando a mi vida"; "Sí, es necesario utilizarla, pues si la Biblia me dice eso, entonces voy a dedicarme en esto porque la Biblia me lo dice". Estas y otras respuestas adquiridas fueron aquellas que esgrimieron la valía e interacción que el texto bíblico tiene para la vida y las decisiones del SICN-P. Situación que es posible debido a que es vista como una portadora de mensajes relevantes, pertinentes, claros y posibles de obtener; tanto, que en su forma de expresarlo pareciera que estuvieran ahí encima (adelante del texto), solo para ser tomados.

De esta manera, que enuncia una breve síntesis sobre la tercera sesión de trabajo, se puede ilustrar también a partir de la siguiente gráfica, la cual constituye una representación, a manera de *nodo semántico*, que el sistema de análisis (ATLAS. TI.) otorgó.

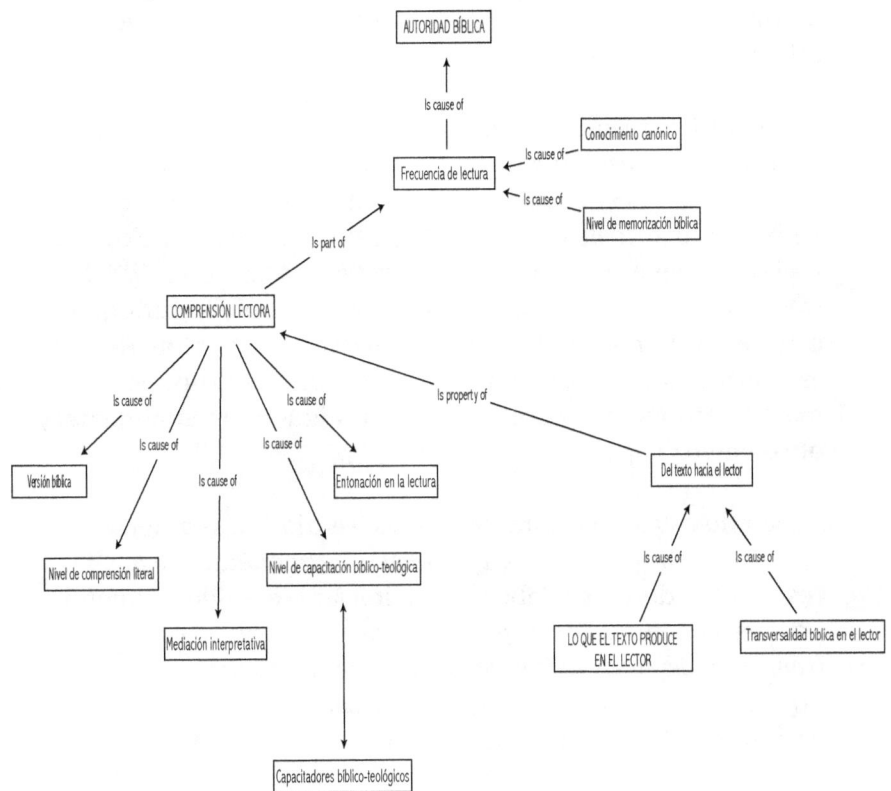

Finalmente, como cuarta y última sesión de los grupos focales, se realizó una *lectura espontánea de 1 Reyes 21 (titulado: "Acab y la viña de Nabot")*. Texto que –a juicio de la investigación- reúne las características necesarias para la realización de una lectura espontánea, pues cuenta con, género narrativo, experiencia de conflicto, figura(s) de autoridad, abuso de poder, sufrimiento, "víctima", "victimario", pérdida del territorio, obrar de Dios, entre otras.

Para iniciar se consultó a la comunidad si utilizaban algún método de lectura bíblica en particular. Cuestión a la que contestaron inadvertidamente con un *no* pues, luego de una conceptualización acerca de los métodos de lectura bíblica, se logró dilucidar algunos pasos reiterativos en sus experiencias de lectura (memoria). Estos fueron: *oración, lectura del texto bíblico, reflexión*, y una *conclusión* qué -según su ellos- "debe estar relacionada a lo que dice el texto que se debe aplicar" (apropiación). Estos pasos se convirtieron en la vía a seguir de esta última sesión.

En cuanto al primer momento (*oración*), el SICN-P evidenció un profundo respeto por la experiencia de acercarse a Dios en oración, pues, hubo una concentración total, un diálogo verbalizado e insistente y, una postura reverente. Posterior a ello, se llevó a cabo la *lectura reiterada (3 veces) del texto bíblico,* utilizando para ello la versión RV 1960; lectura que se caracterizó por ser pausada, bien acentuada y entonada, esto es, sin ningún tipo de afán; mientras tanto el grupo lector de manera autónoma seguía la lectura, algunos mentalmente y otros en voz baja.

Luego de estos dos primeros pasos, se dio inicio al tercero: *la reflexión*. Allí se revisó los procesos hermenéutico-exegéticos resultantes de dicha labor. Para iniciar, se sugiere entender por hermenéutica *"la pregunta por lo que hacen los participantes (comportamiento) cuando se aproximan al texto bíblico"*. Así mismo, por exégesis *"todo aquello que el grupo hace con el texto"*. Con esto en mente, he aquí algunos resultados:

- *En cuanto a lo hermenéutico*

En este punto, un primer aspecto que se tuvo en cuenta fue *la actitud de lectura*. Actitud que se pudo caracterizar como una de *total confianza* frente al texto y su contenido, una que daba abiertamente la bienvenida a la narración y la imaginación. Ej.

> Creo que esa herencia [de Nabot] para el rey tenía unas cosas específicas. Entonces como la persistencia, cuando uno es heredado por alguien, él lo valió mucho, para él tenía mucho valor. Entonces por eso él no quiso vender, creo que algo tenía en su huerto. Entonces por dañar su proyección, su trabajo aun su familia, el rey quiso quitar esa tierra, pero Nabot no quiso, él persistió, se puso firme en que no y no hasta morir. Así, de pronto, en muchas ocasiones, lo que Dios nos ha dado a nosotros como cristianos, creo que así mismo en cada momento en cada instante tenemos ataques, pero lo más importante es: que persistamos firmes en las cosas del Señor y no dejar que el enemigo nos venza. Así que el enemigo por mucho que lo intente, pero es permanecer, pararse firme, en lo que hemos creído.

Por otra parte, se observó una serie de *claves de lectura*, esto es, elementos que utilizaron de su propio contexto/ experiencia, los cuales resultaron ser constitutivos en su proceso de interpretación. Entre ellas se identificaron: *la injusticia, el sufrimiento, la pérdida del territorio, la pérdida de los derechos como pueblo, la utilización de testigos falsos en su contra, la muerte, la justicia de Dios, el liderazgo piadoso, etc*. Claves que se pudieron encontrar en todos los rincones del material empírico recolectado. Es decir, todo un proceso de configuración que hizo evidente la relación entre los elementos presentados en el relato y la visión que esta comunidad tuvo sobre éstos al partir de su propia realidad (procesos de actualización, Ricoeur 2006).

- *En cuanto a lo exegético*

En este punto se analizó cómo el grupo de trabajo rindió cuentas del texto que leyó, identificando en ello: *estrategias de explicación, estrategias de imaginación y la percepción de los actantes* (De Wit 2010). En cuanto a las *estrategias de explicación*, los participantes **no** *se preocuparon por ir en busca del trasfondo histórico-contextual del texto, como* **sí** *lo hubiera hecho un lector profesional*; al contrario, fueron directamente al texto como texto, como una obra narrativa: Ej.

Según la lectura, se está hablando de dos personajes importantes: el rey y el dueño del territorio...del lote. Lo cual dice que Nabot no quiso vender, por mucho que el rey le ofreció: cambiar por otro u ofrecerle dinero. No quiso porque era herencia de sus padres. De pronto porque este lote estaba limitando con el terreno del rey, entonces, por algo el rey codicio eso: por agrandar, por querer tener mucho más o para sus sembrados.

Por otra parte, en cuanto a las *estrategias de imaginación*, se pudo identificar como se complementó, desde la propia *experiencia*, los vacíos de la narración; esto teniendo en cuenta que los ejercicios de relleno constituyen un puente entre la explicación y la apropiación del contenido del texto, pues son estos vacíos los que le permiten al lector plasmar sus propios anhelos.

La muerte de Nabot, para la familia, fue un momento de mucho dolor y de tristeza: perder un ser querido; creo que la familia quedó en esa condición. Y a la par de perder la vida, el huerto quedó en una pelea: ¡eso pertenece a mí! Y el otro ¡no! Eso pertenece es a mí. Aunque Nabot no vendió, pero creo que el problema quedó con la familia.

Sin lugar a dudas, un complemento que evidencia la sensibilidad que ha producido la álgida crisis que hasta hoy libra el SICN-P por aquellas posesiones y derechos que tuvieron que dejar por causa del conflicto; de hecho, uno de los participantes posteriormente lo confirma: "así como la experiencia que nosotros tuvimos, porque nosotros al salir de nuestro territorio donde vivíamos, nosotros no vendimos. Nosotros más bien dejamos animales, casas, tierras, mejoras, todo quedó allí. Pero así como el problema, quedó allá".

Finalmente, en cuanto a la *percepción de los actantes en el texto*, la comunidad en general evidenció la relevancia de *Nabot* como *víctima*, y su principal actitud: *la resistencia*.

- "Pues, con la resistencia que Nabot tuvo: decir la verdad. Pues porque él no la vendió. En mi concepto también y que estamos viviendo, los caminos que nos quedan: es solo decir la verdad y vivir en la verdad (radicalidad por encima de los riesgos).

- "Para mí, creo que podemos identificarnos con Nabot, porque este fue un siervo donde él pudo resistir hasta lo último y no se dejó vencer.

- "También, según el texto: Nabot, pues no vendió su conciencia, al contrario, él tuvo la firmeza para no vender su conciencia. Creo que ese es el mensaje que nos trasmite".

Claramente se puede afirmar, existe una considerable coherencia entre la sentencia y el por qué de ésta. Pues, para el grupo que participó de este ejercicio de lectura, el actuar de Nabot en la narrativa, sumado a los agregados producto de las estrategias de explicación e imaginación, resultó ser el protagonista del relato y, mayor aún, el derrotero autoritativo que refleja las actitudes que aprueban y fortalecen el estado actual de la comunidad; esto es, un estado de resistencia y fe.

En el cuarto y último paso del método elaborado conjuntamente con la comunidad encontramos la *conclusión y aplicación*. Espacios que tuvieron como pretensión, identificar el desafío que el texto plantea al lector de actualizarlo; así como el contenido apropiado y la actividad praxeológica a la que fueron impulsados.

Para iniciar la exposición de esta última parte, se considera apropiado traer a memoria las siguientes palabras de Marguerat y Bourquin (2000, 239):

> Si interpretar significa para el lector refigurar su mundo a partir del mundo del texto, se puede comprender aquí el sentido de la palabra "actuar": la narración le propone actuar la trama del texto en la de su propia existencia... (p.239).

Palabras que permiten abordar esta última parte de los resultados, teniendo en mente que el potencial de un texto no consiste tanto en insertar al lector en los antecedentes gramático-históricos o histórico-críticos para que pueda hallar el mensaje "original" u "oculto" del texto, sino en la pro-posición de un modo de ser en el mundo que el texto abre frente al lector/a por medio de sus referencias no ostensibles.

Desde el punto de vista de esta investigación, se considera que esta actualización la comunidad la logra a través de un modelo analógico, apoyado por una serie de paralelismos de términos. Las siguientes afirmaciones quizá permitan detallar esta doble proposición.

> Acab era el rey y Nabot era el pueblo; defendían la misma comunidad, vivían en la misma ciudad, inclusive, yo creo que era la misma tribu. Entonces, comparando la historia bíblica con la realidad de hoy…es lo mismo. Nosotros antes éramos una sola comunidad, hablamos el mismo idioma, trabajábamos, creíamos lo mismo, etc. Y mientras nosotros permanecíamos en la misión, en el municipio de Páez, que estaba conformada por un grupo de Pastores [líderes Nasa], algunos de estos pastores estaban muy relacionados con la cultura y las costumbres ¿qué nos dijeron, los mismos pastores? Nosotros no tenemos que pelear con nuestras propias autoridades, nosotros tenemos que trabajar así, así y así. Pero como estaban ellos, los mismos pastores estaban muy relacionados con las costumbres, con los ritos que hacían. Entonces a nosotros, como pueblo de Dios, no nos convenía esto, pues no podíamos contaminarnos pues es nuestra propia fe. Mas antes nosotros vivíamos así como estamos hoy, tranquilos. Pero nosotros al llegar esa situación se nos volvieron los peores enemigos [los otros cristianos]. Ahora, luego del último paro agrícola que organizó el CRIC [junio de 2016], y retomo las palabras del profeta Elías [narración], la misma sangre [de Nabot] que lamieron los perros, mientras leíamos el texto yo pensaba, si este era el Pastor por qué ahora ascendió a ser el vicepresidente del CRIC ¿por intereses políticos? Y yo me pregunto ¿Qué pasó? Porqué en vez de afrontar, sabiendo que era el pastor, debería haber dicho debemos trabajar así, hacer así. Entonces ¿qué fue lo que pasó? Al contrario. Armó violencia [paro agrícola 2016], y unos dicen que murieron cuatro otros que murieron dos, pero sé que murieron. Entonces yo decía: en vez de decir, debemos trabajar así [según ellos, ser de testimonio a los demás], entonces la sangre que el hizo correr, a él también le harán: "como dice el profeta" la misma sangre. ¡Estamos pasando lo mismo!

Esta primera afirmación permite divisar cómo este participante, que podría representar la actitud de lectura y explicación de la que hace uso la comunidad, utiliza un *modelo analógico* principalmente, con el que explica y a la vez actualiza el texto, haciéndolo partícipe de su realidad, su frustración, su herida, en fin, de su vida misma.

En segundo lugar se tienen las palabras de otro de los participantes. Este por su parte permitirá notar, además del modelo analógico referenciado anteriormente, el uso de *paralelismo de términos*.

> Yo creo que la palabra "Acab", en los días de hoy, significa el cabildo, la guardia indígena, la guerrilla, el CRIC, y nosotros, como pueblo de Dios, quienes estuvimos defendiendo, hicimos todo lo posible como Nabot. Pusimos esa resistencia de defender nuestro territorio, de defender nuestro patrimonio, de defender nuestra costumbre de no dejar de buscar a Dios. Y yo recuerdo mucho el día que me llevaron a exponer frente a ellos. Yo les decía, representando a la comunidad evangélica, ustedes están pasando por encima de la constitución política. Nosotros estamos amparados por la constitución política. Yo siempre defendía por el pueblo. Ellos me decían: Usted porque los defiende tanto si usted está solo. Yo les decía: yo no estoy solo, conmigo está Dios y conmigo está el pueblo. Y el día que ustedes me apresen a mï y me lleven al calabozo allí va a ir la comunidad.

De esta forma se puede notar que sí existe una actualización de la narración por parte del SICN-P.

En segundo lugar, se desarrollará, en un solo momento, los dos postulados restantes, esto es: el *contenido de la apropiación* y, *el efecto real en los lectores comunes desde una práctica praxeológica*. Con estos, obedeciendo al tema bíblico que se utilizó: "*Acab y la viña de Nabot*, se propuso contrastar el objetivo de la investigación. Los resultados presentados a continuación provienen de algunas respuestas a la pregunta: *¿De qué manera el texto influyó en su vida?*

Una de las respuestas interesantes fue:

> En mi concepto, pienso que, según este texto, podemos seguir siendo el mismo Nabot que se asemeja a la actitud que nosotros hemos tenido, ya que se este varón se puso al frente de todas las cosas, yo creo que valdría la pena que tengamos que luchar hasta lo último. Yo sé que muy temprano estamos soñando, soñando despiertos como dicen;

entonces mientras estamos activos toca mantener nuestra fe, y pues el estudio del texto pues nos ayuda. Pues, si Nabot lo pudo hacer, yo creo que entonces lo podremos conseguir; creo que el texto nos ayuda a perseverar en nuestra fe.

Una afirmación que corrobora los más profundos anhelos para quienes –según ellos- les han hecho tanto daño; pero, valga aclarar, siempre salvaguardando el aspecto ético-radical: *"un día Dios tiene que vengar sobre ellos"* (aceptan que no es su labor), al contrario, consideran (desafío praxeológico):

> Nosotros tenemos que humillarnos delante de Dios, aunque ellos en este momento están siguiendo resistir a Dios, y están diciendo que tiene que seguir acosándonos a nosotros, pero si nosotros nos humillamos, Él tiene esa mano con nosotros, mientras que ellos solamente están con el brazo de los hombres.

Estas afirmaciones evidencian de parte de esta comunidad la existencia de una actitud que confirma el documento bíblico como texto autoritativo y necesario para alimentar el desafío de mantenerse en pie, de seguir resistiendo en medio del conflicto.

Análisis y conclusiones

Esta travesía realizada, luego de los pasos hasta aquí expuestos, es una que permite exponer una serie de hallazgos y pruebas que fortalecen la hipótesis de este proyecto.

En primer lugar, se pudo establecer qué el problema que vive el SICN-P no es solo uno de índole político-económico y sociocultural, sino uno que también contiene un componente que resulta transversal: *la práctica de una hermenéutica empírica como mecanismo de apropiación del texto bíblico y lectura de la realidad que promueve una reconfiguración teológica y sociocultural.*

Ahora bien, esta no es una sentencia que pretenda totalizar las causas del problema, sino, en el mejor de los casos, una que pretende llamar la atención a las diferentes disciplinas a no ignorar la importancia que adquiere la experiencia sentida del Lector/a bíblico, del Lector/a de carne y hueso; y más cuando éste tiene la libertad de acercase a la Biblia con su rostro descubierto. Condición en la que es atendido, tratado y potenciado.

Esta actitud es la que impulsa al lector bíblico a darle una plusvalía a la idea de Dios y a su Palabra (un carácter de autoridad), tanto, que logran comprenderlo como una realidad indiscutible que se puede reconocer, que se puede manifestar, que se puede hablar, que se puede vivir, que se puede meditar, y, que a su vez, logra trascenderlos (apropiación), llevándolos a leer y a asumir la realidad de una manera tal, que los impulsa a superar sus prácticas concretas. En suma, es una clara evidencia del fortalecimiento de una dimensión política que exige heteronomía indígena y cristiana, producto de su nueva cosmovisión y su correspondiente actualización a través de la lectura bíblica. Esta situación permite preguntar lo siguiente *¿Cómo ha logrado esta lectura y apropiación del texto bíblico, en medio de este conflicto y desplazamiento, sostenerse?*

La condición de conflicto, se podría decir, no es la primera causal de la lectura bíblica que actualmente realiza la comunidad, pero sí, su fase posterior y de mayor agudización. Como vimos en el punto 1 de este artículo, este problema conflictivo contó con una fase inicial que fue el proceso de evangelización y adoctrinamiento previo que llevó a los nuevos creyentes a pensar la vida y su devenir en otros términos (nociones cristianas progresistas), cosa que causó, de manera paulatina, una fragmentación al interior de la comunidad en general, terminando ello con un grupo minoritario "renuente" (SICN-P).

Dicha condición y su posterior agudización (desplazamiento), fueron aquellas que lograron paulatinamente fortalecer esa *dimensión espiritual* que trasciende al Lector/a común y que lo impulsa a leer la Biblia desde el núcleo de sus preocupaciones y complejidades vividas: las heridas, el dolor, la frustración, el rechazo, la discriminación, el desplazamiento, etc. En otras palabras, el mayor impacto que este conflicto y desplazamiento ha causado en la lectura bíblica de la comunidad, es el de haber motivado, consciente o inconscientemente, a tener en cuenta las condiciones precarias de su vida y sus correspondientes secuelas, produciendo esto "una lectura desde un corazón herido […] desde la vida misma." (De Wit 2010, 69).

En segundo lugar se quiere resaltar cómo el texto bíblico, al ser un documento que en perspectiva divina habla acerca del mundo, desafía al Lector/a a tomar una *actitud existencial*; esa donde no puede resistirse a traer la realidad que está viviendo; esto es, sus anhelos y experiencias. Dicho encuentro, podríamos decir, hace evidente que el Lector/a común es un espacio o escenario donde la Biblia se manifiesta causando un efecto esperanzador. En palabras de De Wit (2010, 75), es "un campo de juego dinámico en el que los textos bíblicos no son deshonrados, sino llamados a nueva vida". Razón por la cual se podría determinar, el SICN-P de ética radical, es uno que puede categorizarse como Lector/a común, pues, como observamos durante la presentación de los resultados, este es uno que lee el texto bíblico desde sus experiencias o, mejor aún, desde sus memorias viscerales. Circunstancia que se constituye en un proyecto de actualización del texto, el cual hace uso de la analogía y los paralelismos para vencer así la distancia temporal entre el horizonte del texto y el del Lector/a común. En síntesis, este es un tipo de lectura e interpretación bíblica que se revitaliza a partir de la vida misma, aunque no esté avalada por la exégesis y hermenéutica profesional.

En tercer y último lugar debemos recordar la influencia transversal que ha adquirido, fruto de lo ya mencionado, la autoridad del texto bíblico en la comunidad; esto debido a que ha llegado a posicionarse como el derrotero que permite definir sus comportamientos, lineamientos y actitudes. En otras palabras, se ha convertido en uno de los componentes que llevan a la conformación de una ética radical, debido a que los moldea a partir de una idealización bíblica[8].

---

8 Esta ética puede ser reconocida en los comportamientos que asume la comunidad, principalmente, cuando debe tratar con las autoridades

A manera de aclaración, valga la pena recordar al lector/a que este trabajo no pretendió ser en ninguna medida, uno que tuviera por intensión abarcar, en términos totalizantes, la compleja condición de la comunidad cristiana indígena Nasa-Páez ubicada actualmente en el municipio de Piendamó (Cauca), sino el de proponer una conjetura teórica que postulara a la hermenéutica empírica como medio de apropiación bíblica y lectura de la realidad; la cual, a su vez, fue constituyéndose como un componente transversal, mas no único, en esta situación conflictual.

Bibliografía

"ASONASA y la OPIC, dos organizaciones y una sola estrategia para fragmentar al movimiento Indígena". 2009. *Actualidad Étnica*, 20 mayo. http://www.actualidadetnica.com/actualidad/actualidad-col-01/politica/66-opinion/columnistas/7717-asonasa-y-la-opic-dos-organizaciones-y-una-sola-estrategia-para-fragmentar-al-movimiento-indigena-.html

Becerra, Barona y Cristobal Gnecco. 2001. *Estructura de la tenencia de la tierra. Territorios Posibles. Historia, geografía y cultura del Cauca*. Popayán, Cauca: Universidad del Cauca.

Carbajosa, Ignacio. 2011. *De la fe nace la exegesis. La interpretación de la Escritura a la luz de la historia de la investigación sobre el Antiguo Testamento*. Estella: Verbo Divino.

Centro Nacional de Memoria Histórica. 2011. *Nuestra vida ha sido nuestra lucha. Resistencia y memoria en el Cauca indígena*. Bogotá: Taurus.

Croatto, José Severino. 1994. *Hermenéutica bíblica. Para una teoría de la lectura como producción de sentido*. Buenos Aires: Lumen.

De Wit, Hans. 2002. *En la dispersión el texto es patria. Introducción a la hermenéutica clásica, moderna y posmoderna*. San José: SEBILA.

——— .2010a. *Por un solo gesto de amor. Lectura de la Biblia desde una práctica intercultural*. Buenos Aires: ISEDET.

---

tradicionales o los cristianos dinámicos; es decir, cuando su cosmovisión acerca de la vida o del evangelio es puesta a prueba o criticada. Allí optan por evitar actitudes o prácticas que los lleven a un "sincretismo religioso" (hibridismo cultural) que vaya en contra de los principios –según ellos– que establece la Palabra (Biblia).

———. 2010b. "Éticas, poéticas y políticas de la Biblia". *Acta Poética* 31-2: 19-54. https://dialnet.unirioja.es/descarga/articulo/3973884.pdf

———. 2012. *Empirical Hermeneutics, Interculturality, and Holy Scripture*. Amsterdam: University of Amsterdam.

De Wit, Hans y Edgar López. 2013. *Lectura intercultural de la Biblia en contextos de impunidad en América Latina, religión, cultura y sociedad*. No. 3X. Bogotá: Facultad de Teología Pontificia Universidad Javeriana.

Eco, Umberto. 2013. *Los límites de la interpretación*. Bogotá: Debolsillo.

Escobar, Jazmine y Francy Bonilla. 2009. "Grupos focales: una guía conceptual y metodológica". *Cuadernos hispanoamericanos de psicología*, Vol. 9 (1): 51-67. Universidad El Bosque, Bogotá.

Estermann, Josef. 2010. *Interculturalidad. Vivir la diversidad*. La Paz: ISEAT.

Faust, F. 2001. "Cauca indígena". En *Territorios Posibles. Historia, geografía y cultura del Cauca*, editado por Barona Becerra y Gnecco Cristóbal. Popayán, Cauca: Universidad del Cauca.

Findji, María Teresa y José María Rojas. 1985. *Territorio, economía y sociedad Páez*. Cali: Universidad del Valle.

Gadamer, Hans George. 2004. *Verdad y Método II*. 6a edición. Salamanca: Sígueme.

González, Justo. 2010. *Diccionario manual teológico*. Barcelona: CLIE.

Gow, David y Diego Jaramillo. 2013. *En minga por el Cauca: el gobierno del taita Floro Tunubalá (2001-2003)*. Popayán, Cauca: Universidad del Cauca.

Gramsci, Antonio. 1986. *Cuadernos de la cárcel*. Tomo 5. México: Era.

Heidegger, Martin. 1998. *Ser y tiempo*. Santiago de Chile: Universitaria.

Kirk, Alan. 2005. "Social and Cultural Memory. Introduction". En *Memory, Tradition, and Text. Uses of the Past in Early Christianity*, editado por Alan Kirk y Tom Thatcher. Semeia Studies 52 (Atlanta: SBL):1–24.

Lozano, B. 2009. "Una aproximación a la acción social de las iglesias protestantes en la ciudad de Cali y el Norte del Cauca". En *La acción social de las iglesias evangélicas en Colombia*, 161-215. Bogotá: CEDECOL.

Marguerat, Daniele y Yvan Bourquin. 2000. *Como leer los relatos bíblicos. Iniciación al análisis narrativo*. Cantabria: Sal Terrae.

Meza, A., y Ortiz, M. 2000. *El pelaísmo y la cultura política en el Norte del Cauca*. Tesis de humanidades. Universidad del Valle, Cali.

Míguez Bonino, José. 1995. *Rostros del protestantismo latinoamericano*. Buenos Aires: Nueva Creación, ISEDET.

Molano, Alfredo. 2016. "Acuerdos". *El Espectador*, 27 de junio. http://www.elespectador.com/opinion/columna-368650-acuerdos

Osorio, Carlos Rojas. 2006. *Genealogía del giro lingüístico*. Medellín: Universidad de Antioquia.

Rodríguez Bernal, Adolfo. 2005. *Resistir para vivir. Una mirada histórica al movimiento indio del Cauca 1970 - 2000*. Serie Polémica. Bogotá: ESAP.

Ramírez, Carlos Andrés. 2016. "¿Hay un ala uribista del movimiento indígena?" *Razón pública*. 27 de junio. http://www.razonpublica.com/index.php/regiones-temas-31/3140-ihay-un-ala-uribista-del-movimiento-indigena.html

――――. 2015. "Indigenismo de derecha. La formación de la OPIC como 'revolución pasiva'". *Revista de Estudios Sociales de la Pontificia Universidad Javeriana*. (51): 89-104. DOI: http://dx.doi.org/10.7440/res51.2015.07

Rappaport, Joanne. 1984. "Las misiones protestantes y la resistencia indígena en el sur de Colombia". *América Indígena*. 44 (1): 111-126.

Richard, Pablo. 1988. "Lectura popular de la Biblia en América Latina". En *Revista de Interpretación Bíblica Latinoamericana* 1: 8–25. San José: DEI.

Ricoeur, Paul. 2001. *Del texto a la acción. Ensayos de hermenéutica II*. México, D. F: Fondo de Cultura Económica.

――――. 2006. *Teoría de la interpretación. Discurso y excedente de sentido*. México, D.F.: Siglo XXI.

Söding, Gerardo. 2005. *Comentario bíblico latinoamericano. Antiguo Testamento I*. Pamplona: Verbo Divino.

Stoll, David. 1990. *¿América Latina se vuelve protestante? Las políticas del crecimiento evangélico*. Cayambe, Ecuador: ABYA-YALA.

Vargas, G. 2015. *Lectura espontánea del texto de Hebreos 1.1-4. Un acercamiento desde la hermenéutica empírica*. Tesis de pregrado. Universidad Bautista, Cali.

Vásquez, B. 2001. "Diversidad lingüística". En *Posibles. Historia, geografía y cultura del Cauca Territorios*, editado por Barona Becerra y Gnecco Cristóbal. Popayán, Cauca: Universidad del Cauca.

Vattimo, Gianni. 1991. *Ética de la interpretación*. Barcelona: Paidós.

Vergara, Fernando J. 2008. "La apropiación de (l) sentido: las experiencias hermenéuticas de diálogo y comprensión a partir de Gadamer". *Revista Alpha*, Vol. 26: 153-166. DOI: 10.4067/S0718-22012008000100010.

Villa, William y Houghton, Juan. 2005. *Violencia política contra los pueblos indígenas en Colombia 1974-2004*. Bogotá: Alto Vuelo Comunicaciones.

Zuluaga, Marda. 2014. *Identidad y devenir*. Bogotá: San Pablo.

Dios y lo público

Hacia una teología política latinoamericana desde una relectura luterana contemporánea

Nicolás Panotto

Según el Diccionario Oxford, el término *posverdad* se ubica como la palabra del año 2016. Dicha expresión, cuyo uso se ha puesto de moda, remite a cómo se construye la opinión pública sobre un suceso particular, sin apelar a la demostración de su supuesta objetividad, sino más bien a cómo su interpretación responde a aquellas demandas del grupo social que son funcionales a los centros de poder que desean imponer un modo particular de lectura. Darío Sztajnszrajber (2017) lo define de la siguiente manera: "aunque la verdad no exista, se generan consensos muy direccionados desde ciertos estratos del poder... para determinar que ciertas ideas pasan como si fueran verdaderas... Aunque todo el mundo sabe que eso está todo armado, lo necesita y quiere creer igual... Porque entrama con sus intereses".

La utilización del término remite a un conjunto de sucesos particulares que impactaron el reciente mundo político, como la aprobación del BREXIT, el triunfo de Donald Trump o la victoria del *No* durante el plebiscito por al tratado de paz en

Colombia, hechos todos que superaron cualquier expectativa o cálculo previo. Podemos ver, entonces, cómo la idea de posverdad remite a la dimensión política que tienen los hechos sociales al ser epicentros de interpretación que articulan demandas y construyen dinámicas de poder.

Decir que estamos en tiempos de posverdad es reconocer que nos encontramos en momentos de coyuntura y grandes cambios. La política, sin duda, es un campo de constantes transformaciones. Pero podríamos acordar que nos hallamos en un período singular donde se están generando grandes "giros", no sólo en la región sino a nivel global. Especialmente en América Latina, nos vemos frente a un tiempo de profundización de lógicas políticas neoliberales, fundamentadas en un marco de grandes polarizaciones sociales que traen consigo dinámicas de mayor violencia, un lugar hegemónico de los medios masivos de comunicación y una más complejizada política económica orientada a la desnacionalización y apertura al mercado. La pregunta del millón es: ¿por qué este movimiento tan impetuoso del péndulo después de un ciclo de gobiernos que se mostraban supuestamente como veredas opuestas? ¿Por qué una mayoría de la población ha apoyado electoralmente estos modelos, no solamente legitimando un conjunto de prácticas económicas y estigmatizaciones sociales, sino también denigrando o cuestionando cualquier atisbo de pensamiento crítico?

Una posible respuesta reside en el hecho de que la llamada posverdad no es sólo un fenómeno mediático sino un complejo proceso de articulación de intereses personales y corporativos, dinámicas de poder a nivel macro y micro, polarizaciones políticas y apelaciones emocionales, incandescencias ideológicas e instancias de imposición que clausuran el diálogo. En este sentido, la posverdad implica un juego que construye una ilusión que radicaliza el absurdo, pero no desde la nada o la sola coacción mediática, sino apelando a un conjunto de elementos ya presentes en el campo social, a saber, prejuicios ideológicos, estigmas socio-culturales, parcializaciones históricas, etc., los cuales llevan a que dichos imaginarios, modelos o propuestas sean aceptados con amplios consensos.

La posverdad, entonces, no sólo pone sobre la mesa el carácter mediático de lo político, sino también la dimensión hermenéutica que poseen los procesos de identificación política, y cómo estos se absorben y exacerban en un contexto de polarizaciones como el actual. En palabras de Gianni Vattimo, "puesto que la verdad es siempre un hecho interpretativo, el criterio supremo en el cual es posible inspirarse no es la correspondencia puntual del enunciado respecto de las 'cosas', sino el consenso sobre los presupuestos de los que se parte para valorar dicha correspondencia" (2010, 28-29). De aquí, hay dos elementos centrales que surgen a la hora de analizar el contexto social contemporáneo: primero, ¿cuáles son los procesos epistémicos —es decir, las dinámicas de legitimación de sentido- que se establecen para llegar a ciertos consensos cosmovisionales? Y segundo, ¿cuáles son los elementos, agentes, discursos, pretextos, etc., que entran en juego?

En lo concreto, podríamos apelar a distintos hechos conocidos por todos/as: ¿cómo se construye la imagen del eje del mal y a qué miedos y estereotipos se apelan para generar violencia contra los musulmanes? ¿Qué fue lo que tocó la sensibilidad de gran parte de la sociedad norteamericana con el lema "let's make America great again", llevando a una inesperada y absurda victoria de Donald Trump? ¿Cuáles son los estigmas sobre la mujer y las dinámicas de poder que se sustentan, para que ante casos de femicidio, violación o violencia de género, emerjan desde la misma ciudadanía frases como "ella lo provocó", "es que mirá como estaba vestida", "es que los varones son débiles con el sexo", etc.? ¿O qué es lo que llevó al regreso de modelos neoliberales en la región, con un contundente apoyo popular y bajo frases legitimantes tales como "queremos manejar nuestra plata como queremos", "ellos se robaron todo", "la izquierda es un peligro", "antes estábamos mejor", etc.?

En conclusión, el concepto de posverdad es un llamado a superar lecturas deterministas sobre lo social —desde todas las vertientes políticas- para ser más conscientes sobre dos cosas: primero, que los poderes hegemónicos están mutando hacia prácticas mucho más subrepticias, y por ello mismo efectivas (como decía Foucault, el poder ha mutado de una práctica coercitiva a una normativa); segundo, que la izquierda o las expresiones progresistas no han sabido apropiarse más conscientemente de estos procesos, y han asumido posturas demasiado institucionalistas, partidarias, clausuradas y militantes, sin adentrarse más competentemente en las capilaridades de los procesos sociales, que son al fin y al cabo los que producen los cambios reales.

Es en medio de este contexto donde queremos invocar a Martín Lutero, como un aporte crítico desde una relectura de su teología. Sin querer ser deterministas, Lutero también irrumpe en un contexto de ambivalencias y grandes cambios. Como dice Walter Altmann (2016, 23-26), vivió en un período que se jugaba entre lo viejo y lo nuevo, es decir, en medio de coyunturas que evidenciaban el paso del medioevo hacia las incipientes dinámicas sociales, culturales, políticas y económicas del ingreso al mundo moderno. Coincidimos con muchos especialistas sobre el hecho de que la radicalidad de la teología de Lutero se deposita en el lugar que obtiene en la bisagra de su tiempo, como un marco que presionará las fronteras de lo instituido –en todos los campos: político, religioso, económico y social- para provocar un cambio. Pero más aún, su teología encarnó una crítica a los procesos de *posverdad* en su momento, donde se legitimaba teológicamente la "naturalidad" instituida por Dios mismo sobre los órdenes jerárquicos del poder.

Lo que queremos hacer en este escrito es rescatar la dimensión crítica de la teología de Lutero en clave política. El ejercicio no será simplemente indagar sobre los temas estrictamente políticos que aborda –aunque también lo haremos- sino más bien analizar las implicancias de su propuesta como una nueva *gramática* (Beros 2002,) que nos permita abordar teológicamente lo político como dimensión social desde una perspectiva crítica. Para ello, proponemos una concepción amplia de lo político, que trata de superar los determinismos institucionalistas e ideológicos de su definición. En esta dirección, Chantal Mouffe propone una distinción entre lo político y la política, definiendo lo primero como "la dimensión antagónica que es inherente a todas las sociedades humanas... que puede adoptar diversas formas y puede surgir en diversas relaciones sociales... una dimensión que nunca podrá ser erradicada"; y lo segundo como "el conjunto de prácticas, discursos e instituciones que busca establecer un determinado orden y organizar la coexistencia humana en condiciones que siempre son potencialmente conflictivas, ya que están afectadas por la dimensión de 'lo político'" (2014, 22).

Profundizando este último elemento –es decir, la transitoriedad de los discursos e instituciones políticas desde el antagonismo que imprime toda sociedad– Jacques Rancière nos dice: "La política existe cuando el orden natural de las dominaciones es interrumpido por la institución de una parte de los que no tienen parte... cuando la contingencia igualitaria interrumpe como 'libertad' del pueblo... cuando esta interrupción produce un dispositivo específico: una división de la sociedad en partes que no son 'verdaderas' partes" (Rancière 1996, 25, 43).

Estas dos definiciones nos llevan a identificar los siguientes elementos de lo político. Primero, que representa una dimensión constitutiva de toda sociedad desde la constitución plural de su conjunto, y no como un objeto perteneciente sólo a una clase política o sector particular de lo social. Por ello, lo político imprime el proceso a partir del cual un grupo constituye y resignifica constantemente su identidad, donde los modos de institucionalidad política –es decir, la construcción de formas de gobierno, modelos políticos, discursos ideológicos, etc.– son sólo un elemento más (y asimismo, pasajero y cambiante). Segundo, que lo político implica una práctica de interpretación por "lo común" a partir de la diversidad de voces que componen una sociedad. Tercero, que dicho proceso implica prioritariamente un cuestionamiento de las cosmovisiones y prácticas hegemónicas a partir de la-parte-siempre-excluida. Es decir, lo político simboliza un marco ontológico en constante proceso de cambio desde la polifonía que deconstruye y desafía las fronteras mínimamente consensuadas de la identidad. Por último, lo político involucra un espacio de sano conflicto –y no de pacificación racional o unidad naïve– donde las partes litigan constantemente llegando a consensos transitorios con respecto a la atención de las demandas que surjan.

A partir de estas definiciones sobre lo político, lo que pretendemos realizar con la teología de Lutero es identificar, por un lado, en qué medida su teología es una nueva propuesta epistémica para su momento, que sirva para abordar y potenciar, en clave teológica, la diversidad de posicionamientos y agencias, con el objetivo de cuestionar los poderes políticos hegemónicos e invitar a nuevos sentidos y prácticas. Por otro lado, también deseamos ubicar la dimensión crítica de la teología de Lutero, no sólo con respecto a su situación inmediata sino también desde lo que Martin Hoffman (2016, 16) define como "una crítica anticipada a la modernidad".

1. La teología de Lutero como hermenéutica crítica de deconstrucción socio-política

Ya sabemos que Lutero no pretendía, al menos inicialmente, provocar todo lo que provocó. Su objetivo primero fue causar un gran impacto en las entrañas del sistema religioso y político imperante. No ambicionó fundar un movimiento sino más bien pagar el precio de luchar desde adentro. Aunque posteriormente los caminos se fueron abriendo cada vez más hasta llegar a posiciones irreconciliables, no podemos negar que los principales postulados de Lutero emergen en un marco afianzado por siglos y que, más allá del cauce ulterior, no disuadió para que los elementos constitutivos del cristianismo se hayan mantenido presentes, aunque lo hicieron con un significado sumamente distinto, hasta radicalmente resignificados. Como afirma Vitor Westhelle, la teología de Lutero "no es una síntesis total ni una separación completa, sino simultáneamente ambas; es ironía irrumpiendo el ámbito de la analogía" (2008, 58).

Es precisamente esta dimensión irónica a la que queremos apelar, ya que nos permite identificar su tono desestabilizador frente a la analogía dominante, al utilizar las mismas herramientas desde las que el sistema se sustentaba. Podríamos decir que lo irónico se distingue de lo crítico en algunos sentidos, aunque ambas se relacionan. La ironía, por su parte, involucra la crítica pero desde otro escenario. Esta última muchas veces se realiza como una alocución "externa" a partir de otro topos. Pero la ironía, por su parte, emerge desde el interior del sistema que pretende cuestionar, socavando su estatus ontológico y pervirtiendo las fronteras, cosmovisiones y discursos que lo delimitan, a partir de un uso tergiversado de sus fundamentos.

De aquí afirmamos que la teología de Lutero nace desde las entrañas del sistema –es decir, como una relectura de los mismos elementos teológicos, políticos, sociales y religiosos de la iglesia y el contexto de aquel entonces- para subvertirlo y contaminarlo desde adentro.[1] Para profundizar este abordaje, nos concentraremos en ver cómo Lutero "ironiza" a partir de tres elementos teológicos, a saber: la concepción de Dios como paradoja, la teología de la cruz como dispositivo de dislocación y la doctrina de los dos regímenes o reinos como un agonismo teológico.

1.1 La paradoja de Dios

La concepción de lo divino en Lutero responde a una tensión entre el *deus absconditus* (Dios oculto) y el *deus revelatus* (Dios revelado) Esto lo encontramos tanto en la discusión con

---

[1] Esta comprensión de lo irónico recuerda al concepto de *mimetismo colonial* propuesto por Homi Bahbah. Dice: "El mimetismo representa un compromiso irónico [...] es el deseo de otro reformado, reconocible, *como sujeto de una diferencia que es casi lo mismo, pero no exactamente*. Lo que equivale a decir que el discurso de mimetismo se construye alrededor de una *ambivalencia*; para ser eficaz, el mimetismo debe producir continuamente su deslizamiento, su exceso, su diferencia". (1994, 112) (cursivas originales) En este sentido, podemos decir que la propia teología cristiana es un discurso ambivalente, y por ello posee un potencial mimético ya que habilita diversidad de reapropiaciones, muchas de las cuales implican reacciones frente a posicionamientos hegemónicos dentro de su mismo seno.

Erasmo a partir de la publicación de "Sobre la Diatriba del Libre Albedrío" (1524) o *De servo arbitrio*. Esta propuesta se da en el contexto de una disputa con la teología natural hegemónica, que postulada la analogía entre la naturaleza (y de allí el ordenamiento natural de la sociedad), con la imagen de Dios. Lutero plantea que más allá de esta realidad, no podemos negar la condición pecaminosa de la creación, la cual no solo dista de reflejar a Dios, sino que niega su imagen. Por eso, Lutero hablará de que Dios se revela pero a su vez se mantiene oculto. Es decir que ninguna determinación histórica puede clausurar su revelación, ya que ella siempre se mantiene abierta a partir de aquello desconocido de su persona aún por revelar. Por todo esto, el énfasis de Lutero en el hecho de que la revelación divina se fundamenta en la capacidad de Dios de revelarse a sí mismo; o sea, Dios viene de Dios. "Según Lutero –afirma Eberhard Jüngel- la 'voluntad libre' (*liberum arbitrium*) es un predicado de Dios, porque sólo Dios se puede determinar a sí mismo" (1978, 58).

En cuanto a la dimensión revelatoria de lo divino, llama la atención en el discurso de Lutero la referencia y resignificación de elementos político-económicos para construir postulados teológicos. Por ejemplo, en el debate de Heidelberg refleja el uso de un lenguaje donde claramente las disputas teológicas son circunscriptas en ámbitos más amplios, como el tema de las obras (regulada por la economía) o la ley (regulada por la jurisprudencia) Como concluye Westhelle,

> Si las experiencias de sufrimiento, cruz y muerte constituyen una referencia para la teología, ellas son en sí mismas la experiencia de un déficit que la economía no consigue equilibrar dentro de las reglas de su ramo. Sólo la gracia (*charis, gratia*, dadiva) puede, pues, dar una respuesta. La dádiva como gracia subvierte el orden económico (2008, 62).

Un último tema importante a resaltar es la tensión presente en Lutero entre la revelación de lo divino y la construcción de ídolos. Para Lutero, estos últimos son representaciones de los propios deseos humanos. Son definidos en términos críticos hacia las prácticas comunes de la clase política y religiosa. Por ejemplo, algunos de los ídolos que menciona Lutero son el saber, la inteligencia, el poder, los favores, la honra personal, etc. Pero el peor de todos los ídolos es precisamente Mamón, el cual maneja las conductas más avaras, egoístas y explotadoras. La tensión entre *deus absconditus* y *deus revelatus*, lejos de presentar una teología supra-histórica, propone más bien la inscripción de una *conflictividad constitutiva en la persona divina*, la cual siempre se revela a sí misma presionando los marcos de sentido histórico instituidos como hegemónicos. Esta tensión entre lo revelado y lo oculto se transforma en una instancia crítica en dos sentidos: primero, frente a los poderes que pretenden absolutizar su particularidad de manera idolátrica (desde la noción de un "orden natural" devenido de Dios mismo), y en segundo lugar, tal como lo vemos en el texto *La libertad cristiana*, enfatizando sobre la dimensión plural de los discursos teológicos, los cuales se inscriben en momentos concretos de la historia, pero advirtiendo que deben mantenerse como construcciones contingentes y pasajeras de este Dios revelado y oculto al mismo tiempo, por el peligro de transformarse en ídolos que legitimen deseos humano.

En resumen, la teología de Lutero es una teología crítica a los poderes y una propuesta de pluralización histórica del discurso teológico, definiendo lo teológico, no en lo oculto como elemento supra-histórico ni en lo revelado como dogma absoluto sino en la tensión que se produce en el intersticio que se abre desde el encuentro de ambas realidades en la propia historia.

1.2 La teología de la cruz como dispositivo de dislocación

El segundo elemento a resaltar es el de la (teología de la) *cruz como dispositivo de dislocación*. Con dislocación nos referimos específicamente al proceso de des-estructuración interna de toda forma de sentido, no sólo como algo acaecido por una exterioridad que desafía su lugar epistémico sino desde la indecibilidad que constituye su estatus ontológico. En otros términos, toda estructura posee una *dislocación interna* que disputa sus fronteras, a partir de la diferencia que la instituye y que hace porosos sus límites, como también a partir del "acto de locura" que representa la acción creativa del sujeto, quien imprime la distancia entre lo indecible y lo dado a partir de lo novedoso de su emergencia (Laclau 1996, 149ss). De aquí, hablar de la cruz como dispositivo de dislocación es destacar su capacidad para presionar y resignificar las estructuras, las prácticas y los sentidos *a partir de la diferencia radical que manifiesta frente a lo establecido, donde lo cristológico –tanto en la muerte como en la resurrección- es la encarnación de una sujeticidad emergente que desestabiliza los órdenes dados en lo religioso, social y político.*

La cruz representa la manifestación del *deus absconditus sub contrario*, es decir, una revelación a partir de lo que no le es propio –la gloria, el poder, la majestad- sino desde aquello que lo contradice, es decir, la humanidad sufriente y abandonada de Cristo. Eberhard Jüngel profundiza este elemento diciendo que "aunque [Dios] es el-que-decide entre el ser y no-ser, no se sitúa *por encima de* esa contraposición de ser y no-ser, sino en medio" (1978, 56). Para Jüngel, ese entre-medio del ser y no-ser, entre lo oculto y lo revelado, entre lo propio y lo contrario de Dios, es la cruz de Jesucristo. Homi Bahbah nos ayuda a comprender el potencial hermenéutico y ontológico de esta idea al proponer que "estos espacios entre-medio proveen el terreno para elaborar estrategias de identidad (singular o comunitaria) que inician nuevos signos de identidad, y sitios innovadores de colaboración y cuestionamiento, en el acto de definir la idea misma de sociedad" (Bahbah 1994, 18).[2] En otros términos, hablar de la cruz como entre-medio significa que en ella se inscribe una espacialidad que desafía todos los órdenes establecidos y con ello habilita el empoderamiento de nuevas narrativas, prácticas y formas de comprender lo divino, especialmente aquellos que se encuentran en el reverso expulsado de los sentidos instituidos como verdad absoluta.

Jürguen Moltmann también amplía este abordaje remitiendo al concepto de *identidad*. Dice: "la identidad madura sólo en el ámbito de la no identidad" (Moltmann 1975, 32). Es decir que la cruz exhibe la identidad divina entre la *kenosis* (vaciamiento)

---

[2] Desde una perspectiva teológica, ver Panotto 2016, 181-194.

y la identificación histórica de la cruz, la cual no imprime precisamente un principio positivo sino más bien lo opuesto: como reverso de la historia, como una maquinaria de exclusión, opresión y deshumanización. De aquí, remitiendo a Shelling, Moltmann habla del *principio dialéctico de la cruz*: "Aplicado a la teología cristiana, quiere decir que Dios se manifiesta como 'Dios' sólo en sus contrarios, en la impiedad y el abandono por su parte. O dicho en concreto: Dios se revela en la cruz del Cristo abandonado de Dios" (1975, 56).[3]

Pero esto se queda aún trunco si no enfatizamos sobre el hecho de que la cruz es un acontecimiento político que parte desde un escándalo, el cual se establece como lugar revelatorio. En la *Disputación de Heidelberg* (1518) Lutero propone una *torsión irónica* al comparar los teólogos de la cruz y los teólogos de la gloria: mientras estos últimos invierten el estatus moral de las cosas al ver a Dios a partir de lo creado, los primeros dicen cómo son en verdad a partir de la vergüenza de la cruz. Concluye: "Así, prefieren las obras a los sufrimientos, y la gloria, a la cruz; la potencia, a la debilidad; la sabiduría, a la insensatez; y en general, lo malo a lo bueno". De esta manera, podemos decir que la verdad de las cosas y de Dios no se encuentra en un intento

---

3 Podríamos complementar el abordaje de Moltmann trayendo la noción de *antagonismo* como un término que complejiza las dinámicas polarizantes en torno a lo identitario. Cuando hablamos de que lo identitario se ubica en un contexto de diferencias y equivalencias, decimos entonces que posee intrínsecamente una caracterización antagónica. El antagonismo no representa fuerzas uniformes que se enfrentan sino una condición inherente y constitutiva de lo social. Es por ello que la noción de "antagonismo constitutivo" requiere de un espacio fracturado. Esta fractura posee distintas características. Primero, ella se presenta como una falta, como una plenitud que está ausente. En segundo lugar, que la sociedad va enfrentando sus demandas a partir del marco simbólico que posee. Cuando las demandas exceden dicho marco, se requiere una transformación del mismo. En resumen, el antagonismo implica la imposibilidad de la formulación de lo objetivo. Esto muestra la esencia contingente que posee cualquier determinación ontológica: un exterior (inherente) que bloquea la sutura de lo interior. En palabras de Ernesto Laclau: "Esta relación entre bloqueo y afirmación simultánea de una identidad es lo que llamamos 'contingencia' y ella induce un elemento de radical indecibilidad en la estructura de toda objetividad" (2000, 38).

de explicación objetiva, sino más bien en el propio desconcierto que provoca lo absurdo frente a la pretensión de verdad de quienes intentan determinar las cosas desde lo visible, ya que es en esa paradoja de sentido donde lo divino se revela.

En conclusión, podemos resaltar dos elementos centrales de la teología de la cruz de Lutero. Primero, que ella simboliza el sello de que Dios sale y vuelve de sí, lo que concentra esta tensión entre lo oculto y revelado de lo divino, des-centrando con ello las construcciones históricas, pero no excluyéndolas sino ubicándolas en este entre-medio escandaloso que simboliza la cruz, para así potenciarlas de sentido hacia algo más allá de lo establecido. De esta manera, ninguna proposición histórica –sea religiosa o política- puede pretender un estatus absoluto ya que se encuentra siempre enfrentada por el proceso de dislocación de la cruz como dispositivo que escandaliza todo orden.

Segundo, que este proceso implica sobre todas las cosas la inscripción de una nueva episteme, es decir, de un modo de comprender el sentido de la vida, la historia, la fe y lo político, desde fuera de las lógicas de poder, de los discursos establecidos, de las prácticas hegemónicas. La cruz es, por ende, un espacio denso de dislocación de la realidad y de todo aquello que dice legitimar su disposición, para traer la salvación desde lo completamente extirpado del sistema. En palabras de Guillermo Hansen,

> La cruz es así un código que sitúa aquello considerado más importante, Dios, como realidad disponible en medio de la brecha aparentemente vacía de lo sagrado […] es el punto donde se cuestionan y se desestabilizan nuestras epistemes contemporáneas, abriendo un espacio para lo nuevo y diferente, verdaderamente. La cruz, por lo tanto, es un código que localiza a un Dios que trasciende no sólo nuestro mundo, sino hacia nuestro mundo, no para condonar el sacrificio, sino como el mismo salvador de los sacrificios que los poderes siempre exigen (2010, 34-35).[4]

---

4 Sobre la idea de sacrificio y su relación con la teología política, ver Žižek 2013, 37-61.

1.3 La doctrina de los dos regímenes como un agonismo teológico-político

Ya sabemos que la llamada "doctrina de los dos reinos o regímenes" adjudicada a Lutero, en realidad nunca fue propuesta por él como tal. Más bien se desarrolló posteriormente a partir de varios elementos presentes en su obra. Dicho modelo ha presentado varios conflictos en la historia de su interpretación. Ya Bonhoeffer (2003) denunció el mal uso de esta teología desde lo que denominó como pensamiento "pseudoreformador" o "pseudoluteranismo", el cual planteaba la distinción entre el reino de Dios y el reino terrenal en términos dualistas, lo que llevaba a unos a desprenderse de todo compromiso con la historia, y a otros, a legitimar las circunstancias socio-políticas imperantes desde la excusa de la autonomía del orden temporal. Esto último, como sabemos, sirvió a muchos creyentes, teólogos e iglesias a legitimar el nazismo.

Esta discusión sigue aún vigente, no sólo respecto al uso de esta doctrina sobre el posicionamiento que toman distintas iglesias en términos políticos sino también porque el mismo desarrollo de Lutero es lo suficientemente confuso y hasta contradictorio por momentos, como para dar lugar a todo tipo de disquisiciones. Por momentos vemos un Lutero crítico con las fuerzas políticas, y por otro más benévolo, hasta consejero. A veces parece crítico con respecto a los poderes hegemónicos, y por otro desorienta su virulencia en la condena de los excluidos, como pasó en esa mancha indeleble de su historia como fue el juicio a las fuerzas campesinas. Tal vez podríamos quedarnos con su afirmación en *La autoridad secular* con respecto a la relación entre los dos reinos: "Ninguno es suficiente en el mundo sin el otro".

Más allá de lo incuestionable de estos puntos grises y ambigüedades en las posturas de Lutero, muchos/as afirman que la lectura de la doctrina de los dos reinos, por un lado, hay que inscribirla en su momento histórico, es decir, en una época donde existía una unión orgánica entre poder y política; esto tal vez nos ayudaría a recuperar la función crítica de la propuesta de Lutero. Por otro, hay que abordarla a partir de una matriz teológica más amplia, es decir, desde otros elementos de la misma teología de Lutero. Aquí sigo a Martin Hoffmann quien plantea que la doctrina de los dos reinos requiere ser vista "desde la perspectiva de Dios" y "la libertad del cristiano" (2016, 205); en otros términos, desde la pregunta teológica y la cuestión del sujeto (es decir, desde las complejidades de la composición de lo social, tal como venimos proponiendo). Más aún, tal como sugiere Guillermo Hansen, podríamos decir inclusive que esta doctrina es una extensión política de la distinción entre ley y evangelio (Hansen 2010, 70).

Como opinan varios especialistas, es necesario ver la doctrina de los dos reinos desde la influencia de Agustín en Lutero, especialmente desde su concepto de historia determinada por el conflicto entre la *civitas dei* (ciudad de Dios) y la *civitas diaboli* (ciudad del diablo) Aquí aparece un elemento central: estos reinos no son propuestos en términos dualistas (aunque sin duda podríamos atribuir a Agustín ciertos elementos en esta dirección) sino más bien se inscriben como una tensión dentro de la historia. En otros términos, no estamos hablando de dos entidades clausuradas sino de una *ontología de la historia* donde reino de Dios, reino temporal y contingencia histórica se entrelazan en una conflictividad constitutiva (Altmann 2016, 191-207).

Aquí nos encontramos nuevamente con la idea de un *intersticio* que se funda a partir de la vinculación entre estas esferas, donde se crea un escenario compuesto de diversos campos en inter-acción e inter-tensión. Es interesante retomar en este punto la relectura que hace Karl Barth, quien habla más bien de la relación de dos comunidades. "El doble uso del concepto de comunidad –dice Barth- pretende llamar nuestra atención al hecho de que ni en aquello que llamamos iglesia, ni en esto que llamamos Estado, tenemos que ver tan solo con instituciones y funciones sino con seres humanos unidos corporativamente con el fin de planear y ejecutar tareas comunes" (Barth 1967, 29) De este modo, Barth cuestiona la separación tajante entre ambas esferas como también el hecho de que hay actores determinados que responden de forma particular a alguna de ellas. "Así –continúa diciendo- colocado en el límite de estas dos esferas, no pueden dejar de actuar conforme al mandamiento en una actitud de fe, amor y esperanza, adaptando esta actitud a la diferencia de las tareas de las dos esferas" (1967, 44). En otros términos, historia-reino-política constituyen un escenario dinámico donde el creyente (y toda la sociedad civil) se mueve. Más relevante aún es que el epicentro de toda esta dinámica se encuentra en Cristo (Barth 1967, 60), lo cual nuevamente plantea la realidad teológica no como algo ajeno sino como parte o punto de partida de estos procesos.

Podríamos arriesgarnos a decir que si la doctrina de los dos reinos es leída en clave teológica –es decir, desde la tensión entre dios oculto y revelado, y la cruz como dispositivo dislocador–, entonces estaríamos no tanto frente a una teología que pretende enmarcar regímenes sino más bien *destacar sus intersticios*. De esta manera, la doctrina de los dos reinos se transforma en una ontología política donde los elementos en cuestión, a su vez producen y emergen desde un espacio de diferencia que disloca sentidos hegemónicos y posibilita nuevas prácticas y discursos.[5]

Profundizando ese abordaje, la potencialidad política de este intersticio que se origina en la tensión entre reino celestial / reino temporal / historia –la cual suspende la constitución ontológica de los poderes y sentidos establecidos, habilitando un nuevo locus para el surgimiento de nuevos discursos y sujetos–, reside en el lugar que la libertad, la cruz, el evangelio y la gracia adquieren como valores socio-políticos que lo habitan y lo inscriben. De esta forma, evangelio y cruz no son objetos que pertenecen a alguna de estas esferas o reinos, sino condiciones de encuentro, conflicto, crítica y acción conjunta entre las diversas esferas, cuyo punto de partida es la acción divina en la historia y la abertura que crea la cruz.

---

5 Dice Guillermo Hansen: "Vale recalcar que el problema no radica en la distinción que Lutero hace entre ley y evangelio, menos aún en la distinción entre los regímenes espiritual y temporal, sino en la incompleta penetración de la temática de la cruz entre los mismos intersticios del poder –un poder que su propia distinción de ley-evangelio, sumada a la teoría de los dos reinos y regímenes, dejaba al desnudo" (2010, 49).

Concluyendo, hablamos de la teología de los dos reinos como una *propuesta agonística*. Con esto queremos indicar que estas dos esferas no se encuentran contrapuestas antagónicamente como amigo-enemigo sino, en palabras de Chantal Mouffe, pertenecen "a la misma asociación política, compartiendo un espacio simbólico común dentro del cual tiene lugar el conflicto" (Mouffe, 2007). En este espacio agonístico, las esferas en litigio no son universos absolutos y contrapuestos sino instancias cuya interacción habilitan lo propiamente político a partir de ese entremedio que las atraviesa y no permite que sus representaciones se absoluticen. Es decir, un espacio desde el cual se cuestionan los poderes y sentidos absolutos, para dar lugar a otras voces, sujetos y prácticas que den cuenta de la diversidad que compone "lo común", en este caso a partir de la invitación que convoca el Dios-siempre-otro que se revela desde su ausencia.

2. Dios y lo público: hacia una teología política como crítica posfundacional desde América Latina en clave luterana

Sinteticemos lo desarrollado hasta aquí a partir de algunos elementos centrales sobre lo que definimos como una hermenéutica crítica de deconstrucción socio-política en la teología de la Reforma:

- *Lutero propone una teología paradójica o intersticial*. Con esto queremos subrayar que su abordaje no se juega desde la construcción de conceptos o esferas estancadas o clausuradas sino más bien desde la inscripción de tensiones y contraposiciones en clave teológica: el Dios oculto y el Dios revelado, la cruz y la gloria, la ley y el evangelio. En lo que Lutero está interesado, entonces, es en abrir la fisura que se despliega a partir de estas condiciones constitutivas tanto de la realidad histórica como de la fe, con el objetivo de cuestionar los órdenes hegemónicos y desde allí abrir nuevos.
- *Dicho intersticio puede ser abordado como una teología crítica a los poderes*. El *deus absconditus* cuestiona el Dios Motor

que ordena la naturaleza, y con ello la hegemonía de las instituciones dominantes en su jerarquía; el escándalo de la cruz altera los órdenes epistémicos, políticos y ontológicos que se dicen absolutos; la tensión entre los reinos o regímenes imprime una espacialidad de interpenetración, dependencia y crítica entre los mundos que nos atraviesan, haciendo de la historia un escenario atravesado por la pluralidad.

- *Los intersticios no sólo son espacios de cuestionamiento sino aberturas de nuevos escenarios de agencia socio-política*. El concepto de libertad cristiana ubica la acción del ser humano en medio de un contexto de gracia habilitado por Dios mismo a través de Cristo, como un espacio de creatividad y de búsqueda de nuevos sentidos, prácticas e institucionalidad.

Como hemos mencionado, enmarcamos la propuesta de Lutero como una *crítica posfundacional*. La noción de posfundacionalismo representa el punto de partida de muchas de las reflexiones de la filosofía política contemporánea. Oliver Marchart lo define de la siguiente manera: "Lo que está en juego entonces en el posfundacionalismo político no es la imposibilidad de *cualquier* fundamento, sino la imposibilidad de un fundamento *último*. Y es, precisamente, la ausencia de ese punto arquimediano lo que opera como condición de posibilidad de los siempre graduales, múltiples y relativamente autónomos actos de fundar" (Marchart 2009, 204). En otros términos, lo que cuestiona el posfundacionalismo es la esencialización y absolutización de cualquier estatus ontológico que fundamenta discursos, imaginarios, narrativas y prácticas, evidenciando la pluralidad y contingencia inherentes a cualquier segmentación discursiva, identitaria o socio-política.

A partir de aquí, creemos que la teología de Lutero nos sirve a este doble objetivo: cuestionar el estatus ontológico de los sentidos hegemónicos (que desde una concepción de lo divino legitima un orden socio-político) y habilitar un espacio de apertura de nuevas voces (de la misma manera, discursos que evidencian nuevas vivencias de lo divino, por ende de lo social) Dios y la cruz son fundamentos, pero presentados no como esencias sino como espacios de dislocación y agonismo de los sentidos socio-políticos y religiosos.

A partir de estas conclusiones, nos gustaría proponer tres tesis que nos sirvan como directrices para ubicar lo desarrollado hasta aquí dentro de una propuesta más amplia de teología política para nuestro continente.

Tesis 1. *La dimensión pública de la teología no debe ser un tema anexo de su quehacer sino un elemento constitutivo, a partir del reconocimiento del potencial político que posee el impacto dislocatorio y agonístico de la revelación trans-inmanente de Dios sobre los sentidos, prácticas e instituciones hegemónicas en la historia.*

"Trans-inmanencia" es el término que el teólogo Mark Lewis Taylor sugiere para abordar esta tensión entre inmanencia y trascendencia divina como un campo de constitución política (2011, 16). Así como Lutero vapuleó los fundamentos de la teología natural que sostenían el imperio religioso y político del momento, de la misma manera necesitamos revalorizar una concepción posmetafísica de Dios que cuestione todo tipo de absolutismo socio-político, sea en nombre de un valor, una lógica idolátrica o una teología metafísica, como también de cualquier proyecto histórico que pierda su sensibilidad hacia los procesos históricos y su necesaria autocrítica, en pos de atender las demandas del contexto en que se inscribe.

Ignacio Ellacuría ha trabajado en profundidad este tema desde la óptica de la teología de la liberación. Recuerda que "la absolutización del límite en lo personal y lo social impide que el 'más' de Dios se haga presente, y además absolutiza un límite creado" (1993, 359). Es decir que toda práctica política debe ser cuestionada no desde la contraposición de otro modelo sino desde una crítica de sus fundamentos, a partir de ese Dios-siempre-Otro que se muestra y oculta simultáneamente, mirando de reojo y a su vez dando vuelta el rostro en señal de sospecha. Por eso, *Deus Semper novus* es la representación del

Deus Semper maior. Y es a partir de aquí que "la historia es así el lugar pleno de la trascendencia, pero de una trascendencia que no aparece mecánicamente sino que sólo aparece cuando se hace historia y se irrumpe novedosamente en el proceso determinante en permanente desinstalación" (335).

> La trans-inmanencia de Dios representa la irrupción de lo Otro como lo novedoso, el rostro que desafía las visiones hegemónicas. Representa un compromiso ético que se atreve a mirar más allá de la *mismidad* establecida para construir un espacio de inclusión radical, donde el fundamento elemental sea la diversidad y pluralidad constitutiva de todo segmento social. Esto implica, como dice Jean-Daniel Causse, cuestionar la lógica idolátrica imperante en la era global actual. En sus palabras,

Desde un punto de vista teológico, podemos enunciar el riesgo que supone la reducción del prójimo al semejante a partir de la categoría de ídolo, que justamente siempre procede de lo mismo. En el ídolo todo es visible. Es posible circunscribirlo; su ser se agota en la percepción; nada escapa a la mirada que lo rodea. El ídolo es el grito del deseo del ser humano, que quiere encerrar a Dios, aunque también al prójimo, en un saber absoluto (2006, 25).

Mantener abierta la historia de Dios es mantener abierta la historia de los seres humanos y del cosmos. Como dice Elizabeth Johnson, "la profunda incomprensibilidad de Dios, asociada al profundo anhelo del corazón humano en el contexto de las cambiantes culturas históricas *requiere* verdaderamente que haya una historia de la búsqueda del Dios vivo que nunca concluya" (2008, 30-31).[6] Por ello, es obligación de la teología procurar una noción de lo divino que invite a caminar en ese entre-

---

6 En esta misma línea, nos dice Laurel Schneider: "Desnuda delante de aquellos involucrados en la piel de la descripción, la teología expone más rápidamente que otros la necesidad y obscenidad de su trabajo. No habla más que de lo indecible; nada más que apenas excepciones, anhelos, lealtades y obsesiones ocultas; nada más que sueños y visiones. La teología es un deseo. Los teólogos/as no sólo intentan hablar sobre lo divino tal como acontece –como fue, es y será– sino hablan confesionalmente hacia ella. (2008, 13).

medio, en el intersticio, que -aunque riesgoso e inestable- nos permite adentrarnos en la posibilidad de soñar nuevos mundos a partir de la invitación de este Dios que va y viene-de-sí-mismo. Esto responde a esa condición de gracia, la cual no es más que apertura en amor de Dios hacia su creatura, para que ésta conozca la belleza de su "siempre más", una belleza inscripta en la justicia que unos pocos siempre quieren arrebatar a partir de la maldad de la opresión que se viste de gloria.

Tesis 2. *El quehacer teológico debe retomar esa imaginación irónica sobre los poderes, elemento que forma parte de su historia, para atreverse a pervertir los fundamentos de lo instituido y a ser creativa desde el exceso de sentido que imprime lo divino.*

Si en algo sigue siendo relevante la propuesta de Lutero es en su cuestionamiento sobre los teólogos de la gloria a partir de la (i)lógica de la cruz. Hoy vemos cómo la teología y la fe cristiana han perdido su inocencia –si es que alguna vez la tuvieron-, legitimando la acción de Dios a partir de "las cosas visibles" (supuestamente evidentes, fundamentales, naturales) de nuestra historia, que no son más que lógicas idolátricas impresas en la acumulación de poder, la visibilización mediática, la defensa de supuestos valores absolutos o la psicótica necesidad de ganancias. Tal como afirmó Lutero, hoy las teologías que se dicen defensoras de la verdad son las que sostienen las estructuras de poder más opresivas tanto dentro como fuera de la iglesia. Uno de los elementos más perversos que se están evidenciando es precisamente la creciente violencia en todos los niveles: de los gobiernos sobre sus adversarios para mantener su poder, de los varones sobre las mujeres para legitimar el patriarcado, de los mercados contra las economías locales para mantener su monopolio.

Por eso, parafraseando a Rubem Alves (1982), el teólogo debe ser un bufón que se ría de la realidad; es decir, de las cosas "tal cual son", y que luche con los símbolos que tratan de enmarcarla. Por ello –continúa Alves- al teólogo le está prohibido hablar de la verdad en términos metafísicos, pero sí de la "verdad" de la cruz: es decir, de la salvación que viene del reverso, de lo excluido, del entre-medio, de la parte que cuestiona el todo. Nos olvidamos que el quehacer teológico está lejos de constituir obviedades sino que su rol es fundar tensiones, interrupciones, perversiones de lo instituido, como decía Marcella Althaus-Reid. La verdad, desde la paradoja de la cruz, se demuestra en esa espacialidad. El problema no se encuentra en el dogma en sí sino en su fundamento. Como recuerda Juan Luis Segundo, el dogma que libera es aquel que *crea una diferencia humanizadora* (1989, 350ss).

Necesitamos teólogos/as irónicos/as, no solo críticos/as. Teólogos/as que se atrevan a cuestionar los sentidos y prácticas establecidas no sólo desde "otro" lugar absoluto sino adentrándose en las entrañas de los sistemas instituidos para pervertir sus fundamentos. Precisamente porque allí reside la riqueza de la fe y la misma invitación divina. Por eso, hoy más que nunca precisamos de un ejercicio de originalidad que termine con la ilusión enfermiza de la posverdad. Más aún, necesitamos un quehacer teológico no sólo como ejercicio de contraposición de modelos sino como el planteamiento de un nuevo marco ontológico que sea consciente de las implicancias políticas que tienen los discursos religiosos.

Marcella Althaus-Reid nos advierte que la construcción decente –es decir, desde un supuesto lugar estático, donde las cosas son "tal como son"- de lo social, de lo político, de lo religioso, de lo teológico, "tiene una función regulatoria e idolátrica" (Althaus-Reid 2016, 67). Por ello, la ironía involucra un ejercicio de perversión: "Per-versión –nos dice Marcella- no es otra cosa que un nombre para una interpretación distinta, más enraizada en la realidad que esas representaciones y parodias de la vida de las gentes que parecen extraídas de viñetas de textos coloniales" (171). Por todo esto, la teología debe basarse en una dinámica posfundacional, crítica y poscolonial, es decir, que subvierta los sistemas enraizados en la cotidianeidad y el supuesto sentido común, para ironizar desde lo que dice ser-como-es, para posibilitar lo-nuevo-en-devenir del Dios que clama desde los intersticios.

Tesis 3. *Una teología pública en tiempos de posverdad debe comprometerse con empoderar nuevos sujetos políticos, nuevas epistemes socio-culturales y otros actores civiles que enfrenten las instituciones y actores tradicionales, no sólo desde el empoderamiento de una militancia particular sino desde un compromiso teológico que discierna el actuar divino en la densidad presente dentro del reverso de la historia.*

Emanuel Levinas nos recuerda que hablar de la trans-inmanencia divina "no se trata ciertamente de hacer subjetiva la trascendencia sino de asombrarse de la subjetividad... como el modo mismo de lo metafísico" (1995, 10). En otros términos, enfatizar sobre la alteridad de Dios no sólo no implica destacar una realidad supra-histórica de Dios o comprensiones metafísicas, sino más aún, adentrarse y potenciar los micro-filamentos de lo social, con el propósito de dar cuenta de las "líneas de fuga" (Deleuze) de los sistemas, y de esa forma dar lugar a otras voces, prácticas y modos de subjetividad socio-política. Como sostienen Néstor Míguez, Jung Mo Sung y Joerg Rieger (2006, 239) al cuestionar la noción de trascendencia que legitima el capitalismo neoliberal contemporáneo, "la trascendencia, entonces, no se marca en lo 'metafísico' sino en lo apenas físico, no en el 'suprasistema', sino en el 'infrasistema', en aquello que el sistema excluye, encierra, condena".

En un contexto de posverdad, donde un conjunto de discursividades ilusorias adquieren poder articulando intereses, perspectivas y prejuicios, se necesita contrarrestar la entidad de clausura de estos sentidos desde la pluralidad de voces que componen el espacio público. Por ello, Michael Maffesoli afirma que existe una relación intrínseca entre política, politeísmo (concepto que no usa de manera concreta sino como modo de apelar a la diversidad de expresiones religiosas) y lógica informal, como *potencia* de lo social que contrarresta el *poder* de las instituciones tradicionales y de la clase política. Esto lo denomina *tribalización de la política*, es decir, el reconocimiento de la potencia de la amplia red de relaciones informales y solidarias ya existentes, con una estructuración micro, desde discursividades y estéticas muy diversas y distintas a las hegemónicas (Maffesola 2005, 21).

Si comprendemos el objeto de la teología como un ejercicio cuya prioridad es el cuestionamiento de los sentidos hegemónicos sobre lo divino que sostienen prácticas opresoras, en clave política ello significa que la teología debe apostar por empoderar las nuevas voces, estéticas, prácticas y movimientos que se mueven en los márgenes, en los intersticios del sistema, desde la exclusión que reciben por los mismos centros de poder. En otros términos, el rol político de la teología debe responder a este doble objetivo: cuestionar la naturalización de los poderes hegemónicos –sea en la política como en la propia iglesia- y dar mayor lugar a la expresión de espacios minoritarios como movimientos sociales, grupos de representación de minorías (sexuales, culturales, etarias, políticas, etc.), etc.

Precisamente porque la teología responde al escándalo de la cruz, encuentra la "verdad" de la revelación paradójica de Dios en donde lo escandaloso cuestiona lo normativo. Por todo esto, teología y crítica política son (o deberían ser) sinónimos.

Bibliografía

Althaus-Reid, Marcella. 2005. *La teología indecente*. Barcelona: Bellaterra.

Althaus-Reid, Marcella. 2016. "Marx en un bar gay. La Teología Indecente como una reflexión sobre la Teología de la Liberación y la sexualidad". *Numen: revista de estudos e pesquisa da religião*, Juiz de Fora, v. 11, n. 1 e 2: 55-69.

Altmann, Walter. 2016. *Lutero e liberação*. San Leopoldo: Sinodal/EST.

Alves, Rubem. 1982. *La teología como juego*. Buenos Aires: La Aurora.

Bahbah, Homi. 1994. *El lugar de la cultura*. Buenos Aires: Manantial.

Barth, Karl. 1967. *Comunidad civil y comunidad cristiana*. Montevideo: Tauro.

Beros, Daniel. 2002. "La Disputación de Heidelberg y su 'theologia crucis' como gramática fundamental de la teología evangélica". *Cuaderno de teología*, XXIX: 1-20.

Bonhoeffer, Dietrich. 2003. *Ética*. Madrid: Trotta.

Causse, Jean-Daniel. 2006. *El don del agapé. Constitución del sujeto ético*. Santander: Sal Terrae.

Ellacuría, Ignacio. 1993. "Historicidad de la salvación cristiana" en *Mysterium Liberationis*, Tomo I, editado por Ignacio Ellacuría y Jon Sobrino, 323-352. San Salvador: UCA Editores.

Hansen, Guillermo. 2010. *En las fisuras. Esbozos luteranos para nuestro tiempo*. Buenos Aires: IELU/ISEDET.
Hoffmann, Martin. 2016. *La locura de la Cruz*. San José: DEI.
Johnson, Elizabeth. 2008. *La búsqueda del Dios vivo*. Santander: Sal Terrae.
Jüngel, Eberhard. 1978. *Dios como misterio del mundo*. Salamanca: Sígueme.
Laclau, Ernesto. 1996. *Emancipación y diferencia*. Buenos Aires: Ariel.
Laclau, Ernesto. 2000. *Nuevas reflexiones sobre la revolución de nuestro tiempo*. Buenos Aires: Nueva Visión.
Levinas, Emmanuel. 1995. *Alteridad y trascendencia*. Madrid: Arena.
Maffesoli, Michael. 2005. *La transfiguración de lo político*. Barcelona: Herder.
Marchart, Oliver. 2009. *El pensamiento político posfundacional*. Buenos Aires: FCE.
Míguez, Néstor, Joerg Rieger y Jung Mo Sung. 2016. *Más allá del espíritu imperial. Nuevas perspectivas en política y religión*. Buenos Aires: La Aurora.
Moltmann, Jürgen. 1975. *El Dios crucificado*. Salamanca: Sígueme.
Mouffe, Chantal. 2007. *En torno a lo político*. Buenos Aires: FCE.
Mouffe, Chantal. 2014. *Agonística. Pensar el mundo políticamente*. Buenos Aires: FCE.
Panotto, Nicolás. 2016. *Religión, política y poscolonialidad en América Latina*. Buenos Aires: Miño y Davila.
Rancière, Jacques. 1996. *El desacuerdo: Política y filosofía*. Buenos Aires: Nueva Visión.
Schneider, Laurel. 2008. *Beyond Monotheism. A Theology of Multiplicity*. Abignon: Routlage.
Segundo, Juan Luis. 1989. *El dogma que libera*. Santander: Sal Terrae.
Sztajnszrajber, Darío. 2017. "Sobre la posverdad". https://www.youtube.com/watch?v=wN5FHCAqOec
Taylor, Mark Lewis. 2011. *The theological and the political*. Minneapolis: Fortress.
Vattimo, Gianni. 2010. *Adiós a la verdad*. Buenos Aires: Gedisa.
Westhelle, Vitor. 2008. *O Deus escandaloso. O uso e abuso da cruz*. San Leopoldo: Sinodal.
Žižek, Slavoj y Gunjević, Boris. 2013. *El dolor de Dios. Inversiones del apocalipsis*. Madrid: Akal.

Lutero y la política
– ¿un modelo para hoy?

Martin Hoffmann

Muchas veces se ha minimizado la trascendencia del movimiento de la Reforma: algunos lo ven como una crítica necesaria a algunos problemas de la Iglesia romana de la Edad Media. En este caso el Concilio Tridentino habría cumplido con las pretensiones de purificación y renovación del movimiento. Otros ven esta Reforma como una mera discusión teológico-académica sobre la correcta comprensión del sacramento de la penitencia y de la doctrina de la justificación. Estos temas habrían sido claves en el contexto de aquel entonces, junto al miedo medieval al Juicio Final, pero se encontrarían alejados de la problemática religiosa actual.

En lo que sigue quiero exponer el concepto político de Lutero primero en su tiempo y contexto. Luego en su significado para nuestro tiempo.

I. El Lutero político en su tiempo

Veo la importancia de la Reforma de Lutero en cuanto a la política en tres puntos:

1. La reforma de Lutero era un acto de la liberación del sistema hegemónico de su tiempo.

2. La reforma de Lutero propició el camino político hacia la Modernidad.

3. La reforma de Lutero fue la apertura de una teología profético-crítica.

1. La reforma de Lutero era un acto de la liberación del sistema hegemónico de su tiempo

Cuando Lutero en 1517 clavó sus 95 tesis en la puerta de la Iglesia del castillo en Wittenberg en Alemania, él quiso provocar un debate sobre el tema de las indulgencias. Probablemente no pudo preveer por completo los alcances de sus tesis. Él conservaba la esperanza de poder convencer al Papa del abuso de las prácticas de la penitencia por medio de las indulgencias, basándose en la Sagrada Escritura.

Sin embargo, su protesta toca inadvertidamente la fibra sensible de todo un sistema. Con la creación de los bancos al comienzo del capitalismo mercantilista, la lucha medieval por el predominio del poder papal sobre el imperial adquiere una nueva dimensión. El Papa, los obispos, el Emperador, los príncipes, los nobles y la recién surgida clase de los comerciantes y banqueros se disputan el dominio de distintos aspectos de la vida, las cuestiones sociales, económicas, políticas y eclesiástico-religiosas, y lo hacen siempre en desmedro de la clase social baja, política, económica y religiosamente dependiente.

La crítica de Lutero al sistema de indulgencias tuvo sin dudas una base religiosa, esto es, motivada en las Sagradas Escrituras, pero al mismo tiempo golpea a la institución religiosa y sus conexiones con la situación económica, política y social de aquellos tiempos. Las reacciones a su protesta a nivel político (Emperador) y religioso (Papa) no se hicieron esperar: la proscripción de Lutero a partir de la Dieta de Worms y la excomunión de Lutero por la bula papal de 1520. Estas reacciones testimonian la herida que sufre el sistema.

- La Iglesia ejerce su poder al participar del *sistema político y económico imperante*. Este no solo se lleva a cabo militarmente (Cruzadas, guerras otomanas), sino que además encuentra su legitimación en la religión. Con esa finalidad, la Iglesia forma cambiantes alianzas políticas y es capaz de integrar en su política de poder el nuevo sistema mercantil y financiero. Así, ya incluso a partir de las Cruzadas se establece una cooperación entre la curia romana y las ciudades comerciantes del norte de Italia, y para ello se deroga la prohibición de cobrar intereses que regían desde la Antigüedad. La estructura social y de poder reinante era sostenida por la alianza entre la Iglesia, la sociedad feudal estructurada bajo la dominación de príncipes y la burguesía mercantilista.

- La Iglesia legitima ese orden *sacralizando las estructuras sociales*. Dios es definido como el Ser supremo que crea en este mundo un orden jerárquico, que es como una escala descendente para evitar el caos social. Este orden va de reyes a príncipes, de nobles a ciudadanos y llega hasta el pueblo y los siervos. En él se refleja -por así decirlo, el eterno orden divino. Se basa en la jerarquía celestial. El orden jerárquico de la Iglesia está estructurado de la misma manera partiendo del Papa, pasando por los obispos y llegando a los sacerdotes.

- El orden social también es apuntalado por un *motivo espiritual*. El poder absoluto de Dios está representado en el poder de la Iglesia, esto es, en su poder absoluto de administrar los sacramentos. Es por esto que los fieles participan en la gracia divina solamente a través del sistema de los siete sacramentos, que se extienden durante todo el ciclo vital de la persona y son administrados por la Iglesia. Por medio del ministerio sacerdotal, la Iglesia tiene el control absoluto sobre los sacramentos y a través de ellos el control del pueblo –por lo menos en tanto la religiosidad de la Edad Media no abandone su búsqueda incesante de la salvación eterna y la redención por miedo al Juicio de Dios.

La crítica de Lutero a las indulgencias es en el fondo una puesta en duda teológica del sacramento de la penitencia. Esta crítica golpea un punto decisivo y sensible sobre el que se basa toda la concepción de la Iglesia y por lo tanto el papel de la misma en el sistema social de la época, como se iba a comprobar rápidamente en la controversia subsiguiente.

La alianza entre Iglesia y economía

Con su crítica Lutero alude a una dimensión del papado que no sólo refiere a rasgos religiosos o teológicos. En sus 95 Tesis, Lutero aborda las conexiones entre intereses religiosos y económicos:

> 28. Cierto es que, cuando al tintinear, la moneda cae en la caja, el lucro y la avaricia pueden ir en aumento, más la intercesión de la Iglesia depende sólo de la voluntad de Dios.
> 43. Hay que instruir a los cristianos que aquel que socorre al pobre o ayuda al indigente, realiza una obra mayor que si comprase indulgencias.
> 45. Debe enseñarse a los cristianos que el que ve a un indigente y, sin prestarle atención, da su dinero para comprar indulgencias, lo que obtiene en verdad no son las indulgencias papales, sino la indignación de Dios.
> 66. Los tesoros de las indulgencias son redes con las cuales ahora se pescan las riquezas de los hombres.
> 67. Respecto a las indulgencias que los predicadores pregonan con gracias máximas, se entiende que efectivamente lo son en cuanto proporcionan ganancias.
> 86. Del mismo modo: ¿Por qué el Papa, cuya fortuna es hoy más abundante que la de los más opulentos ricos, no construye tan sólo una basílica de San Pedro de su propio dinero, en lugar de hacerlo con el de los pobres creyentes? (Lutero 1967 y Lutero 2014c)

Aquí Lutero critica especialmente tres temas: la búsqueda de la maximización de los beneficios (Tesis 28), la falta de una orientación ética hacia los necesitados (Tesis 43 y 45) y la institución religiosa como factor de poder económico en sí misma (Tesis 86). Lo que queda claro es que ya en las 95 tesis existe una sensibilidad por las conexiones entre estas distintas áreas. Por lo tanto su crítica a las indulgencias se debe ver al mismo tiempo como una *crítica al sistema ideológico de la Iglesia*.

2. La Reforma de Lutero propició el camino político hacia la Modernidad

La teoría de Lutero de *los dos reinos y los dos gobiernos* es el elemento central de su ética en el ámbito político. Lutero se pregunta cómo debe comprenderse, desde el punto de vista de Dios, su acción en la realidad humana y en el mundo. La acción de Dios tiene lugar en dos dimensiones básicas: su gobierno espiritual y su gobierno temporal.

Dios ha dispuesto estos dos tipos de gobierno entre los hombres. En el *gobierno espiritual* reina Dios por medio de su Palabra y sin espada, o sea sin uso de la fuerza. Mediante este gobierno, las personas deben volverse piadosas y justas para poder obtener la vida eterna. Este tipo de justicia es dada por medio de la Palabra del Evangelio que se les confía a los predicadores.

El otro gobierno es un *gobierno temporal* basado en el derecho y en el poder que tiene como símbolo la espada del juez. Este gobierno sirve para defenderse de las personas malvadas y para mantener la justicia civil en el mundo. El gobierno espiritual está determinado por el Evangelio, el temporal por la razón. Los mandatos de la razón también pueden ser reconocidos sin Cristo. Por supuesto que los dos reinos coinciden en la persona del cristiano; este se encuentra en el gobierno espiritual por su fe, en el Reino de Dios a la derecha (como lo llama Lutero), y en su vida cotidiana forma parte del gobierno temporal, el Reino a la izquierda. Entonces el cristiano debe diferenciarse en su actuar a la luz del Evangelio, por ejemplo según los mandamientos del Sermón del monte, y la renuncia a la violencia. Como cristiano prefiere sufrir por resistir a la injusticia que participar en ella. Como persona en el mundo temporal, actúa según su razón y puede por ejemplo utilizar la fuerza en cargos públicos para resistir lo injusto.

Esta distinción libera al ámbito político de la dominación eclesial y conduce a la época de la Modernidad que confía solamente en la razón humana. En este sentido la teoría de Lutero es también

a) una doctrina *anticlerical*. Se opone a los reglamentos de la Iglesia y a sus ambiciones políticas.

b) Es *anti-monástica*. Niega la doble ética católica que sostiene que existe un comportamiento ético ordinario para los cristianos y otro especial que solo pueden llevar a cabo los monjes: el cumplimiento de los mandamientos del Sermón del Monte.

c) Es *anti-entusiasta*. Se dirige contra los entusiastas y también contra los campesinos que piensan que podían traer a la fuerza el Reino de Dios a la tierra.

Sin embargo es importante ver que, frente a la Modernidad, se trata en Lutero de una distinción de los reinos o gobiernos y no de una separación. Lutero está convencido de que el poder de Dios se encuentra en lucha contra el poder del mal porque ese poder del mal (el pecado), intenta separar la Creación de la relación salvífica con su Creador. Dios lucha contra esas fuerzas en todas las dimensiones de la vida creada con la meta de lograr su reinado definitivo. Así como existen dos dimensiones básicas de la vida humana, Dios también lucha en dos dimensiones: en la relación del ser humano con Dios y en la relación temporal entre los seres humanos.

La relación del ser humano con Dios

Aquí el gobierno espiritual de Dios se enfrenta al poder del mal. Por medio de su Espíritu, Dios concede la fe y libera al ser humano del poder del pecado. Aquí Dios gobierna por medio de su Palabra, por el Evangelio liberador y por la ley que pone al descubierto el pecado. A él se le oponen la incredulidad y el pecado.

La relación temporal del ser humano con los demás

En la relación temporal entre los seres humanos Dios también lucha con su gobierno temporal contra el poder del mal. Quiere proteger al mundo para llevar a cabo el Reino de Dios. Para esto, Dios toma personas a su servicio. La convivencia entre los seres humanos en el mundo únicamente puede ser exitosa si las personas ordenan su vida en el mundo y su coexistencia con responsabilidad. La relación del ser humano con sus congéneres está determinada por las distintas capacidades que Dios le ha dado para transformar este mundo.

Lutero resume esas condiciones que Dios les ha dado a las personas en el concepto de razón, que para él significa la participación en la bondad y la verdad en beneficio del prójimo (*texto 2*). En sus relaciones temporales el ser humano es puesto por Dios al servicio de la lucha contra el poder del mal por medio de su razón. También las instituciones existentes en las que vive el ser humano tienen esa finalidad. En ellas la persona acepta la responsabilidad por el mundo que Dios le ha dado.

La forma de actuar de la institución también puede ser represiva, por ejemplo cuando el Estado impone el derecho por medio de la fuerza, pero lo justifica políticamente como un acto de amor, ya que tendría como finalidad la defensa contra la injusticia. Todas las instituciones sirven al amor de Dios y por lo tanto deben relacionarse de forma complementaria.

Podemos resumir: La confianza en la razón guía a la Modernidad, pero la fe como zona de referencia de la razón significa una limitación crítica de la Modernidad.

3. La Reforma de Lutero como liberación para una teología profético-crítica

Ya hemos visto que en el estamento de la *política* debe predominar la razón. Esta es necesaria especialmente para las personas con cargos de gobierno y para quienes los aconsejan.

Sin embargo, para Lutero la razón no es un concepto autónomo sino que debe orientarse a las instituciones creadas por Dios, a la justicia y al amor. El problema fundamental es cómo conjugar las duras necesidades del cargo político con las exigencias del amor y las instrucciones del Sermón del Monte.

Instrucciones jurídicas

Por esto, Lutero no se abstiene de darles a los príncipes de su tiempo consejos directos para su actuar político. En la tercera parte de su obra *La autoridad temporal* encontramos tales instrucciones jurídicas (Lutero 1974 y Lutero 2014a). Tenemos que considerar, por supuesto, que Lutero todavía se podía dirigir a los príncipes de su época como a cristianos ya que no contaba con la existencia de gobiernos secularizados. Lutero les da cuatro consejos a los príncipes.

- *Consejo 1*: el príncipe debe confiar en Dios y respetarlo. Para poder gobernar de buena manera, su conciencia y sus actos deben basarse en la palabra de Dios y en sus mandamientos.
- *Consejo 2*: el príncipe debe demostrar amor y servicio cristiano a su pueblo. La medida de su comportamiento debe ser el amor de Cristo.
- *Consejo 3*: debe ser cuidadoso con sus consejeros. Una de las tareas del «príncipe cristiano» es defenderse contra dos peligros: contra el exceso de confianza y contra la trampa de la lisonja. El príncipe debe ocuparse por sí mismo de sus tierras y controlar cómo se gobierna y juzga en ellas. Frente a sus consejeros debe conservar su libre razonamiento y entendimiento.
- *Consejo 4*: debe reaccionar con la debida seriedad y severidad frente aquellos que hacen el mal. Lutero considera que el mantenimiento del orden y el castigo a los criminales son funciones fundamentales del poder temporal. Pero los gobernantes deben cuidar la proporcionalidad de los medios utilizados: cuando no puede *"castigar sin perjuicio mayor, renuncie a su derecho, por fundamental que sea. […] no*

ha de recoger la cuchara y pisotear la fuente" (Lutero 2014ª, 194). De la misma manera, el príncipe es responsable por el mantenimiento de la paz externa. La guerra solo está permitida para proteger al pueblo y Lutero rechaza todo tipo de guerra ofensiva. Si un príncipe llama a la guerra de forma injusta, el pueblo no tiene la obligación de seguirlo.

El problema de la resistencia y de la insurrección

- Lutero se expresa de forma bastante reservada o incluso negativa en lo que respecta a la resistencia. Únicamente cuando se trata de intrusiones del gobierno temporal en el espiritual es que Lutero responde con severidad. En su escrito sobre la autoridad temporal sostiene que no tiene derecho a eso. La autoridad no tiene poder sobre las almas y si persigue a los creyentes o niega la palabra de Dios hay que resistirse a ella, pero únicamente de forma pasiva: con la palabra, no con violencia (*non vi, sed verbo*).

- Lutero separa esta resistencia pasiva de la insurrección en el sentido de revolución. Mientras se trate de asuntos de este mundo, Lutero niega (con pocas excepciones) cualquier tipo de insurrección. *"Pero la insurrección no es más que juzgar y vengarse por sus propias manos. Dios no lo soporta"* (Lutero 2014d, 197).

- Lutero introduce el derecho a la resistencia activa (Lutero 2014b): Conoce un estado de anomia, de anarquía generalizada (según 2 Ts 2.4). Los que gobiernan pueden corromperse y convertirse en adversarios de Dios (Dn 11.36) o en el monstruo que viene desde el abismo (Ap 13). Cuando la ley que debe ser protegida por la autoridad se diluye totalmente, cada ciudadano tiene el deber de resistirse y reestablecer la justicia.

Entonces, la ley no solamente se encuentra sobre el tirano, sino que también obliga a la confrontación contra la anarquía absoluta. En ese caso los cristianos están obligados a seguir al derecho y a la ley más allá de cualquier tipo de obediencia a la autoridad.

La ética política de Lutero no es un sistema coherente. Se nutre más bien de una perspectiva fundamentalmente teocéntrica de la realidad, de distinciones y determinaciones específicas. Estas perspectivas son la Palabra de Dios como Evangelio y ley, y los gobiernos espiritual y temporal.

II. La ética política de Lutero ¿Modelo para hoy?

¿En qué sentido y en qué medida podría ser relevante la visión de Lutero para hoy en día? Para juzgar eso tenemos que discernir los avances del modelo de Lutero de sus limitaciones. En general se puede denominar su modelo como el de *"distinción a pesar de separación"*. Es un modelo complementario de las relaciones entre Estado e Iglesia o religión.

1. Los avances de este modelo son tres:

Primero, *la limitación del poder* de las instituciones públicas.

Hemos visto como Lutero restringe el poder del Estado de su tiempo a los asuntos temporales y civiles. Con eso constituye la libertad religiosa. Por otro lado restringe el poder de la Iglesia a los asuntos espirituales y con eso establece la autonomía del Estado. Un problema para Lutero es el tercer estamento de la sociedad medieval, la economía. Está en proceso de independizarse del poder del Estado y de la Iglesia. Lutero ve muy acertadamente los fenómenos de una nueva forma de llevar negocios, los inicios de una economía capitalista. Critica mucho las prácticas y objetivos del capitalismo temprano y ve el riesgo de la dominancia de esta institución sobre los otros estamentos.

Segundo, de esas relaciones entre los tres estamentos resulta la demanda de constituir un *marco ético* para las instituciones. Debe proteger las instituciones de las pretensiones de ser autónomas absolutamente y ser dirigidas solo por intereses del poder y beneficios financieros. Para Lutero, el marco ético se funda en la fe de que Dios tiene las instituciones en sus manos y en el hecho de que el ser humano vive siempre en los tres estamentos y tiene que orientarse y verificar su identidad en ellos. El aspecto ético demanda plantear la pregunta por el sentido de las instituciones. Es una de las preguntas fundamentales de cada ética.

Tercero, Lutero expone *la finalidad* de las instituciones con el término *"servicio al prójimo"*. Corresponde al criterio moderno de "servir al bien común" y se opone directamente a una economía o una política que pretenda autonomía absoluta o incluso predominio. En este sentido podemos considerar a Lutero como precursor de una ética de la economía en contraposición a una economía política y como iniciador de una ética política humana.

El modelo de Lutero de *"distinción a pesar de separación"* marca un tercer camino entre confusión y separación, las dos formas grandes de relacionar el Estado y la iglesia.

a) *El modelo de confusión o identificación* es muy antiguo y de larga tradición. Empezó con el giro constantiniano cuando el Cristianismo se convirtió en religión del Estado con privilegios propios a cambio de la legitimación del poder político. Juan José Tamayo explica este modelo así: (Tamayo 2010, 27)

"Ejemplo de identificación entre religión y política y de alianza entre el poder político y el religioso en estado puro, fue el nacional-catolicismo instaurado en España después de la guerra civil durante dictadura franquista, que contó con la legitimación de la Iglesia Católica en sus más altas jerarquías... la Iglesia se convierte así en religión del Estado y España en Estado de la Iglesia. La figura del jefe de Estado es sacralizada. El catolicismo se convierte en elemento fundamental de la identidad española."

"Un nuevo ejemplo del paradigma de identificación... es el de los Estados de algunos países musulmanes, que tienen como fuente de legitimidad política, jurídica y moral el Corán... la Sunna... y la Sharía... La comunidad religiosa

(Umma) se identifica con la comunidad política. La moral religiosa se confunde con la ética cívica."

Por último Tamayo reconoce este modelo en

"la estrategia de la jerarquía en la Iglesia Católica ante la secularización y el pluralismo, ético, religioso y cultural en las sociedades democráticas... Se busca también la sacralización y fundamentación heterónoma de la ética, dada la que consideran débil fundamentación de la ética laica y como respuesta al relativismo moral..." " (Tamayo 2010, 29).

b) Otra forma de determinar la relación entre Estado e iglesia o religión en general, es la de la *separación de los ámbitos*. Esta ocurre en la figuración de dos esferas independientes y autónomas como en Francia o Turquía – por lo menos en su constitución oficial del Estado en el caso último. Ambos han postulado la laicidad del Estado y han desterrado la religión al área privada de la vida y la iglesia al estado de una pura asociación. Tamayo explica:

"El Estado reconoce y respeta la libertad religiosa de los ciudadanos, se muestra neutral ante el fenómeno religioso y no toma partido por ninguna de sus manifestaciones. La creencia y la no creencia religiosas no pueden imponerse a nadie. Únicamente comprometen a quienes la profesan" (Tamayo 2010, 29).

Por otra parte, esta separación puede aparecer como una lucha del *Estado contra la religión*. En este caso, el Estado acepta el ateísmo casi como religión del Estado, y considera la fe y la religión representadas por la iglesia como opio del pueblo y fuerza antirrevolucionaria.

"Persiguen cualquier manifestación religiosa por considerarla alienante, opresiva de la conciencia cívica, contraria a la conciencia de clase y obstáculo en el camino hacia la igualdad. No respetan la libertad religiosa y prohíben los cultos, salvo aquellos que están al servicio de los intereses de la revolución o son correa de transmisión de la ideología del partido único" (Tamayo 2010, 29).

Tamayo nombra como ejemplos de este tipo Rusia y China.

Ante estos modelos Lutero de hecho pretende un tercer camino de la relación. La idea básica es diferenciar los espacios de responsabilidad, terreno temporal y terreno espiritual, pero no confesionalizar el ámbito público ni limitar la religión al ámbito privado. Eso significa un cierto modo de la influencia de la religión en la política: es el modo de impactar *la conciencia pública*. Pero para Lutero esta conciencia es nada más que el oído del príncipe como gobernador cristiano – por lo menos en el papel.

Aquí encontramos el punto decisivo de la diferencia con nuestro tiempo, porque la Modernidad es la hora de nacimiento de la sociedad como nueva magnitud más allá del Estado.

2. Honestamente tenemos que conceder las limitaciones de Lutero. Todavía está ligado a una visión medieval de la sociedad. Conoce solamente los tres estamentos de la política, de la economía, que es la economía casera de su tiempo, y de la iglesia. No conoce *la sociedad moderna* como sistema autónomo. Esta autoridad se ha desarrollado bajo la influencia de la nueva economía capitalista y las ideas de la ciudadanía libre de la Ilustración. El fenómeno de que podría existir una sociedad no-cristiana o incluso atea era algo totalmente ajeno para Lutero. Por eso no se puede extender su ética política directamente a nuestra situación hoy en día. Tenemos que enfrentar una visión totalmente diferente de la sociedad moderna.

La sociedad de la Modernidad se desarrolló como campo de los ciudadanos libres para hacer negocios. Habían logrado su libertad de los reglamentos del Estado y habían reclamado el término de lo público para su esfera. Lo privado era restringido a la esfera íntima. La libertad de la sociedad requiere y legitima una limitación del poder político. La libertad tiene su sitio en la vida social al tiempo que obligación y poder está localizados en lo político y se convierten en monopolio del Estado, explica la filósofa Hannah Arendt (1999, 47ss). La sociedad se ha desarrollado hacía un campo de los conflictos de intereses.

Al final, la llamada posmodernidad cuenta con una pluralidad de lo público. Eso depende del concepto de la sociedad como sistema con varios subsistemas como Estado, economía, sociedad civil, comunicación cultural, religión, etc. Hace entendible como ha llegado la pluralidad de lo público según su propia lógica. Por supuesto combaten estas diferentes esferas públicas por su impacto en la sociedad entera. Sin embargo tenemos que plantear la pregunta sobre el tema de si la sociedad de hoy todavía representa el espacio libre del discurso intelectual y del combate de los intereses o si la economía no ha logrado el predominio sobre otras esferas de lo público.

En cualquier caso la consecuencia debe ser que la religión o la iglesia reciben un nuevo interlocutor. Ya no es el Estado directamente, sino la sociedad como ámbito público. Este destinatario resulta de la pretensión pública del Evangelio propio. Se dirige no solo a la vida privada o íntima sino a la vida pública cuando se habla –por ejemplo- de justicia y paz desde la perspectiva del Reino de Dios. La sociedad es el sitio del discurso sobre humanidad y de los derechos humanos y en este discurso la iglesia tiene que abogar por las perspectivas del evangelio. Es una cosa de advocacía no de la auto-imposición con la ayuda del Estado.

Respetando este desarrollo, la iglesia y representantes de la religión hacen bien en renunciar a los caminos clásicos de influir en la vida, o por el camino del poder político o por el camino de marcar la vida privada y solo espiritual. Misión o evangelización no deben ser acciones de la iglesia para beneficio de la iglesia, sino son la participación en el discurso público en la búsqueda de justicia y humanidad. El rol de las iglesias, de las religiones y de la teología por eso es un rol público en este sentido crítico-público, como Tamayo describe:

> "La presencia de las religiones en el mundo de la marginación y de la exclusión de la sociedad a través de la opción por los pobres, que ha de traducirse en el compromiso de los creyentes a nivel personal y colectivo en los movimientos sociales. Es, por tanto, una presencia crítica, subversiva, en favor de las víctimas y en contra de los

liberticidas, en favor de la igualdad y en contra de las discriminaciones por razones de género, etnia, religión, cultura o clase. Es una presencia, en fin, solidaria con los sectores más vulnerables de la sociedad y crítica del modelo neoliberal que engendra desigualdad e insolidaridad" (Tamayo 2010, 30).

Es la sociedad que no sólo persigue intereses y ganancias, sino también la humanización o el bien común a través de sus instituciones o subsistemas de la política, del derecho y también de la economía.

Llegamos a la conclusión que la teoría de Lutero de los dos reinos y gobiernos de Dios en su forma original no es útil para aplicarse a nuestra situación directamente. Pero su modelo de la "distinción a pesar de separación" contiene diferenciaciones e impulsos valiosos para determinar la posición de las iglesias y religiones en una sociedad moderna. Los más importantes me parecen las limitaciones de cualquier poder, la constitución de un marco ético alrededor de subsistemas de la sociedad y el criterio de "lo que sirve para el bien común" como finalidad del discurso ético. Estos son logros indispensables para una ética de la sociedad.

Bibliografía

Arendt, Hannah. 1999. *Vita activa oder vom tätigen Leben* (1958), 11 ed. München: Piper Verlag.

Hoffmann, Martín. 2014. *La locura de la cruz. La teología de Martín Lutero. Textos originales e interpretaciones*. San José: DEI.

Lutero, Martín. 1967. "Disputación acerca de la determinación del valor de las indulgencias [Las 95 tesis]". En *Obras de Martín Lutero*. Tomo I, 1967, 7-15. Buenos Aires: Paidós.

Lutero, Martín. 1974. "La autoridad secular (1523)". En *Obras de Martín Lutero* II, 155-160. Buenos Aires: Paidós.

Lutero, Martín. 2014a. "La autoridad secular (1523)". En Martin Hoffmann, *La locura de la cruz. La teología de Martín Lutero. Textos originales e interpretaciones*, 2014, 194ss. San José: DEI.

Lutero, Martín. 2014b. "Controversia sobre el derecho a la resistencia contra el Emperador (Mt 19.21)" (1539) y "Anexo: Argumentos de la disputa". En Martin Hoffmann, *La locura de la cruz. La teología de*

Martín Lutero. Textos originales e interpretaciones, 2014, 199-201. San José: DEI.

Lutero, Martín. 2014c. "Disputación acerca de la determinación del valor de las indulgencias [Las 95 tesis]". En Martin Hoffmann, *La locura de la cruz. La teología de Martín Lutero. Textos originales e interpretaciones, 2014, 24-26*. San José: DEI.

Lutero, Martín. 2014d. "Una honesta advertencia a todos los cristianos de cuidarse de toda insurrección y rebelión (1522)". En *La locura de la cruz. La teología de Martín Lutero. Textos originales e interpretaciones* de Martín Hoffmann, 2014, 197. San José: DEI.

Tamayo, Juan José. 2010. "Modelos de relación entre religión y política". *Pasos* No. 148: 27-32. San José: DEI

La teología de la Reforma en América Latina
¿Qué contribución tendrá?

Roberto E. Zwetsch

Introducción

> *"Crux sola est nostra theologia"*
> Martín Lutero, WA 5, p. 176.

En 2017 el aniversario de los 500 Años de la Reforma del siglo 16 (1517-2017) desafía las iglesias evangélicas del movimiento reformatorio en el mundo a confrontarse con su propia historia y la importancia del redescubrimiento del evangelio de Jesucristo hecha por el monje agustiniano Martin Lutero. Lutero es personaje central de los cambios que ocurren en el inicio del siglo 16. Pero es importante recordar que Lutero viene de un contexto marginal en la Europa de entonces. Alemania era periferia en Europa. La oportunidad de esa conmemoración permite la retomada de muchos textos de Lutero de un modo crítico y relecturas innovadoras de su teología, sin caer en mimetismos vacíos o el "mal del archivo" como en ciertas investigaciones historicistas.

Este acercamiento exige, por otra parte, ciertos cuidados para que no caigamos en un triunfalismo fácil o inepto. Coherentes con el descubrimiento de Lutero y otros reformadores *antes* de él y *junto* con él, podemos ciertamente concordar que aquellos eventos merecen una reflexión atenta, pues representaron un cambio de rumbo y de *época* en la Iglesia cristiana y en la sociedad. Esta visión más amplia es relevante porque la Reforma no es fruto de la fuerza y genio de un individuo carismático, sino resultado de un *movimiento de reforma de la Iglesia,* cuyas raíces se adentran la Edad Media, remontando al movimiento de Jan Huss, en la Bohemia (siglo 14), de John Wyclif, en Inglaterra (siglo XIV) y otros. Se puede incluso volver hasta San Francisco con la sorpresa que provocó al seguir casi literalmente el evangelio de Jesucristo (siglo 12), precedido por los movimientos de los cátaros (= puros) y de los valdenses.

La visión que se tiene de la Reforma normalmente padece de la limitación que tenemos para comprender la época de su emergencia. El mismo Lutero, joven talentoso doctor de la Sagrada Escritura, profesor en la Orden Agustiniana, asistía a veces perplejo los acontecimientos. La Contra-Reforma, como respuesta de la Iglesia de Roma a la Reforma Luterana, también asumió desafíos jamás imaginados en la Iglesia. Es importante por lo tanto asociar a este movimiento personas brillantes en la vida cristiana como Teresa de Ávila, San Juan de la Cruz y Ignacio de Loyola. Esto significa asumir hoy el desafío de la reflexión sobre la Reforma con humildad y reiterada capacidad de escuchar su mensaje con un corazón atento, inteligencia y apertura de espíritu.

En este artículo, pretendo retomar temas centrales en la teología de Lutero, desde la perspectiva latinoamericana. En el texto programático de la *Cátedra de Lutero,* del Programa de Post-Grado de Facultades EST, en São Leopoldo, Brasil, en 2011, Vítor Westhelle escribió que, en las últimas décadas, la investigación sobre Lutero ha puesto nuevos aportes que provienen, por ejemplo, de Finlandia (Tuomo Mannermann), de Suecia (Gustaf Wingren), de Dinamarca (Regin Prenter), de Suiza

(Gerhard Ebeling), de los EUA (Gerhard Forde) y de Alemania (Oswald Beyer). Especialmente, la investigación finlandesa y sueca ha hecho descubiertas desconcertantes que trabajos anteriores centro-europeos no habían detectado (Westhelle s.f.). Considero importante mencionar acá las relecturas de la teología latinoamericana como la de Walter Altmann, *Lutero e libertação*, que en 2016 ha recibido una 2ª edición revisada y actualizada (Altmann 2016); la investigación de Guillermo Hansen, *En las fisuras. Esbozos luteranos para nuestro tiempo* (2010); o los dos libros de Vítor Westhelle, publicados en EUA: el primero traducido al portugués como *O Deus escandaloso. O uso e abuso da cruz* (2008); el segundo publicado en 2016 con el sugestivo título: *Transfiguring Luther* (2016). También recuerdo la reciente publicación de Martin Hoffmann, *La locura de la cruz* (2014) Y debo mencionar igualmente la biografía reciente de Lutero publicado por el historiador brasileño Martin N. Dreher, *De Luder a* Lutero (2014). Y el último ejemplo es la gran obra colectiva *Radicalizando la Reforma*, en cinco volúmenes y que fue publicada en alemán e inglés en Alemania, en 2015. De esta obra se hizo una selección publicada por Editorial Sebila (Hoffmann, Beros y Mooney 2016)[1]. No se puede olvidar todavía el gran proyecto de la traducción de *Obras seleccionadas* del propio Martín Lutero (1987) en Brasil, proyecto conjunto de las dos iglesias luteranas en el país (¡ya con 13 volúmenes publicados!), y desde mediados de los años 1960 la edición en español de *Obras seleccionadas* del reformador por editoriales de Buenos Aires. En este caso estas obras permiten acceso directo a la teología de Lutero, lo que habrá de proporcionar reiteradas nuevas relecturas de su pensamiento. Estos son ejemplos de cómo se puede encontrar en la teología de Lutero posibilidades para un confronto crítico con aquel *misterio* que nos captura, salva, liberta y envía hacia el servicio liberador y transformador en el mundo. Yo he escogido algunos de estos temas generadores, como escribía Paulo Freire.

---

1 Esta obra ya está traducida al portugués y será lanzada por la Editora Sinodal, de São Leopoldo, todavía en el primer semestre de 2017. Para una visión del conjunto del proyecto, cf. Renders (2016).

1. Teología de la cruz: la liberación de la teología

La cruz constituye el núcleo del pensamiento de la Reforma y de la teología de Lutero. Si Cristo es el centro de la teología cristiana, esta nace en la cruz y a partir de ella. Para Lutero la cruz es la marca distintiva de la "verdadera teología", como aparece en las tesis del *Debate de Heildelberg* (1518) o en la interpretación de los *Salmos* (1519-1521), en cuyos textos se va a encontrar una innovación teológica, es decir, Dios, creación y humanidad son releídos "a partir del evento de la cruz" (Hansen 2010, 51), contraponiendo ésta a la teología escolástica que Lutero llama de "teología de la gloria". En la tesis 21 Lutero afirma: "El teólogo de la gloria afirma ser bueno lo que es malo, y malo lo que es bueno; el teólogo de la cruz dice las cosas como ellas son". Esto significa asumir muchos riesgos, entonces y hoy por supuesto.

La novedad de esa teología consiste, en primer lugar, en la inseparabilidad entre la cruz y la justicia de Dios. Westhelle se pregunta por qué Lutero buscaba un Dios misericordioso. La investigación ha revelado que la preocupación de Lutero era la búsqueda de un monje medieval sobrecargado por un sentimiento de culpa que la mentalidad moderna no consigue comprender más. Esta búsqueda ha llevado al reformador afligido por sus pecados a preguntarse sobre lo que significa la justicia de Dios. Westhelle (2008, 50ss) esclarece algo importante: la pregunta de Lutero no es la tradicional pregunta antropocéntrica por la teodicea, es decir, cómo justificar el mal en el mundo que Dios ha creado. La pregunta de Lutero es *teocéntrica*. Su deseo más ardiente es entender lo que Dios considera como justicia. Esta cuestión lo llevó a unir lo que, aparentemente, sería imposible: ¿cómo Dios puede ser justo y, al mismo tiempo (*simul*), amoroso, gracioso, redentor, libertador?

Las respuestas de la teología medieval (Anselmo, Abelardo) no satisfacían a Lutero, pues él continuaba atormentado por el Dios juez implacable que exigía justicia, rectitud y amor en su ley [y para Lutero la ley es buena]. En la Carta a los Romanos Lutero advirtió una luz que lo ha atraído y libertado: "la justicia de Dios se revela en el evangelio, de fe en fe, como está escrito: el justo vivirá por fe" (1.17). Este conocimiento de Dios lo iluminó y libertó, pues Pablo completa su pensamiento al afirmar que Cristo es la justicia de Dios, y este es el "crucificado, escándalo para los judíos, locura para los gentiles" (1 Corintios 1.23). Cristo es la revelación de la "sabiduría de Dios", el lado inverso de la sabiduría del mundo, que incluye toda la filosofía y la ciencia conocida entonces.

Lutero ha expresado este descubrimiento en muchos escritos, pero paradigmáticamente en las tesis del *Debate de Heildelberg*, especialmente las tesis 19-22 (Lutero 1987, 19-21). En las tesis 19 y 20, él escribe: "No se puede designar condignamente de teólogo quién ve las cosas invisibles de Dios y las comprende por medio de aquellas que están hechas, pero sí quién comprende las cosas visibles y posteriores de Dios al verlas por los sufrimientos y por la cruz". En la cruz, escondido en debilidad, sufrimiento y muerte, encontramos a este Dios. No como nosotros lo deseamos, sino como él se ha revelado y se entrega a nosotros.

Tal percepción de Dios se contrapuso a la teología escolástica. Lutero se hizo opositor de la filosofía como propedéutica para la teología, atacando especialmente a Aristóteles. La filosofía tiene su lugar, por ejemplo, en lo que se refiere a la economía, política y al orden humano de la vida. Ahí sus lecciones son válidas y necesarias. Pero cuando se trata de la teología y de la palabra de Dios, hay que empezar no por la sabiduría humana, sino allí donde Dios mismo se quiso mostrar. Lutero comprendió este *non sense* (tontería) y pasó a defender que la teología es una realidad sufrida y vivida, primero por Dios mismo, y en él, por nosotros como escribió el teólogo argentino G. Hansen[2]. En la explicación de la tesis 20, Lutero escribe: "las cosas posteriores y visibles de Dios [Lutero se refiere aquí al encuentro de Moisés con Dios, cf. Éxodo 33.17-21] son opuestas

---

2 Hansen, 2010, p. 53.

a las invisibles, o sea, la humanidad, la debilidad, la estulticia, como en 1 Corintios 1.25, que habla "de la debilidad y de la locura de Dios". Pablo afirma ahí que a Dios le pareció bien salvar a los creyentes por la locura de la predicación. Es en la cruz, en el Cristo crucificado que "están la verdadera teología y el verdadero conocimiento de Dios".

Westhelle alerta para un peligro: domesticar este escándalo de tal modo que no tiene más consecuencias para la vida cristiana. Él recuerda que, en un sermón de 1525, Lutero hace una distinción entre el "discurso *sobre* la pasión" y la "práctica *de la* pasión", afirmando que quién se esmera en el primer caso es el diablo. Como explica Westhelle: "Su argumento es casi como el de Job contra sus amigos. Si necesario, es mejor culpar a Dios, ese Dios oculto e inefable (*deus absconditus*), que intentar explicar los caminos de Dios, es decir, justificar Dios" (2008, 67).

El absurdo de encontrar a Dios donde no se podría – humanamente – imaginarlo precisa ser reafirmado a cada tiempo y lugar. En alguna medida, la teología de la liberación ha hecho algo semejante al situar el encuentro con Cristo crucificado hoy en el *pobre*, en las *personas vulnerables*, en los *pueblos originarios*, en las *mujeres, niñas, niños, personas con discapacidad*. Westhelle afirma que también en la narrativa de Navidad tenemos la presencia de esa *cruz*, una vez que la divinidad se revela de forma indirecta. Dios se manifiesta "en el pesebre, el poder en la fragilidad, la sabiduría en la estulticia" (2008, 67).

Esta abscondidad de Dios cuestiona todas las tentativas humanas de encapsular a Dios en fórmulas o esquemas. Es necesario dejarnos cuestionar por esta cruz y asumirla como "sabiduría de Dios", aunque nos parezca absurdo y sin sentido. Solo así podremos comprender por qué aquel justo que fue crucificado – en la angustia extrema – clamó: "¡Oh Dios, mi Dios! ¿Por qué me has abandonado?" (Mateo 27.46).

La teología da cruz encontró una relectura provocativa en la teología de la liberación cuando esta asume una perspectiva eminentemente política. Leonardo Boff contribuyó con uno de sus mejores libros, *Paixão de Cristo – paixão do mundo* (1978). Él escribió lo siguiente, en un sentido muy cercano al de Lutero:

> Dios debe ser buscado *sub contrario*. Allá donde parece no haber Dios, allá donde parece que él se ha retirado: allá está máximamente Dios. Esa lógica contradice la lógica de la razón, pero es la lógica de la cruz. Esa lógica de la cruz es escándalo para la razón y debe ser así mantenida porque solo así tenemos un acceso a Dios que de otra manera jamás tendríamos. La razón busca la causa del dolor, las razones del mal. La cruz no busca causa ninguna; ahí mismo en el dolor Dios está máximamente. [... la cruz] se debe mantener como cruz, como una tiniebla delante de la luz de la razón y de la sabiduría de este mundo (Boff 1978, 136).

Sin embargo, acá también es necesario precaución, pues en América Latina fácilmente se puede caer en el *dolorismo* fatalista de la religiosidad latinoamericana. Por esta razón, aceptar el sufrimiento como parte de la realidad de la vida no significa aceptación masoquista de él. En buena tradición cristiana, significa antes lucha contra el mal y sus causas, resistencia al pecado y a la fatalidad de la vida. Es por esto que en la petición de Jesús en su máxima oración se aprende a decir con fe: "y no nos dejes caer en tentación, sino que líbranos del mal". La tentación del conformismo es real, pero Jesús advierte: en el mundo habremos de vivir en medio de las tentaciones, siempre, sin embargo la oración nos da fuerzas para no caer en ellas. Él nos enseña a *resistir al mal* – o en otra interpretación posible, a *resistir al Malo* – y para esta lucha nos envía su Espíritu (Zwetsch 2015, 318).

En la evaluación de L. Boff, la teología de la cruz nos conduce al camino de la *compasión* con los crucificados de todos los tiempos. Esta consecuencia de nuestra fe es fundamental para evitar un desvío espiritualizante. Como ha escrito Boff, "Dios asume la cruz en solidaridad y amor con los crucificados, con aquellos que sufren la cruz. Dice a ellos [y ellas]: aunque absurda, la cruz puede ser camino de una gran liberación. Con tanto que tú la asumas en la libertad y el amor" (1978, 144).

Sin embargo, hay un tipo de sufrimiento absurdo y sin sentido en el mundo, que no cabe justificar. Con Cristo y en la fuerza de su Espíritu, es preciso asumirlo en lo más profundo del dolor y solidaridad. Este sufrimiento precisa ser denunciado permanentemente, sin treguas. Pero, hay otro tipo de sufrimiento libremente aceptado en medio de la lucha por la vida, contra la opresión y la injusticia. Este segundo tipo presenta un nivel de dignidad humana incomparable porque adquiere un sentido *vicario*: sufrir por el evangelio y por el *otro*, sufrir para que otra persona o pueblo sea liberado y tenga vida, este paso extremo es sí parte del evangelio del amor de Dios. Tal sufrimiento tiene la fuerza de negar el sistema de este mundo porque no acepta la inevitabilidad del mal, una vez que se sustenta no en el poder humano sino que en el *poder del amor divino*, de la libertad mayor que solo la muerte puede cesar. Y aún así, no habría cómo apagar la promesa de resurrección, de la vida plena que ya vivimos *in spe*, es decir, en esperanza como afirmó Pablo. L. Boff afirma que esta "actitud libre y liberadora exaspera a los agentes del sistema [...]" (1978, 152). Hay un gesto subversivo en el dolor y en el sufrimiento solidario, pero a ninguna persona le está permitido justificar este lugar y momento.

Aquí me permito recordar a nuestros *mártires* de América Latina. Centroamérica tiene muchos nombres conocidos y tantas otras personas anónimas que murieron por su fe y contra el sistema de injusticias que mantiene a nuestra gente bajo la pobreza, la indignidad y la tristeza. Recuerdo con reverencia los mártires de El Salvador, los jesuitas compañeros de Ignacio Ellacuría, las dos mujeres que murieron en manos inicuas. Hago memoria de Don Oscar Romero, obispo de El Salvador. Hago memoria del Pastor Martin Luther King en los Estados Unidos, muerto por luchar por los derechos del pueblo negro. Hago memoria del trabajador del caucho Chico Mendes, que en la Amazonía brasileña luchó por los pueblos de la selva y por el medio ambiente. Hago memoria de la hermana Dorothy Stang, misionera norteamericana que dedicó su vida a pobres campesinos y pueblos indígenas en Brasil. Hago memoria del pastor Dietrich Bonhoeffer que luchó contra el nazismo y pagó con su vida esta osadía de la libertad de la fe. Habría mucha más gente que recordar en este momento. Les pido que lo hagan por sí mismos y en reverencia por sus amigos y amigas que han dado la vida por el evangelio de Jesús y la vida de nuestros pueblos.

[Momento de silencio]

Una última observación en este tópico: en Lutero encontramos una denuncia permanente contra toda pretensión humana de justificarse frente a Dios. Sobre el *servo arbitrio* humano, él escribió en las tesis de Heidelberg (22-24) que el ser humano es esclavo de sus deseos y lucha por su satisfacción, pero en la medida en que los realiza, quiere más, es insaciable. Por esto, para Lutero "el amor al dinero crece en la medida en que crece el propio dinero", lo que él llama "hidropesía del alma". Lo mismo ocurre con todos los deseos humanos, incluyendo el deseo de agradar a Dios. Lutero considera tal deseo como pecado, pues este deseo solo manifiesta la soberbia humana, principalmente de los "sabios y entendidos". En ese sentido, su interpretación del *Magnificat* de María es ejemplar (Lucas 1.46-55), pues él ve en aquella joven campesina el *modelo de la verdadera fe y humildad*, sin sofismas o astucia. Justamente aquella que no ha buscado a Dios, fue por él contemplada con el embarazo del niño que habría de tornarse Salvador del mundo, su liberador. Esta humildad jamás le será arrebatada. Por esto ella fue considerada mujer bendita. Lo que desconcierta en el salmo de María es la consecuencia de la acción misericordiosa de Dios que en ella se ha manifiesto tan graciosamente. María canta: "Su brazo llevó a cabo hechos valerosos; arruinó a los soberbios con sus maquinaciones. Sacó a los poderosos de sus tronos y puso en su lugar a los humildes. Repletó a los hambrientos de todo lo que es bueno y despidió vacíos los ricos". Este salmo tiene vigencia hasta hoy y su olvido es un testimonio en *contra* de nuestras iglesias y la tibieza de nuestra fe (Zwetsch 2016a).

Desde los principios de la iglesia cristiana, palabras como las del salmo de María, de Lutero, de otros profetas y profetisas de nuestra época han sido siempre motivo de grandes controversias, pues no dejan margen para falsas justificativas cuanto a los sistemas de opresión e injusticia. Nosotros no podemos ser ingenuos. El sistema sabe cómo espiritualizar los sentimientos cristianos, arrancándoles de la cruda realidad de muerte en que vivimos. Estas palabras también dicen a quién rescata y dignifica Dios en primer lugar. Esto significa que la gracia liberadora se manifiesta normalmente de modo *sub contrario*, en las huellas de la cruz y de los crucificados, y no en las manifestaciones de éxito y de los privilegiados de la sociedad.

2. Tareas programáticas para hoy

En esta parte avanzo sugerencias reunidas por Vítor Westhelle en el inicio de la *Cátedra de Lutero*, en nuestro Programa de Post-Grado en Brasil, ya mencionada (Westhelle s.f.). Uno de los desafíos de la teología en América Latina es la relectura bíblica. Ella es imprescindible porque a cada momento las respuestas antiguas se muestran sin sentido para la vida concreta. Pensemos en la participación de las mujeres cristianas en el ministerio de la iglesia, en la acogida de personas homoafectivas en las comunidades, en el respeto y comunión para con personas con discapacidad, en la lucha por dignidad de los pueblos indígenas, de afroamericanos, de miles de migrantes que buscan sobrevivir en situaciones extremas y a veces dramáticas (como pasa con africanos en el Mediterráneo actualmente, o con los millares de refugiados de Siria en Europa). En estas situaciones, la clave de interpretación del texto bíblico y de la tradición habrá de considerar lo que es central en el mensaje evangélico y lo que es aceptable, pero no exigencia. Pablo tuvo de lidiar con cuestiones concretas en la comunidad de Corinto cuando respondió sobre "días santos" o "carnes sacrificadas a ídolos". Hoy día, nuevas interrogantes exigen de nosotros discernimiento cuanto a la distinción entre ley y evangelio. Si la ley mata, el Espíritu – ámbito de la acción del evangelio– libera (2 Corintios 3.17). El mensaje cristiano tiene en su fundamento la experiencia de la libertad, como lo afirmó Pablo: "¡Jesucristo nos ha hecho libres! ¡Libres de verdad!" (Gálatas 5.1). Esta libertad sin embargo no es individualista, pero se realiza en el amor de unos para con los otros, en el amor mutuo que edifica la otra persona, sin generar dependencia. Esta es una concepción del amor que apunta a la convivencia de los diferentes que se aceptan y cooperan para algo que va más allá de ambos. Es amor creativo, liberador.

En tal concepción del mensaje evangélico, hay un componente de *osadía* como escribió Westhelle. En nuestras comunidades luteranas de América Latina y Caribe, no seremos suficientemente *luteranos*, si no nos atrevemos a hacer preguntas incómodas a nuestra tradición y al evangelio. Solo llegaremos a nuevas respuestas cuando logremos romper con prejuicios los de los cánones dominantes en las iglesias y en la sociedad. Pues tales cánones nos mantienen prisioneros de sistemas e ideas que provocan injusticia y muerte sin fin. Es el caso del neoliberalismo que domina el mundo actualmente.

Hay hechos que asimismo nos señalan pequeñas luces. Uno de los fenómenos más interesantes que ocurren actualmente ha sido el acercamiento de la teología pentecostal con la teología ecuménica. El proyecto de RELEP – Red Latinoamericana de Estudios Pentecostales – reúne teólogos, teólogas e investigadores sociales que han producido un buen acervo de estudios llenos de esperanza. Hay un potencial no trabajado en la "libertad cristiana" que el Espíritu confiere a quienes se dejan mover por él en este momento.

Otras demandas urgentes se refieren a las cuestiones de la lucha por justicia y la dignidad humana, como la demanda urgente por el trabajo, tierra y techo, como lo afirmó el Papa Francisco en el Encuentro Internacional de Movimientos Populares. Y hay que mencionar también la lucha por la preservación ambiental, el cuidado de la tierra, especialmente la defensa y el cuidado de las personas empobrecidas o vulnerables. La teología que no esté atenta a estos gritos puede tornarse superflua o – peor – cómplice de la opresión y desgracia de muchos. Pierde así su fuerza de liberación y transformación, además de olvidarse de su misión al servicio del evangelio de la vida y del amor liberador. Teología, como afirmó Gustavo Gutiérrez, es tarea segunda, pero imprescindible en la iglesia y junto al Pueblo de Dios.

3. Las mujeres en el movimiento de la Reforma[3]

En la última parte del texto quisiera llamar la atención a una de las más vergonzosas ausencias en la historiografía de la Reforma: la participación de las mujeres en el movimiento. Ellas fueran silenciadas e invisibilizadas. Investigaciones recientes hechas por teólogas y teólogos solidarios insisten en este punto: la Reforma no habría acontecido sin las mujeres, como defiende Martin H. Jung (Beise Ulrich 2016, 73ss). La teóloga luterana brasileña Claudete Beise Ulrich viene realizando investigaciones con el fin de rescatar algo de esa historia. Ella demostró cómo algunas de esas mujeres fueron más que simples soportes del movimiento, conformando liderazgos con un rol teológico incluso. Es el caso de Argula von Grumbach, una mujer de familia noble de Baviera y que recibió educación formal desde niña en la casa de Alberto IV, príncipe de Baviera. A los diez años la niña recibió de su padre un presente raro y valioso: una Biblia. En 1522, un joven profesor de la Universidad de Ingolstadt, Arsacius Seehofer, exalumno de Melanchton, fue obligado a retratarse públicamente por sus ideas reformatorias. En 1523, Argula escribió una carta a la directiva de la Universidad y al príncipe de Baviera solicitando explicaciones sobre lo sucedido con el profesor. Argula sabía leer y escribir y tenía conocimientos bíblicos. Ella escribió en otra ocasión: "Aun si se diese el caso que Lutero negara todo lo que ha dicho –que Dios no lo permita–, eso no cambiaría en nada mi opinión. Yo no edifico mi creencia sobre la opinión de Lutero o de cualquier otra persona, sino sobre la verdadera roca: Jesucristo". La investigación reveló que Argula von Grumbach es una de las primeras escritoras y teólogas protestantes. Ella escribió cartas que han sido publicadas en forma de panfletos. En ellas defendió la Reforma Protestante con argumentos teológicos y citas bíblicas como Joel 2.27s,

---

[3] Hay un proyecto internacional de mujeres e investigadoras luteranas que viene trabajando el rescate de la participación de las mujeres en el movimiento de la Reforma. Para el acceso a esas informaciones, cf. www.evlks.de/FrauenderReformation

Gálatas 3.27s. Mantuvo correspondencia y conversaciones personales con los reformadores y Lutero la reconoció como "un instrumento especial de Cristo". Hay muchos otros ejemplos como la duquesa Elisabeth von Calenberg-Göttingen, y otras que empiezan a ser conocidas en las iglesias luteranas, pero aquí quisiera recordar particularmente la esposa de Lutero.

La vida de Katharina von Bora, nacida en 1483, impresiona. En 1504 ella entró al monasterio de Brehna, mudando después para el monasterio de Nimbschen, en 1508. La teóloga brasileña Heloisa Dalferth ha hecho un rescate de la biografía de esa extraordinaria mujer (2000)[4], pero no encontró ningún documento de ella misma, solo registros indirectos, algunos de los cuales hechos por Lutero que considero su matrimonio con Katharina la mejor decisión que tomó en su vida. Desde 1521 varios monjes pasaron a casarse como resultado del movimiento. Amigos de Lutero lo habían incentivado en ese sentido. Lutero conoció a Katharina después que ella abandonó el monasterio con otras once monjas y buscó refugio en Wittenberg. Lutero hizo un intento de que se casara con el pastor Kaspar Glatz. Katharina respondió al emisario que de ningún modo se casaría con aquel hombre, pero si Lutero la aceptara como esposa, ella no se recusaría. El matrimonio aconteció en junio de 1525, en celebración privada en un antiguo monasterio agustiniano, el *Schwarzes Kloster*, donde la pareja pasó a residir por un tiempo. El matrimonio fue bendecido con dos hijos y cuatro hijas. Tras el matrimonio, Katharina asumió todas las tareas de administración de la casa, siempre llena de visitantes y estudiantes. Como profesor universitario, Lutero recibía un sueldo anual, duplicado después del matrimonio y aumentado más tarde, además de una ayuda del príncipe de Dinamarca, colaborador del movimiento de la Reforma. Los editores de los libros de Lutero ofrecían una remuneración anual, pero Lutero siempre se negó a recibirlas, alegando que así ellas podrían

---

[4] Esta autora y Claudete B. Ulrich acaban de lanzar en Brasil la obra *Mulheres na Reforma Protestante* (2017), que deberá ser un marco en esos estudios en el país y una importante contribución a la teología latino-americana.

vender sus libros por precio más barato, además de afirmar que este don era regalo de Dios. Ocurre que esto representó una vida familiar llena de dificultades. Katharina, como excelente administradora, con sus ayudantes y empleados, tuvo la idea de organizar una huerta, criaba animales y reformó el monasterio para recibir huéspedes estudiantes que pagaban por la estadía. Heloisa G. Dalferth cuenta que Katharina era una mujer activa y organizada. En una de sus charlas de sobremesa, Lutero la llama "la estrella de la mañana de Wittenberg". En sus cartas, el elogio para su esposa es evidente. Él la llamaba de "mi simpática [...] Katharina Luther, doctora, predicadora de Wittenberg, mi querida ama-de-casa, doctora Luther de Wittenberg". En muchos momentos Katharina llegó a participar de decisiones importantes de la vida de la iglesia evangélica que se estaba organizando, como en la selección de los pastores para las comunidades.

Después de la muerte de Lutero, la vida se hizo aún más difícil para Katharina y sus hijos, sobre todo porque de acuerdo con las costumbres de la época, ella tuvo que aceptar del príncipe tutores que se harían responsables por ella, algunos de los cuales tomaron parte de sus bienes. Cuando la guerra de Esmalcalda, Katharina tuvo que huir, intimidada a dejar la ciudad por ser la *Lutherin*. Ella se vio obligada a vender cálices de plata y joyas para sustentarse y sustentar a sus hijos. Desesperada, enferma y sin recursos, fue ayudada por el rey Christian III de Dinamarca, que le envió el dinero que la sustentó por un tiempo. La familia quedó muy pobre. Cuando apareció la peste en 1552 en Wittenberg, Katharina enfermó y vino a fallecer en diciembre de aquel año, siendo sepultada con honores en la iglesia de St. Marien en Wittenberg.

El legado de Katharina von Bora para la causa de la Reforma es una tarea pendiente de la investigación histórica. Sin embargo, se puede afirmar que la presencia de teólogas luteranas en la teología feminista lleva adelante algo de la osadía de aquellas mujeres pioneras que arriesgaron su vida saliendo de los monasterios, enfrentado toda suerte de peligros para vivir su fe en libertad y nuevas formas de servicio, una vez que interfirieron en la iglesia, en los debates teológicos y en la vida pública. Las teólogas luteranas y protestantes en muchas partes del mundo testimonian la participación, la fuerza y la relevancia de su contribución crítica en los procesos eclesiales y en la investigación teológica. Revelan con su trabajo inédito algo invisibilizado del mensaje liberador de la Reforma, mensaje que hoy día sobrepasa los límites eclesiales y se adentra en espacios más amplios de la vida y de la sociedad. No es fortuito que la teología feminista haya conquistado hoy día un lugar importante y profético en nuestras iglesias e instituciones teológicas. Hay que escuchar con mucha atención a nuestras hermanas y aprender a caminar con ellas[5].

Conclusión

La teología de Lutero continúa repercutiendo en todo el mundo. La investigación de su legado es de tal volumen que es imposible seguirla. Por esta razón, especialistas se reúnen periódicamente para ponerse al día como grupo de investigación y debate. Las diferencias son grandes en la interpretación, selección de temáticas, aportes y resultados. De hecho, hay que escoger miradas o puntos de vista para la interpretación. Los desafíos son muchos y ciertamente guardan sorpresas aún no detectadas, pese a todo empeño.

En este texto destacamos la teología de la cruz como fundamento de la teología de Lutero y procuramos demostrar como a partir de ella se puede renovar la teología cristiana hoy. Esto significa que en el camino del *Crucificado* somos desafiados a solidarizarnos personal y comunitariamente con el rescate de la vida de todas las personas que hoy continúan siendo sacrificadas en el altar del sistema económico que domina el

---

5 En la Facultades EST, de Brasil, hay un importante Programa de Género y Religión que desarrolla intenso trabajo de estudios e investigaciones, además de una significativa inserción en comunidades de fe y en la lucha por justicia de género y equidad en las relaciones entre las personas.

mundo. El sufrimiento humano tiene límites y no hay que justificarlo, pero sí asumirlo en la senda de la libertad cristiana y del proceso histórico de liberación, siempre nuevo y exigente.

Entre las tareas programáticas resaltan nuevos retos a nuestras iglesias, comunidades y pueblos. Entre ellas urgen las siguientes: el ministerio de las mujeres, la acogida de las personas homoafectivas en nuestras comunidades, la defensa de las personas vulnerables frente al sistema cruel que excluye y marginaliza quienes no sirven más a sus intereses económicos como pueblos indígenas, los pueblos afroamericanos, las personas con discapacidad, las mujeres y los niños. Hay que rescatar las implicaciones de la vivencia de la libertad cristiana. Un reto particular es el diálogo con la teología pentecostal y sus iglesias libres.

Por fin, el texto rescata la inolvidable participación de las mujeres en el movimiento de la Reforma y traza un hilo entre aquellas mujeres extraordinarias y sus hermanas de hoy que elaboran la teología feminista y las relaciones de género con competencia y coraje. Vivimos un momento muy difícil en el mundo, pero la fe cristiana y el evangelio de la libertad en Cristo nos convoca a un seguimiento libertario y liberador. Jesucristo nos apunta un camino y dejó una promesa: "Si ustedes escuchan/siguen mis enseñanzas, serán verdaderamente mis discípulos, y conocerán la verdad, y la verdad los hará libres" (Juan 8.31).

Bibliografía

Altmann, Walter. 2016. *Lutero e libertação*, 2ª edición revisada y ampliada. São Leopoldo: Sinodal, EST.

Beise Ulrich, Claudete. 2016. "A atuação e a participação das mulheres na reforma protestante do século XVI". *Estudos de Religião* 30, N° 2: 71-94.

Boff, Leonardo. 1978. *Paixão de Cristo – paixão do mundo. Os fatos, as interpretações e o significado ontem e hoje*, 2ª edición. Petrópolis: Vozes.

Dalferth, Heloisa Gralow. 2000. *Katharina von Bora. Uma biografia*. São Leopoldo: Sinodal.

Dalferth, Heloisa Gralow y Claudete B. Ulrich. 2017. *Mulheres na Reforma Protestante*. São Leopoldo: Sinodal.

Dreher, Martin N. 2014. *De Luder a Lutero. Uma biografia*. São Leopoldo: Sinodal.

Hansen, Guillermo. 2010. *En las fisuras. Esbozos luteranos para nuestro tiempo*. Buenos Aires: IELU.

Hoffmann, Martin. 2014. *La locura de la cruz. La teología de Martín Lutero*. San José: DEI.

Hoffmann, Martin, Daniel C. Beros y Ruth Mooney, eds. 2016. *Radicalizando la Reforma. Otra teología para otro mundo*. San José: Sebila, La Aurora.

Lutero, Martinho. 1984. *Pelo evangelho de Cristo. Obras selecionadas de momentos decisivos da Reforma*. Traducido del alemán por Walter O. Schlupp. Porto Alegre: Concórdia; São Leopoldo: Sinodal.

Lutero, Martinho. 1987. *Obras selecionadas. Vol. 1. Os primórdios. Escritos de 1517 a 1519*. São Leopoldo: Sinodal; Porto Alegre: Concórdia.

Lutero, Martim. 2015. *Magnificat. O louvor de Maria*. São Leopoldo: Sinodal; Aparecida: Santuário.

Renders, Helmut. 2016. "Radicalizando a Reforma: nova coletânea traduz as análises e intuições da teologia da Reforma Protestante para o século 21". *Estudos da Religião* 30, n° 2: 229-240.

Westhelle, Vítor. 2008. *O Deus escandaloso. O uso e abuso da cruz*. Traducido del alemán por Geraldo Korndörfer. São Leopoldo: Sinodal, EST.

Westhelle, Vítor. s.f. *Por que Lutero é importante para a América Latina*. (texto inédito).

Westhelle, Vítor. 2015. *500 anos da Reforma. Luteranismo e cultura nas Américas*. Cadernos de Teologia Pública (Unisinos) v. 12, n° 97.

Westhelle, Vítor. 2016. *Transfiguring Luther*. Eugene: Cascade.

Zwetsch, Roberto E. 2015a. *Conviver. Ensaios para uma teologia intercultural latino-americana*. São Leopoldo: Sinodal, EST.

Zwetsch, Roberto E. 2015b. *Missão como com-paixão. Por uma teologia da missão em perspectiva latino-americana*, 2ª edición revisada. São Leopoldo: Sinodal; Quito: CLAI.

Zwetsch, Roberto E. 2016a. *Lutero, justiça social e poder político. Aproximações teológicas a partir de alguns de seus escritos*. Cadernos de Teologia Pública (Unisinos) v. 13: 3-20.

Zwetsch, Roberto E. 2016b. "Teria a teologia de Lutero relevância para a América Latina? Reflexões *interessadas* a partir de teologia de Lutero no contexto dos 500 anos da Reforma luterana (1517-2017)". *Espaços* (São Paulo) 24, nº 2: 133-155.

-----

www.evlks.de/FrauenderReformation [Este sitio trae informaciones sobre el Programa *Frauen der Reformation* que reúne mujeres de Italia, Austria, Holanda y Alemania. Participación de la Federación Luterana Mundial – América Latina y Caribe: Red de Mujeres y Justicia de Género: http://redemulheresluteranas.blogspot.com/inicio.html]

Justicia de Dios y misericordia infinita[1]

Elsa Tamez

1. La justificación por la fe y práctica de la justicia, una relectura para los años 80s y 90s

En la segunda mitad de los 80s, de 1986 a 1989, me dediqué a estudiar la justificación por la fe en Romanos.[2] Mi intención era hacer una contribución a la teología latinoamericana desde la tradición protestante. La primera constatación que encontré fue que los estudios sobre el tema no tomaban en cuenta ni la realidad concreta sociopolítica, cultural y económica del tiempo en que surge la Carta a los Romanos, ni la realidad actual. A lo sumo, se hacía alusión a la disputa teológica entre Pablo y los llamados

---

1 El grueso de esta conferencia se presentó en portugués el congreso de Teología de la EST. Universidad Luterana en São Leopoldo, Brasil, en septiembre del 2016.

2 El trabajo culminó con mi tesis doctoral (1990), *La justificación por la fe como afirmación de la vida*, Universidad de Lausana, Suiza, publicada más tarde bajo el título *Contra toda condena. La justificación por la fe desde los excluidos* (1991).

judaizantes. Ni siquiera la llamada "Nueva perspectiva de Pablo" aludía a esa realidad concreta, pues su intención era sobre todo matizar la crítica radical de Pablo a la ley mosaica y entender en qué sentido los judíos requerían la obediencia de la ley (Sanders 1983) (nomismo del pacto). En los debates de ese tiempo, unos sectores también cuestionaban la preminencia de la doctrina de la justificación por la fe, como aquella por la cual la iglesia se levanta o se cae; más bien la veían como una contribución paulina entre otras.

Claro que se hicieron buenos aportes y se siguen haciendo, pero la mayoría de ellos sigue la discusión eterna enfocada en sus dos aspectos clásicos: si la justificación trata de una declaración de Dios de tipo forense (Dios declara justo al pecador) o creacionista (Dios hace justo al pecador), y si la justicia viene de la iniciativa total de Dios, y la imputa sin mérito humano alguno (justicia objetiva) o si se trata de una justicia que es válida a los ojos de Dios y por eso este es hecho justo (justicia subjetiva).

Por eso la relación entre justificación y santificación siempre está en el tapete, algunos enfatizando su separación, otros enfatizando la unidad indisoluble, otros, como Käsemann, viendo en la justicia de Dios un poder que empodera al ser humano. En los debates a veces se utiliza distinto vocabulario y argumentación bíblico-teológica, pero en el fondo aluden a lo mismo. La declaración sobre la justificación por la fe firmada entre la Federación Luterana Mundial y el Vaticano, es un ejemplo claro.

Conscientemente yo hice a un lado el debate, afirmando que en el evento de la justificación ocurren las dos cosas porque, para mí, lo importante en ese momento era estudiar los textos con la intención de descubrir si esta doctrina decía algo sustancialmente importante para los excluidos de nuestro continente. Lo primero que apareció a la vista es que no era el perdón al pecador, ni la liberación de la culpa, pues eso no era suficiente frente al pecado sistémico y mortífero. Era la solidaridad de Dios con los excluidos por medio de su justicia, anunciada escatológicamente bajo el horizonte de una nueva creación, y actualizada en el ahora a través de la justificación por fe **de** Jesucristo[3]. Porque es Jesús, el mesías, quien revela la justicia de Dios a través de su total existencia hasta la resurrección (Ro 1.16, en el evangelio que es Jesús, se revela la justicia de Dios). Es justicia actualizada, visible en la práctica, también en aquellos que confían o creen en su resurrección, y acogen el don para revelarse como hijos e hijas de Dios listos a atender los gemidos de la creación sometida al pecado (Ro 8.19.22). La teoría de la expiación, basada en un himno cúltico prepaulino (3.24b-25), la dejé de lado, o relativicé, ya que puse el acento en la justificación, gracias a la fe de Jesús, quien fue fiel a Dios hasta su muerte, y a la fe en la resurrección del crucificado, como lo expresa Pablo en 4.25b. Mientras que la justicia del imperio romano condena a Jesús a la crucifixión, Dios le justifica al resucitarle.

Lo interesante de todas las lecturas que hice es que poco se reflexionaba sobre el pecado en su dimensión histórica estructural, y la justicia de Dios como una justicia diferente a la justicia del imperio romano, cosas que para mí eran esenciales. Después de los 90 y entrado el tercer milenio, algunos autores empezaron a recuperar la justicia y justificación tomando en cuenta el contexto del imperio romano (Eliot 1994) y a comparar la justicia de Dios con la justicia romana. Esto era algo que yo había trabajado en la segunda mitad de los 80s y continué trabajando esporádicamente a lo largo de los años hasta ahora, no como una gran novedad de mi parte, sino como la forma natural de trabajar los textos dentro del movimiento bíblico en América Latina. Lo novedoso era que nadie en América Latina había trabajado a fondo el tema de la justificación y justicia de Dios, utilizando nuestra epistemología del Sur.

---

3 Y no "en Jesucristo" (Tamez 1991, 1288) Esta afirmación parece que era demasiado fuerte en ese entonces. Hoy día, sin embargo, se ve como un aporte importante. Cp. Waetjen (2011), aunque pocos años después de la publicación de mi libro lo afirmó también Stanley K. Stowers (1994, 194).

La diferencia con los nuevos acercamientos que toman en cuenta el imperio romano es que poco se alude a la realidad actual como pecado estructural, donde la justicia de Dios y la justificación por la fe pueden constituirse como una respuesta a esa realidad.

Después de mi estudio, lo que parecía algo abstracto e irrelevante para nuestra realidad cobró sentido y pertinencia.[4] La tradicional teología paulina de la justificación por la fe tenía una palabra nueva para nuestro contexto. Sin embargo, hoy tenemos que dar un paso más, pues nuestra realidad ha cambiado después de más de 25 años, y es necesario una nueva relectura.

Antes de dar este paso, destaco los siguientes aspectos de mi trabajo en los 80s, de los cuales muchos continúan siendo pertinentes. 1) El punto de partida de la reflexión: la realidad del mercado de políticas neoliberales que produce injusticias. 2) El análisis del contexto socio-histórico económico y jurídico del imperio romano en el cual surge la carta a los romanos. Estos dos aspectos contextuales son importantes porque me guiaron a releer la justificación por la fe desde los excluidos, las víctimas de quienes sufren los efectos del pecado. Entre los aspectos importantes obtenidos de esos dos contextos están: 1) El pecado en singular, como pecado estructural, construido por las prácticas de injusticia de los mismos seres humanos, y convertido en un poder personificado que domina las acciones humanas. 2) La justicia de Dios y la justificación como respuesta a esa realidad de pecado. Pecado no solamente de la condición humana pecadora, sino de la sociedad cuyos valores se han invertido. 3) El horizonte de la nueva creación en la revelación de la justicia de Dios, concebida como un orden nuevo en todas sus dimensiones (colectivas, interhumanas y personales). En el evento de la justificación, las personas que acogen el don

---

[4] Curiosamente, fuera de América Latina, por muchos años mi aporte pasó desapercibido en los grandes debates sobre el tema, hasta ahora que entró la corriente sobre Biblia e Imperio y comienza a citarse.

son empoderadas por la gracia de Dios derramada por su Espíritu y adquieren dignidad como hijas e hijos de Dios. 4) La ley analizada como una lógica o régimen que va más allá de la ley mosaica. Incluye las leyes jurídicas, pero también toda lógica de ley como la implícita en las instituciones, costumbres, leyes implícitas, leyes del mercado sin intervención, etc. Las leyes muestran su fragilidad al ser fácilmente absorbidas por el pecado sistémico. 5) El perdón de Dios visto como un "no tomar en cuenta los pecados" por su voluntad de recuperar la creación. 6) La fe de Jesucristo (y no en Jesucristo) como el primer justificado de muchos, que abre el camino y muestra con su vida la justicia de Dios a través de su práctica de la justicia. 7) El justificado como aquel que acoge la fe de Jesucristo y actualiza la justicia de Dios a través de la práctica de la justicia. 8) La fe en la resurrección de Jesús como la fe en lo imposible --pero posible para Dios--, para salir del callejón sin salida por causa del pecado, con el fin de transformar la realidad de pecado. 9) El énfasis en el Dios trino en el evento de la justificación y no solo en Jesucristo.

Estos fueron los asuntos de la justificación que se destacan de mi estudio. Muchos de estos elementos siguen vigentes en mi relectura de la justificación por la fe. Pero la realidad actual exige magnificar algunos elementos dejados de lado. Me refiero al pecado de la codicia en la condición humana, y al perdón en la coyuntura actual.

2. Justicia, gracia y perdón infinito, una relectura para los tiempos de hoy

En nuestra epistemología del Sur, cada propuesta teológica sobre la justificación por la fe obedece a una realidad particular. Mi relectura parte de la realidad actual "glocal", es decir global y local, y es que el mundo se hizo chico por la globalización. Para quienes no somos siervos del mercado consumista— la fama, la farándula, los méritos competitivos—observamos una irracionalidad sin precedentes en los acontecimientos a nivel internacional, nacional y personal. La codicia es vista como virtud, lo cual ha generado una corrupción que permea todas las instancias, personales y colectivas. Los efectos del pecado estructural se ven en las migraciones masivas, en el calentamiento global, en el feminicidio, en el maltrato a los niños, en el tráfico de personas y de armas, en el narcotráfico, el terrorismo y el manejo descarado de las leyes en los estados de derecho. Teológicamente significa que el pecado (*hamartia* en singular), que es estructural y sistémico, se ha fortalecido. Nadie, ninguna política ha sido capaz de frenar las injusticias, los asesinatos, las guerras, la desigualdad social, la corrupción, las bandas criminales, la delincuencia, en fin, la violencia. *Algo anda mal*, dice el título de un libro del economista Tony Judt (2010). En la crisis del 2008, el economista Premio Nobel Paul Krugman dijo en una entrevista: "Este es uno de esos momentos en los cuales toda una filosofía ha sido desacreditada. Esos que defendieron que la codicia era una virtud y que los mercados deberían autoregularse, ahora sufren la catástrofe" (González y Noceds 2009).

Frente a esa realidad extremadamente violenta, hablar de justificación, gracia y perdón es un gran reto. Un atrevimiento loco. Una "Quijotada". Porque hoy día, no hay justicia ética significativa. La justicia jurídica ha sido cooptada por el pecado; no hay gracia, pues todo se vende y se compra; no hay perdón, sino venganza infinita. El 11 de septiembre de 2001 marca un hito en el cual la llamada "justicia infinita", declarada por el presidente Bush antes del bombardeo e invasión a Irak, no indicaba más que la venganza infinita, desproporcionada, frente al ataque de un grupo insignificante (en aquel entonces), descontento con la presencia avasalladora de occidente.

El pecado estructural y la condición humana

La justificación por la fe, insisto, es respuesta a una realidad de pecado. Por eso, para descubrir nuevos sentidos de la justificación, tenemos que volver al concepto de pecado. Si uno de mis aportes más importantes de la justificación por la fe, fue ver en el pecado un poder que esclaviza porque es sistémico patriarcal, y que ese pecado es construido por los mismos seres humanos[5], falta enfatizar más la condición humana que le llevó al ser humano a cometer todo tipo de injusticias.

Tanto en Pablo como en Santiago, quien también habla de justificación por la fe, hay una condición humana en el ser humano que le seduce y le conduce a la construcción del pecado. Un pecado mortífero porque, afirman ambos, les lleva a la muerte. Esta condición es nombrada en griego *epithymia*, que significa "deseo"[6]. En la Septuaginta su ámbito semántico es neutro, el deseo puede ser bueno o malo (Balz y Schneider 1996, 1501-06). Pero en el Nuevo Testamento, el "deseo" siempre ocurre en sentido negativo, y puede ser traducido por "codicia". Las versiones literales traducen por concupiscencia, un término que desgraciadamente la gente común lo relaciona con inmoralidad sexual. Pero es mucho más que eso.

Así pues, el origen del pecado es la codicia, la cual lleva a la construcción del pecado y finalmente a la muerte. Esto nos lleva a afirmar que el pecado entró en el mundo por la codicia. En el Edén no fue la desobediencia a una ley de Dios que no tenía sentido, fue la codicia de querer tener algo más de toda la abundancia que se tenía. La prohibición fue simplemente una advertencia de las consecuencias de la codicia. Y en las primeras relaciones humanas, fue el asesinato del hermano por Caín, por los deseos de ser mejor que el otro, la rivalidad y los celos. La codicia, una actitud que hoy día se ve como virtud, es justamente la chispa que lleva a cometer toda clase de injusticias y mentiras, que lleva a la corrupción, al robo y a los asesinatos. La codicia

---

5 Pablo en los primeros dos capítulos le da sustancia o contenido al pecado. No es algo abstracto, sino que las prácticas de injusticia (robos, asesinatos, mentiras, etc.) de los seres humanos lo fueron creando hasta que "se les fue de las manos" y se convirtió en fetiche, en ídolo que exige sometimiento, de manera que lo que se quiere hacer no se hace y lo que no se quiere hacer se hace. (Tamez 2010).
6 Traducido en las versiones literales como "concupiscencia". Lo cual casi siempre se ve como apetito desordenado de placeres deshonestos.

es el punto de partida para las prácticas de injusticia que llevan a construir el pecado. La codicia lleva a la corrupción de todas las personas sin excepción, de las relaciones interhumanas y de todas las instancias institucionales. Esta situación es lo que podemos llamar pecado sistémico, estructural, el cual, como en un círculo vicioso, el mismo sistema corrupto por el pecado, es capaz de pervertir las leyes que buscan el bien común y regular las relaciones humanas; incluso corrompe los corazones de las personas que intentan hacer lo bueno.

La gracia, no la ley, como respuesta
a esta realidad de pecado

Pablo y Santiago responden de manera un tanto diferente a esta realidad. Santiago hace un llamado a la pureza de corazón, a dejar la codicia y la avaricia, a ser solidarios con los pobres y a no discriminarlos. Cambiar de rumbo es posible para Santiago. Porque para Santiago no solo existe esta condición humana de la codicia; también afirma que Dios ha creado al ser humano por medio de "la palabra de verdad". En el versículo 18 el autor presenta una imagen femenina de Dios. El Padre que crea las luces del cielo (17), también "da a luz" (*apokueō*) a sus creaturas por el poder de su Palabra. Esta figura femenina de reproducción de la vida, se presenta como contraparte de aquella que "da a luz" (*apokueō*) la muerte en la trilogía que vimos arriba de codicia, pecado y muerte (1.15). Se utiliza el mismo verbo griego para "dar a luz". El contraste es fuerte: mientras que el pecado da a luz la muerte, Dios, por su parte, da a luz la vida. Habría que entender "palabra de verdad" como palabra creadora o recreadora de la vida humana. En 1.21 tenemos algo similar: el autor exhorta a que se deje la excesiva maldad y se reciba "la palabra implantada" (*logos emphytos*[7]) que es poderosa para salvar la vida. La exhortación a recibir la Palabra que ya ha sido sembrada tiene el poder de salvar

---

[7] Según Matt A, Jackson-McCabe (2001, 9-86) el término *logos emphytos* era común entre los estoicos; para ellos sería la razón o el discernimiento como ley natural.

porque libera de la codicia que lleva al pecado y a la muerte. Nacer por el poder de la palabra de verdad (1.18) y recibir la Palabra implantada (1.21) funcionarían como control de las tendencias negativas de la condición humana. La propuesta de Santiago es practicar la ley del amor al prójimo, que es la ley regia, es decir del Reino, o la ley de la libertad. Pero, ¿será suficiente esta respuesta para el pecado?

Pablo en Romanos va por otro lado. En Pablo y Santiago encontramos una trilogía. Santiago habla de codicia, pecado y muerte (1.18); Pablo de ley, de pecado y muerte. Por supuesto que Pablo también habla de la codicia (Ro como el motor inicial que lleva a la práctica de injusticias), pero su enfoque va dirigido más a la liberación de la ley y el pecado, y en consecuencia, a la muerte.

El aporte más importante de Pablo es justamente la crítica a la ley. Hinkelammert ya lo dijo hace varias décadas y lo reitera en uno de sus últimos libros (2013). Pero no a la Torah, ya que Pablo mismo dice que es buena, justa y santa, sino a lo que se podría llamar lógica o régimen de ley. *Nomos* en Pablo es muy amplio y no se reduce a la ley mosaica, aunque la incluye. Pablo habla de ley de Dios, de Cristo, del Espíritu, de los miembros, alude a leyes jurídicas como la romana, y a la ley de Moisés, especialmente en cuanto a los requerimientos cúlticos, la circuncisión, ciertas dietas alimenticias, etc. Por eso, cuando analizamos Romanos, no podemos hablar de pecado sin hablar de ley[8], pues como el mismo dice, el pecado está muerto sin la ley, el pecado cobra vida por la ley, y cuando se cumple la ley, se lleva a la muerte.[9] Por eso Pablo no tiene reparos en afirmar que el poder del pecado está en la ley (1 Co. 1.56). El capítulo

---

8 Pablo se refiere a la ley (*nomos*) en tanto norma inflexible que se impone para ser obedecida de forma ciega. Obviamente también podría entrar una interpretación de la *torah* (o de cualquier otra tradición religiosa) que exija una obediencia ciega. Esto es importante porque nos permite mantener la radicalidad de la crítica de Pablo a la ley sin que sea considerada una interpretación anti-semita.

9 El ejemplo máximo es Jesús de Nazaret crucificado legalmente por la ley, sin que nadie sienta culpa.

7 lo dedica a la participación de la ley en la manifestación del pecado. Allí observamos que el problema no es de la ley en sí; sola, ella es justa y es dada para que los humanos puedan convivir sin que se maten. El problema es la relación funesta del pecado y la ley. En 7.10-11 Pablo escribe:

> Y hallé que el mismo mandamiento que era para vida, a mí me resultó para muerte, porque el pecado, aprovechándose del mandamiento, me engañó, y por él me mató".

Bajo un sistema pecaminoso, en el momento en que la persona se somete a la ley, su **yo** se aliena porque no interviene el discernimiento sino simplemente el cumplimiento ciego de la ley (Tamez 2012). Por eso dice Pablo que, bajo la ley, sometida al pecado, uno hace lo que uno no quiere hacer, sino lo que uno odia (7.15). Es claro que la ley jurídica, por ejemplo, es buena y debe existir. Su funcionalidad, como se sabe, es que haya orden y se pueda convivir. Pero en la práctica el cumplimiento de la ley no hace más que sacar a la luz la injusticia interhumana. En tantas experiencias cotidianas negativas con respecto a la ley, es fácil detectar que detrás de esa ley hay un orden social construido de acuerdo a determinados intereses que benefician a cierto sector con poder y excluyen a muchos. Frente a ese orden económico, que se rige por sus leyes desreguladas, la ley legal y normativa resulta impotente en su deber de hacer justicia. Resulta, asimismo, manipulable. No son extraños los casos de asesinatos en los cuales, gracias a un abogado catalogado de bueno, el homicida queda libre. Hoy día, un buen abogado es aquel que defiende bien a su cliente independientemente de la culpabilidad.

Esto nos lleva a afirmar que la visión que Pablo tiene de su sociedad es más compleja que la de Santiago justamente por la inclusión de la ley en su trilogía. Él presenta el pecado como un sistema pecaminoso legitimado por las leyes, lo cual quita todo sentimiento de culpa. Para Pablo no hay salida; el ser humano es incapaz de salir de ese atolladero, no solo por su condición humana que tiende a la codicia sino porque todo su ambiente en el cual se mueve está corrupto. Para Pablo no basta quedarse en la recreación de una humanidad que tiende a la codicia, se necesita una nueva creación que dé lugar a un nuevo orden, donde tanto lo irredento del ser humano como de la sociedad sea rescatado. Por eso, la única salida que ve es la intervención de otra lógica, independiente de la ley, que oriente la mente y las prácticas. Se trata de otra justicia diferente, permeada de gracia. Él la llama justicia de Dios (3.21), que es la justicia de la fe o la justicia de la gracia. Propone una nueva creación que exige morir al pecado (al sistema pecaminoso) y orientar la vida no siguiendo las exigencias de la ley (todo tipo de ley) absorbida por el pecado, ni siquiera la ley del amor al próximo, sino la lógica espontánea de la gracia, aquella que ama al prójimo no porque tenga que obedecer una ley, sino simplemente por gracia, pues en este nuevo orden prima la misericordia y el discernimiento que favorece la vida de todas las personas, tanto las víctimas como los victimarios.

En esta otra manera de vivir la ley, las instituciones, las tradiciones, toda lógica de ley estaría al servicio de la vida y no al revés. La promesa paulina es que, con la revelación de la justicia de Dios, mostrada a través del rostro humano de Dios, que es Jesucristo, se da la liberación de la ley, del pecado y de la muerte en todos aquellos que siguen los pasos de Jesús. A diferencia de Santiago, la visión de Pablo no es a frenar la avaricia, sino salir de la lógica que produce la codicia sin límites. En términos históricos, esto implica un cambio o conversión radical donde impera la misericordia y un cambio del orden económico basado en el lucro, a otro solidario basado en la satisfacción de las necesidades de todos. Estoy consciente de que de esto ya casi nadie quiere hablar.

Una gracia sin desquite

Pero, y ¿la cuestión del perdón? Ese es el otro punto que voy a analizar como respuesta a la situación de la espiral de la violencia que estamos experimentando en el mundo. Pero también desde un lugar muy concreto en donde vivo, Colombia, donde el tema está siendo discutido a la luz de los acuerdos de paz entre el gobierno y la guerrilla de las FARC. Hay de por medio muchos muertos, desaparecidos y desplazamientos forzosos causados por todos los actores de la guerra, incluyendo el ejército. Una guerra que ha durado más de 50 años. La mayoría de las guerras y violencias en el mundo ocurren por codicia o retaliaciones.

Para empezar comienzo afirmando que la justicia de Dios se contrapone a la justicia infinita, que surge como respuesta a las injusticias y que llama a la venganza (Tamez 2013). Cuando se afirma que "Dios no tomó en cuenta los pecados" porque en la intencionalidad primera era la nueva creación, puede entenderse el perdón como algo sin importancia. Por eso cabe subrayar que el elemento fundamental de la justicia de Dios es que esta es por gracia. Detrás de la justificación por la fe hay que leer misericordia infinita o perdón infinito, y no la justicia infinita que exige el pago-castigo por las prácticas de injusticia.

Para llegar a esta afirmación tenemos que retomar criterios del evangelio leídos en la vida y enseñanzas de Jesús, pues como hemos dicho, en él se revela la justicia de Dios (1.16). En Mateo 18.21-22 tenemos una clave importantísima en un breve diálogo entre Pedro y Jesús. El texto dice así:

> "Pedro se acercó entonces y le dijo: Señor, ¿cuántas veces tengo que perdonar a mi hermano que peque contra mí? ¿Hasta siete veces? Jesús le contestó: no te digo hasta siete veces, sino hasta setenta veces siete."

Perdonar setenta veces siete significa perdonar infinitamente. No me cabe duda que Mateo conocía muy bien el relato de Caín y su descendiente Lámec. Se trata de un mito etiológico que busca explicar la violencia permanente en las civilizaciones. Recordemos el mito.

Caín engendró a su hijo Henoc (Gn 4.17) y fundó una ciudad. La nombró Henoc y esta fue la primera ciudad del mundo. Esto no tiene nada de malo si uno no asocia Caín, el asesino de su hermano Abel, con ciudad o civilización. Pero, en la Biblia, el asesinato de Caín es el primer crimen de la humanidad, y la primera ciudad con su civilización fue fundada por un criminal. Parece ser que el mito quiere indicarnos que el crimen está en la base de la civilización. Caín es del campo y por su asesinato fue echado de ese espacio. No le queda alternativa que construir una ciudad para no andar errante y ser atacado por cualquiera. Caín es perdonado de su crimen. Y esa hubiera sido la salida perfecta para evitar más crímenes. Sin embargo, el relato quiere mostrar algo más, como si fuera algo intrínseco en las civilizaciones. Quiere mostrar la violencia ascendiente. Frente al temor de Caín de ser herido, Dios le promete que será vengado siete veces, si alguien le hiere o mata (4.15).

El mito llega al clímax con el canto de Lámec, uno de los descendientes de Caín, cuyos hijos de sus dos mujeres, Sila y Adá, llegan a ser los inventores de la cultura (cítara y flauta) y la industria (forjadores de cobre y hierro). Lámec canta a sus dos mujeres el siguiente verso:

> «Escuchen bien lo que les digo: he matado a un hombre por herirme, a un muchacho por golpearme. Si a Caín lo vengarán siete veces, a mí tendrán que vengarme setenta y siete veces.» (Gn. 4.23-24).

El mito refleja que entre más avance y progreso haya en la civilización, más violencia vengativa aparece. Lámec mata para vengar una herida, no importa si a quien mata es viejo o joven. Lámec no se ajusta ni a la ley del talión ni a la prohibición de matar. Pero sí se ajusta a la lógica inherente de la venganza, y la acrecienta. Se apropia de la señal de venganza de su antepasado Caín, primer asesino de la humanidad, y la trasciende a la infinitud. Lámec se jacta de ser vengado infinitamente, aún más que su antepasado Caín. Lámec aquí es símbolo de poderío "kiriarcal". No es fortuito que el verso se lo cante a sus mujeres Silá y Adá. Para Lámec, ser vengado setenta veces siete significa hacer "justicia infinita". El mito no promueve la violencia, lo que hace es sacarla a la luz, porque es lo que se observa.

Mateo conocía este mito. Lo que leemos en esta respuesta de Jesús (que va más allá de las situaciones particulares del diálogo que habla de las ofensas entre los hermanos de la comunidad), es que frente a la eterna retaliación o venganza presente en las civilizaciones no hay otra salida que el perdón infinito. Con este se corta el círculo vicioso de la violencia. Por eso hay que leer que frente a la codicia que produce las injusticias y el pecado en las civilizaciones, y el progreso, que produce la violencia, hay que leer la justificación por la fe como misericordia y gracia infinita, transformadora, capaz de liberar de la ley que legaliza el pecado; liberar del pecado sistémico corrupto, patriarcal y violento; y liberar de la muerte y la muerte, léase el suicidio colectivo (Franz Hinkelammert) a donde vamos todos si no paramos la codicia sin límites.

Conclusión

Lo que he querido hacer en esta conferencia, es tratar de rescatar el poder de la gracia y el perdón en esta coyuntura "glocal", codiciosa y violenta; recordar la condición humana de la codicia, como una chispa poderosa en la construcción del pecado estructural.

Los cristianos y cristianas que se sienten justificadas por la fe necesitan una nueva conversión ad-intra. Pues la conversión a la fe de Jesús se concibe como una aceptación intelectual o sentimental, sin que se vea en la práctica esa justicia de Dios de cuidado mutuo, que contradice la justicia de los poderosos de hoy. Pablo ayuda a entender que la construcción del pecado se inicia y consolida por la inclinación humana hacia la codicia (*epithimia*) que lleva a las prácticas de injusticias para acumular ganancias y alcanzar los primeros puestos en el status social y económico. Esta misma tendencia lleva a manipular las leyes para favorecer sus intereses. La manifestación de la justicia de Dios es un imperativo categórico en nuestros tiempos. Sin embargo, esta justicia de Dios, para que sea permanente y se corte el círculo de la violencia y la codicia, necesita ser interpretada como misericordia infinita. Dios se apiada de la miseria humana visible en víctimas, victimarios e indiferentes.

He dicho que la misericordia infinita se contrapone a la justicia infinita, pues hablar de justicia infinita significa hablar de revanchismo infinito que lleva a la muerte; de castigar a los culpables de la tragedia humana. Pero castigar a los culpables no conduce a la creación de una nueva humanidad, ni siquiera a la reparación de las víctimas. Solamente alivia un poco el dolor por las injusticias cometidas, o calma el deseo de venganza. A Dios le interesa una nueva humanidad, es decir humanizar lo irredento de lo humano. Por eso, el llamado hoy de Pablo no es solo el actualizar la justicia de Dios a través de las prácticas de justicia, como lo decíamos en los años ochenta, pues se corre el peligro permanente de ser absorbido por el pecado estructural. El llamado de Pablo implica, pues, una conversión profunda, que nos oriente hacia la misericordia infinita.

La espiral de la violencia no se terminará si no se actúa de manera radicalmente diferente, y eso se da solamente bajo la actitud de perdonar 70 veces siete. Hablamos del perdón infinito, como lo exigía Jesús a sus discípulos, diferente al de Lamec, quien abogaba por la venganza, devolver el golpe, la herida, 70 veces siete (Gn 4:23-24). Jesús señala que el perdón infinito es más eficaz. Sabemos que hablar de perdón infinito no es fácil. Cuesta no ver el castigo a los culpables para saciar el deseo de justicia. Por eso es importante recalcar que el perdón generado desde la justicia de Dios es un perdón transformador y sanador, orientado al cuidado mutuo. La gracia perdonadora es aquella que logra curar la inclinación humana hacia la codicia, que lleva a la corrupción y a la violencia; y a la vez sana los deseos de venganza infinita. Quien perdona experimenta sanidad y dignidad; quien es perdonado inmerecidamente y acoge el perdón de manera real, experimenta un agradecimiento tal que le lleva a cambiar de vida. Misericordia infinita y perdón infinito son experiencias liberadoras para todos.

Estas reflexiones son a nivel macroestructural, como lo hace Pablo cuando habla de los pueblos judíos y gentiles, donde afirma que todos son pecadores y todos, sin excepción, pueden acoger el don de la justicia de Dios. Pero, curiosamente, estos problemas macro-estructurales y paralizantes pueden ser abordados y resueltos solamente a nivel micro. Es decir en el diario vivir, en la construcción de comunidades, grupos y células que aceptan el desafío de vivir como resucitados en una nueva humanidad; practicando la justicia, el perdón, el cuidado mutuo. La práctica de la justicia, el cuidado mutuo, el perdón infinito serían los verificadores en lo cotidiano de que la justificación por la fe se ha actualizado y hecho visible en las personas y comunidades justificadas por la gracia de Dios y empoderadas por el Espíritu de Dios.

Bibliografía

Balz, Horst y Gerhard Schneider, eds. 1996. *Diccionario exegético del Nuevo Testamento*, vol.1. Traducido por Constantino Ruiz-Garrido. Salamanca: Sígueme.

Eliot, Neil. 1994. *Liberating Paul. The Justice of God and the Politics of the Apostle*. New York: Maryknoll.

Gonzales, A. y M. A Noceds. 2009. "Entrevista con Paul Krugman." *El País* (Sevilla, España), 15 marzo.

Hinkelammert, Franz. 2013. *La maldición que pesa sobre la ley. Las raíces del pensamiento crítico de Pablo de Tarso.* San José: Arlekin. 2010, edición ampliada en 2013.

Jackson-McCabe, Matt A. 2001. *Logos and Law in the Letter of James. The Law of Nature, the Law of Moses, and the Law of Freedom.* Atlanta: SBL.

Judt, Tony. 2010. *Algo anda mal.* Bogotá: Taurus.

Sanders, E.P. 1983. *Paul, the Law and the Jewish People.* Philadelphia: Fortress.

Stowers, Stanley K. 1994. *A Rereading of Romans. Justice, Jews, & Gentiles.* New Haven & London: Yale University Press.

Tamez, Elsa. *1991. Contra toda condena. La justificación por la fe desde los excluidos.* San José: DEI.

Tamez, Elsa. 2010. "Poverty Greed and Structural Sin". *Trinity Seminary Review.* Vol. 31, No. 1, Winter/Spring: 7-15.

Tamez, Elsa. 2012. *El pecado, la ley y los sujetos en Romanos 7.7-25. Un acercamiento* hermenéutico. Conferencia dada en la reunión regional de SNTS (*Studiorum Novi Testamenti Societas*), Bogotá.

Tamez, Elsa. 2013. "Justicia y perdón para una paz duradera", conferencia pronunciada en la Universidad Iberoamericana de Puebla (México) en su XXX aniversario, en el marco de la Cátedra Alain Touraine, octubre.

Waetjen, Herman C. 2011. *Salvation as Justice and the Deconstruction of the Law.* Sheffield: Phoenix.

Iglesia, coloniaje y voz profética:
Bartolomé de Las Casas a la sombra de la muerte

Luis N. Rivera Pagán

> "Grandísimo escándalo... es que... obispos y frailes y clérigos se enriquezcan y vivan magníficamente, permaneciendo sus súbditos recién convertidos en tan suma e increíble pobreza..."
>
> Bartolomé de Las Casas

Un paradigma fundacional

El 8 de mayo de 1512 tiene lugar un evento de excepcional significado en la historia de la iglesia católica caribeña e hispanoamericana. Ese día se firman, en la ciudad castellana de Burgos, las capitulaciones entre los reyes españoles y los primeros obispos de la iglesia a radicarse en América. Juana, monarca de Castilla y Fernando V, rey de Aragón y regente del gobierno castellano de su perturbada hija, acuerdan con Fray García de Padilla, a nombrarse obispo de Santo Domingo, Pedro Suárez de Deza, prelado episcopal de Concepción de la Vega, y Alonso Manso, primera autoridad eclesial de la Isla de San Juan Bautista

(Puerto Rico), las normas a regir en la implantación de la iglesia cristiana en el Nuevo Mundo.[1]

Conocidas como las *Capitulaciones de Burgos*,[2] constituyen una primera regulación normativa de la iglesia en las tierras americanas en proceso de conquista y colonización por la Europa cristiana. Por acuerdo previo con la corona castellana, el papa Julio II, había decretado la formación de las tres primeras diócesis episcopales en el Nuevo Mundo [Santo Domingo, Concepción de la Vega, ambas en la Isla Hispaniola, y la Isla de San Juan Bautista (Puerto Rico)] mediante la bula *Romanus Pontifex*, emitida el 8 de agosto de 1511.[3] La corona, sin embargo, no permitió el acceso de los obispos nombrados a dichas diócesis hasta no lograr de ellos los compromisos formales que se expresan en las *Capitulaciones de Burgos*.

Respecto a la previsión jurídica de la iglesia en la América hispana, las *Capitulaciones de Burgos* revisten análogo papel al que tradicionalmente se le ha reconocido a las *Capitulaciones de Santa Fe* (17 de abril de 1492) en relación a la empresa colombina del descubrimiento del Nuevo Mundo: son textos que funcionan históricamente como **paradigmas fundacionales**.[4] Sorprende por eso el descuido general que las primeras han recibido de los historiadores, sobre todo de los eclesiásticos.

---

[1] García de Padilla murió sin llegar a trasladarse a su sede, Alonso Manso llegó a Puerto Rico a fines de 1512 y Suárez de Deza arribó a la Española a principios de 1514.

[2] En el Archivo General de Indias, patronato 1, ramo. 12. Se reproducen en Hernáez (1879, 21-24); Giménez Fernández (1943, 173-182); Murga Sanz 1961, 123-127); y Shiels 1961, 319-325). En fragmentos también en Tapia y Rivera (1945, 161-162); y Coll y Toste (1920, 381-382), que en su forma de extractos proceden del septuagésimo quinto tomo de la colección de manuscritos del historiador español del siglo dieciocho don Juan Bautista Muñoz, según lo evidencia Murga Sanz (1960, 76-77).

[3] Se reproduce, en versión castellana, en Pacheco, Cárdenas y Mendoza (1864-1884). También en Shiels (1961, 316-319) (traducida al inglés en las páginas 118-121). En ambas reproducciones se prologa equivocadamente como "bula erigiendo las catedrales de Cuba, Puerto Rico y Santo Domingo", aunque este decreto papal nada afirma sobre Cuba.

[4] El concepto de paradigma fundacional lo he tomado de Kadir (1992, 73).

Entre los estudiosos católicos la atención ha sido mínima, a pesar de la obvia importancia de las *Capitulaciones* para la infancia de la iglesia romana americana. Félix Zubillaga, en un manual muy utilizado, dedica una sola página a resumirlas, sin esforzarse en ubicar su significado histórico (Lopetegui y Zubillaga 1965, 249). Pedro Borges, en su historia de la iglesia hispanoamericana, reconoce su importancia, pero sin dedicarle el espacio analítico que merecen. Extraño es ese descuido en una obra cuyo autor privilegia la institución diocesana como la instancia en la que la iglesia queda "plena y definitivamente constituida" (Borges 1992, 15).

Enrique Dussel las menciona en sus pioneras obras sobre el episcopado latinoamericano, pero sólo destaca someramente en ellas el asunto de los diezmos;[5] igual restricción manifiesta Ronald Escobedo Mansilla, en su útil discusión de la economía de la iglesia americana colonial.[6] Vicente Murga Sanz las reproduce en su cedulario puertorriqueño, pero en la provechosa introducción que lo acompaña se limita a señalar que en ellas, "se determina el sostenimiento económico de los obispos, clero e iglesias, entre otras cosas" (Murga Sanz 1961, xxxii), sin reconocer que en esa vaga expresión final se ocultan asuntos de mucha monta para la iglesia que nace en el Nuevo Mundo. En su importante tratamiento de los inicios de la colonización y cristianización de Puerto Rico, Murga Sanz las ignora totalmente (1971). Antonio Cuesta Mendoza, Cristina Campo Lacasa y Johannes Meier aluden a ellas de pasada, sin reproducir su contenido ni, mucho menos, prestarle la atención que merecen.[7]

El erudito español Álvaro Huerga resume las *Capitulaciones*, pero su intención apologética de defenderlas de las censuras dirigidas a ellas por Bartolomé de Las Casas le mutila el sentido

---

5 Las menciona brevemente en Dussell (1969-1970, 36-37). En sus obras posteriores se limita a repetir esas observaciones. Cf. (Dussell 1972), (Dussell 1979) y (Dussell 1983).

6 "La economía de la iglesia americana", en Borges (1992, 99-135).

7 Cuesta Mendoza (1948, 27); Campo Lacasa (1977, 33); Meier (1995, 25).

crítico (Huerga 1987, 42-44). Extrañamente Huerga no menciona el juicio, algo similar al de Las Casas, que Salvador Brau emite sobre las *Capitulaciones* en la breve síntesis que de ellas incorpora en su *opus magnum* sobre la colonización española de Puerto Rico (Brau 1981, 202-205). Hubiese sido algo a esperarse, por la actitud defensiva de Huerga, cuya obra sobre Alonso Manso peca de confundir historiografía con hagiografía.

Los autores protestantes también las han ignorado. No se mencionan en la obra clásica de Kenneth S. Latourette sobre la expansión misionera de la iglesia (1939), ni en el extenso volumen sobre la historia del cristianismo en América Latina de Hans-Jürgen Prien (1985). Tampoco las trae a colación Justo González, en sus útiles investigaciones sobre la cristianización del Caribe y las Antillas (1969 y 1980).

El único que se ha percatado de su decisivo significado histórico ha sido Manuel Giménez Fernández, quien en iluminador ensayo certeramente entiende que las *Capitulaciones de Burgos* coronan la política religiosa y eclesiástica del Rey Católico para América. Pero, a su análisis textual le dedica pocas páginas (Fernández 1943, 159-165) y deja fuera factores cruciales que permanecerían aún después de Fernando V. Además, esa sugestiva meditación de Giménez Fernández ha sido poco atendida e incluso injustamente descartada.[8]

Analicemos este importante documento que revela trazos, matices y dimensiones que demostrarán ser determinantes en la historia de la cristiandad colonial hispanoamericana. Su análisis textual revela la causa interesada de su descuido. El relato tradicional de la conquista y cristianización de América tiende sistemáticamente a encubrir y ocultar eventos, documentos y testimonios que cuestionen lo que Arcadio Díaz Quiñones ha llamado la "política del olvido" de una "historia llena de

---

[8] Huerga (1987, 45) la llama "desorbitada". También desde una óptica apologética De Witte intenta desacreditarla (1958, 444).

silencios y ocultamientos"(1993).⁹ El discurso académico hegemónico, como ha aseverado Boaventura de Sousa Santos, "tiende a preferir la historia del mundo tal y como es contada por los ganadores"(Boaventura 2002, 63).

El Patronato Real: La primacía del estado

Las *Capitulaciones* se inician con la referencia, omnipresente durante las primeras décadas de conquista y cristianización, a los decretos *Inter caetera* y *Eximiae devotionis* del papa Alejandro VI,[10] emitidos en 1493, que certifican la soberanía absoluta y perpetua de los monarcas de Castilla sobre las tierras americanas. Prosiguen señalando a otro pronunciamiento, también encabezado *Eximiae devotionis*, del mismo pontífice, esta vez del 1501,[11] que culmina esa autoridad política con la potestad de recaudar y controlar los diezmos eclesiásticos en el Nuevo Mundo. De esta manera, en el estilo de corrección jurídica que caracteriza al gobierno de Fernando V, se alude sumariamente a los fundamentos legales de la autoridad española en América y de la injerencia de la corona en el régimen eclesiástico americano.

Las *Capitulaciones* constituyen las normas que la corona impone como requisitos fundamentales para permitir a la iglesia funcionar en las tierras recién encontradas. Son un punto de partida de la transferencia del cuerpo eclesiástico a América, pero también acontecen al final de una intensa pugna entre el estado español y el papado por determinar el control de la nueva iglesia. El monarca, a pesar de enarbolar innumerables veces el

---

9 Sobre los procesos y mecanismos de silenciamiento en la historiografía antillana, es significativo el libro sobre Haití, la gran marginada, de Trouillot (1995). Sobre los intentos de silenciar la memoria de la presencia palestina en territorios ahora bajo la soberanía del estado de Israel, es útil el texto de Masalha (2012).

10 Se reproducen, en latín, por Shiels (1961, 283-289), y en traducción española, como apéndices a Las Casas, (1965, 1281-1288).

11 Original latino en Hernáez (1979, 20-21) y Shiels (1961, 294-295); traducción al inglés en ibíd., 90-91.

estandarte evangelizador y misionero como razón de ser de la conquista y colonización de América, detuvo el establecimiento de la iglesia en el Nuevo Mundo y limitó las empresas misioneras hasta obtener de Roma las claves principales que permitiría a la corona castellana controlar decisivamente las instituciones eclesiásticas (Dussell 1983, 243-244). Durante las dos décadas iniciales de conquista y colonización, que probaron ser irreversiblemente trágicas para los nativos antillanos, la corte paralizó el desarrollo de la iglesia en América hasta lograr oficialmente su control.[12] La vicaría espiritual de fray Bernardo Boil no duró un año (el 22 de noviembre de 1493 llegó junto a Cristóbal Colón a la Española y la abandonó para nunca regresar el 29 de septiembre de 1494).[13] La obra proselitista de fray Ramón Pané fue escasa y poco fértil.[14] A pesar de la retórica oficial evangelizadora, la cristiandad invasora no promovió muchas empresas misioneras durante las primeras dos décadas de descubrimiento y conquista.

El estado, gracias al apreciado **derecho de patronato real**,[15] fue el encargado de la promoción institucional de la iglesia en

---

12 Según Giménez Fernández (1943, 132) al morir la reina Isabel a fines de 1504, "en las Indias no existían ni iglesias, ni conventos, ni obispos, ni conversos, y sólo apenas unos clérigos asalariados para las mínimas atenciones religiosas de los colonos".

13 Sobre él escribe Las Casas (1951, 344-345): "Este padre fray Buil llevó... poder del Papa muy cumplido en las cosas espirituales y eclesiásticas... pero como estuvo tan poco en la isla... ni ejercitó su oficio, ni pareció si lo tenía." El "poder del Papa" se refiere a la bula *Piis fidelium* emitida por Alejandro VI el 25 de junio de 1493. Aunque Boil celebró la primera misa en tierra americana el 6 de enero de 1494, no parece haber tenido tiempo ni disposición alguna para el trabajo misionero. La anarquía que prevalecía en las colonias de ultramar, causada por la enorme distancia entre la fabulosa arcadia ensoñada, lista para ser saqueada, inicialmente descrita por Colón y la realidad antillana, tampoco le permitió establecer un mínimo orden eclesial. Sus esfuerzos se disiparon en agrias disputas con el Almirante.

14 Véase el texto en el que Pané (1987) relata sus experiencias con los nativos de las Antillas.

15 Sobre el patronato real es muy útil la citada obra del jesuita Shiels (1961), quien incluye los documentos pertinentes, en su idioma original (latín o español) con traducción inglesa, y los acompaña de prudentes interpretaciones.

América. El reconocimiento papal de esta función protagonista fue norte de la política de Fernando V, continuada fielmente por sus sucesores. La rendición ante ella la inició Alejandro VI, en la bula *Inter caetera*, de mayo de 1493, cuando pone en manos de la corona castellana la autoridad de enviar misioneros para adoctrinar y evangelizar a los nativos de las tierras encontradas por Cristóbal Colón. Esta medida la prosigue el mismo pontífice en la ya mencionada bula *Eximiae devotionis* de 1501 y la consolida el papa Julio II en la bula *Universalis ecclesiae*, de 1508,[16] en la que otorga a la corona la autoridad para erigir toda estructura eclesial (parroquias, monasterios y "lugares píos") y hacer presentación de quienes las dirigirían, bajo la supervisión continua del estado.

Esta matizada versión española del cesaropapismo se origina en la *Reconquista*, la multisecular guerra ibérica entre cristianos y moros. Escudada tras la alegada necesidad de unir los poderes políticos, militares y espirituales en la lucha contra los infieles sarracenos, la corona obtuvo del papado durante la Edad Media poderes excepcionales. El patronato real tiene origen, por consiguiente, en una concepción religiosa-militar. Es la batalla de la fe contra la infidelidad lo que exige la concentración de poderes. Y será la necesidad de unir esfuerzos para erradicar la infidelidad en los nuevos territorios ultramarinos lo que justificará la extensión y ampliación del derecho de patronato real, de las tierras reconquistadas de los islamitas, a las arrebatadas a los idólatras indígenas.

El patronato real conllevó la cesión a los monarcas españoles, por parte de Roma, del derecho a fundar iglesias, delimitar geográficamente las diócesis, presentar las mitras y beneficios eclesiásticos, percibir diezmos, escoger y enviar misioneros. Esa facultad de patronazgo eclesiástico la asumió la monarquía hispana con ahínco, haciendo en todo momento clara su

---

[16] El original en Hernáez (1879, 24-25) y Shiels (1961, 310-313), quien lo traduce en 110-112. Sobre el origen y significado del patronato real, véase de Leturia (1959, 1-48).

autoridad sobre todos los asuntos del Nuevo Mundo, los espirituales tanto como los temporales, de manera tal que con cierta propiedad podría hablarse de un **regio vicariato indiano** (Gutiérrez de Arce 1954, 107-168). Debates eclesiásticos de toda índole se remitían a la península ibérica, no a Roma, para dilucidarse. No es extraño, por ejemplo, que en la disputa entre el clero ordinario y los frailes mendicantes, un monje, al expresar al monarca su punto de vista, llame al rey Felipe II "lugarteniente en la tierra del Príncipe del cielo" y confíe para la solución del diferendo en el hijo de Carlos V, "cuyo remedio pende... del Real amparo y celo y patronazgo de V[uestra]. M[ajestad]" (Mariano Cuevas 1975, 398 y 403). Roma se marginó del centro decisional eclesial americano y aunque trataría de recuperar lo perdido, primero, desde 1566, con Pío V, y luego mediante la fundación en 1622 de la Sagrada Congregación para la Propagación de la Fe (*Sacra Congregatio de Propaganda Fide*), no lo obtendría íntegramente en toda la época colonial (Pedro Borges 1992, 47-59).[17]

Cuando escudriñan temas nucleares para la genealogía de su iglesia, algunos estudiosos eclesiásticos confunden la historia con la apología. Ejemplo de este modo de proceder es el acrítico juicio de Cuesta Mendoza, para quien nada menos que la identidad cultural hispanoamericana procede del patronato real: "[D]e esa especie de centralización eclesiástica es hija la homogeneidad en religión, lenguas y costumbres de los veinte pueblos hispanos de América..." En su devota opinión, la clarividencia real, al proveer obispos para Puerto Rico, nunca falló. "[L]a lista de los veinte prelados de Puerto Rico, durante la Casa de Austria, evidencia el acierto que en el ejercicio del patronato, mostraron los Reyes de España" (Cuesta Mendoza 1948, 44). Para los hagiógrafos todo cuestionamiento es una crítica y toda crítica es anatema.

---

17 El nombre actual de esa comisión curial es Congregación para la Evangelización de los Pueblos.

Probablemente sea cierto lo aseverado por algunos historiadores, que el patronato real permitió a la corona española promover el impresionante crecimiento de la iglesia. Durante el primer siglo de colonización, el estado español creó y subsidió en América seis provincias eclesiásticas, treinta y dos diócesis, sesenta mil iglesias y cuatrocientos monasterios (Höffner 1957, 423). Pero, el factor primario en la consideración de los monarcas, desde Fernando V hasta el último de los borbones en regir sobre territorio latinoamericano, fue el tener en las manos las riendas del poder colonial, incluido el potencialmente retador ámbito espiritual y religioso.

De aquí surge una extraña paradoja. Aunque los juristas de la corona citan continuamente los decretos papales pertinentes para fundamentar la jurisdicción castellana sobre América, lo hacen desde una perspectiva estatal centralizadora y absolutista. Es un papalismo máximo a nivel retórico y un regalismo máximo a nivel del auténtico poder. La corona llega incluso a pretender controlar la relación entre el papado y la iglesia americana, mediante el llamado *pase regio*. Éste prohíbe toda comunicación directa entre la cristiandad americana y el papa y su objetivo es evitar que la iglesia pueda actuar con autonomía y convertirse en un potencial desafiador del régimen.

Citemos un ejemplo destacado. Cuando, el papa Pablo III, alertado por voces proféticas, intervino en el espinoso drama de la servidumbre del americano, mediante la bula *Sublimis Deus* y el breve *Pastorale officium*,[18] de 1537, insistiendo en la racionalidad, capacidad para la conversión y libertad natural de los nativos, Carlos V se enfrentó al Sumo Pontífice y le forzó a retirarse de la palestra.[19] El punto principal de contención para el emperador no era el contenido teológico del escrito papal, sino el intento de Roma de intervenir como poder espiritual autónomo en los asuntos indianos. Con lo cual, sin embargo, no

---

18 *Sublimis Deus* se reproduce en Cuevas (1975, 101-102).
19 Cf. Hanke (1937, 65-102) y Gutiérrez (1991, 33-42).

pudo evitar que la bula indiófila de Pablo III se convirtiese en uno de los documentos más importantes en favor de la libertad humana en toda la historia de la cristiandad.

Las *Capitulaciones de Burgos* son, por consiguiente, prólogo del enlace estrecho entre iglesia y estado, religión y política que marcaría indeleblemente a la cristiandad colonial hispanoamericana. La alianza entre el estado y la iglesia forjó obstáculos insalvables para la iglesia al llegar la hora de la emancipación política. El vínculo entre el estado metropolitano y la iglesia jerárquica se endureció en el crujir de las luchas independentistas, lo cual llevó al papa Pío VII a promulgar en 1816 el breve *Etsi longissimo*[20] en el que exhortaba al clero hispanoamericano a sostener "con el mayor ahínco la fidelidad y obediencia debidas a vuestro Monarca, es decir, a nuestro carísimo hijo en Jesucristo, Fernando, Vuestro Rey Católico," y "a no perdonar esfuerzo para desarraigar y destruir completamente la funesta cizaña de alborotos y sediciones", justo en el momento en que las mejores mentes y corazones latinoamericanas se volcaban en un frenesí emancipador contra el monarca español, Fernando VII, quien dos años antes había disuelto las Cortes de Cádiz y ahogado sus aspiraciones constitucionalistas.

Estas conminaciones no pudieron evitar el surgir de curas parroquiales como el mexicano Miguel Hidalgo y Costilla, quien en el famoso *Grito de Dolores* enlazó audazmente su fe y su consciencia nacional, clamando contra la jerarquía hispanófila que lo excomulgaba: "Ellos no son católicos, sino por política; su Dios es el dinero... sólo tienen por objeto la opresión. ¿Creéis acaso que no puede ser verdadero católico el que no está sujeto al déspota español?"[21] Pagó con su vida tan atrevido desafío.[22]

---

20 Se reproduce en de Leturia (1947, 506-507) (latín) y (461-462) (español).
21 "Manifiesto del Sr. D. Miguel Hidalgo y Costilla" en Dussel (1977, 201). Cf. Schmitt (1954, 289-312).
22 La victoria de los movimientos emancipadores no puso coto a la exigencia estatal de patronato eclesiástico. Los nuevos gobiernos republicanos lo reclamaron con ahínco similar al trono castellano. La diferencia es que

Una iglesia blanca y colonial

Algunas normas de las *Capitulaciones* se refieren a cánones y hábitos eclesiásticos, de obvio origen europeo y occidental. Estipulan que todo sacerdote ordenado sea diestro en el latín. Entran en minucias de la etiqueta apropiada de un clérigo, como su corte de cabello – "que traigan corona abierta, tan grande como un real castellano al menos; y el cabello de dos dedos, bajo la oreja" – y su vestidura, sea su longitud – "que sea la ropa tan larga que al menos con un palmo llegue al empeine del pie..." – o su color – que no sea "deshonesto". Son tradiciones y costumbres de origen europeo, como lo revela la longitud de la ropa clerical, tan fuera de tono con el tropical clima caribeño al que se enfrentarían los prelados. Bien precisa el erudito español Antonio García y García que se intenta constituir una iglesia americana "a imagen y semejanza de la que existía contemporáneamente en Europa."[23] Las *Capitulaciones* también tocan asuntos de gobierno eclesiástico como la relación entre los episcopados americanos y el Arzobispado de Sevilla, considerado este último como "Metropolitano de las Iglesias y Obispados de las dichas Islas", estructura de mando que prevaleció hasta 1546, cuando se constituyeron las archidiócesis de Santo Domingo, México y Lima.

De mayor importancia por sus decisivas consecuencias para la composición étnica y cultural de la iglesia americana es la regla que se refiere a los puestos eclesiásticos. Estos deben proveerse exclusivamente "a hijos legítimos de los vecinos y habitadores, que hasta agora, e de aquí adelante han pasado o pasaren destos reinos a poblar en aquellas partes, y de sus descendientes, y no a los hijos de las naturales de ellas...". Con ello se da el

---

mientras los reyes españoles lo fundaban en el *motu propio* papal como los Austrias o en el derecho divino monárquico como los borbones, los regentes políticos de las nuevas entidades estatales lo establecen sobre el principio de la soberanía popular. Con ello, sin embargo, renuncian las repúblicas latinoamericanas a liberar el asfixiante lazo colonial entre la iglesia y el estado. Cf. Prien (1985, 394-395).
23 "Organización territorial de la iglesia", en Borges (1992, 139).

primer paso decisivo para asentar jurídicamente la hegemonía en la iglesia hispanoamericana colonial de los estratos sociales blancos y de descendencia europea, marginando a nativos y mestizos.[24] En el fondo de la cuestión se vislumbra un hondo y arraigado menosprecio etnocéntrico de la cultura y la racionalidad de los pueblos autóctonos.[25] Es una característica central de lo que Aníbal Quijano ha tildado "colonialidad del poder",[26] aunque el insigne intelectual peruano haya prestado poca atención a las legitimaciones teológicas y eclesiásticas de esa estructura de dominio tan arraigada en América Latina.

Lo que para Robert Ricard, en su obra clásica acerca de la evangelización por las órdenes mendicantes en la Nueva España (1986), constituye la "flaqueza capital" de ese proceso, la división en el seno de la iglesia entre un clero y una jerarquía de tez blanca y cultura hispana y un pueblo feligrés de piel

---

24 Los hermanos Perea se enmarañan en un laberinto exegético de su propia manufactura al pretender que este postulado "excluía tanto a los españoles peninsulares como a los indios puros, pero no a los mestizos." De haber querido la corona castellana impedir que peninsulares ocupasen los beneficios eclesiásticos lo hubiese regulado con la misma meridiana claridad conque estipuló la exclusión de los nativos. Los Perea tropiezan con el obvio obstáculo a su interpretación que algunos episcopados por mucho tiempo fueron ocupados por peninsulares. En respuesta enredan más el asunto al añadir "tal estipulación tenía solo carácter previsivo, pues no era desde luego susceptible de cumplimiento inmediato." En el caso que les interesa, el de Puerto Rico, ¡ese futuro tardaría más de tres siglos en concretizarse! El primer obispo nacido en suelo puertorriqueño, y el único durante los cuatro siglos de dominio español en la isla, sería Juan Alejo Arizmendi y de la Torre, consagrado a ese puesto en 1804 (lo ocupó hasta su muerte en 1814) [Puerto Rico no volvería a tener un obispo nativo hasta la consagración de Luis Aponte Martínez como obispo auxiliar de Ponce en octubre de 1960 y luego, en 1964, arzobispo de San Juan]. Tampoco evidencian los Perea su hipótesis de que la norma excluyente de "hijos de los naturales" posibilite la nominación de mestizos. La práctica eclesiástica, libre de velos apologéticos, fue ciertamente otra. Augusto y Perea (1929, 21); (1936, 16); y (1942, 92).

25 El menosprecio de la cultura y la racionalidad de los pueblos indígenas caribeños va íntimamente ligado a los sistemas de servidumbre que se le impusieron. Véase Rivera Pagán (2003, 316-362).

26 Quijano (1998a); (1998b); (2000). Son valiosas las reflexiones sobre el concepto de colonialidad que se sugieren en Mignolo (2000) y Moraña, Dussel y Jáuregui (2008).

trigueña y lenguas nativas, es, cosa que el erudito francés no parece notar, defecto congénito en el nacimiento de la institución eclesiástica en el Caribe. No me parece suficiente la hipótesis de Ricard de que la falla de los misioneros, a quienes admira por su devoción y espíritu de sacrificio, procede de una noción negativa de la religiosidad nativa que les impide apreciar las posibles contribuciones que ésta puede aportar a la nueva cristiandad. Ricard no percibe, por reducir su estudio a lo exclusivamente religioso y negarse a ampliar el ámbito teórico e ideológico de su pesquisa crítica, la dificultad estructural que representaría el forjar una iglesia autóctona en un contexto de dependencia colonial y étnica.

Capta Ricard cabalmente, éste es su mérito, que en la batalla contra el culto indígena, tildado de idolátrico y diabólico, los frailes misioneros, a pesar de su entrega a la promoción espiritual de las comunidades nativas, terminan, aún sin quererlo, enfrascados en guerra contra la cultura indígena, por el vínculo íntimo que en los pueblos americanos enlaza el culto y la cultura.[27] Logra además, este insigne erudito francés, entender el carácter colonial de la cristiandad que se va estableciendo en las Américas, al forjar una división tajante entre un clero hispano y una feligresía indígena y mestiza.

> La Iglesia mexicana, como la del Perú... resultó una fundación incompleta. O mejor dicho, no se fundó una iglesia mexicana, y apenas se sentaron las bases para una Iglesia criolla; lo que se fundó, ante todo y sobre todo, fue una Iglesia española, organizada conforme al modelo español, dirigida por españoles y donde los fieles indígenas hacían un poco el papel de cristianos de segunda categoría... No fue una Iglesia nacional; fue una Iglesia colonial... Este error impidió que la Iglesia mexicana arraigara hondamente en la nación y le dio el aspecto de una institución extranjera que se mantenía en estrecha dependencia de la metrópoli (Ricard 1986, 23, 349, 355).

---

27 Sobre este asunto clave, pueden consultarse mis ensayos "Culto y cultura: la evangelización de los pueblos americanos", y "Encarnación, evangelio y culturas en América Latina", en Rivera Pagán (1999, 55-88, 123-145); e "Identidad y dignidad de los pueblos autóctonos: un desafío para los cristianismos latinoamericanos", en Rivera Pagán (2013, 47-81).

Nadie como Ricard ha expresado tan bien esa pugna interior que imparte el agónico carácter contradictorio a los escritos de fray Bernardino de Sahagún, para mencionar el caso de mayor resonancia, cuya obra es quizá el buceo más profundo en la vida cultural náhuatl intentado por los españoles en el siglo dieciséis. Sahagún se acerca a comprender la trágica paradoja de la degeneración espiritual y moral que quizá había provocado la evangelización de los nativos americanos, en su emotiva nota "relación del autor digna de ser notada", que se permite, a manera de lamento, insertar en su obra principal Lopetegui "Historia de la iglesia en la América del Norte española."y en la cual, contra sus usuales hábitos de misionero, percibe que el lazo íntimo entre el culto y la cultura de los pueblos autóctonos sea quizá indisoluble (1985, 578-585).

No alcanza, sin embargo, a ubicar esa genial intuición en el contexto mayor de la paradoja que representa la cristiandad colonial, promotora simultánea del beneficio espiritual y el sojuzgamiento político, económico y cultural del pueblo. La prohibición de publicar la obra de Sahagún, emitida el 22 de abril de 1577,[28] es un intento, por parte de la corte de Felipe II, de solucionar la paradoja en favor del poder metropolitano, extinguiendo las posibles reservas de resistencia espiritual que podría implicar la vigencia de los símbolos culturales prehispánicos. La victoria espiritual parece decisiva, pero no podrá evitar que una y otra vez la Tonantzin resurja en desafío insurgente, transfigurada en la morena Virgen de la Guadalupe.

Desde el origen de la institución cristiana en el Nuevo Mundo, se establece la preeminencia del modo occidental, europeo y blanco de pensar y vivir la fe. Esa primacía es la cuna de la dicotomía del catolicismo iberoamericano (presente también en Brasil) (Comblin 1946 y 1947). Por un lado, una jerarquía blanca, europea o criolla con hábitos y formación occidentalista, tridentina en su dogmatismo doctrinal y rígida en los rituales religiosos, fieles al misal romano; por el otro, una feligresía mayoritariamente indígena, mestiza (y mulata), ignorante en

---

28 Se reproduce en Duverger (1990, 39).

asuntos teológicos y entregada a múltiples manifestaciones de la llamada "religiosidad popular", en las que busca arraigo íntimo y subjetivo compensatorio de la frialdad de la misa latina, y en la que se filtran sincréticamente las viejas tradiciones pre-europeas y pre-cristianas.

Esta dicotomía constituye un rezago fundamental de todo el período colonial que desemboca en la colosal crisis de consciencia a principios del siglo diecinueve entre la lealtad al cristianismo y la defensa de la independencia nacional, agonía experimentada por sensibilidades religiosas y patrióticas como la de Miguel Hidalgo, y en la confrontación entre la iglesia jerárquica y la "iglesia popular" a partir de la década de los sesenta en el siglo veinte, presagiada más de cuatrocientos años antes por el legendario diferendo entre Juan Diego, indígena pobre e iletrado, y Juan de Zumárraga, primer Obispo de México, sobre la Guadalupe.[29] De aquellos vientos sembrados se cosecharon estas posteriores tempestades.

Fe y oro

Empero, la preocupación fundamental que permea a las *Capitulaciones* es más bien de índole material: el **oro**. El documento procede de la época en que prevalecía la concepción medieval de que el oro nace en lugares calientes, visión que configuró la creencia de Cristóbal Colón de encontrarse en el Caribe las minas del rey Salomón y que convirtió a las islas antillanas en implacables empresas de explotación aurífera (Moya Pons 1978, 35-118). Fue uno de los mitos difundidos por Colón, el Caribe aurífero cuyas inmensas riquezas, pensaba el Almirante, permitirían lograr en pocos años el añejo sueño de la Cristiandad: reconquistar la Tierra Santa, recuperar los lugares bendecidos por la presencia física de Jesús. La insaciable búsqueda del oro es tema constante en Colón, que culmina en su famosa mistificación del metal precioso: "El oro

---

29 Véase Lafaye 1974, 1976, 1977).

es excelentíssimo; del oro se hace tesoro, y con él, quien lo tiene, haçe cuanto quiere en el mundo, y llega a que echa las ánimas al Paraíso" (Colón 1986, 292).[30]

El problema es que el oro no nace en las ramas de los árboles; hay que extraerlo mediante un esfuerzo laboral intenso, lo que conllevó la imposición de un sistema servil de sobreexplotación del trabajo. A ese asunto le dedican prioritaria atención las *Capitulaciones de Burgos*. Algunas normas relativas a la minería aurífera expresan su centralidad para la administración colonial. Prohíbe la corona que "a los que tuvieren indios en las minas, ni a los indios que en ellas anduvieren," durante el tiempo del trabajo extractor, se les emplace judicialmente, "por sus causas ni ajenas... por ningún juez." Es traba importante si recordamos que la iglesia española del siglo dieciséis poseía una amplia jurisdicción legal sobre individuos y corporaciones. El objetivo del soberano, al que se pliegan los prelados, es evitar que el ejercicio de esa facultad fiscalizadora entorpezca el trabajo minero. La potestad inquisitorial no debe afectar la extracción del oro. Las implicaciones de esa impunidad conferida a los magnates son siniestras. El otorgar amnistía legal a quienes mueve el afán de riquezas ha sido siempre fuente de arbitrariedades y violencias.

Además, los prelados "no han de llevar diezmos, ni otra cosa alguna, de oro, ni de plata... ni de perlas, ni de piedras preciosas...". La exclusión del oro, la plata, las perlas y cualquier otra piedra preciosa, los sectores estratégicos de

---

30 Sobre la relación entre fe y oro en la empresa colombina, es útil comparar las perspectivas opuestas de Ramón Iglesia en su ensayo "El hombre Colón" (1986, 67-89) y West (1991, 1-93). Mientras West acentúa en Colón la primacía de la fe sobre el interés comercial, Iglesia recalca en el Almirante la aspiración de lucro y subestima los motivos misioneros. Kadir (1992, 48-53) ensaya conciliar ambas perspectivas, al percibirlas como dos dimensiones estrechamente vinculadas, en coincidencia de factores opuestos, no sólo en Colón, sino en la postura europea y occidental ante los nuevos territorios a evangelizarse y explotarse simultáneamente. De esta manera, se neutraliza la disputa entre quienes ven en Colón el portaestandarte de la modernidad y quienes lo perciben enclaustrado en las concepciones medievales. Véase también Rivera Pagán (1995).

la administración colonial tal cual la concebía el monarca aragonés, de la obligatoriedad del diezmo eclesiástico fue otra de las exigencias de Fernando V al papado. Julio II la satisfizo en 1510, mediante la bula *Eximie devotionis affectus*,[31] aduciendo la necesidad que tenía la corona de recuperar los costos de la conquista y colonización de "las islas marítimas y otras regiones a las cuales por muchísimo tiempo no tenían acceso los cristianos por estar, dice el decreto papal, ocupada por sarracenos y otros infieles...". Es difícil entender la afirmación de William Eugene Shiels de que el capítulo de los diezmos refleja un "unique act of royal generosity"(Shiels 1961, 121). En realidad, su objetivo es excluir de los diezmos al sector principal de la explotación económica antillana, la minería. Con precisión afirma Ronald Escobedo Mansilla que al quedar excluidos de los diezmos los productos de las minas, "se quitaba a la Iglesia en América el rubro más sustancioso y el sector en el que la Corona tenía puestas sus esperanzas económicas y fiscales..." (Escobedo Mansilla 1992, 102). Sólo así se explica la continua queja de Alonso Manso, primer prelado diocesano en trasladarse a América[32] y obispo de Puerto Rico entre 1512 y 1539, por la penuria fiscal de su episcopado (Murga Sanz y Huerga 1987).

---

31 En Shiels (1961, 313-315 (latín) y 113-115 (inglés)). Giménez Fernández (1943, 140) analiza las dos bulas de Julio II favorecedoras del patronato real de Fernando el Católico - la *Universalis ecclesiae* de 1508 y la *Eximie devotionis affectus* de 1510 - en el contexto de la alianza política y militar entre la corona española y el papado.

32 Equivocadamente Giménez Fernández asevera (1943, 172): "Hasta 1513 no existió en América Obispo alguno, siendo el primero en arribar allá fray Diego [sic, Pedro] Suárez de Deza, O. P. Obispo de la Concepción en la isla española...", Al escribir esas líneas, los hermanos Juan Augusto y Salvador Perea ya habían aducido que Alonso Manso había sido el primer obispo católico en América. (Augusto y Perea 1929, 22; 1936, 17 y 1943, 93). Los Perea estiman que Manso llegó a la isla a mediados de 1513. Huerga insiste en que arribó antes, el 25 de diciembre de 1512. *La implantación de la iglesia en el Nuevo Mundo*, 50. Según Meier, Manso llegó al Caribe en mayo de 1513 y Suárez de Deza algunos meses después. "La historia de las diócesis...", 37, 43. Bartolomé de Las Casas también consigna la primicia de Manso: "El primer obispo que de los nombrados arriba y primeros de todas las Indias, que... vino consagrado fue el licenciado D. Alonso Manso..." (Las Casas 1951, 553).

Además, la corona reglamenta que los obispos perciban los diezmos en especie – "en frutos... y no en dineros...". El efecto de esta regla será que para adquirir dinero efectivo, los prelados se verán obligados a comerciar los frutos recibidos, lo que no redundará en mayor atención a las tareas espirituales (Prien 1985, 131). Salvador Brau señaló que, para compensar la escasez de los diezmos, Alonso Manso, recurrió a la explotación de la mano de obra de indios encomendados primero y de esclavos negros después (Brau 1981, 240, 391, 409 y 431). Fue el primer obispo en hacerlo, no sería el último.

Pero, el papel particular, exclusivo, de los prelados episcopales en relación a la minería aurífera es aún más abarcador y ambicioso. La corona ordena, y acuerdan los obispos, que "no se apartarán los indios directe ni indirecte, de aquello que agora hacen para sacar el oro, antes los animarán, y aconsejarán, que sirvan mejor que hasta aquí en el sacar el oro, diciéndoles que es para hacer guerra a los infieles, y las otras cosas que ellos vieren que podrán hacer aprovechar para que los indios trabajen bien.".

La retórica de cruzada anti-islámica parece absurda, pero no lo es. Aunque en esos momentos habían pocas posibilidades prácticas de que la cristiandad recuperase militarmente la tierra santa - la ofensiva pertenecía a los otomanos islamitas - el residuo retórico ideológico de la cruzada, lo que Alain Milhou ha llamado el "mito de la cruzada" (1983, 290), se resistía a morir. El rey Fernando sabía utilizar para su provecho político su título de "rey de Jerusalén". Aunque no proveía rentas fiscales, ciertamente aportaba prestigio y beneficios políticos e ideológicos. Además, algo que no escapaba al astuto monarca, si la explotación minera se subordinaba retóricamente a los ideales de la cruzada, las riquezas obtenidas, gracias a las bulas papales de cruzada, quedaban libres de los impuestos o diezmos eclesiásticos, un peculio financiero que no dejaba de ser ventajoso (Milhou 1983, 367).[33]

---

[33] Véase la sección dedicada a la "bula de la santa cruzada" en el ensayo de Escobedo Mansilla (1992, 130-133).

No olvidemos que las *Capitulaciones* van acompañadas, a manera de anejos, de los decretos papales de Alejandro VI de 1493, a los que hemos aludido, en los que el papa Borgia amonesta a los reyes católicos a evangelizar a los nativos americanos – "os mandamos... procuréis enviar a las dichas tierras firmes e islas hombres buenos temerosos de Dios, doctos, sabios y expertos, para que instruyan a los susodichos naturales y moradores en la fe católica... poniendo en ello toda la diligencia que convenga,"[34] lo cual lógicamente conlleva el promover el bienestar espiritual de los indígenas.

Esta orden misionera papal proviene de la percepción colombina idílica inicial sobre los nativos como "gentes que viven en paz, y andan... desnudos... y no comen carne... y parecen asaz aptos para recibir la fe católica y ser enseñados buenas costumbres"(Las Casas 1965, 1285),[35] entendiéndose por "buenas costumbres" la moral católica europea. Una de las mayores ironías de la historia es ciertamente que la concepción evangelizadora de la conquista de América y la insistencia en el objetivo misionero de la empresa militar que se cernió sobre la vida y el destino de millones de nativos, proceden de la firma de un papa que no se distinguió precisamente por la exaltación de principios y valores religiosos y espirituales.[36] El hecho a resaltarse, sin embargo, es que la conquista y cristianización de América surgen abrigados de la pasión y el

---

34 Alejandro VI, *Inter caetera* (4 de mayo de 1493), en Las Casas (1965, 1287).

35 Sobre las bulas alejandrinas, véase Rivera Pagán (1992b, 41-51).

36 De este Sumo Pontífice escribiría su contemporáneo Pedro Mártir de Anglería: "Aquel nuestro Alejandro, escogido para servirnos de puente hacia el cielo, no se preocupa de otra cosa que de hacer puente para sus hijos [carnales]- de los que hace ostentación sin el menor rubor -, a fin de que cada día se levanten sobre mayores montones de riquezas... Estas cosas... provocan náuseas en mi estómago." (Mártir de Anglería 1953, 329-330). Un par de décadas más tarde, Maquiavelo escribiría sobre este Papa lo siguiente: "Alejandro VI jamás pensó ni hizo otra cosa que engañar a la gente y siempre encontró en quien hacerlo, ni ha habido quien aseverase con más seriedad, ni quien con mayores juramentos afirmara una promesa, ni menos la cumpliese." (Maquiavelo 1975, 372).

celo misioneros. El signo ideológico del dominio europeo sobre las tierras americanas se nutre del mandato evangelizador final del Cristo resucitado: "Id y haced discípulos a todas las naciones" (Mt. 28:19). La pasión evangelizadora, demostrada por los franciscanos a lo largo y ancho del territorio mexicano [más vasto entonces que ahora, cercenado desde 1848 por el Tratado de Guadalupe] (Sylvest 1975) y por los jesuitas en sus famosas reducciones guaraníes [también en una región mayor que la actual República de Paraguay, acortada por el convenio luso-castellano de 1750] (Armani 1988), que generaría lo que Justo González ha catalogado como "la más rápida y extensa expansión del cristianismo que la iglesia hubiera conocido" (González 1980, 51) se hace presente en el nacimiento mismo de la consideración europea acerca del destino del Nuevo Mundo.

Sin embargo, al ponerse la primera piedra de la iglesia institucional, la corona así encomendada instrumentaliza la jerarquía eclesiástica para que sirva de incitadora de la minería aurífera, en una época en que se hacía evidente la renuencia, y en ocasiones abierta resistencia, de los nativos a someterse al carácter saqueador de esa faena, igual que el surgimiento de una voz profética que denunciaba la opresión de ese sistema laboral (Gutiérrez 1989).

De ninguna manera, comanda el monarca, deben los obispos permitir que los nativos descuiden la labor minera; por el contrario, deben concebir como esencial función episcopal el estimularles a acometer su servil destino con mayor devoción. La corona indica las posibles justificaciones, destacándose la defensa bélica de la fe, "para hacer guerra a los infieles." Es intransferible deber episcopal excitar la devoción minera de los nativos, esgrimiendo como acicate el uso de los metales preciosos para enfrentar militarmente a los enemigos de la fe, lo que se refiere en primera instancia a turcos y musulmanes, los aborrecidos adoradores de Alá, poseedores, según juristas europeos, *de facto* pero no *de iure,* de vastos y estratégicos territorios previamente cristianos. No se requiere mucha imaginación para concebir el carácter extraño que revestiría una exaltada predicación episcopal a indígenas antillanos a fin de estimular misioneramente sus afanes mineros para usos militares contra unos pueblos - otomanos, árabes, islamitas - absolutamente desconocidos para ellos.

Aunque la rúbrica de guerra contra los infieles alude principalmente a los islamitas, no excluye a los indígenas americanos idólatras que se nieguen a someterse al llamado de obediencia y fidelidad, que en esos momentos se cuajaba en el famoso documento conocido como *Requerimiento* (Rivera Pagán 1992b, 52-61). El *Requerimiento* exigía de los nativos americanos doble obediencia y lealtad, a la Iglesia y al papa, por un lado, a la corona castellana, por el otro. Su costo, guerra y esclavitud, era altísimo. Aunque en el texto predominaban los temas y motivos religiosos, su elaboración y puesta en ejecución estaba en manos del estado, o, con mayor precisión, por los conquistadores mismos, cuyas ansias de riqueza y poder son harto conocidas. Cualquier acto de sublevación podía ser juzgado como doble grave infracción: apostasía religiosa y traición política, como para su letal infortunio descubriese en el verano de 1533 el Inca Atahualpa.

Será, apuntemos algo generalmente descuidado, gracias a la riqueza minera extraída por arahuacos cubanos que Hernán Cortes podrá lanzarse al asedio de Tenochtitlán, empresa de signo militar que, sin embargo, se justifica por su principal protagonista acentuando la devota intención misionera de "apartar y desarraigar de las idolatrías a todos los naturales destas partes... y que sean reducidos al conocimiento de Dios y de su santa fe católica" (Cortés 1990, 165).

Vemos, por consiguiente, que la ambigüedad que Enrique Dussel ha identificado en el episcopado latinoamericano entre, por un lado, el celo misionero y evangelizador, promotor de la plena humanidad de los pobres y desamparados, y, por otra parte, la avaricia de riquezas que llega al sacrilegio de consagrar la religiosidad cristiana en el altar de Mamón, se encuentra en la matriz misma de la institución eclesiástica en el Nuevo Mundo, algo que Dussel no destaca. La pugna entre la fe y el oro, entre la aspiración misionera y el afán comercial, es congénita a la conquista europea de América y conserva incólume su carácter paradójico durante toda la cristiandad colonial. Hay una **agonía** profunda en el interior del alma de la cristiandad colonial, en el sentido en que Miguel de Unamuno recapturó el significado de ese vocablo, como pugna intensa, desgarrador combate entre contrincantes que se saben inseparables, al mismo tiempo agonistas, protagonistas y antagonistas (de Unamuno 1964, 943). La pugna agónica entre la evangelización y los afanes económicos es indisoluble y el intérprete que señale exclusivamente uno de esos polos se arriesga a transformar la complejidad histórica en una fantasía misionera o en una masacre genocida.

Hernán Cortés, el mismo que insiste en la conversión de los nativos como principal motivo de sus afanes, dedica buena parte de sus gestiones a incrementar la hacienda colonial, la oficial y la suya. Su celo evangelizador es innegable, como insisten sus admiradores franciscanos, Toribio Paredes de Benavente o Motolinia y Gerónimo de Mendieta;[37] su codicia es también insaciable, como apunta su compañero de armas Bernal Díaz del Castillo (1986). También Francisco Pizarro sentencia al inca Atahualpa: "Venimos a conquistar esta tierra, porque todos vengáis en conocimiento de Dios y de su santa fe católica... y salgáis de la bestialidad y vida diabólica en que vivís..."(López de Jerez 1947, 332-333). Sin embargo, cuando un sacerdote le increpa su falta de diligencia misionera, Pizarro no tiene problemas de conciencia en replicar: "Yo no he venido para estas cosas, he venido para quitarles su oro."(Prien 1985, 65).

La iglesia americana, en la persona de sus primeros prelados, acepta una doble tarea, cuya conciliación probaría ser un enigma de difícil solución: promover la salvación espiritual de los americanos y propiciar el beneficio material metropolitano. Este sería el conflicto, la agonía en sentido unamuniano, que agitaría a la cristiandad colonial y se mostraría de múltiples maneras durante sus tres siglos de existencia.

---

37 de Benavente (1984); de Mendieta (1980). Cf. de Lejarza (1948, 43-136).

La voz profética

Los historiadores de la iglesia hispanoamericana han ubicado correctamente el inicio del episcopado al final de los laberínticos esfuerzos de la corona española para lograr el control de la estructura jerárquica eclesial. Sin embargo, no parecen percatarse de otro factor que acelera los esfuerzos de la corona para establecer la autoridad clerical - el surgimiento dramático de la **voz profética** en la comunidad cristiana colonial.[38] No me parece coincidencia que las *Capitulaciones de Burgos* tengan lugar en el contexto de la crisis de conciencia provocada por la predicación denunciadora comenzada a fines de 1511 por la pequeña comunidad dominica en la Española, por entonces plaza central de la administración territorial. Gracias a los afanes archivistas de Bartolomé de Las Casas conservamos la expresión máxima de esa denuncia profética: la famosa homilía de fray Antonio de Montesinos.[39]

A base del texto bíblico *ego vox clamantis in deserto* ("voz que clama en el desierto" - Mateo 3:3, a su vez cita de Isaías 40:3), Montesinos arremete contra el maltrato que sufren los nativos americanos, sobre todo en la minería aurífera. "Todos estáis en pecado mortal y en él vivís y morís por la crueldad y tiranía que usáis con estas inocentes gentes. Decid, ¿con qué derecho y con qué justicia tenéis en tan cruel y horrible servidumbre a estos indios...? ¿Cómo los tenéis tan opresos... que de los excesivos trabajos que les dais... los matáis para sacar y adquirir oro cada día?... Tened por cierto que, en el estado en que estáis, no os podéis más salvar que los moros o turcos...".

La homilía creó una verdadera conmoción, pues oyéndola se encontraban las principales autoridades coloniales. No era para menos. Montesinos los ubica en la misma categoría espiritual

---

38 Sobre la voz profética en la conquista de América, véase Rivera Pagán (1992a, 49-64).

39 La síntesis del sermón de Montesinos procede de Las Casas (1951, 441-442).

que moros o turcos, en ese momento acérrimos adversarios de la Europa cristiana. Por eso reaccionan catalogándole "de hombre escandaloso, sembrador de doctrina nueva... en deservicio del rey y daño de todos los vecinos..." (Las Casas 1951, 442). El rey Fernando obtiene copia del sermón y expresa al virrey Diego Colón su perturbación, incluyendo su licencia para reprimir al díscolo fraile: "Vi ansi mesmo el sermón que descis que fizo un frayle dominico que se llama Antonio Montesino, e aunquél siempre obo de predicar escandalosamente, me á muncho maravillado en gran manera, de descir lo que dixo, porque para descirlo, nengund buen fundamento de Theología nin cánones nin leyes thernia, sygund discen todos los letrados... theólogos e canonistas, e vista la gracia e donación que Nuestro Muy Sancto Padre Alexandro sexto Nos fizo... por cierto que fuera razón que usáredes así con el que predicó... de algún rigor porque un yerro fué muy grande" (Pacheco, Cárdenas y Mendoza 1964-1884, 375-376). El monarca ordena que Montesinos y sus colegas guarden absoluto silencio sobre el asunto. "Que non fablen en púlpito nin fuera dél diretya nin yndiretamente mas en esta materia, nin en otras semexantes... en público nin en secreto..." (Pacheco, Cárdenas y Mendoza 1964-1884, 377-378).

El provincial dominico en España, fray Alfonso de Loaysa, añade su reprimenda. Amen de advertir sobre las posibles consecuencias subversivas de tal predicación ("toda la India, por vuestra predicación, está para rebelarse..."), exhorta a sus hermanos de orden en la Española a *submittere intellectum vestrum* ("subyugad vuestro intelecto"), argumento innumerables veces esgrimido en beneficio del autoritarismo eclesiástico y político (Diego Carro 1944, 62-63). El intento de represión fracasa. Por algo los dominicos habían iniciado su descarga ética con explícita referencia al irreductible Juan el Bautista. Se desencadena así lo que Lewis Hanke ha llamado "la lucha española por la justicia en la conquista de América" (Hanke 1967). El genio profético se ha escapado de la botella y nunca más reposaría.

Justo L. González ha recalcado la pertinencia de la rebeldía ético-teológica de la pequeña comunidad dominica para la historia de la iglesia colonial, contrastando la caricatura típica que el protestantismo anglosajón tiene de la iglesia hispanoamericana colonial con la polifonía de tonos y melodías vigentes en ella, sobre todo la vigorosa e irreprimible voz profética que se pronuncia desde Montesinos hasta Hidalgo (1969, 21; 1980a, 61; 1992, 25). Pero lo que no se ha acentuado es la relación íntima entre el surgimiento del debate sobre la justicia en América y la constitución del episcopado mediante las *Capitulaciones de Burgos*. Fernando V, para acallar la denuncia profética, se apresta a establecer el episcopado diocesano americano. Sería éste el encargado de vigilar las fronteras de la consciencia cristiana, tratando de evitar que se desborde en proclamas proféticas. Parafraseando lo que Roland Bainton escribe acerca de la Universidad de Yale, podemos decir: El episcopado hispanoamericano fue conservador desde antes de nacer.[40] Se establece para que cumpla las funciones que el estado colonial le adjudica: la cura de las almas y la promoción de la explotación minera.

Las *Capitulaciones* sientan un precedente que mantendrían los sucesores de Fernando V, requerir de los nominados al episcopado un juramento de fidelidad a la corona y la promesa de reconocer y respetar el derecho de patronato real. Lo que no quiere decir que siempre los obispos cumplirán esa función legitimadora. La paradoja al interior del episcopado entre su encomienda evangelizadora y su mandato estatal creará tensiones continuas, un conflicto perpetuo de intereses que en ocasiones se resolvería al estilo y manera de los profetas bíblicos.

A la sombra de la muerte: la postrera voz profética de Las Casas

Demos, para concluir, un ejemplo: la recepción que de las *Capitulaciones de Burgos* hizo el más controvertible de los obispos de la cristiandad colonial latinoamericana, Bartolomé de Las

---

40 (Bainton, 1957, 1): "Yale was conservative before she was born."

Casas. El acuerdo de los prelados de estimular el trabajo minero intenso y usar para ello justificaciones religiosas provoca la ira de Las Casas.[41] Ese compromiso parte, según el dominico, de la "ceguedad" que los firmantes tienen sobre "la perdición de aquestas gentes míseras". Los obispos se obligan moralmente a provocar la muerte de sus nuevos feligreses, pues la minería aurífera es "pestilencia vastativa de todas sus ovejas". Recupera Las Casas, la dialéctica de la homilía de Montesinos entre la minería aurífera y la mortalidad. La extracción del oro es mortal para el cuerpo de los nativos y, a la vez, causa de pecado mortal para los europeos. Tuvieron "poca lumbre" espiritual los futuros prelados, al acceder a promover una actividad que resulta fatal para la población nativa y que además macula indeleblemente el alma de colonos y encomenderos.

El acuerdo surge de la "ignorancia" de los obispos, pero éstos debieron haber sido más suspicaces y "no obligar[se] a lo que podía ser injusto y malo... cuanto más que la misma obra les pudiera dar sospecha, diciendo sacar oro y servir". Con su típica ironía se pregunta Las Casas si los obispos pensaban que sacar oro era como coger frutas de los árboles.[42] Para el Obispo de Chiapas, las *Capitulaciones* conllevan una capitulación, en la segunda acepción del término (rendición), que los prelados conceden aún antes de adentrarse en la pugna por evangelizar las nuevas diócesis.

Las *Capitulaciones* proceden de la irrupción de la voz profética en la cristiandad colonial, representada por la homilía de

---

41 La reacción de Las Casas se encuentra en (1951, 435-438). Murga Sanz y Huerga (1987, 44-45) en su biografía de Alonso Manso, relatan la indignación del Obispo de Chiapas por la concordia entre los monarcas y los prelados, pero la distorsionan al no indicar la razón.

42 Salvador Brau (1981, 205), cuya opinión del primer obispo de Puerto Rico, Alonso Manso, no es muy favorable, emite un juicio más parco, pero también negativo: "No puede tenerse por excusable el aconsejar a los indios que soportasen el trabajo de las minas en razón a que el oro se destinaba a combatir infieles... Ni al prestigio del trono ni a la dignidad episcopal hacía honor una superchería innecesaria para obtener la cooperación laboriosa de aquellas gentes."

Montesinos, como un intento de controlarla mediante el establecimiento de una jerarquía fiel al estado. A su vez, desencadenan el resurgir de esa misma voz profética que desde el seno de la institución jerárquica - Las Casas era obispo - se torna hacia sí misma en amarga y agónica autocrítica. En enero de 1566 se eligió un nuevo papa. Antonio Michele Ghislieri, fraile dominico fue nombrado papa, adoptando el título de Pío V. Por ser hermano de la misma cofradía religiosa, dominico, y por augurar un posible cambio en la política de Roma, Las Casas, muy cercana su muerte, le escribe una dramática epístola.[43] La carta es brevísima pero de contenido contundente.

La novedad que esa carta representa ha escapado a muchos lectores. Conlleva una osada violación del *pase regio*, al comunicarse directamente con el papado sin pasar por el conducto del Consejo de Indias castellano, mecanismo de control estatal que hasta entonces había acatado Las Casas. Es un reclamo profético, a la sombra de la cercanía de la muerte, de reconstruir la función histórica de la iglesia americana ubicándola, sin ambivalencias ni ambigüedades, en el sendero de la solidaridad humana.

Lo que Las Casas exige en este escrito postrero de su inagotable trayectoria profética es una reforma radical de la postura de la iglesia cristiana ante los pueblos conquistados, marginados, desposeídos y explotados del Nuevo Mundo. La voz profética rasga el manto de los cielos e intenta transfigurar, desde el seno del paradójico episcopado, las penurias de la cristiandad colonial latinoamericana.

Comienza mencionando un libro que le ha enviado en el cual discute "la justificada forma de promulgar el Evangelio y hacer lícita y justa guerra contra los gentiles". No menciona el título del libro pero posiblemente sea *Del único modo de atraer a todos los pueblos a la verdadera religión* (Las Casas 1942). Es una condena de la evangelización por las armas y la conquista bélica. El único

---

43 Se reproduce en Las Casas (1941, 163-165). He discutido extensamente esta carta postrera de Las Casas (2014).

modo de hacer labor misionera y proclamar el evangelio es el proseguido por Jesús y sus apóstoles: la predicación pacífica.

También discute, muy a la medida de su tradición tomista, el concepto de guerra justa, el cual no cuadra contra pueblos que nunca han hecho daño a las naciones cristianas. Contrario a la tesis de algunos apologistas de Las Casas, no creo que podamos catalogarlo de pacifista. Pero en el marco del concepto de guerra justa asevera con firmeza que no pueden justificarse las guerras contra los pueblos autóctonos del Nuevo Mundo. Las Casas le pide al papa que apoye públicamente, mediante su endoso, las tesis de ese libro. Sorprende el posible resultado de esa posible acción papal, viniendo de un español: "porque no se oculte la verdad en destrucción y daño de toda la Iglesia, y venga tiempo (el cual por ventura está ya muy cerca), en que Dios descubra nuestras manchas, y manifieste a toda la gentilidad nuestra desnudez." Es una obvia alusión al juicio final y el juicio de las naciones.

Le pide entonces al sumo pontífice, ya que abundan aquellos que él llama "perros rabiosos e insaciables", que el papa emita un decreto declarando excomulgados y anatemizados a todos quienes afirmen que:

1. La idolatría justifica la guerra de cristianos contra gentiles.
2. La guerra es conveniente para facilitar la predicación y la conversión de los infieles.
3. Los gentiles no son verdaderos señores y soberanos de sus tierras y posesiones.
4. Los gentiles son incapaces de entender o aceptar por ellos mismos el evangelio.

Luego le solicita al papa que renueve todos los cánones eclesiásticos, de manera que los obispos se solidaricen siempre con los marginados, cautivos y desposeídos, "hasta derramar su sangre por ellos." Ese mandato es especialmente necesario en las Indias, donde los naturales "llevan sobre sus flacos hombros, contra todo derecho divino y natural, un pesadísimo yugo y carga incomportable". Por su liberación deben luchar los obispos, "poniéndose por muro de ellos hasta derramar su sangre por ellos.".

Eran muchos los dignatarios eclesiásticos que ascendían al episcopado como prebendas, definitivamente no obtenidas por afán alguno de solidaridad evangélica, y tampoco se familiarizaban con las culturas nativas. Por ello Las Casas le solicita al papa que a todos los obispos en las Indias, "les mande aprender la lengua de sus ovejas, declarando que son a ello obligados por ley divina y natural". Lo que está en cuestión no es solo una conveniencia misionera; también se juega la apreciación, valoración y preservación de las culturas de los pueblos autóctonos.

Por último, le solicita al papa algo que a Pío V le debe haber sabido a hiel, definitivamente no a miel. Que la iglesia del Nuevo Mundo se desprenda de todas las riquezas adquiridas gracias a las conquistas de las armas españolas, otorgándolas a los pueblos autóctonos desposeídos. Las Casas describe la situación de ese modo: "Grandísimo escándalo... es que en aquella nueva planta obispos y frailes y clérigos se enriquezcan... permaneciendo sus súbditos recién convertidos en tan suma e increíble pobreza, que muchos por tiranía, hambre, sed y excesivo trabajo cada día miserabilísimamente mueren."

A partir de esa acusación a la iglesia de enriquecerse indebidamente a costa de la servidumbre y la desposesión de los pueblos autóctonos, Las Casas le lanza el reto a Pío V que ordene a obispos y frailes y clérigos que laboran en el Nuevo Mundo a "restituir todo el oro, plata y piedras preciosas que han adquirido, porque lo han llevado y tomado de hombres que padecían extrema necesidad... a los cuales, por ley divina y natural, también son obligados a distribuir de sus bienes propios."

Es una evolución crucial de la exigencia de la restitución que como obispo de Chiapas Las Casas impuso a los confesores de su diócesis, la cual encolerizó agriamente a hacendados y encomenderos españoles y, amenazada su vida, causó su salida de la diócesis. Ya no se trata de que el papa señale con el dedo acusador a conquistadores, encomenderos y traficantes. Lo que Las Casas le pide al papa, al final de esta breve pero contundente epístola, es que Pío V también ponga en la silla de los acusados y sentenciados al clero mismo de la iglesia implantada en el Nuevo Mundo.

¿Cuál fue la reacción de Pío V? Con excepción de varias pequeñas concesiones aquí y allá, su actitud fue similar a la del Consejo de Indias: el silencio.[44] La atención de Pío V se dirigía más bien otros asuntos que consideraba más urgentes: las amargas, agrias y violentas disputas que cercenaban y dividían la cristiandad occidental durante el siglo XVI en Europa.

Pero cuando analizamos y discutimos propuestas de reforma radical de la cristiandad en el siglo XVI, nunca debemos limitarnos a las disputas al interior de las instituciones eclesiásticas de Europa. Bartolomé de Las Casas propuso una reforma radical de extraordinaria importancia para las naciones de esta Nuestra América, tras recorrer intensamente durante varias décadas sus tierras y pueblos. Prestemos atención cuidadosa y reflexiva a su voz profética postrera, emitida a la sombra de su cercana muerte.[45]

> "Obispos y frailes y clérigos... están obligados a restituir todo el oro, plata y piedras preciosas que han adquirido, porque lo han llevado y tomado de hombres que padecían extrema necesidad... a los cuales, por ley divina y natural, también son obligados a distribuir de sus bienes propios."
>
> Bartolomé de Las Casas

---

44 En esto difiero de Pérez Fernández (1981, 766-776).

45 A pesar de sus sugestivas y provocadoras observaciones, un defecto capital de la obra de Kadir (1992) es su renuencia a percibir los elementos críticos y potencialmente subversivos de la tradición profética bíblica. Kadir confunde con excesiva precipitación el profetismo y las tendencias del monoteísmo apocalíptico a avasallar y aniquilar las culturas y los cultos heterogéneos.

Bibliografía

Armani, Alberto. 1988. *Ciudad de Dios y ciudad del sol: El "Estado" jesuita de los guaraníes (1609-1768)*. México, D. F.: Fondo de Cultura Económica.

Augusto, Juan y Salvador Perea. 1929. *Early Ecclesiastical History of Puerto Rico, With Some Account of the Social and Political Development of the Island During the Episcopate of Don Alonso Manso, The First Bishop in the New World (1513-1539)*. Caracas: Tipografía Cosmos.

Augusto, Juan y Salvador Perea. 1936. *Orígenes del episcopado puertorriqueño*. San Juan: Imp. Cantero Fernández & Co., Inc.

Augusto, Juan y Salvador Perea. *1942. Revista de historia de Puerto Rico*, vol. 1, no. 1, agosto.

Bainton, Roland H. 1957. *Yale and the Ministry: A history of education for the Christian Ministry at Yale from the founding in 1701*. New York: Harper & Row.

Boaventura de Sousa Santos. 2002. "Hacia una concepción multicultural de los derechos humanos". *El Otro Derecho* (ILSA Bogotá D.C, Colombia) 28, julio.

Borges, Pedro, ed. 1992. *Historia de la iglesia en Hispanoamérica y Filipinas (siglos xv-xix)*. Vol. 1. Madrid: Biblioteca de Autores Cristianos.

Brau, Salvador. 1981. *La colonización de Puerto Rico, desde el descubrimiento de la isla hasta la reversión a la corona española de los privilegios de Colón (1907)*. 3ª edición anotada por Isabel Gutiérrez del Arroyo, 5ª edición 1981. San Juan: Instituto de Cultura Puertorriqueña.

Campo Lacasa, Cristina. 1977. *Historia de la iglesia en Puerto Rico, 1511-1802*. San Juan: Instituto de Cultura Puertorriqueña.

Coll y Toste, Cayetano. 1920. *Boletín histórico de Puerto Rico*. Vol. 7. San Juan: Tipografía Cantero Fernández & Co.

Colón, Cristóbal. 1986. *Los cuatro viajes: Testamento*. Edición de Consuelo Varela. Madrid: Alianza.

Comblin, José. 1946. "Situação histórica do catolicismo no Brasil". *Revista eclesiástica brasileira* 26: 574-601.

Comblin, José. 1947. "Para uma tipologia do catolicismo no Brasil". *Revista eclesiástica brasileira* 28: 46-73.

Cortés, Hernán. 1990. *Documentos cortesianos, 1518-1528*. Edición de José Luis Martínez. México, D. F.: Universidad Nacional Autónoma de México - Fondo de Cultura Económica.

Cuesta Mendoza, Antonio. 1948. *Historia eclesiástica del Puerto Rico colonial (1508-1700)*. Santo Domingo: Imprenta Arte y Cine.

Cuevas, Mariano. 1975. *Documentos inéditos del siglo XVI para la historia de México*. México, D. F.: Porrúa.

de Benavente, Toribio (Motolinia). 1984. *Historia de los indios de la Nueva España: Relación de los ritos antiguos, idolatrías y sacrificios de los indios de la Nueva España, y de la maravillosa conversión que Dios en ella ha obrado.* Edición de Edmundo O'Gorman. México, D. F.: Porrúa.

de Lejarza, Fidel. 1948. "Franciscanismo de Cortés y cortesianismo de los franciscanos". *Missionalia hispánica* 5: 43-136.

de Leturia, Pedro, S. I. 1947. "La encíclica de Pío VII (30 de enero de 1816)". *Anuario de estudios americanos*, vol. 4.

de Leturia, Pedro, S. I. 1959. *Relaciones entre la Santa Sede e Hispanoamérica, 1493-1835.* Vol. I. Caracas: Sociedad Bolivariana de Venezuela; Roma: Universidad Gregoriana.

de Mendieta, Gerónimo. 1980. *Historia eclesiástica indiana.* México, D. F.: Porrúa.

de Sahagún, Bernadino. 1985. *Historia general de las cosas de Nueva España* (1582). México, D. F.: Porrúa.

de Unamuno, Miguel. 1964. "La agonía del cristianismo" en *Ensayos*. Vol. 1. Madrid: Aguilar.

de Witte, Charles-Martial. 1958. «Les bulles pontificales et l'expansion portugaise au xve siècle». *Revue d'histoire ecclésiastique* 53.

Díaz del Castillo, Bernal. 1986. *Historia verdadera de la conquista de la Nueva España.* México, D. F.: Porrúa.

Díaz Quiñones, Arcadio. 1993. *La memoria rota: Ensayos sobre cultura y política.* Río Piedras: Huracán.

Diego Carro, Venancio. 1944. *La teología y los teólogos-juristas españoles ante la conquista de América.* Vol. I. Madrid: Escuela de Estudios Hispano-Americanos de la Universidad de Sevilla.

Dussell, Enrique. 1969-1970. *El episcopado hispanoamericano. Institución misionera en defensa del indio, 1504-1620.* Cuernavaca: Centro Intercultural de Documentación.

Dussell, Enrique. 1972. *Historia de la iglesia en América Latina.* Barcelona: Nova Terra.

Dussell, Enrique. 1977. *Religión.* México, D. F.: EDICOL.

Dussell, Enrique. 1979. *El episcopado latinoamericano y la liberación de los pobres (1504-1620).* México, D. F.: Centro de Reflexión Teológica.

Dussell, Enrique. 1983. Historia general de la iglesia en América Latina. Tomo I/1. Introducción general a la historia de la iglesia en América Latina. Salamanca: CEHILA/Ediciones Sígueme.

Duverger, Christian. 1990. La conversión de los indios de la Nueva España. Con el texto de los "Coloquios de los Doce" de Bernardino de Sahagún. Quito: Abya Yala.

Escobedo Mansilla, Ronald. 1992. "La economía de la iglesia americana". En *Historia de la iglesia en Hispanoamérica, y Filipinas (siglos xv-xix).* Vol. 1, editado por Pedro Borges, Madrid: Biblioteca de Autores Cristianos.

Giménez Fernández, Manuel. 1943. "La política religiosa de Fernando V en Indias". *Revista de la Universidad de Madrid* 3:159-165.

González, Justo. 1969. *The Development of Christianity in the Latin Caribbean*. Grand Rapids: William B. Eerdmans.

González, Justo. 1980. *Y hasta lo último de la tierra: Una historia ilustrada del cristianismo. Tomo 7: La era de los conquistadores.* Miami: Caribe.

González, Justo L. 1992. "The Christ of colonialism". *Church & Society* 82, no. 3, January/February.

Gutiérrez de Arce, Manuel. 1954. "Regio patronato indiano (Ensayo de valoración histórico-canónica)". *Anuario de estudios americanos* 11: 107-168.

Gutiérrez, Gustavo. 1989. *Dios o el oro en las Indias (siglo XVI)*. Lima: Centro de Estudios y Publicaciones.

Gutiérrez, Gustavo. 1991. "Las Casas y Paulo III". *Páginas* (Lima) 16, no. 107: 33-42.

Hanke, Lewis. 1937. "Pope Paul III and the American Indians". *Harvard Theological Review* 30.

Hanke, Lewis. 1967. La lucha española por la justicia en la conquista de América. Madrid: Aguilar.

Hernáez, Francisco Javier. 1879. Colección de bulas, breves y otros documentos relativos a la iglesia de América y Filipinas, Vol. 1. Bruselas: Imp. de Alfredo Vromant.

Höffner, Joseph. 1957. La ética colonial española del siglo de oro: Cristianismo y dignidad humana. Madrid: Ediciones Cultura Hispánica.

Huerga, Álvaro. 1987. *La implantación de la iglesia en el Nuevo Mundo*. Ponce: Universidad Católica de Puerto Rico.

Iglesia, Ramón. 1986. *El hombre Colón y otros ensayos*. México, D. F.: Fondo de Cultura Económica.

Kadir, Djelal. 1992. Columbus and the Ends of the Earth: Europe's Prophetic Rhetoric as Conquering Ideology. Berkeley: University of California Press.

Lafaye, Jacques. 1974. Quetzalcoatl et Guadalupe: La formation de la conscience nationale au Mexique. Paris: Gallimard.

Lafaye, Jacques. 1976. Quetzalcóatl and Guadalupe: The Formation of Mexican National Consciousness, 1531-1813. Chicago: The University of Chicago Press.

Lafaye, Jacques. 1977. □Quetzalcóatl y Guadalupe□: □La formación de la conciencia nacional en México□. México, D. F.: Fondo de Cultura Económica.□□□□□□□□□□□□□□□□□

Las Casas, Bartolomé de. 1941. *Fray Bartolomé de Las Casas: Doctrina*, edición de Agustín Yáñez. México, D. F.: Universidad Nacional Autónoma.

Las Casas, Bartolomé de. 1942. Del único modo de atraer a todos los pueblos a la verdadera religión. México, D. F.: Fondo de Cultura Económica.

Las Casas, Bartolomé de. 1951. *Historia de las Indias*. México, D. F.: Fondo de Cultura Económica.

Las Casas, Bartolomé de, 1965. *Tratados*. Transcripción de Juan Pérez de Tudela Bueso y traducciones de Agustín Millares Calvo y Rafael Moreno. México, D. F.: Fondo de Cultura Económica.

Las Casas, Bartolomé. 2014. "A Prophetic Challenge to the Church: The Last Word of Bartolomé de las Casas", reproducido en *Essays from the Margins*, editado por Luis N. Rivera-Pagán, 1-26. Eugene, Oregon: Cascade Books.

Latourette, Kenneth S. 1939. A History of the Expansion of Christianity. Vol. III: Three Centuries of Advance, A. D. 1500 - A. D. 1800. New York: Harper & Brothers.

Lopetegui, León y Félix Zubillaga. 1965. Historia de la iglesia en la América española. Desde el descubrimiento hasta comienzos del siglo XIX. México. América Central. Antillas. Madrid: Biblioteca de Autores Cristianos.

López de Jerez, Francisco. 1947. *Verdadera relación de la conquista del Perú y provincia del Cuzco, llamada la Nueva Castilla* (1534). Edición de Enrique de Vedia. Madrid: Biblioteca de Autores Españoles, Ediciones Atlas.

Maquiavelo, Nicolás. 1975. *El príncipe*. Río Piedras: Editorial de la Universidad de Puerto Rico.

Mártir de Anglería , Pedro. 1953. "Al conde de Tendilla", Epístola 173, del 9 de abril de 1497, *Epistolario*. Estudio y traducción de José López de Toro. En *Documentos inéditos para la historia de España*, vol. 9. Madrid: Imprenta Góngora.

Masalha, Nur. 2012. The Palestine Nakba: Decolonising History, Narrating the Subaltern, Reclaiming Memory. London & New York: Zed Books.

Meier, Johannes. 1995. "La historia de las diócesis de Santo Domingo, Concepción de la Vega, San Juan de Puerto Rico y Santiago de Cuba desde su inicio hasta la mitad del siglo xvii". En *Historia general de la iglesia en América Latina, IV: Caribe*, editado por Johannes Meier y otros. Salamanca: Sígueme y Universidad de Quintana Roo.

Mignolo, Walter D. 2000. Local Histories/Global Designs: Coloniality, Subaltern Knowledges, and Border Thinking. Princeton: Princeton University Press.

Milhou, Alain. 1983. *Colón y su mentalidad mesiánica en el ambiente franciscanista español* (*Cuadernos colombinos* 9). Valladolid: Casa-Museo de Colón/Seminario Americanista de la Universidad de Valladolid.

Moraña, Mabel, Enrique Dussel y Carlos A. Jáuregui, eds. 2008. *Coloniality at Large: Latin America and the Postcolonial Debate*. Durham, NC: Duke University Press.

Moya Pons, Frank. 1978. *La Española en el siglo XVI, 1493-1520: Trabajo, sociedad y política en la economía del oro*, 3ª edición. Santiago, República Dominicana: Universidad Católica Madre y Maestra.

Murga Sanz, Vicente. 1960. *Puerto Rico en los manuscritos de Juan Bautista Muñoz*. Río Piedras: Editorial de la Universidad de Puerto Rico.

Murga Sanz, Vicente. 1961. *Cedulario puertorriqueño*. Vol. 1. Río Piedras: Editorial de la Universidad de Puerto Rico, 123-127.

Murga Sanz, Vicente. 1971. *Juan Ponce de León: Fundador y primer gobernante del pueblo puertorriqueño*, 2ª edición revisada. Río Piedras: Editorial de la Universidad de Puerto Rico.

Murga Sanz, Vicente y Álvaro Huerga. 1987. Episcopologio de Puerto Rico, Don Alonso Manso, primer obispo de América (1511-1539). Ponce: Universidad Católica de Ponce.

Pacheco, Joaquín F., Francisco de Cárdenas y Luis Torres de Mendoza, eds. 1864-1884. Colección de documentos inéditos relativos al descubrimiento, conquista y organización de las antiguas posesiones españolas de América y Oceanía, sacados de los Archivos del Reino y muy especialmente del de Indias. Vol. 34. Madrid: Imp. de Quirós.

Pané, Ramón. 1987. *Relación acerca de las antigüedades de los indios*. Edición de José Juan Arrom. México, D. F.: Siglo XXI.

Pérez Fernández, Isacio. 1981. *Inventario Documentado de los Escritos de Bartolomé de Las Casas*. Bayamón, Puerto Rico: Centro de Estudios de los Dominicos del Caribe.

Prien, Hans-Jürgen. 1985. *La historia del cristianismo en América Latina*. Salamanca: Sígueme.

Quijano, Aníbal. 1998a. "Colonialidad del poder, cultura y conocimiento en América Latina". *Anuario Mariateguiano* 9, núm. 9: 113-121.

Quijano, Aníbal. 1998b. "The Colonial Nature of Power and Latin America's Cultural Experience". En *Sociology in Latin America (Social Knowledge: Heritage, Challenges, Perspectives)*, editado por R. Briceño & H. R. Sonntag, Proceedings of the Regional Conference of the International Association of Sociology (Caracas), 27-38.

Quijano, Aníbal. 2000. "Coloniality of Power, Eurocentrism, and Latin America". *Nepantla* 3: 533-580.

Ricard, Robert. 1986. La conquista espiritual de México. Ensayo sobre el apostolado y los métodos misioneros de las órdenes mendicantes en la Nueva España de 1523-24 a 1572. México, D. F.: Fondo de Cultura Económica.

Rivera Pagán, Luis N. 1992a. "Prophecy and Patriotism: A Tragic Dilemma". *Apuntes* 12, No. 2: 49-64.

Rivera Pagán, Luis N. 1992b. *Evangelización y violencia: La conquista de América*, 3ª edición. San Juan: Cemí.

Rivera Pagán, Luis N. 1995. *Entre el oro y la fe: El dilema de América*. San Juan: Editorial de la Universidad de Puerto Rico.

Rivera Pagán, Luis N. 1999. *Diálogos y polifonías: perspectivas y reseñas*. Río Piedras: Seminario Evangélico de Puerto Rico.

Rivera Pagán, Luis N. 2003. "Freedom and Servitude: Indigenous Slavery in the Spanish Conquest of the Caribbean." *General History of the Caribbean. Volume I: Autochthonous Societies*, editado por Jalil Sued-Badillo, 316-362. London: UNESCO and Macmillan.

Rivera Pagán, Luis N. 2013. *Ensayos teológicos desde el Caribe*. San Juan: Callejón.

Rivera Pagán, Luis N., editor. 2014. "A Prophetic Challenge to the Church: The Last Word of Bartolomé de las Casas", 1-26. Eugene, Oregon: Cascade Books.

Schmitt, Karl M. 1954."The Clergy and the Independence of New Spain". *The Hispanic American Historical Review* 34: 289-312.

Shiels, William Eugene, S.J. 1961. *King and Church: The Rise and Fall of the Patronato Real*. Chicago: Loyola University Press.

Sylvest, Edwin E., Jr. 1975. Motifs in Franciscan Mission Theory in Sixteenth Century New Spain Province of the Holy Gospel. Washington, D. C.: Academy of American Franciscan History.

Tapia y Rivera, Alejandro. 1945. *Biblioteca histórica de Puerto Rico, que contiene varios documentos de los siglos XVI, XVII y XVIII (1854)*, 2ª edición. San Juan: Instituto de Literatura Puertorriqueña.

Trouillot, Michel-Rolph. 1995. Silencing the Past: Power and the Production of History. Boston: Beacon.

West, Delno. 1991. *The "libro de las profecías" of Christopher Columbus*. Traducido y editado por Delno C. West y August Kling, 1-93. Gainesville: University of Florida Press.

Datos de autoras y autores

KARLA ANN KOLL: Profesora en la escuela de Ciencias Teológicas de la Universidad Bíblica Latinoamericana.
k.koll@ubl.ac.cr

DANIEL C. BEROS: Profesor de teología y pastor de la Iglesia Evangélica del Río de la Plata.
danielberos@gmail.com

JUAN CARLOS GAONA POVEDA: Docente de Historia y Pedagogía de la Unibautista y de la Universidad del Valle, Cali, Colombia.
juank.gaona@gmail.com

LEOPOLDO CERVANTES-ORTIZ: Profesor de la Comunidad Teológica de México. Escritor y editor.
lcervortiz@yahoo.com.mx

MANUEL ORTEGA ÁLVAREZ: Académico de la Escuela de Filosofía de la Universidad Nacional.
mortegalvarez@yahoo.es

DAVID CASTILLO MORA: Profesor en la escuela de Ciencias Bíblicas de la Universidad Bíblica Latinoamericana.
d.castillo@ubl.ac.cr

HANZEL JOSÉ ZÚÑIGA VALERIO: Profesor en la escuela de Ciencias Bíblicas de la Universidad Bíblica Latinoamericana.
h.zuniga@ubl.ac.cr

PABLO MORENO PALACIOS: Historiador y profesor de la Unibautista, Cali, Colombia.
pablomoreno777@gmail.com

GENILMA BOEHLER: Profesora en la escuela de Ciencias Teológicas de la Universidad Bíblica Latinoamericana.
gboehler@ubl.ac.cr

VIOLETA ROCHA: Biblista y teóloga feminista nicaragüense de la Iglesia del Nazareno, docente en varias instituciones.
viole43@hotmail.com

ÁNGEL ROMÁN-LÓPEZ DOLLINGER: Teólogo y cooperante internacional en Fundación Machaqa Amawta, La Paz, Bolivia.
angelbatz@yahoo.com

KAROLINE MORA BLANCO: Académica del Instituto de Estudios de la Mujer de la Universidad Nacional de Costa Rica.
karolinemorablanco@gmail.com

NEDDY ASTUDILLO: Ecoteóloga y pastora Iglesia Presbiteriana (EEUU), coordinadora de GreenFaith Latinoamérica.
www.greenfaith.org

ARIANNE VAN ANDEL: Teóloga y Coordinadora de Justicia Ambiental del Centro Diego de Medellín, Santiago, Chile.
ariannevanandel@gmail.com

SOFÍA CHIPANA QUISPE: Coordinadora de la Lectura Intercultural de la Biblia en el Instituto Ecuménico Andino de Teología, Bolivia.
warmi_pacha@hotmail.com

JULIÁN GUAMÁN: Fundador e investigador de la Academia de Historia y Patrimonio Evangélico del Ecuador.
julianguaman@gmail.com

EDGAR CARDOZO JIMÉNEZ: Teólogo profesional de la Universidad Bautista de Cali, Colombia.
samuelyesteban@hotmail.com

NICOLÁS PANOTTO: Teólogo y cientista social. Director del Grupo de Estudios Multidisciplinarios sobre Religión e Incidencia Pública.
nicolaspanotto@gmail.com

MARTIN HOFFMANN: Pastor de la Iglesia Luterana de Bavaria y profesor en la escuela de Ciencias Teológicas de la UBL.
martin.dr.hoffmann@gmail.com

ROBERTO E. ZWETSCH: Pastor y teólogo luterano, profesor de Faculdades EST, São Leopoldo, RS, Brasil.
rezwetsch@gmail.com

ELSA TAMEZ: Biblista y teóloga mexicana, asesora de Sociedades Bíblicas Unidas y exrectora de la Universidad Bíblica Latinoamericana.
elsa.tamez@gmail.com

LUIS N. RIVERA PAGÁN: Teólogo puertorriqueño, profesor emérito de Estudios Ecuménicos en Princeton Theological Seminary, EEUU.
luis.rivera-pagan@ptsem.edu

www.ingramcontent.com/pod-product-compliance
Lightning Source LLC
Chambersburg PA
CBHW071108160426
43196CB00013B/2501